统计工作重要文件选编

(2004－2011)

(下册)

国家统计局　编

目　　录

（下册）

2009 年

2010 年

2011 年

附　　录

中央扩大投资情况跟踪统计制度

国家统计局

（2009 年 1 月 7 日）

为全面了解、跟踪、反映中央扩大投资计划下达和项目建设情况，决定从 2009 年开始建立本制度。

一、统计范围

列入中央扩大内需投资计划的全部项目。

二、统计内容

（一）中央扩大投资计划下达情况；

（二）列入中央扩大投资计划项目建设情况。

三、报送内容、时间和方式

（一）中央扩大投资计划下达情况：2009 年 2 月开始，每月报送一次当年中央扩大投资计划累计下达情况，报送时间为月后 3 日 12 时前（详见表式）；2009 年 2 月 20 日前补报 2008 中央扩大投资计划下达情况。

（二）列入中央扩大投资计划项目建设情况：2009 年 2 月开始，每月随固定资产投资完成情况基层表一同报送。具体方式为在固定资产投资完成情况(H201)表概况部分城乡分组(36)后增加“项目类别”指标,代码为“60”,列入中央扩大内需投资计划项目填“1”,其他项目填“9”。

四、指标解释

(一)投资方向:指国家发展和改革委员会下达投资计划时项目投向的归类。

(二)中央投资:指中央财政安排的各类建设资金,包括中央预算内建设资金、中央专项建设基金、国债资金(包括国债中转借给地方的资金)、财政贴息资金等。

(三)地方投资:指地方配套安排的财政预算资金和财政贴息资金或投资补助。

其余指标解释见固定资产投资统计报表制度。

国家扩大内需投资计划下达情况

表　　号:H 4 0 9 表
制表机关:国 家 统 计 局
综合机关名称:　　　　　　　　　　文　　号:国统字〔2009〕4号

投资方向 / 指标名称	项目个数（个）	计划总投资（万元）	资金安排（万元）	中央投资	地方投资	银行贷款	企业自筹	其他
合　计								
1.保障性安居工程								
2.农村基础设施								
3.铁路、公路和机场等重大基础设施								
4.医疗卫生、文化教育事业								
5.生态环境建设								
6.自主创新和结构调整								
7.地震灾区灾后重建								
8.其他								

单位负责人:　　　　　　　填表人:　　　报出日期:200　年　月　日

说明:1. 本表由各省、自治区、直辖市统计局;国务院有关部门(委、局、公司)报送。

2. 报送范围是国家下达的扩大内需投资计划情况。

3. 报送时间为月后 3 日 12 时前,报送方式为电子邮件。

中组部　李强同志任职

（2009 年 1 月 7 日）

中共国家统计局党组：

经研究，同意李强同志任国家统计局党组成员。

深入贯彻落实科学发展观
努力开创统计工作新局面

——马建堂(国家统计局局长)在全国统计工作会议上的讲话

(2009年1月13日)

同志们:

这次全国统计工作会议的主要任务是:贯彻落实党的十七大、十七届三中全会、中央经济工作会议精神和温家宝总理、李克强副总理关于统计工作的重要指示,深入贯彻落实科学发展观,总结2008年统计工作,研究当前统计形势,部署2009年工作。

一、2008年的统计工作

2008年是我国经济社会发展进程中很不寻常、很不平凡的一年,也是促进统计服务科学发展、推动统计工作科学发展的重要一年。各级统计机构和广大统计工作者高举中国特色社会主义伟大旗帜,以邓小平理论和"三个代表"重要思想为指导,深入贯彻落实科学发展观,紧紧围绕党中央、国务院的中心工作,遵循中央领导同志关于统计工作的重要指示精神,解放思想,开拓创新,求真务实,无私奉献,统计事业取得新的进展。

(一)学习实践活动取得明显成效

在全党开展深入学习实践科学发展观活动,是党的十七大作出的重要战略部署，对于用中国特色社会主义理论体系武装全党，深入推进改革开放，推动经济社会又好又快发展，促进社会和谐稳定，提高党的执政能力，保持和发展党的先进性，具有非常重要的现实意义。国家统计局和省级统计机构作为第一批开展学习实践活动单位，认真贯彻落实党中央的统一部署，成立了领导小组及其办公室，制定了活动方案，严格按照 3 个阶段、11 个环节的各项要求，积极稳步推进，学习实践活动各项工作开展有序，总体进展顺利。国家统计局以"深化统计改革、服务科学发展"为主题，以提高统计数据质量为载体，深入开展学习实践活动。全局党员干部认真研读指定读物，积极建言献策，开展思想解放大讨论，加深了对科学发展观的认识，提高了深入贯彻落实科学发展观的自觉性和坚定性。局领导带队组成 10 个调研组深入基层、深入调查对象扎实开展调研。局党组认真召开民主生活会，积极开展批评和自我批评，广泛征求各方意见和建议，反复梳理和查摆突出问题和矛盾，深入剖析主客观原因，着力明确整改思路和措施，形成了高质量的局党组分析检查报告，受到了中央学习实践活动指导检查组和全局干部职工的高度肯定。目前正在抓紧制定整改落实方案。

(二)为积极应对国际金融危机冲击和加强科学决策提供统计服务

去年下半年以来，国际金融危机愈演愈烈，国内经济困难明显增加。党中央、国务院及时采取了一系列扩大内需、促进经济增长的政策措施，全力保持经济平稳较快发展。统计系统紧紧围绕中央的各项部署和要求，深入开展统计分析和监测，努力提高统计服务科学发展的水平。建立了月度经济形势分析制度；建立了重要工业品出厂价格监测旬报应急机制；建立了对重要农产品价格半月监测制度；认真实施部分食品价格五日报制度；成立了房地产市场统计监测研究小组，建立了重点城市房地产月度分析监测制度；创办了统计信息专报，每日向党中央、国务院反映各地经济社会运行情况的重要信息；开展了农民工基本情况调查；实施了中央扩大投资项目计划落实情况调查；组织局内外专家和学者就国际金融危机对我国的冲击进行深入分析，对宏观经济运行的走向作出预判；增加了向中央领导报送统计信息的内容、频率，密切监测经济运行情况，及时反映宏观经济发展中的苗头性、趋势性问题。各地区、各部门也为应对国际金融危机冲击、保持经济平稳较快发展提供了大量的统计信息和分析监测报告，受到了各级党政领导的表扬和肯定。

统计系统紧紧围绕经济社会热点难点问题，及时提供大量有关冰冻雨雪灾害、四川地震灾害、奥运会对经济影响等相关统计数据和分析报告。圆满完成了汶川大地震后社会思想动态调查、全国组织工作满意度民意调查、全国文明城市测评等 30 多项专项调查。各地积极开展了社情民意调查。按照《政府信息公开条例》要求，国家和许多地方建立了政府信息公开的有关制度，制定了政府信息公开目录和指南。大力宣传改革开放 30 年来取得的伟大成就，充分发挥舆论引导作用。

（三）重大国情国力普查和常规调查进展顺利

重大国情国力普查有序开展。第二次全国经济普查扎实推进，组建了各级普查机构和工作队伍，制定了普查方案，组织了方案试点，建立了目标责任制，完成了单位清查，研发了数据处理软件，以经济普查宣传月等形式广泛开展了宣传动员，基本落实了普查经费，圆满完成了普查的各项准备工作。目前，普查表填报工作正在紧张有序地进行。第二次全国农业普查资料的开发工作取得明显成效，启动了第六次全国人口普查相关工作，完成了 2007 年全国投入产出调查工作。

各项常规统计调查成效显著。健全了能源生产统计，强化了能源流通和能源消费统计，按时发布了单位 GDP 能耗等指标。规范了贸易统计抽样调查。农业、工业、建筑业、服务业和投资、消费、价格、住户、人口、就业、社会、科技、环境、国民经济核算等各项常规统计顺利开展，数据质量进一步提高。

（四）统计调查制度进一步完善

健全完善统计标准和分类。国务院批准了《统计上划分城乡的规定》，编制了经济普查中试用的《统计用产品分类目录》，修订了《国民经济行业分类注释》，与有关部门联合制定了《林业及相关产业分类》、《体育及相关产业分类》。

认真开展统计报表清理、精简工作。国家统计局在2007年报表清理的基础上，取消了国家报表14张，在有关报表中取消了一部分统计指标，调整了部分报表的报送时间、频率和范围，增加了一些深入贯彻落实科学发展观亟需的调查项目和指标；各地也精简了一些地方统计报表和指标。

积极推进统计制度方法改革。制定了水资源核算经济账户表式及编制方法，开展了工业成本费用调查，建立了重点能耗企业单位产品能耗调查制度，改进了批发零售和住宿餐饮业限上企业数据汇总方式，完善了房地产价格统计调查制度，组织实施了时间利用调查，编制了重点市县的居民基本生活费用价格指数，完成了私营单位工资调查，实现了建筑业增加值对各省、自治区、直辖市的统一核算。建立了国际统计信息收集和报告制度。天津、广东等地在健全统计指标体系，浙江、湖南等地在推行"一套表"等方面作了积极探索。

（五）部门统计工作迈上新台阶

加强对部门统计工作的指导和管理。国家统计局统一了部门统计调查项目报批备案文本，规范了部门申报统计调查项目的统计调查方法、统计指标及报表表式。建立了固定资产投资项目部门管理信息抄送制度，完成了对100多项部门统计报表制度的审批或备案。举办了第三期部门统计人员业务培训班。

部门实施的普查取得了重要阶段性成果。第一次全国污染源普查、第二次全国土地普查、第三次全国文物普查、第三次全国港口普查和第一次工艺美术普查进展顺利。

部门统计改革取得新进展。交通部组织开展了公路与水路交通运输量专项调查。建设部建立了环境资源统计指标。商务部加强了对商贸服务企业统计制度的研究和设计。科技部与国家统计局联合开展了工业企业创新调查资料开发，制订了全国创业风险投资企事业调查报表制度。国家海洋局深化海洋经济基础核算工作，加快建设国家海洋运行监测评估系统。国家林业局加强了林业资源环境统计指标体系的研究，与国家统计局联合开展了中国森林资源核算研究。国家旅游局改进国内旅游抽样调查方案，积极推进旅游卫星账户编制工作。国家专利局开展了专利实施状况的专项调查。

部门统计服务水平进一步提高。财政、商务、金融、国资管理、海关、工商、电力等部门统计为党和政府应对国际金融危机冲击，提供了大量统计信息和咨询建议，发挥了重要作用。部门统计机构积极为本部门的行业管理提供了大量优质统计服务。许多部门统计机构积极向国家统计局提供统计资料，18 个部门及时向国家统计局报送了服务业财务统计年报资料。

（六）统计管理体制改革稳步推进

完善优化职能和内设机构。国务院批准了国家统计局“三定”规定，强化了国家统计局统一领导全国统计工作的职责。国家统计局调整了内部机构设置，增设了能源统计司，国民经济核算司加挂了服务业统计司牌子，一些地方统计局也增设了能源、服务业等方面的内设机构。

继续推进国家调查队管理体制改革。在地方党委政府大力支持下，在地方统计局积极配合下，在全国调查队广大干部职工的积极参与下，经过三年多的努力，取得积极进展，国家调查队管理体制改革基本完成。

积极探索统计体制改革。吉林实行省以下地方统计机构垂直管理的试点得到了地方党委政府的支持和统计人员的拥护，工作进展比较顺利，取得了初步成效。北京、山东等一些地方积极探索区、县对乡镇、街道统计机构、统计人员实行垂直管理，河南、湖北、内蒙许多乡镇增设了统计机构，地方统计力量进一步加强。浙江等稳步推进统计中介机构发展，民间统计组织对政府统计的补充作用初步显现。辽宁、云南、新疆、河北等地政府出台了关于进一步加强统计工作的决定。

（七）各项统计建设取得新成绩

统计信息化建设进一步推进。完成了统计信息化骨干网的扩容改造，线路容量从原来的2兆提升为155＋6兆。与骨干网扩容改造配套的系统建设进展顺利，系统硬件得到改善，全国乡镇、街道都配备了计算机数据处理设备。国家统计数据库正式投入使用，共有指标3351个，加载统计数据133万笔，可进行整表、指标、专题和关键字查询。完成了普查和各项常规统计调查的数据处理工作。

统计法制建设和统计巡查工作取得重要进展。《统计法（修订草案）》已经国务院审议通过，全国人大常委会进行了初次审议。与监察部、人力资源社会保障部和国家公务员局联合，共同制订《统计违法违纪行为处分规定》，并有望近期出台。紧紧围绕统计中心工作开展执法检查，全年共立案查处统计违法案件1.73万余起，维护了统计工作秩序。结合经济普查和纪念《统计法》颁布25周年开展形式多样的统计普法宣传，取得了良好的社会效果。国家统计局对贵州、甘肃、青海、宁夏等4省（区）及水利部、国家旅游局等2部门开展了统计巡查，各省也积极开展统计巡查工作，取得较好成效。福建、山西等地加强了统计法制建设。

统计队伍建设和党风廉政建设进一步加强。各级统计局和调查队进一步加强了领导班子建设和机关建设，领导班子的统一领导能力进一步增强，机关作风进一步改进。组织开展了全国统计系统先进集体和先进个人评选活动。教育培训方式多样，进一步提高了广大统计人员的知识能力和业务素质。严格执行党风廉政建设责任制，认真落实惩治和预防腐败体系实施纲要和工作规划，不断加强思想政治工作和思想作风建设，保障了各项统计业务工作的顺利开展。

在做好上述工作的同时，积极筹措资金，为统计工作提供经费保障，基层统计工作条件逐步得到改善。组织召开国际官方统计会议，扩大了国际统计交流与合作。人事管理、政务管理、科研教育、涉外调查管理、统计新闻宣传出版、后勤保障等各项工作都取得了可喜成绩。

这些成绩，是在任务重、时间紧、难度大的情况下取得的，确实来之不易。这是党中央、国务院亲切关怀、高度重视、正确领导的结果，是地方各级党委政府和国务院各部门领导与支持的结果，是广大统计调查对象积极配合的结果，是全国统计工作者团结一致、辛勤工作、无私奉献的结果。我代表国家统计局党组，向多年来理解、关心和支持统计事业发展的各地区、各部门、新闻工作者和社会各界表示衷心的感谢！向统计战线的广大干部职工致以诚挚的问候！

二、深化统计改革，提高科学发展水平

元月 7 日温家宝总理就统计工作作出重要批示："努力做好统计工作，为应对国际金融危机，保持经济平稳较快发展，提供准确的信息、科学的判断和政策依据。这在今年具有特殊重要的意义。"元月 4 日李克强副总理莅临国家统计局视察指导工作。这充分体现了党中央、国务院对统计工作的高度重视和殷切期望，是对全国统计系统极大的鼓舞和鞭策。我们要认真学习领会，切实贯彻落实。

当前，我们正站在全面建设小康社会、加快推进社会主义现代化的历史新起点上。深入贯彻落实科学发展观、开创统计工作新局面，最根本的就是要把科学发展观作为强大的思想武器和行动指南，不断增强自觉性和主动性，坚定不移地推进统计改革创新，切实提高统计数据质量，更好地服务科学发展。

(一)统计改革和发展的总体思路

统计反映科学发展成果,服务科学发展决策,引导科学发展实践,监测科学发展进程。当前和今后一段时期,统计改革和发展的总体思路是:全面贯彻党的十七大、十七届三中全会精神,以邓小平理论和“三个代表”重要思想为指导,深入贯彻落实科学发展观,以提升统计服务科学发展水平为目标,以提高统计数据质量为中心,以改革创新为动力,以信息化为支撑,积极构建组织体系完善、调查制度科学、技术手段先进、法制保障有力、队伍素质过硬的现代统计体系,努力为党中央、国务院和地方各级党委政府、社会公众以及各类经济体提供优质统计服务。

——必须毫不动摇地以科学发展观统领统计工作。继续深入学习科学发展观,不断加深对科学发展观的认识,真正以科学发展观武装头脑,自觉按照科学发展观的要求继续解放思想,统筹安排各项统计工作,积极推进统计改革、发展和建设,努力提高统计服务水平。

——必须锲而不舍地服务科学发展。统计必须全面反映国情国力现状,深入揭示经济社会运行规律,努力为科学发展决策提供依据;必须如实地反映深入贯彻落实科学发展观的成果,真实记录经济社会的历史变迁;必须全面系统地监测经济社会发展进程,及时发现发展中出现的各种矛盾和问题;必须充分体现党和政府促进经济社会发展的各项政策要求,积极发挥统计指标的引导作用。

——必须坚持不懈地提高统计数据质量。必须把提高统计数据质量作为统计工作的中心环节,作为统计事业发展的生命线。一切统计改革、发展和建设都必须有利于提高统计数据的准确性、及时性、完整性和一致性,必须有利于提高统计工作的权威性。

——必须矢志不渝地推进统计改革创新。必须把改革创新作为统计事业发展的不竭源泉,把改革创新精神贯穿到统计工作的各个环节和各个领域,毫不动摇地推进统计改革创新,不断提高统计工作水平,实现统计工作的科学发展。

——必须竭尽全力地提高统计能力。必须从提高国家基础能力和国家软实力的高度加快统计能力建设,全面提高统计系统的综合统筹能力、系统执行能力、依法行政能力,全面提高技术装备水平,努力提升统计调查、分析和数据采集能力,不断夯实统计业务基础和基层基础。

——必须坚定不移地加强党的领导。认真贯彻落实党的十七大、十七届三中全会精神,认真学习贯彻党中央、国务院领导同志重要指示,围绕中心、服务大局,坚持民主集中制,建立健全科学决策机制,充分调动广大干部职工的积极性、主动性和创造性。增强大局意识,强化责任意识,讲政治,顾大局,求团结,谋发展。

(二)加大统计改革力度,努力构建现代统计体系

统计系统贯彻落实科学发展观,不断提高统计数据质量,就必须继续解放思想,不断深化统计改革,努力创新统计体系。

第一,必须把统计数据的真实可信、准确完整作为统计工作的生命线,积极构建覆盖全面、基础扎实、程序规范、责任明确的统计数据质量控制体系。只有提供真实可信的统计数据,才能真实地反映经济社会发展全貌,才能深刻揭示经济社会运行规律,才能为党和政府科学决策提供优质服务,才能满足社会各界的统计需求。必须把提高统计数据质量真正作为各级统计机构的核心任务、中心工作。树立"统计数据质量从我做起"的理念,使朱镕基同志"不出假数"、温家宝同志"真实可信"的题词和李克强同志"准确完整"的要求成为每一位统计工作者的共同价值取向、职业道德准则和行为操守。紧密围绕提高数据质量设计制度方法,完善体制机制,健全法律制度,强化信息化建设,夯实基层基础,提升队伍素质,建立涵盖统计设计和数据采集、审核、传输、处理、管理、评估、发布全过程的数据质量控制体系。严格规定每一岗位的质量标准和技术规范,把质量控制任务层层分解到每个工作岗位,将统计工作业绩考核与数据质量挂钩。努力提高统计数据的准确性、及时性、完整性和一致性,努力提高统计工作的权威性。

第二，必须加快统计制度方法改革，积极构建标准完备、名录健全、指标完善、方法科学的统计调查体系。统计调查体系是统计工作的中心环节。要抓紧建立与统计需求各方进行良好沟通的机制，准确把握统计用户的需要；转变统计设计理念，设计统计制度方法要以提高统计数据质量为中心，充分考虑减轻基层调查负担和调查对象负担，积极推进统计调查的科学化和一体化。充分借鉴国际通行统计标准，积极建立完整统一、科学适用的统计标准体系。创新建库模式，加快建立科学完备的基本单位名录库。科学设置指标框架，发挥指标导向作用，加快建立科学统一简约的统计指标体系。优化周期性普查，强化抽样调查规范性和主体地位，积极采用行政记录，合理使用全面报表、重点调查、科学推算等方法，努力建立科学高效的统计调查方法体系。

第三，必须不断完善统计管理体制，积极构建结构科学、机构健全、职责明确、协调有力的统计组织体系。统计组织体系是提高统计数据质量、促进统计服务科学发展、推动统计工作科学发展的有力保障。完善统计管理体制，创新统计组织体系，必须坚持国家对统计工作的集中统一领导，必须坚持与中国国情相适应，必须坚持统计调查的独立性，必须坚持有利于提高统计数据质量。要进一步明确在国家统一领导下，国家统计与地方统计、政府综合统计与部门统计之间的分工，科学界定职能。进一步加强政府统计的主体地位，充分发挥社会统计在政府统计领导下的补充作用。进一步加强和完善国家统计局对全国统计工作的统一领导和协调。建立健全科学决策机制，提高决策的民主化、科学化。完善统计法律制度，坚持依法行政，强化执法力度，严明组织纪律和工作纪律，健全监督反馈机制，提高全系统的执行力，确保政令畅通，令行禁止。

第四，必须加快统计信息化建设，积极构建网络健全、程序统一、运转高效、方便快捷的统计信息化支撑体系。统计信息化是统计系统服务科学发展的重要保障，是统计工作科学发展的重要支撑，是统计系统建设的主要内容，是统计体制改革的内在动力。从数据采集、传输、处理、存储到数据的提供、发布，都离不开现代信息技术。充分利用现代科学技术特别是现代信息技术装备统计部门，实现统计数据的电子化、网络化，既可以减轻基层负担、提高工作效率，也有助于保障统计数据质量、提升统计服务科学发展的水平。要根据“统筹考虑、统一规划、分期建设、分步实施”的总体要求，加快构建统计信息化支撑体系。要加快国家统计信息网络平台建设，形成纵联各级统计机构的统计信息网络；加快建立全国统一的统计数据库体系，提高统计机构的公共服务能力和数据管理能力；加快建立全国统一的统计数据采集软件平台，满足各级统计机构和各专业统计调查的需要。

第五，必须努力提升统计服务水平，积极构建信息可靠、内容丰富、方式多样、便捷适用的统计服务体系。努力提供优质高效的统计服务，是统计工作的出发点和根本归宿。改革统计调查体系，完善统计组织体系，强化统计管理，推进统计信息化建设，提高统计人员素质，其根本目的都是为了提高统计服务水平。要进一步转变统计服务理念，努力为党和政府、社会公众和各类经济体提供优质统计服务，使统计成果真正惠及全社会；建立与用户间良好的沟通机制，充分了解和把握统计需求；加强对经济运行的分析和监测，积极为党和政府提供参考价值较高的政策建议；建立健全部门间统计信息的提供和交换制度，提高统计信息共享的水平；规范统计数据发布行为，丰富统计信息发布内容，拓展统计服务渠道，提高数据发布的及时性。

此外，我还想强调几个要处理好的关系：

一要处理好创新与继承的关系。无论是改革创新还是继承发扬都必须坚持实事求是。改革创新是促进统计服务科学发展、推动统计工作科学发展的动力源泉。当前统计工作中存在着许多不适应、不符合科学发展观的问题和矛盾，解决这些问题和矛盾，必须不断地解放思想，必须不断地进行改革创新。因循守旧的倾向必须克服。但是，改革创新并不意味着要对现在的统计制度、方法、体制、机制全都否定，更不意味着一切都要推倒重来。统计数据的历史性、可比性，要求统计指标、方法、制度的稳定性和连续性。轻率急躁的倾向也必须防止。必须正确处理创新与继承的关系，既不断进取，又循序渐进，在改革中逐步完善，在继承中不断创新。

二要处理好体制机制改革与发挥人的主观能动性的关系。统计事业的不断前进和发展，既离不开体制机制的保障，也离不开统计人员主动性、创造性的充分发挥，两者缺一不可。单纯强调这一面、轻视或者忽视另一面，都不利于统计工作的科学发展。体制机制十分重要，有时甚至具有决定性作用。但由于客观上体制需要相对稳定，改革完善也需要一个较长的过程，重大的体制改革还需要条件的基本具备和时机的基本成熟。这就要求我们在积极探索改革的同时，在既定的统计体制机制环境中，努力把广大统计工作者的积极性、主动性和创造性引导好、保护好、发挥好，认真扎实地做好各项工作，牢固树立奋发进取、有所作为的信念，充分理解、积极支持配合改革，主动沟通、团结共事完善改革，不断推动统计事业的发展。

三要处理好夯实基础与统计工作科学发展的关系。要构建坚固的共和国统计大厦，必须以坚实的统计基层基础为根基；要实现统计工作的科学发展，必须有扎实的统计业务基础作保障。统计基础不坚实、不扎实，技术手段再先进，人员素质再过硬，统计工作也难以实现科学发展，统计数据质量也难以真正提高。我们要把统计基层基础建设摆到更加突出和更加重要的位置，作为全局性的大事来抓，从基层做起，从基础抓起，采取行之有效的措施，加大建设力度，使统计工作科学发展建立在扎实的基础之上。

三、2009 年的工作安排

2009 年是新中国成立 60 周年，也是推进“十一五”规划顺利实施的关键一年。各级统计机构要按照党的十七大、十七届三中全会和中央经济工作会议的要求，深入贯彻落实科学发展观，坚决落实党中央、国务院的各项部署，以提高统计数据质量为中心，深化统计改革，加强各项统计建设，努力提高统计服务科学发展和统计工作科学发展的水平。

（一）着眼解决问题，进一步搞好学习实践活动

深入开展学习实践科学发展观活动，是中央的一项重大部署，也是促进统计工作科学发展、提升统计服务科学发展水平的一次难得的重大机遇。必须继续按照中央的要求，布置好、落实好。

国家统计局和各省级统计机构要在巩固学习实践活动初步成果的基础上，继续解放思想，制定好整改方案。要加强组织领导，切实将整改措施的落实摆上重要的议事日程。建立严格的工作责任制，明确目标、任务、工作内容、完成时限、执行单位和责任人。加强督促检查，充分发挥群众监督作用，及时反映和解决整改措施落实中出现的问题，确保整改措施得到不折不扣地贯彻落实。

市县两级统计机构要严格按照中央的统一部署和地方党委的具体要求，认真开展学习实践活动。一要加强领导，统筹安排好学习实践活动各个阶段、各个环节的工作，真正做到学习实践活动和统计业务工作两不误、两促进。二要解放思想，切实把思想统一到深入贯彻落实科学发展观的要求上来。三要结合实际，深入查摆统计工作中存在的突出问题和矛盾。四要着力创新，认真制定好整改方案。五要狠抓落实，把学习实践活动的成果真正体现到提高统计数据质量上来，真正体现到提高统计人员素质上来，真正体现到提高统计服务科学发展水平上来。

（二）应对金融危机，努力当好参谋助手

为应对国际金融危机冲击提供优质统计服务，是中央对统计系统的厚望，是当前统计系统贯彻落实科学发展观的根本要求，是对统计系统服务科学发展能力的考验。

各级统计机构和广大统计人员要认真贯彻落实中央经济工作

会议精神，围绕扩大内需、保持增长、调整结构、改善民生，深入开展统计分析和监测，及时为党中央、国务院和地方各级党委政府提供准确、及时的统计信息和政策建议。一是加强对生产、销售、投资、消费、就业、收入、库存、价格等领域运行情况的监测，提高监测水平，增加报送频率。认真落实好主要食品消费价格、重要工业品出厂价格监测旬报应急机制，重点农产品价格半月监测制度，重要农业生产资料价格月度监测制度，重点城市房地产市场分析监测制度；认真做好各项景气调查；充分利用部门行政记录和有关资料，如用电量、交通运输量、财政收入、贷款总额及增长率等指标，密切监视和及时反映经济运行情况。二是搞好中央扩大内需、促进增长、改善民生、调整结构政策实施情况的跟踪分析，及时发现苗头性、趋势性问题。三是不断提高分析水平。落实好月度经济形势分析会议制度，围绕应对国际金融危机冲击、保持经济平稳较快发展中的重大问题开展专题分析调研，提出有价值的政策建议。

要积极开发利用统计数据，加强对数据的整理，方便用户获取各类数据。健全部门和政府综合统计之间的统计数据共享机制。扩大政府信息公开的范围和内容，满足社会各界和各类经济体的需要。加强统计新闻宣传工作，做好新中国成立60周年辉煌成就的统计宣传。同时，要做好社情民意调查，积极反映人民群众的意愿和诉求。

(三)抓住关键环节，认真做好普查工作

目前，普查正处在最为关键的普查表填报阶段，能否获得高质量的原始数据决定着普查的成败。广大普查指导员和普查员要以高度的责任感，指导、督促普查对象依法如实填报普查资料，严格审核普查资料的真实性、完整性。各级普查机构及其工作人员要深入普查现场，指导、督查基层普查工作，及时解决普查表填报过程中出现的各种问题，严格按照规定的程序、标准和期限，扎实做好普查数据审核、录入、汇总、质量抽查、评估、上报、审定和发布工作。任何普查机构和普查人员不得以任何方式泄露单个普查对象的资料，不得将普查取得的资料用于普查以外的其他目的。同时，认真搞好第二次经济普查年度GDP核算工作。制定第二次经济普查年度GDP核算方案，进一步统一地区GDP和国家GDP核算方法，综合利用经济普查数据、部门统计数据、科学推算等多种方式修订历史GDP数据。积极做好第六次全国人口普查的前期准备工作，着手组建各级普查机构，认真研究制定普查方案。

（四）加大创新力度，不断深化制度方法改革

要深入贯彻落实科学发展观，推动统计工作科学发展，提升统计服务科学发展水平，必须加快统计制度方法改革。一是加快推进统计调查的一体化。积极进行“一套表”试点，深入分析1993年“一套表”推行不顺的具体原因，借鉴部分地区试点中的成功做法，选择部分省（区、市）进行试点。稳步推进城乡住户调查一体化。二是优化统计报表和指标。对现有的统计调查项目、指标进行梳理，提出优化、精简、合并、取消的具体方案。研究建立环保支出统计。完善能源产品分类和能源品种统计范围。完善企业创新统计调查制度。完善城镇工资统计，建立私营单位工资统计制度，研究制定个体工商户从业人员工资统计制度。完善城镇就业失业调查制度，增加调查频率，提高调查质量。实施农民工流动监测调查。完善低收入人群生活状况监测体系。建立工业企业成本费用调查制度。启动分季投资统计制度并提出方案。加快推进房地产全行业统计。完善消费者、生产者价格指数编报制度。三是完善统计调查方法。完善周期性普查制度，研究提出整合普查项目、精简普查内容、调整普查频率、提高普查效能的具体方案。以第二次全国经济普查为基础，研究建立统一的服务业统计调查制度。提高部分专业全面统计调查中起报单位规模标准，减少常规调查单位数量。切实减轻基层统计机构和调查对象的负担。完善农村统计调查方法。做好新一轮样本轮换工作，积极开展农作物对地调查试点。加大对行政记录的应用，积极研究利用行政记录转换、推算统计数据的方法。四是改进国民经济核算。研究试行由核算司统一核算各行业增加值的办法，同时加强改进工业等相关专业的统计制度。逐步完善将部门资料用于服务业增加值核算的方法。进一步对相关专业统计制度方法和基础数据进行分析，研究提出分季GDP核算方法和季节调整方法。

（五）重视“双基”建设，大力夯实统计基础

今年要在基础建设上加大力度，切实抓出成效。一是加强业务基础。研究出台统计数据质量全过程控制办法，健全统计数据质量全过程控制体系，研究建立统计数据协调性评估制度。完善统计标准，健全统计分类和编码标准，修订《国民经济行业分类》，制定《统计用产品分类目录》，统一各专业统计分类标准。加快健全有关统计指标定义、计算方法的统计标准，研究建立对部门统计标准审定制度。明确基本单位名录库建设的方向、模式，加快建设速度，及时更新、随时维护，真正发挥名录库在统计调查中的基础性作用。积极推进统计地理信息系统建设。充分利用税务、工商、编制、民政、质检等有关部门的行政信息，进一步完善专业统计和国民经济核算制度。二是加强基层建设。出台《县级统计基础工作规范》，支持省市统计机构对县级统计机构基础工作进行考核评价。研究制定《乡镇统计基础工作规范》，研究提出减轻调查对象负担、提高调查对象配合与支持程度的具体措施。出台加强基层统计工作的意见，支持地方增强乡镇统计力量。各级统计机构在布置统计调查任务时，要充分考虑基层的承受能力，尽可能减轻基层负担，并加大对基层经费的支持和保障力度。

（六）积极开拓进取，进一步完善统计管理体制

促进统计服务科学发展、推动统计工作科学发展必须不断深化统计管理体制改革。一是认真总结吉林实施省以下地方统计机构垂直管理的试点经验，鼓励有条件的地方进行试点和其他形式的探索。加强基层统计机构，认真总结北京、山东等一些地方设立乡镇统计机构并由县级统计机构垂直管理的经验，多种形式予以推广。二是认真研究浙江等地统计中介服务机构发展和改革经验，在有条件的地区稳步发展民间统计机构，同时加强对其引导和管理。三是进一步加强对部门统计的协调和管理。在服务业统计部际联席会议制度的框架下，研究建立部门服务业统计数据共享机制，并在此基础上逐步建立政府综合统计与部门统计的信息共享制度。完善对部门统计调查项目的管理，加大对部门统计调查的业务指导，继续做好对部门统计人员的培训。四是进一步理顺国家统计局内设机构的业务分工，优化职能配置，增强薄弱业务环节的力量。五是完善国家调查队管理体制改革。一要肯定方向，深化改革。在地方党委、政府和有关部门的大力支持下，在地方统计局的积极配合下，在调查队广大干部职工的积极参与下，三年多来的调查队管理体制改革取得了积极进展。同时改革过程中也确实暴露出这样那样的问题，需要进一步总结完善。二要明确职能，理顺分工。国家统计局各级调查队和地方各级统计局都是政府统计的重要组成部分。国家统计局各级调查队作为国家统计局的派出机构，主要负责国家宏观调控和国民经济管理所需重要统计信息的调查任务，地方统计局作为地方政府的职能部门，在国家统计局统一的业务领导下，完成国家布置的统计任务，领导地方统计工作。要根据这一职能定位，理顺分工，防止重复建设和重复调查，建立统计资料交换制度，实行统计信息共享。三要形成合力，和谐共赢。统计局和调查队要在充分发挥各自优势的基础上，紧密合作，相互配合，相互支持，努力形成团结协作、相得益彰的局队关系。

（七）加快建设步伐，积极推进统计信息化

统计信息化建设是一把手工程，各级统计机构要高度重视，充分认识统计信息化的重要性和紧迫性，加强领导，统一规划，加大投入，全面推进。今年要进一步理清信息化建设的思路，在几个关键环节上取得突破。一是加快网络建设。完成国家统计信息工程扩建项目，进一步提高国家到省级统计机构的网络传输能力，建成国家统计局涉密网。二是积极推进统一的统计数据采集软件平台建设。在充分调研和严密论证的基础上，形成统一软件平台设计方案，加快软件开发进度，满足各级统计机构和各专业统计调查的需要，解决统计软件多、乱的问题，减轻基层报送负担，提高统计数据处理效率。三是加强联网直报工作。在主要专业领域逐步取消纸介质进度报表，完善报送系统，逐步实现通过网络直接向国家统计局和省、市、县统计机构报送统计资料。四是完善统计数据库建设。提出统计数据库体系的总体设计方案，并在有关专业进行试点。抓紧充实和完善国家统计数据库，进一步推进统计信息的公开化。五是积极推广手持电子设备、住户记账器在统计工作中的应用。

（八）坚持依法统计，加强统计法制和巡查工作

维护统计工作秩序，提高统计数据质量，必须进一步加强统计法制建设，坚持依法行政、依法统计。一是积极配合全国人大常委会做好《统计法》的修改工作。目前，全国人大常委会正在通过中国人大网公开征求对《统计法（修订草案）》的意见，希望各级统计机构和广大统计人员认真调查研究，积极为修订《统计法》建言献策。二是研究拟定与《统计法》配套的行政法规，抓紧拟定《全国人口普查条例》，为第六次全国人口普查提供法制保障，同时着手修订《统计法实施细则》的调研工作。三是尽快制定并实施《统计违法违纪行为处分规定》及配套实施办法，积极配合中央纪委制定统计违法违纪行为党纪处分规定，并在规定通过后认真做好宣传和贯彻实施工作。四是围绕经济普查等重点工作，加大统计执法检查力度，坚决查处统计违法违纪行为。五是按照统计“五五”普法规划的要求，做好统计普法宣传工作。六是认真总结巡查工作经验，继续做好统计巡查工作。

在做好上述工作的同时，要加强国际交流与合作、人事管理、纪检监察、涉外调查管理、机关管理、财务管理、科研教育、新闻宣传和出版等工作，全面推进统计改革和建设。

四、加强统计队伍建设

统计改革发展的总体思路和今年的各项任务已经明确。要完成这些繁重而艰巨的任务，关键是要加强队伍建设。

(一)继续解放思想，努力更新观念

解放思想是行动的先导。没有思想的解放，就没有改革开放和社会主义经济建设的成就，就没有中国特色社会主义的发展，更没有统计工作30年来取得的成绩。面对新形势和新要求，目前的统计思想、统计意识、统计观念还不能完全适应科学发展观的要求。要不断解放思想，更新统计观念，转变统计发展思路，把思想、意识、观念进一步转变到深入推进改革开放、推动经济社会又好又快发展、促进社会和谐稳定上来，转变到优化统计调查内容，提高统计数据质量，服务科学发展上来，转变到全面深化统计改革、大力加强统计建设、统筹各项统计事业、推动统计工作科学发展上来。以解放思想的新突破、观念更新的新成果来赢得各项统计改革和建设的新发展。

(二)不断加强学习，提高工作水平

统计系统历来重视学习。实践证明，统计事业的发展，各项统计改革和建设的推进，统计队伍素质的提高，都与我们重视学习、善于学习密不可分。当今世界正在发生广泛而深刻的变化，当代中国正在发生广泛而深刻的变革。面对新形势、新要求，广大统计工作者特别是领导干部要进一步加强中国特色社会主义理论的学习，加强对科学发展观的学习，加强对党的十七大和十七届三中全会精神的学习，加强对胡锦涛总书记、温家宝总理和李克强副总理等中央领导同志关于统计工作的各项指示的学习。要努力钻研统计业务知识和经济理论，积极研究经济社会的发展和统计需求的变化，积极探索统计工作的新思路、新方法，提高搞准统计数据的能力，提高分析数据的能力。学习的目的在于应用，要理论联系实际，如饥似渴地学习、毫不懈怠地实践，真正做到学以致用、用以促学、学用相长，努力提高统计服务科学发展的水平。要加大统计培训力度，通过国家和地方的分级培训，提高各级统计人员的理论水平和专业素质。当前，要紧密结合统计工作的实际，围绕提高统计工作水平，提高统计数据质量，重点加强对统计工作规律、统计政策法规、统计制度方法、统计调查技能和现代信息技术的学习和研究。要通过学习和研究，努力提高在社会主义市场经济体制环境和现代信息技术条件下提高统计数据质量、做好统计工作的能力。

（三）深入实际调研，改进工作作风

研究问题、布置工作、推动发展、深化改革，都要坚持从群众中来到群众中去，深入广大统计干部职工，深入调查对象，深入统计用户，了解基层统计工作实情，掌握调查对象的承受力，把握统计用户的需求，汲取广大统计工作者的智慧、充分调动广大干部职工的积极性、主动性和创造性，把各方的愿望和要求作为决策的依据，使各项决策更加符合统计工作的实际。各项重大统计决策、各项重要统计工作部署，都必须严格执行民主集中制，广泛征求各方意见，充分酝酿，积极发挥集体的智慧和力量，建立健全科学决策机制，不断提高科学决策能力。坚持重实际、说实话、务实事、求实效，把工作的着力点真正放到研究解决统计改革发展中的重大问题上，大力发扬埋头苦干、求真务实的工作作风。要切实解决文山会海现象，坚持勤俭办统计，努力提高统计工作的效能。

（四）增强大局意识，加大管理力度

统计工作的大局就是要与中央保持高度一致，不折不扣地贯彻落实党中央、国务院的各项部署；坚决执行国家统计调查制度和国家统计局的各项决定，保障中央能够及时获得准确的国家统计调查数据。各级统计机构和广大统计工作者必须牢固树立大局意识，坚决地服从大局、维护大局、服务大局，自觉地把自己的思想和行动统一到这个大局上来。要强化对统计工作、统计队伍的管理。建立健全领导班子议事规则和各项业务工作制度，明确工作职责，规范工作程序，严格工作要求；加大对各项制度执行的监督检查，以制度的执行保障、推动各项工作任务的落实，努力形成结构合理、配置科学、程序严密、互相制约的长效机制，使统计工作有章可循、有序高效。加强对国家调查队的管理，建立健全调查队管理的各项规章制度，完善调查队领导班子考核机制，实行调查总队总队长向国家统计局党组年度述职述廉制度，严格总队对省以下调查队的管理，逐步实施调查队重要岗位的轮换和交流任职。加强调查队业务建设，充实业务部门人员力量，提高一线调查人员的比例，充分发挥调查队机动灵活的优势。

（五）恪守职业道德，坚持廉政勤政

恪守统计职业道德和操守，是对每位统计人员最基本的要求，是保障统计数据质量的前提和基础。以求真务实为天职、视数据质量为生命是统计工作的职业道德和操守。要在统计系统广泛深入地开展统计职业道德教育，牢固树立使命感和职业荣誉感，使依法统计、坚持原则、严谨求实、保守秘密成为每一位统计工作者的自觉行动。要坚持廉洁从政，自觉加强党性修养。加强忠于党和人民的教育，加强尽职尽责干工作的教育，加强拒腐防变的教育，牢固树立正确的权力观、地位观和利益观，真正做到自重、自警、自省、自励。严格执行党风廉政建设责任制，严格依法用好统计调查权、信息管理权、执法检查权以及内部的人财物管理权，决不允许以权谋私、以数谋私。坚持勤于从政，努力增强宗旨意识和责任意识，不断提高工作的自觉性、主动性和积极性，把心思用在干事业上，把精力投到攻坚克难上，主动研究新情况，解决新问题。

同志们！做好今年的统计工作，责任重大，任务艰巨，使命光荣。让我们紧密团结在以胡锦涛同志为总书记的党中央周围，高举中国特色社会主义伟大旗帜，深入贯彻落实科学发展观，以提高统计数据质量为中心，振奋精神，锐意进取，开拓创新，扎实工作，不断谱写统计发展与改革新篇章，为开创统计工作新局面做出新的更大贡献！

国家统计局关于印发2009年大城市月度劳动力调查方案的通知

（2009年1月22日）

各省、自治区、直辖市统计局：

为及时、快速反映我国就业形势变化，为政府准确判断就业形势，制定和调整宏观经济政策，改善就业服务提供依据，现决定2009年在正常组织两次劳动力调查的同时，在全国各直辖市和省会城市开展月度劳动力调查。

现将《2009年大城市月度劳动力调查方案》印发给你们。请严格按照方案要求，结合本地实际，精心组织，周密实施，切实做好调查工作。

2008年12月15日印发的《2009年季度劳动力试点调查方案》（国统字〔2008〕168号）停止执行。

附件：2009年大城市月度劳动力调查方案

附件：

2009年大城市月度劳动力调查方案

一、总说明

（一）调查目的

为及时反映我国就业形势的变化，为政府准确判断就业形势，制定和调整宏观经济政策，改善就业服务提供依据，根据《国务院办公厅关于建立劳动力调查制度的通知》（国办发〔2004〕72号）的精神，进行2009年大城市月度劳动力调查。

（二）调查范围

月度劳动力调查的实施范围为各直辖市（重庆市为主城区）和各省、自治区的省会城市的城镇和乡村。

（三）调查对象

调查对象为本市被抽中住户中的全部16岁及以上的常住人口。调查以户为单位进行，既调查家庭户，也调查集体户。应在被抽中户中登记的人是：

1. 住本户，户口在本乡、镇、街道（含户口在本户，外出不满半年的人）；

2. 住本户半年以上，户口在外乡、镇、街道；

3. 住本户不满半年，户口在外乡、镇、街道，离开户口登记地半年以上；

4. 住本户，户口待定。

在调查时点前死亡的人口，不调查。

（四）调查时点

调查从2009年3月开始，调查时点分别为每月10日零时。

（五）调查项目

调查项目分为按户填报的项目、按人填报的项目和抽中社区居委会（村委会）所在社区的失业登记情况。

1. 按户填报的项目有户编号、户别、本户常住人口数、本户常住人口中 16 岁及以上人口数、本户常住人口中 16 岁以下人口数等 5 个项目。

2. 按人填报的项目有姓名、与户主关系、性别、出生年月、户口登记状况、户口登记地、户口性质、受教育程度、是否为取得收入而劳动、未工作原因、是否想工作、是否寻找工作、当前能否工作、不能工作或未找工作的原因等 14 个项目。

3. 抽中社区居委会(村委会)所在社区的失业登记情况。包括:本社区(居委会、村委会)总户数、总人口数、登记失业人数。

(六)抽样方法和样本量

按照多阶段、分层、概率比例抽样的办法抽取调查样本。每季度样本约 1800 户分配在三个月内调查,每月调查约 600 户。省会城市季度间样本按照更换 20%的比例进行轮换。直辖市的样本由国家统计局会同市统计局依据本方案的相关工作规则研究确定。

(七)省会城市样本的抽取

由国家统计局组织省市统计局抽取街道、镇、乡样本,省统计局组织市区县统计局抽取社区居委会(村委会)样本。社区居委会(村委会)样本确定之后,区县统计局组织社区居委会(村委会)进行社区居委会(村委会)范围内住户(居住单元)清单的整理,市统计局组织区县统计局依据住户清单抽取住户样本。每季度调查前要将本季度内每个月的住户样本报国家统计局人口和就业统计司。样本抽取的具体方法和要求,参见本方案的相关工作规则。

(八)调查的组织实施

各省会城市在 2009 年 5 月进行正常 2 季度全国劳动力调查时,样本确定及调查组织方式均按本方案规定执行,但使用 2 季度的调查表,同时对原抽中的乡村样本使用 2 季度调查表进行调查。

1. 省会城市月度劳动力调查工作由各省、自治区、直辖市统计局组织省会城市统计局实施。

2. 调查指导员、调查员的选调与培训。鉴于此项调查对数据质量的要求高，居委会样本更换频繁，调查指导员和调查员原则上由区县统计局人员担任。省市统计局要根据月度劳动力调查方案的要求，对调查员进行培训。每次调查间出现人员变化时，必须对新任调查员进行业务培训，不得由未经培训的调查员承担调查任务。省市两级统计局要加强对调查员工作的监督检查。

3. 样本核实、入户登记和复查。入户登记前，区县统计局要组织调查员对应调查的住户样本进行核实，如有变动应进行更新，并将更新后的住户样本报国家统计局人口就业司。入户登记时要对被抽中的所有住户（居住单元）逐一进行调查，对应在本户登记的人口不得漏登，对调查项目要仔细询问，认真核对，确保调查数据的质量；在调查登记结束后，要认真进行复查，复查的重点是“您在调查时点前一周是否为取得收入而工作了 1 小时以上?”、“近三个月内您采取过以下哪种方式寻找工作?”、“如有适合的工作，您能否在两周内去工作?”等项目。样本核实、入户登记和复查的具体要求，参见本方案的相关工作规则。

4. 调查表编码。调查表编码分专项编码和非专项编码两部分，非专项编码由调查员在登记、复查、逻辑审核无误后进行，专项编码由区县统计局组织经过培训的专项编码员集中进行。

5. 调查资料的报送。调查员在完成登记、复查和非专项编码工作后，将调查表以社区居委会（村委会）为单位，加上封面和本社区居委会（村委会）的失业登记情况装入包装袋后，报区县统计局。区县统计局调查表报送方式由各省、自治区、直辖市根据需要确定。

（九）数据处理、资料上报与管理

1. 国家统计局人口和就业统计司负责数据录入程序和汇总程序的编制和下发。

2. 调查数据的录入工作由各省、自治区、直辖市统计局按照规定的格式和要求，组织实施。

3. 各省、自治区、直辖市统计局要组织对省会城市调查数据进行汇总并对本市劳动力主要数据进行推算。

4. 资料上报工作。各省、自治区、直辖市统计局要按照规定的时间和格式，将下列资料以电子邮件方式报国家统计局人口和就业统计司。

调查原始数据：每月 25 日 17：00 前；

调查推算数据：每月 30 日 17：00 前。推算指标包括：分城乡的 16 岁及以上人口、就业人口以及城镇失业人口。

二、调查表式（略）

三、劳动力调查表填写说明（略）

四、抽样规则（略）

五、样本核实、登记、复查规则（略）

六、编码规则（略）

国家统计局关于开展环保支出统计试点调查的通知

（2009 年 2 月 6 日）

北京、吉林、广东、重庆等省（市）统计局：

为建立我国的环保支出统计制度，经研究，决定在北京、吉林、广东和重庆开展环保支出统计试点调查。现将有关事项通知如下：

一、试点调查的背景

为贯彻 2008 年全国统计工作会议关于完善环境综合统计、开展环保支出测算研究的精神，经研究决定在中加环境统计项目中增加环保支出的内容，并选择部分地区进行环保支出统计试点调查，为建立我国的环保支出统计分类、指标框架和调查体系提供经验。

二、试点调查的组织和时间安排

环保支出统计试点调查在国家统计局中加环境统计项目领导小组的领导下进行，社会科技统计司承担试点调查的组织工作，试点地区负责试点调查的具体实施。试点调查工作分为三个阶段，2009 年 2 月—6 月为人员培训和分类概念研究阶段，2009 年 7 月—11 月为对中国现有的环保支出统计数据进行评估阶段，2009

年12月—2012年5月为试点调查实施阶段。

三、试点调查经费

根据我国商务部和加拿大国际发展署有关规定，开展此次环保支出统计试点调查的经费由国家统计局和试点地区统计局共同筹集。

请你们接此通知后，尽快确定此项工作的负责人，成立工作小组，并安排一定的专项资金用于此项工作。有关具体事宜请与我局社会科技统计司联系。

监察部　人力资源和社会保障部
国家统计局令

第18号

（2009年3月25日）

《统计违法违纪行为处分规定》已经监察部2009年2月9日第一次部长办公会议、人力资源社会保障部2008年12月30日第十六次部务会议、国家统计局2008年11月6日第十八次局务会议审议通过。现予公布，自2009年5月1日起施行。

监　察　部　部　长　马　馼
人力资源社会保障部部长　尹蔚民
国家统计局局长　马建堂

统计违法违纪行为处分规定

第一条　为了加强统计工作，提高统计数据的准确性和及时性，惩处和预防统计违法违纪行为，促进统计法律法规的贯彻实施，根据《中华人民共和国统计法》、《中华人民共和国行政监察法》、《中华人民共和国公务员法》、《行政机关公务员处分条例》及其他有关法律、行政法规，制定本规定。

第二条　有统计违法违纪行为的单位中负有责任的领导人员

和直接责任人员，以及有统计违法违纪行为的个人，应当承担纪律责任。属于下列人员的（以下统称有关责任人员），由任免机关或者监察机关按照管理权限依法给予处分：

（一）行政机关公务员；

（二）法律、法规授权的具有公共事务管理职能的事业单位中经批准参照《中华人民共和国公务员法》管理的工作人员；

（三）行政机关依法委托的组织中除工勤人员以外的工作人员；

（四）企业、事业单位、社会团体中由行政机关任命的人员。

法律、行政法规、国务院决定和国务院监察机关、国务院人力资源社会保障部门制定的处分规章对统计违法违纪行为的处分另有规定的，从其规定。

第三条 地方、部门以及企业、事业单位、社会团体的领导人员有下列行为之一的，给予记过或者记大过处分；情节较重的，给予降级或者撤职处分；情节严重的，给予开除处分：

（一）自行修改统计资料、编造虚假数据的；

（二）强令、授意本地区、本部门、本单位统计机构、统计人员或者其他有关机构、人员拒报、虚报、瞒报或者篡改统计资料、编造虚假数据的；

（三）对拒绝、抵制篡改统计资料或者对拒绝、抵制编造虚假数据的人员进行打击报复的；

（四）对揭发、检举统计违法违纪行为的人员进行打击报复的。

有前款第（三）项、第（四）项规定行为的，应当从重处分。

第四条 地方、部门以及企业、事业单位、社会团体的领导人员，对本地区、本部门、本单位严重失实的统计数据，应当发现而未发现或者发现后不予纠正，造成不良后果的，给予警告或者记过处分；造成严重后果的，给予记大过或者降级处分；造成特别严重后果的，给予撤职或者开除处分。

第五条 各级人民政府统计机构、有关部门及其工作人员在实施统计调查活动中，有下列行为之一的，对有关责任人员，给予记过或者记大过处分；情节较重的，给予降级或者撤职处分；情节严重的，给予开除处分：

（一）强令、授意统计调查对象虚报、瞒报或者伪造、篡改统计资料的；

（二）参与篡改统计资料、编造虚假数据的。

第六条 各级人民政府统计机构、有关部门及其工作人员在实施统计调查活动中，有下列行为之一的，对有关责任人员，给予警告、记过或者记大过处分；情节较重的，给予降级处分；情节严重的，给予撤职处分：

（一）故意拖延或者拒报统计资料的；

（二）明知统计数据不实，不履行职责调查核实，造成不良后果的。

第七条 统计调查对象中的单位有下列行为之一，情节较重的，对有关责任人员，给予警告、记过或者记大过处分；情节严重的，给予降级或者撤职处分；情节特别严重的，给予开除处分：

（一）虚报、瞒报统计资料的；

（二）伪造、篡改统计资料的；

（三）拒报或者屡次迟报统计资料的；

（四）拒绝提供情况、提供虚假情况或者转移、隐匿、毁弃原始统计记录、统计台账、统计报表以及与统计有关的其他资料的。

第八条 违反国家规定的权限和程序公布统计资料，造成不良后果的，对有关责任人员，给予警告或者记过处分；情节较重的，给予记大过或者降级处分；情节严重的，给予撤职处分。

第九条 有下列行为之一，造成不良后果的，对有关责任人员，给予警告、记过或者记大过处分；情节较重的，给予降级或者撤职处分；情节严重的，给予开除处分：

（一）泄露属于国家秘密的统计资料的；

（二）未经本人同意，泄露统计调查对象个人、家庭资料的；

（三）泄露统计调查中知悉的统计调查对象商业秘密的。

第十条 包庇、纵容统计违法违纪行为的，对有关责任人员，给予记过或者记大过处分；情节较重的，给予降级或者撤职处分；情节严重的，给予开除处分。

第十一条 受到处分的人员对处分决定不服的，依照《中华人民共和国行政监察法》、《中华人民共和国公务员法》、《行政机关公务员处分条例》等有关规定，可以申请复核或者申诉。

第十二条 任免机关、监察机关和人民政府统计机构建立案件移送制度。

任免机关、监察机关查处统计违法违纪案件，认为应当由人民政府统计机构给予行政处罚的，应当将有关案件材料移送人民政府统计机构。人民政府统计机构应当依法及时查处，并将处理结果书面告知任免机关、监察机关。

人民政府统计机构查处统计行政违法案件，认为应当由任免机关或者监察机关给予处分的，应当及时将有关案件材料移送任免机关或者监察机关。任免机关或者监察机关应当依法及时查处，并将处理结果书面告知人民政府统计机构。

第十三条 有统计违法违纪行为，应当给予党纪处分的，移送党的纪律检查机关处理。涉嫌犯罪的，移送司法机关依法追究刑事责任。

第十四条 本规定由监察部、人力资源社会保障部、国家统计局负责解释。

第十五条 本规定自 2009 年 5 月 1 日起施行。

中组部　罗兰等3名同志职务任免

（2009年4月7日）

中共国家统计局党组并国土资源部党组：

经研究，罗兰同志任国家统计局党组纪检组组长、党组成员，免去其国家测绘局党组纪检组组长、党组成员职务；免去章国荣同志（女）的国家统计局党组纪检组组长、党组成员职务；张荣久同志任国家测绘局党组纪检组组长、党组成员。

国务院关于开展第六次全国人口普查的通知

（2009 年 5 月 4 日）

各省、自治区、直辖市人民政府，国务院各部委、各直属机构：

根据国家普查项目和周期安排的有关规定，国务院决定于 2010 年开展第六次全国人口普查。现将有关事项通知如下：

一、指导思想和主要目的

指导思想。以邓小平理论和“三个代表”重要思想为指导，深入贯彻落实科学发展观，科学设计、精心组织、依法实施、确保质量，全面、准确地提供基本国情国力数据，为党中央、国务院以及地方各级人民政府宏观管理和科学决策服务。

主要目的。人口普查是一项重大的国情国力调查。2000 年第五次全国人口普查以来，我国的人口状况发生了很大变化。组织开展第六次全国人口普查，将查清十年来我国人口在数量、结构、分布和居住环境等方面的变化情况，为科学制定国民经济和社会发展规划，统筹安排人民的物质和文化生活，实现可持续发展战略，构建社会主义和谐社会，提供科学准确的统计信息支持。

二、内容和时间

人口普查主要调查人口和住户的基本情况，内容包括：性别、年龄、民族、受教育程度、行业、职业、迁移流动、社会保障、婚姻生育、死亡、住房情况等。

人口普查的标准时点是2010年11月1日零时。

三、组织和实施

人口普查工作是一项庞大的社会系统工程，涉及范围广、参与部门多、技术要求高、工作难度大。各地区、各部门要按照“全国统一领导、部门分工协作、地方分级负责、各方共同参与”的原则，认真做好此项重大国情国力普查的宣传动员和组织实施工作。

为加强对此项工作的组织和领导，国务院决定成立第六次全国人口普查领导小组，负责人口普查的组织和实施。普查领导小组办公室设在统计局，具体负责人口普查的日常组织和协调。国务院有关部门要充分发挥各自职能，各负其责、通力协作、密切配合。对普查工作中遇到的困难和问题，要及时采取措施，切实予以解决。

地方各级人民政府要设立相应的普查领导小组及其办公室，认真做好本地区普查工作。要充分发挥街道办事处和居民委员会、乡镇政府和村民委员会的作用，广泛动员和组织社会力量积极参与并认真配合做好普查工作。

四、经费保障

第六次全国人口普查所需经费，由中央和地方各级人民政府共同负担，并列入相应年度的财政预算，按时拨付、确保到位。

五、工作要求

坚持依法普查。各级人民政府、各有关部门要严格执行《中华人民共和国统计法》和人口普查的有关规定。人口普查取得的数据，严格限定用于普查目的，不得作为任何部门和单位对各级行政管理工作实施考核、奖惩的依据，不得作为对普查对象实施处罚的依据；各级普查机构及其工作人员，必须严格履行保密义务。

加强宣传工作。切实做好人口普查的宣传报道工作，做到家喻户晓，人人皆知。要通过报刊、广播、电视和互联网等媒体广泛深入宣传人口普查的重要意义和工作要求，引导广大普查对象依法配合普查，如实申报普查项目，为普查工作顺利实施创造良好舆论环境。

附件：国务院第六次全国人口普查领导小组组成人员名单

附件：

国务院第六次全国人口普查领导小组组成人员名单

组　长：李克强　国务院副总理
副组长：尤　权　国务院副秘书长
马建堂　统计局局长
张新枫　公安部副部长
江　帆　人口计生委副主任
成　员：翟卫华　中央宣传部副部长
李金章　外交部副部长
朱之鑫　发展改革委副主任
袁贵仁　教育部副部长
杨健强　国家民委副主任
郝明金　监察部副部长
姜　力　民政部副部长

陈训秋　司法部副部长
李　勇　财政部副部长
孙宝树　人力资源社会保障部副部长
鹿心社　国土资源部副部长
齐　骥　住房城乡建设部副部长
陈晓华　农业部副部长
尹　力　卫生部副部长
钟攸平　工商总局副局长
胡占凡　广电总局副局长
张为民　统计局副局长(兼领导小组办公室主任)
周　波　港澳办副主任
宋大涵　法制办副主任
江小涓　国研室副主任
郑立中　台办副主任
钟志明　总参谋部军务部部长
何映华　武警部队副司令员

国土资源部　农业部　国家统计局关于开展2008年度省级政府耕地保护责任目标履行情况抽查工作的函

（2009年5月4日）

各省、自治区、直辖市人民政府：

按照国土资源部、农业部和国家统计局《关于印发〈2008年度省级政府耕地保护责任目标履行情况检查工作方案〉的通知》（国土资发〔2009〕33号）安排，定于5月上旬组织开展对各省（区、市）政府耕地保护责任目标履行情况抽查工作。现将《2008年度省级政府耕地保护责任目标履行情况抽查工作方案》印发你们，请做好准备，积极配合抽查工作，保证抽查工作取得实效。

检查组人员和到达时间另行通知。

2008年度省级政府耕地保护责任目标履行情况抽查工作方案

根据《国务院关于深化改革严格土地管理的决定》（国发〔2004〕28号）、《国务院关于加强土地调控有关问题的通知》（国发〔2006〕31号）、《国务院办公厅关于印发〈省级政府耕地保护责任目标考核办法〉的通知》（国办发〔2005〕52号）文件精神，按照《关于印发〈2008年度省级政府耕保护责任目标履行情况检查工作方案〉的通知》(国土资发〔2009〕33 号)要求，国土资源部、农业部、国家统计局决定，在各省(区、市)人民政府 2008 年度耕地保护责任目标履行情况自查工作的基础上，组织开展抽查工作。具体抽查方案如下：

一、抽查工作的总体安排

根据国务院及有关部局相关文件，以土地管理基础数据和日常监管情况为依据，以各省(区、市)政府自查工作为基础，以随机实地抽查市县为抓手，核实掌握省级政府 2008 年度耕保护责任目标履行情况，通过抽查，总结经验、发现问题、促进工作。同时，为制定用地政策、实施用地计划奖惩提供依据，为完善考核制度，推动耕地保护工作奠定基础。

二、抽查的重点内容

按照国土资发〔2009〕33 号文件要求，重点核查耕地保有量和基本农田面积变化情况、非农建设占用耕地计划执行和补充耕地计划完成情况、耕地占补平衡完成情况、补充耕地的数量质量情况、目标责任制度建设和 2007 年耕地保护责任目标履行中存在问题的整改落实情况，以及自查工作开展情况，全面评估省级政府落实耕地保护责任目标履行情况。

三、抽查的方式

(一)带着问题抽查

根据土地管理基础数据和日常监管情况，与各省(区、市)自查报告反映的情况和数据进行分析比对，发现和提出问题，供抽查组抽查使用；同时督办落实群众举报和信访案件。

(二)听取政府汇报

听取省级政府关于耕地保护责任目标履行总体情况、自查情况汇报，包括违法用地、卫生检查和建设实际占用耕地情况、耕地质量监测工作开展情况，发现典型、经验和做法，查找问题和原因，听取意见和建议。

(三)核查台账资料

全面核查省级和被抽查市县的土地管理台账资料、电子数据等信息。主要包括：

1. 查阅土地利用变更调查情况及相关文件资料，核查2008年耕地面积变化情况及原因。

2. 查阅年度土地利用计划台账，与当年审批和实际新增建设用地面积比对，核实计划用地情况。

3. 查阅补充耕地台账，与补充耕地计划、土地变更调查补充耕地数量、年度统计报表等比对，核实补充耕地计划完成情况。

4. 查阅基本农田保护台账和档案资料、基本农田规划调整和占用的批准文件，核查基本农田净增减情况，核实补划基本农田面积和落实到图上、地块和农户等情况。

5. 查阅耕地占补平衡台账，核查2008年实际补充耕地面积、质量、资金使用和项目验收等情况。

6. 查阅责任状和相关工作报告等资料，核查目标责任制度建设情况、2008年检查工作情况，核查2007年耕地保护责任目标履行中存在问题的整改落实情况。

（四）随机实地抽查市县

根据对省（区、市）检查的综合情况，由检查组随机确定抽查市县，并完成内外业抽查。内业要全面核查上述台账资料，外业要尽可能多的随机抽查具体项目。鼓励运用GPS等技术手段，核实耕地和基本农田与图、表、册相符情况。补划基本农田、补充耕地情况要实地抽查1—2个耕地质量监测点。

（五）综合评价

各检查组根据省级台账抽查结果，结合省政府自查报告，按评分标准形成省级自查综合评价结果；根据各市县抽查情况，按评分标准形成部抽查综合评价结果。抽查结束时，检查组应形成抽查报告。报告要全面反映各省（区、市）目标责任履行中的工作成效、典型作法和存在的问题，明确应该整改的问题和需要三部局跟踪督办落实的问题，以及整改要求。对工作措施得力、成效突出的，提出宣传推广建议；对发现的突出问题，要提出整改建议。

四、资料准备

各省（区、市）和被抽查的市县应提供下列资料：

（一）2008 年度修改或调整土地利用总体规划的批准文件和图件；基本农田的档案和图件；非农建设项目占用基本农田的批准文件；查处违法占用或者破坏基本农田案件的清单和案卷。

（二）2008 年度省级、市级、县级建设用地计划管理台账、建设用地审批台账、补充耕地台账。

（三）2008 年度占补平衡考核工作报告，包括项目清单以及相关说明材料；耕地占补平衡台账、补充耕地的土地变更调查资料等；补充耕地质量验收材料包括验收意见、实地检查数据等。

（四）2008 年度省、市、县的土地利用变更调查报告；2008 年度耕地保护责任目标责任状样本；2008 年度耕地保护责任目标履行情况检查汇总报告及相关分析材料。

五、时间安排

抽查工作在 2009 年 5 月上中旬开始，5 月下旬各抽查组完成检查工作并提交抽查报告，6 月上旬召开各抽查组工作汇报会，完成综合分析报告。

国家统计局关于开展房地产开发费用构成专项调查的通知

（2009年5月11日）

国家统计局各调查总队：

为了解全国房地产开发项目费用支出情况，国家统计局决定在40个重点城市范围内开展一次商品住宅开发费用构成专项调查。现将有关事项通知如下：

一、调查目的

通过调查商品房开发土地费用、建造费用、管理费用、各种税费以及构成情况，全面了解房地产企业和房地产市场运行情况，为宏观调控提供真实准确的统计信息和决策参考。

二、调查内容

本次调查的主要内容：

（一）房地产开发企业开发项目个数，企业自有资本、主营业务收入、利润总额等；

（二）房地产开发企业2008年1月1日到2009年4月30日有销售活动的楼盘项目。主要包括：

1、项目土地费用（取得土地费用、土地开发费用、契税等）；2、城市基础建设费；3、项目建造费用，即项目从开工建设到竣工的整个过程中发生的各项费用，包括设计费、建造费、管理费等；4、项目销售费用，即项目销售过程中发生的一切费用，包括广告费、管理费、销售人员工资等；5、各项税费，即项目从立项到销售完毕企业所缴纳的各项税和费；6、项目总建筑面积；7、项目销售总收入等。

三、调查范围和调查方法

40个重点城市中部分房地产开发企业2008年到2009年有销售活动的商品住宅楼盘项目。各城市按抽样调查方法抽取一定数量的企业进行调查。

四、时间安排和上报内容

调查时期为2008年1月1日至2009年4月30日。

此次专项调查资料的报送时间为2009年6月15日前。要求各调查总队通过投资信息管理系统数据采集处理平台将抽样调查基层数据（基层表式见附件2）和综合表以及2008年被调查城市财政收入、土地出让收入、房地产税费情况表报国家统计局投资司。

五、调查任务分工

此次调查由国家统计局各调查总队（西藏除外）为主负责组织实施。各省、自治区（西藏除外）、直辖市统计局要积极配合，做好提供2008年第二次经济普查相关城市基本单位名录库等工作。

六、工作要求

（一）各城市具体工作人员要深入到企业进行调查，现场填写调查表，并进行数据录入、审核、汇总和数据上报工作；

（二）各城市要按照规定的方法抽取样本，各地抽取的样本数目，不能少于分配的样本数目；

（三）要加强数据评估，确保调查数据质量，各调查总队要对上报的数据质量负责；

（四）各调查总队要按照《统计法》的要求，做好为被调查企业的保密工作。同时，各调查总队及各城市调查机构不得依据本次调查数据推算和发布本地区的相关数据；

（五）本次调查所需经费由各调查总队在 2009 年经费预算中统筹安排；

（六）为做好这项调查，国家统计局将召开专门会议对调查方案进行布置和培训；

（七）本次调查时间紧，难度大，各调查总队要高度重视，精心组织，按时、保质完成调查工作。

附件：房地产开发费用构成专项调查方案（略）

国家统计局工作规则

国家统计局

（2009年5月14日）

第一章　总　则

一、国家统计局是国务院直属机构。为认真履行国务院赋予的职能，使各项工作法治化、规范化和制度化，提高行政效能，根据《国务院工作规则》（国发〔2008〕14号）及有关规定，制定本规则。

二、国家统计局工作的指导思想是，高举中国特色社会主义伟大旗帜，以邓小平理论和"三个代表"重要思想为指导，深入贯彻落实科学发展观，认真执行党的路线、方针、政策，切实提高统计能力和统计数据质量，努力建成服务型、责任型、法治型和廉洁型的统计行政机关。

三、国家统计局各项工作要实行科学民主决策，坚持依法行政，推进政务公开，健全监督制度，加强廉政建设。

四、国家统计局工作人员要履行岗位职责，遵守统计职业道德规范，忠于职守，依法统计，求真务实，勤勉廉洁。

五、国家统计局各单位要依照《统计法》和有关规定履行职责，进一步转变工作职能、管理方式和工作作风，推进电子政务，提高工作效率。要有全局观念，相互协调，密切配合，切实贯彻国务院及国家统计局的各项工作部署。

第二章　局长、副局长、党组纪检组组长和党组成员职责

六、国家统计局实行局长负责制，局长领导国家统计局的工作，副局长协助局长工作。

七、副局长按分工负责处理分管工作。受局长委托，负责其他方面的工作或专项任务，并可代表国家统计局进行外事活动。对于工作中的重要情况，及时向局长报告；对于带方针政策性的问题，向局长提出解决问题的建议。

八、党组纪检组组长负责机关、在京直属事业单位和国家调查队的纪检、监察工作。纪检组长和党组成员可受局长（党组书记）委托负责其他方面的工作或专项任务。

九、局长外出期间，委托一位副局长主持处理国家统计局日常工作。

十、按照国家统计局调查队联系分工制度，国家统计局领导分别负责联系部分国家统计局调查总队，了解调查队业务情况，督导调查队认真贯彻落实国家统计局的各项决策。

第三章　总统计师、总经济师、总工程师及各单位职责

十一、国家统计局设总统计师、总经济师和总工程师。三总师是局领导在有关业务工作方面的参谋和助手，在局长、副局长领导下，协助局领导协调并负责有关方面的业务工作。总统计师协助局领导协调统计制度设计管理方面的工作；总经济师协助局领导协调统计分析研究、统计新闻发布方面的工作；总工程师协助局领导协调统计信息化建设方面的工作。

十二、国家统计局各单位根据法律和行政法规，以及国家统计局的各项规章制度、决定、指示、命令，在本单位职权范围内开展工作。办公室协助局领导做好局内各项工作的协调，并对实施情况

进行督促检查。

第四章　坚持依法行政

十三、国家统计局要严格按照法定权限和程序履行职责，行使行政权力。

十四、国家统计局制定规章和其他规范性文件，必须符合宪法、法律和国务院的行政法规、决定、命令。其中，涉及群众切身利益、社会关注度高的事项及重要涉外、涉港澳台事项，应当事先请示国务院；国家统计局与有关部门联合制定的重要规章及规范性文件发布前须经国务院批准。部门规章应当依法及时报国务院备案。

十五、国家统计局要严格行政执法责任制和执法过错追究制，有法必依、违法必究、公正执法、文明执法。

第五章　会议制度

十六、国家统计局机关实行局务会议、常务会议和专题会议制度。

十七、局务会议由局长、副局长、纪检组长和党组成员以及三总师、各司级行政单位、在京直属事业单位主要负责同志组成，由局长或由局长委托的副局长召集和主持。会议的主要任务是：

（一）传达党中央、国务院的重要决定和指示，研究提出贯彻落实措施；

（二）决定和部署国家统计局的重要工作；

（三）审议报送国务院的法律、行政法规送审稿，审定由国家统计局制定或者由国家统计局与有关部门联合制定的规章；

（四）通报有关重要情况；

（五）讨论其他重要事项。

局务会议根据需要召开。

十八、常务会议由局长、副局长、纪检组长和党组成员以及三总师组成，由局长或由局长委托的副局长召集和主持。根据需要可指定有关单位负责人列席（办公室主任为固定列席人员）。会议的主要任务是：

（一）讨论决定工作中的重大事项；

（二）讨论审定上报国务院的重要请示、报告；

（三）讨论通过局机关的重要规章制度；

（四）讨论、审定重大统计调查项目；

（五）讨论、审定中央统计事业费预决算；

（六）讨论决定局各单位和各省、自治区、直辖市统计局，国家统计局各调查总队的重要请示事项；

（七）讨论其他事项。

常务会议根据需要召开。

十九、副局长、纪检组长、党组成员以及三总师受局长委托或按照分工可召集和主持专题会议，研究、协调和处理局机关工作中的一些专门问题。

二十、提交局务会议、常务会议审议的议题，须由呈报单位主要负责同志或主持工作的负责同志首先呈报给分管局领导或三总师，经分管局领导或三总师同意后，报局长审批；由局长分管的单位，可直接将议题报局长审批。经局长批准同意提交局务会议、常务会议审议的议题，由局办公室根据议题的重要性和紧迫性统筹安排上会顺序。

专题会议议题由召集和主持会议的局领导或三总师确定，会务工作由有关单位负责。

二十一、提交局务会议、常务会讨论的事项，特别是制度、办法、规定、法规等，须附有相应的说明，包括这一事项的必要性、前期主要工作过程、主要内容、征求意见的情况和需要会议重点议定的事项等。

二十二、提交局务会议、常务会议讨论的事项涉及多个单位的，原则上应由分管局领导或三总师先行召开专题会议进行研究，提出具体和明确意见后，再提交会议讨论决策。在提交局务会议、常务会议审议时，主办单位必须将有关单位意见向会议作出说明。若分管局领导或三总师不能出席会议，原则上不安排其分管范围内的议题。

二十三、各单位接到参加局务会议、常务会议的通知后，一般应当提前一天向办公室报名，并准时到会。因故不能参加会议，应事先向会议主持人请假。未经同意不得缺席、替换或增加参加会议人员。

二十四、局务会议、常务会议讨论文件由局长或由局长委托主持会议的副局长批印，主办单位应提前两天将会议材料印制后送交办公室。会议通知、会议室安排、会议纪要撰写等会务工作由办公室负责。

二十五、局务会议、常务会议纪要，由局长或局长委托主持会议的副局长签发。专题会议纪要，由会议主持人签发。

二十六、局务会议、常务会议决定的事项，由办公室负责督查催办。每次常务会开始前，由局办公室主任通报上次会议决定事项的落实情况。

二十七、局领导主持或参加局机关各类会议及全局性活动，由办公室归口管理和协调。办公室根据局领导意见，每周周末安排下周会议及其它公务活动，并通过国家统计局智能办公系统(OA)发布通知。全局性会议及活动，如需对外报道，应经办公室主任同意，由综合司(新闻办公室)办理。必要时报请局领导批准。

二十八、国家统计局及各单位召开的全国性(或跨地区跨部门)会议实行计划管理。局办公室应在每年 11 月底前将下一年度以国家统计局名义召开的全国性会议报国务院审批。各单位应在每年 12 月底前将以国家统计局办公室名义通知召开的全国性(或跨地区跨部门)会议计划报局办公室。局办公室汇总后提出国家统计局年度会议计划，提交局常务会议审定。

各单位应按常务会议批准后下达的年度计划召开会议。因工作需要，确需召开计划外会议的，由单位提出申请，阐述召开会议的必要性以及会议内容、天数、规模、参会人员、经费来源等，由局办公室审核，报分管局领导同意后，报请局长批准。未经局长批准的计划外会议，不得召开。

二十九、国家统计局召开的全国性工作会议，原则上只邀请各省、自治区、直辖市统计局局长，新疆生产建设兵团统计局局长，国家统计局各调查总队总队长，副省级城市统计局局长、调查队队长以及中央国家机关各部门统计机构的负责人参加，一般不邀请各省、自治区、直辖市人民政府负责同志和中央国家机关各部门负责人参会。确因工作需要邀请的，须报国务院批准。

各单位召开全国性会议，一般不邀请各省、自治区、直辖市统计局，国家统计局各调查总队负责同志参加。确因工作需要邀请的，须经分管局领导同意并报局长批准。

各单位召开培训会、研讨会和座谈会等，分管局领导原则上不参加，确需参加的，须报局长批准。

三十、要认真贯彻党中央、国务院的有关规定，坚持“精简、节约、高效”的原则，精简会议数量，控制会议规格，压缩会期和规模，控制会议地点，提高会议效率。要严格执行财务管理的有关规定，不得超标准使用经费，不得组织会议代表公款旅游和发放纪念品。提倡召开电视电话会议和网络视频会议。

第六章　公文审批及内部请示报告制度

三十一、国家统计局各单位办理公文，要严格执行国务院和国家统计局关于公文处理的规定。公文的审批由办公室按照局领导分工呈批，重大事项报局长审批。

三十二、国家统计局文件批办工作由办公室归口管理。党中央、国务院下发的文件，国务院各部门、各省（区、市）政府及统计局、调查总队报送国家统计局办理的公文，均由办公室按办文程序批转，并负责文件办理情况的催办。各单位不得自行受理应由国家统计局办理的文件。

三十三、以国家统计局名义发文，由局长或主管副局长签发。如发文涉及其他副局长分管事项，须经有关副局长审核后签发；属重大事项的，主管副局长审核后，送局长签发。报送国务院的文件，由局长签发。国家统计局发布的决定、命令（令）和规章，由局长签署。

国家统计局办公室文件对外代表国家统计局。以办公室名义发文，一般由办公室主任签发；涉及重要事项的报主管局领导签发。

除办公室以外，机关内设机构原则上不得对外正式行文。

三十四、严格按照行文程序办理公文。拟文单位领导要对文稿认真审核；报送局领导及办公室签发的文件，原则上要由呈报单位的主要负责同志（或主持工作的负责同志）签署，如有特殊情况可由呈报单位主要负责同志委托其他负责人签署。

以局和办公室名义的对外发文，呈局领导签发前，须先由办公室审核。公文签发后，排版和印刷过程中不得随意改动公文的内容；如确需改动，须征得签发人同意。

三十五、各单位办理公文，如涉及其它单位职权范围的，应先送有关单位会签，未经会签不能呈报。有关单位对所办公文有不同意见时，主办单位的负责同志要主动与协办单位协商。不能取得一致意见时，主办单位应如实列出各方理据，提出办理建议，请分管局领导协调或裁定后再按办文程序正式呈报。

三十六、统一规范我局对外发文。机关各种发文应由办公室按国家标准印制。

三十七、国家统计局文件对外公布，须经办公室主任同意，重要文件对外公布要请示局领导批准。

三十八、国家统计局实行内部工作请示及报告制度。请示及报告的范围主要是：

(一)请示批准某一方面的工作；

(二)请求局领导协调解决有关问题；

(三)报告工作完成情况或局领导交办事项的办理结果；

(四)对全局工作和重大问题提出意见和建议；

(五)干部调动、处级机构调整等人事问题；

(六)国际统计合作与交流工作；

(七)其他需要请示或报告局领导的重要事项。

内部请示与报告要分开。请示要一事一报，报告中不得夹带请示事项。内部请示由办公室统一归口管理。请示一般只呈主管局领导，如涉及其他单位职责要事先协商并会签。请示一般应由本单位主要负责人签字。呈报局领导前先送办公室登记并提出拟办意见，由办公室呈报局领导审批；凡需听取三总师意见时，签报三总师提出意见后，再呈报局领导。

工作完成情况报告可直接送局领导。

三十九、局领导在审批公文和内部请示及报告时，对各单位呈报的一般性报告和文件，圈阅表示“已阅知”；对各单位呈报的请示，一般要签批明确意见，圈阅则表示“同意”。

四十、根据国务院推进电子政务工作的精神，国家统计局各单位的公文审批和内部请示及报告工作要适应办公自动化(即 OA)系统逐步升级完善的流程要求。

第七章　统计调查项目审批、统计数据审核和统计信息发布

四十一、国家统计局对统计调查项目立项实行审批制度。统计设计管理司负责对各种统计调查项目的立项提出初步审核意见，并按不同管理权限分别上报总统计师或局统计调查项目审议

小组；总统计师、局统计调查项目审议小组负责对统计调查项目的立项和审批工作提出决策咨询意见，之后呈报给主管统计制度方法的局领导。一般的统计调查项目，经主管局领导审批后报局长审定签发；重大的统计调查项目立项，须经局常务会议讨论通过。

四十二、国家统计局建立健全对重要统计数据的审核、评估制度，定期组织对农业、工业、能源、投资、贸易等专业统计和国民经济核算中的重要数据进行审核，通过数据评估等方式提高数据质量。

四十三、国家统计局正式编发的统计资料，应按规定程序报局长或副局长签发，经局长授权也可由总经济师签发。统计资料的发放范围按我局有关规定执行。

四十四、国家统计局对外发布统计新闻，由局长或委托副局长、新闻发言人统一向社会发布。新闻发布稿由有关单位提出，经局领导审定后对外发布。

四十五、统计信息对外公布由综合司统一归口管理。进度性统计信息、专题统计信息由草拟单位领导审核签字后，送综合司审定，重要的须经局领导审批，由综合司统一对外发布。各单位拟发布的统计政务信息，经草拟单位领导审定，报办公室同意后，由综合司统一对外发布。经综合司、办公室审定的重要信息，以及其他一般信息，首先要在国家统计局网站发布。有关单位召开新闻发布会或与其他部门联合召开新闻发布会，须经综合司会签后报局领导审批。任何单位或个人未经综合司协调安排，不得自行接受记者采访，对外发表文章也不得冠以国家统计局的名义。禁止以个人名义发布统计信息。以个人名义对外发表的统计分析文章，须经单位负责人审批。

四十六、认真做好向党中央、国务院报送统计信息工作。

四十七、依照《中华人民共和国政府信息公开条例》及有关规定，做好政府信息公开工作。

四十八、对外提供和发布统计信息，必须严格执行有关保密规定，杜绝发生失密、泄密行为。

第八章　离京外出（出访）报告制度

四十九、局长离京外出，由办公室负责向国务院办公厅报告。局长出国访问，报请国务院审批。副局长、纪检组长、党组成员以及三总师离京出差（出访）或休假，应事前向局长报告。回局后要向局长报告有关情况，必要时在常务会议上通报。

五十、各单位主要负责同志离京出差（出访），应提前三天书面报经主管局领导同意并经局长批准，由办公室备案。司级单位主要负责同志外出期间，要指定一位副司长主持本单位日常工作。各单位司级领导不得同时外出，必须有一位司级领导在京主持日常工作。司级领导外出回京后，须书面或口头向主管局领导汇报出差（出访）情况。

第九章　局长接待日制度

五十一、为转变机关工作作风，切实听取群众的意见，国家统计局实行局长接待日制度。

五十二、局长接待日由局长和副局长轮流负责接待，由办公室根据局领导每周日程安排提出意见，报局长审定。

五十三、局长接待日安排在每月第一个星期的星期五，局机关及在京各单位在职和离退休干部职工均可预约。既可以对机关建设和统计工作方面的问题提出意见和建议，也可以反映职工个人的有关问题。

五十四、申请接待者需提前与负责当月接待工作的局长或副局长的秘书进行预约，由秘书具体安排接待时间并通知申请接待者。根据需要，可安排有关同志参加接待。

五十五、负责接待的局长或副局长要按规定填写“接待日志”，就有关问题或意见建议提出处理意见,并责成有关部门予以落实。

五十六、有关部门要将落实情况书面报告负责接待的局长或副局长,并反馈给被接待者。由办公室负责有关落实情况的督查工作。

第十章　工作纪律

五十七、国家统计局工作人员要坚决贯彻执行党和国家的路线方针政策以及国家统计局的工作部署,严格遵守纪律,有令必行,有禁必止。

五十八、国家统计局要自觉接受国务院的领导,向其报告工作;接受全国人大及其常委会的监督,接受质询;接受全国政协的民主监督,虚心听取意见和建议。国家统计局各单位要按照有关法律规定,自觉接受监察、审计等部门的监督,及时发现并纠正违反法律、行政法规、规章制度的行为。对监督中发现的问题,要认真查处和整改并向有关单位报告。

五十九、国家统计局要接受新闻舆论和群众的监督。重视新闻媒体报道和反映的问题,对重大问题,各单位要积极主动地查处和整改并向国家统计局报告。要加强网站建设,及时发布政务信息,便于群众查询和监督。要重视群众和其他组织通过多种方式对行政行为实施的监督,重视人民群众来信来访工作,进一步完善信访制度,确保信访渠道的畅通。

六十、国家统计局领导同志及各单位负责同志要做学习的表率,密切关注国际国内经济、社会、科技等方面发展变化的新趋势、不断充实新知识,更新知识结构。

六十一、国家统计局领导同志及各单位负责同志要深入基层,调查研究,解决实际问题。下基层要轻车简从,减少陪同,简化接待。各单位负责同志外出调研要有明确目的,调研结束应提出调研报告。

国家统计局干部外出讲座讲学要履行报批程序。

六十二、国家统计局各单位要实行政务公开，规范行政行为，增强服务观念，认真履行职责。对职权范围内的事项，要按程序和时限积极主动地办理，对不符合规定的事项要坚持原则；对因官僚作风造成影响和损失的，要追究责任；对越权办事、以权谋私等违规、违纪、违法行为，要严肃查处。

六十三、本规则自印发之日起执行。原《国家统计局工作规则》（国统字〔2006〕74号）同时废止。

国家统计局关于开展第六次全国人口普查归侨侨眷及港澳台外籍人口试点调查的通知

（2009 年 6 月 16 日）

福建省统计局：

根据工作安排，经研究，定于 2009 年 6 月在你省开展第六次全国人口普查归侨、侨眷及港澳台、外籍人口试点调查。现将试点方案发给你们，请按照试点方案的要求，协助我局完成此项试点工作。

附件：1. 第六次全国人口普查归侨、侨眷及港澳台、外籍人口试点调查方案（略）

2. 第六次全国人口普查归侨、侨眷及港澳台、外籍人口试点调查表（略）

3. 第六次全国人口普查归侨、侨眷及港澳台、外籍人口试点调查表填表说明（略）

国家统计局　科技部　国家发展改革委 教育部　财政部　国防科工局关于开展 第二次全国 R&D 资源清查的通知

（2009 年 6 月 17 日）

各省、自治区、直辖市统计局、科委（科技厅）、发展改革委、教育厅（教委）、财政厅，各军工集团公司，国务院有关部门：

R&D（即研究与试验发展）经费支出及其占 GDP 的比重是衡量一个国家科技活动规模和科技投入水平的重要指标，也是反映我国自主创新能力和创新型国家建设进程的重要内容。为全面掌握我国 R&D 活动情况，更好地适应新形势下宏观管理的需求，经国务院批准，国家统计局、科技部、国家发展改革委、教育部、财政部、国防科工局决定联合开展第二次全国 R&D 资源清查。现将有关事项通知如下：

一、清查的目的

第二次全国 R&D 资源清查的目的是全面调查了解我国 R&D 活动的总体规模和分布情况；研发队伍的规模和素质状况；研发资源的投入、成果及产出效益情况；政府对 R&D 活动扶持政策的落实情况等。通过清查，进一步规范科技统计工作，完善科技统计指标体系，夯实统计基础，提高数据质量，为制定“十二五”国民经济和社会发展规划及科技发展规划，监测和评估我国自主创新能力和创新型国家建设进程提供依据。

二、清查的对象和范围

此次清查的对象是国民经济中 R&D 活动相对密集行业的法人单位。涉及的范围包括:农、林、牧、渔业,采矿业,制造业,电力、燃气及水的生产和供应业,建筑业,交通运输、仓储和邮政业,信息传输、计算机服务和软件业,金融业,租赁和商务服务业,科学研究、技术服务和地质勘查业,水利、环境和公共设施管理业,教育,卫生、社会保障和社会福利业,文化、体育和娱乐业等。

三、清查的主要内容

此次清查的主要内容包括 R&D 活动人员数量、素质及其工作量情况;R&D 经费支出、用途及来源情况;研发用仪器设备等固定资产拥有情况;各类研发机构的基本情况;R&D 项目(课题)的研究类型、组织方式及社会经济目标等情况;专利等自主知识产权的拥有及使用情况;技术引进、消化吸收和技术改造情况;政府给予研发活动的税收减免情况等。

四、清查的时间及进度安排

此次清查的标准时点为 2009 年 12 月 31 日,时期资料为 2009 年度。

清查工作的时间安排是:2009 年 9 月底以前完成清查方案的设计、试点等前期准备工作;10 月底以前完成摸底调查,确定调查对象;11 月底以前完成调查工作的布置和调查员培训。2010 年 1 月—3 月开展基层调查;9 月底以前完成调查资料的上报、审核和汇总;10 月底以前发布 R&D 资源清查主要数据。2011 年底以前完成清查的数据库建设和资料开发工作。

五、清查的组织实施

为加强对R&D资源清查工作的组织领导，由国家统计局、科技部、国家发展改革委共同牵头，会同教育部、财政部、国防科工局组成第二次全国R&D资源清查领导小组(领导小组人员名单详见附件)，负责清查工作的组织领导和重大问题的协调。由上述部门相关人员组成清查领导小组办公室(办公室设在国家统计局)，负责清查总体方案和部门实施方案的制定以及组织实施，进行清查数据评估与审核以及全部清查资料的综合汇总，统一发布清查结果的统计公报，组织清查资料的开发研究工作。

清查工作的部门分工是，国家统计局负责农、林、牧、渔业，采矿业，制造业，电力、燃气及水的生产和供应业，建筑业，交通运输、仓储和邮政业，信息传输、计算机服务和软件业，金融业，租赁和商务服务业，水利、环境和公共设施管理业，卫生、社会保障和社会福利业，文化、体育和娱乐业等企事业单位的调查工作；科技部负责科学研究、技术服务和地质勘查业相关机构，以及高新技术产业开发区相关企业的调查工作；国防科工局负责军口科研院所、科技信息与文献机构的调查工作；教育部负责普通高等院校及其附属医院的调查工作；财政部负责协调清查经费落实方面的事宜；国家发展改革委负责协调清查工作与经济社会发展需求的衔接；国务院有关部门负责参与相关行业清查工作的组织协调工作。

各地区由地方统计局、科委(科技厅)、发展改革委牵头成立相应的R&D资源清查工作领导小组和办公室，组织实施本地区的R&D资源清查工作。

六、清查的经费保障

此次清查所需经费由中央和地方财政共同负担，并列入年度财政预算，按时拨付、确保到位。

七、对各地区的工作要求

第二次全国R&D资源清查涉及范围广、参与部门多、技术要求高、工作难度大。有关部门要高度重视此次清查工作，明确职责、各司其职、通力协作。各地要抓紧组建清查领导机构，在工作条件和经费方面给予必要的保障。各级统计、科技部门要协调同级有关部门共同研究制定本级清查工作的组织实施办法，做好宣传发动、摸底调查和人员培训等准备工作。

对在R&D资源清查工作中遇到的困难和问题，要及时采取措施，切实予以解决。对于重大问题要及时向第二次全国R&D资源清查领导小组办公室报告。

附件：第二次全国R&D资源清查领导小组组成人员名单

附件：

第二次全国R&D资源清查领导小组组成人员名单

组　长：马建堂　国家统计局局长

副组长：杜占元　科技部副部长

张晓强　国家发展改革委副主任

成　员：李　勇　财政部副部长

林蕙青　教育部部长助理

王毅韧　国家国防科工局副局长

林贤郁　国家统计局副局长（兼任第二次全国R&D资源清查领导小组办公室主任）

李　强　国家统计局总统计师

中华人民共和国主席令

第十五号

（2009 年 6 月 27 日）

《中华人民共和国统计法》已由中华人民共和国第十一届全国人民代表大会常务委员会第九次会议于 2009 年 6 月 27 日修订通过，现将修订后的《中华人民共和国统计法》公布，自 2010 年 1 月 1 日起施行。

中华人民共和国主席　胡锦涛

中华人民共和国统计法
（2009 年修订）

（1983 年 12 月 8 日第六届全国人民代表大会常务委员会第三次会议通过　根据 1996 年 5 月 15 日第八届全国人民代表大会常务委员会第十九次会议《关于修改〈中华人民共和国统计法〉的决定》修正　2009 年 6 月 27 日第十一届全国人民代表大会常务委员会第九次会议修订）

第一章　总　则

第一条　为了科学、有效地组织统计工作，保障统计资料的真实性、准确性、完整性和及时性，发挥统计在了解国情国力、服务经济社会发展中的重要作用，促进社会主义现代化建设事业发展，制定本法。

第二条 本法适用于各级人民政府、县级以上人民政府统计机构和有关部门组织实施的统计活动。

统计的基本任务是对经济社会发展情况进行统计调查、统计分析，提供统计资料和统计咨询意见，实行统计监督。

第三条 国家建立集中统一的统计系统，实行统一领导、分级负责的统计管理体制。

第四条 国务院和地方各级人民政府、各有关部门应当加强对统计工作的组织领导，为统计工作提供必要的保障。

第五条 国家加强统计科学研究，健全科学的统计指标体系，不断改进统计调查方法，提高统计的科学性。

国家有计划地加强统计信息化建设，推进统计信息搜集、处理、传输、共享、存储技术和统计数据库体系的现代化。

第六条 统计机构和统计人员依照本法规定独立行使统计调查、统计报告、统计监督的职权，不受侵犯。

地方各级人民政府、政府统计机构和有关部门以及各单位的负责人，不得自行修改统计机构和统计人员依法搜集、整理的统计资料，不得以任何方式要求统计机构、统计人员及其他机构、人员伪造、篡改统计资料，不得对依法履行职责或者拒绝、抵制统计违法行为的统计人员打击报复。

第七条 国家机关、企业事业单位和其他组织以及个体工商户和个人等统计调查对象，必须依照本法和国家有关规定，真实、准确、完整、及时地提供统计调查所需的资料，不得提供不真实或者不完整的统计资料，不得迟报、拒报统计资料。

第八条 统计工作应当接受社会公众的监督。任何单位和个人有权检举统计中弄虚作假等违法行为。对检举有功的单位和个人应当给予表彰和奖励。

第九条 统计机构和统计人员对在统计工作中知悉的国家秘密、商业秘密和个人信息，应当予以保密。

第十条 任何单位和个人不得利用虚假统计资料骗取荣誉称号、物质利益或者职务晋升。

第二章 统计调查管理

第十一条 统计调查项目包括国家统计调查项目、部门统计调查项目和地方统计调查项目。

国家统计调查项目是指全国性基本情况的统计调查项目。部门统计调查项目是指国务院有关部门的专业性统计调查项目。地方统计调查项目是指县级以上地方人民政府及其部门的地方性统计调查项目。

国家统计调查项目、部门统计调查项目、地方统计调查项目应当明确分工，互相衔接，不得重复。

第十二条 国家统计调查项目由国家统计局制定，或者由国家统计局和国务院有关部门共同制定，报国务院备案；重大的国家统计调查项目报国务院审批。

部门统计调查项目由国务院有关部门制定。统计调查对象属于本部门管辖系统的，报国家统计局备案；统计调查对象超出本部门管辖系统的，报国家统计局审批。

地方统计调查项目由县级以上地方人民政府统计机构和有关部门分别制定或者共同制定。其中，由省级人民政府统计机构单独制定或者和有关部门共同制定的，报国家统计局审批；由省级以下人民政府统计机构单独制定或者和有关部门共同制定的，报省级人民政府统计机构审批；由县级以上地方人民政府有关部门制定的，报本级人民政府统计机构审批。

第十三条 统计调查项目的审批机关应当对调查项目的必要性、可行性、科学性进行审查，对符合法定条件的，作出予以批准的书面决定，并公布；对不符合法定条件的，作出不予批准的书面决定，并说明理由。

第十四条 制定统计调查项目，应当同时制定该项目的统计调查制度，并依照本法第十二条的规定一并报经审批或者备案。

统计调查制度应当对调查目的、调查内容、调查方法、调查对象、调查组织方式、调查表式、统计资料的报送和公布等作出规定。

统计调查应当按照统计调查制度组织实施。变更统计调查制度的内容，应当报经原审批机关批准或者原备案机关备案。

第十五条 统计调查表应当标明表号、制定机关、批准或者备案文号、有效期限等标志。

对未标明前款规定的标志或者超过有效期限的统计调查表，统计调查对象有权拒绝填报；县级以上人民政府统计机构应当依法责令停止有关统计调查活动。

第十六条 搜集、整理统计资料，应当以周期性普查为基础，以经常性抽样调查为主体，综合运用全面调查、重点调查等方法，并充分利用行政记录等资料。

重大国情国力普查由国务院统一领导，国务院和地方人民政府组织统计机构和有关部门共同实施。

第十七条 国家制定统一的统计标准，保障统计调查采用的指标涵义、计算方法、分类目录、调查表式和统计编码等的标准化。

国家统计标准由国家统计局制定，或者由国家统计局和国务院标准化主管部门共同制定。

国务院有关部门可以制定补充性的部门统计标准，报国家统计局审批。部门统计标准不得与国家统计标准相抵触。

第十八条 县级以上人民政府统计机构根据统计任务的需要，可以在统计调查对象中推广使用计算机网络报送统计资料。

第十九条 县级以上人民政府应当将统计工作所需经费列入财政预算。

重大国情国力普查所需经费，由国务院和地方人民政府共同负担，列入相应年度的财政预算，按时拨付，确保到位。

第三章　统计资料的管理和公布

第二十条　县级以上人民政府统计机构和有关部门以及乡、镇人民政府，应当按照国家有关规定建立统计资料的保存、管理制度，建立健全统计信息共享机制。

第二十一条　国家机关、企业事业单位和其他组织等统计调查对象，应当按照国家有关规定设置原始记录、统计台账，建立健全统计资料的审核、签署、交接、归档等管理制度。

统计资料的审核、签署人员应当对其审核、签署的统计资料的真实性、准确性和完整性负责。

第二十二条　县级以上人民政府有关部门应当及时向本级人民政府统计机构提供统计所需的行政记录资料和国民经济核算所需的财务资料、财政资料及其他资料，并按照统计调查制度的规定及时向本级人民政府统计机构报送其组织实施统计调查取得的有关资料。

县级以上人民政府统计机构应当及时向本级人民政府有关部门提供有关统计资料。

第二十三条　县级以上人民政府统计机构按照国家有关规定，定期公布统计资料。

国家统计数据以国家统计局公布的数据为准。

第二十四条　县级以上人民政府有关部门统计调查取得的统计资料，由本部门按照国家有关规定公布。

第二十五条　统计调查中获得的能够识别或者推断单个统计调查对象身份的资料，任何单位和个人不得对外提供、泄露，不得用于统计以外的目的。

第二十六条　县级以上人民政府统计机构和有关部门统计调查取得的统计资料，除依法应当保密的外，应当及时公开，供社会公众查询。

第四章　统计机构和统计人员

第二十七条　国务院设立国家统计局，依法组织领导和协调全国的统计工作。

国家统计局根据工作需要设立的派出调查机构，承担国家统计局布置的统计调查等任务。

县级以上地方人民政府设立独立的统计机构，乡、镇人民政府设置统计工作岗位，配备专职或者兼职统计人员，依法管理、开展统计工作，实施统计调查。

第二十八条　县级以上人民政府有关部门根据统计任务的需要设立统计机构，或者在有关机构中设置统计人员，并指定统计负责人，依法组织、管理本部门职责范围内的统计工作，实施统计调查，在统计业务上受本级人民政府统计机构的指导。

第二十九条　统计机构、统计人员应当依法履行职责，如实搜集、报送统计资料，不得伪造、篡改统计资料，不得以任何方式要求任何单位和个人提供不真实的统计资料，不得有其他违反本法规定的行为。

统计人员应当坚持实事求是，恪守职业道德，对其负责搜集、审核、录入的统计资料与统计调查对象报送的统计资料的一致性负责。

第三十条　统计人员进行统计调查时，有权就与统计有关的问题询问有关人员，要求其如实提供有关情况、资料并改正不真实、不准确的资料。

统计人员进行统计调查时，应当出示县级以上人民政府统计机构或者有关部门颁发的工作证件；未出示的，统计调查对象有权拒绝调查。

第三十一条　国家实行统计专业技术职务资格考试、评聘制度，提高统计人员的专业素质，保障统计队伍的稳定性。

统计人员应当具备与其从事的统计工作相适应的专业知识和

业务能力。

县级以上人民政府统计机构和有关部门应当加强对统计人员的专业培训和职业道德教育。

第五章　监督检查

第三十二条　县级以上人民政府及其监察机关对下级人民政府、本级人民政府统计机构和有关部门执行本法的情况，实施监督。

第三十三条　国家统计局组织管理全国统计工作的监督检查，查处重大统计违法行为。

县级以上地方人民政府统计机构依法查处本行政区域内发生的统计违法行为。但是，国家统计局派出的调查机构组织实施的统计调查活动中发生的统计违法行为，由组织实施该项统计调查的调查机构负责查处。

法律、行政法规对有关部门查处统计违法行为另有规定的，从其规定。

第三十四条　县级以上人民政府有关部门应当积极协助本级人民政府统计机构查处统计违法行为，及时向本级人民政府统计机构移送有关统计违法案件材料。

第三十五条　县级以上人民政府统计机构在调查统计违法行为或者核查统计数据时，有权采取下列措施：

（一）发出统计检查查询书，向检查对象查询有关事项；

（二）要求检查对象提供有关原始记录和凭证、统计台账、统计调查表、会计资料及其他相关证明和资料；

（三）就与检查有关的事项询问有关人员；

（四）进入检查对象的业务场所和统计数据处理信息系统进行检查、核对；

（五）经本机构负责人批准，登记保存检查对象的有关原始记录和凭证、统计台账、统计调查表、会计资料及其他相关证明和资料；

（六）对与检查事项有关的情况和资料进行记录、录音、录像、照相和复制。

县级以上人民政府统计机构进行监督检查时，监督检查人员不得少于二人，并应当出示执法证件；未出示的，有关单位和个人有权拒绝检查。

第三十六条 县级以上人民政府统计机构履行监督检查职责时，有关单位和个人应当如实反映情况，提供相关证明和资料，不得拒绝、阻碍检查，不得转移、隐匿、篡改、毁弃原始记录和凭证、统计台账、统计调查表、会计资料及其他相关证明和资料。

第六章 法律责任

第三十七条 地方人民政府、政府统计机构或者有关部门、单位的负责人有下列行为之一的，由任免机关或者监察机关依法给予处分，并由县级以上人民政府统计机构予以通报：

（一）自行修改统计资料、编造虚假统计数据的；

（二）要求统计机构、统计人员或者其他机构、人员伪造、篡改统计资料的；

（三）对依法履行职责或者拒绝、抵制统计违法行为的统计人员打击报复的；

（四）对本地方、本部门、本单位发生的严重统计违法行为失察的。

第三十八条 县级以上人民政府统计机构或者有关部门在组织实施统计调查活动中有下列行为之一的，由本级人民政府、上级人民政府统计机构或者本级人民政府统计机构责令改正，予以通报；对直接负责的主管人员和其他直接责任人员，由任免机关或者监察机关依法给予处分：

（一）未经批准擅自组织实施统计调查的；

（二）未经批准擅自变更统计调查制度的内容的；

（三）伪造、篡改统计资料的；

（四）要求统计调查对象或者其他机构、人员提供不真实的统计资料的；

（五）未按照统计调查制度的规定报送有关资料的。

统计人员有前款第三项至第五项所列行为之一的，责令改正，依法给予处分。

第三十九条 县级以上人民政府统计机构或者有关部门有下列行为之一的，对直接负责的主管人员和其他直接责任人员由任免机关或者监察机关依法给予处分：

（一）违法公布统计资料的；

（二）泄露统计调查对象的商业秘密、个人信息或者提供、泄露在统计调查中获得的能够识别或者推断单个统计调查对象身份的资料的；

（三）违反国家有关规定，造成统计资料毁损、灭失的。

统计人员有前款所列行为之一的，依法给予处分。

第四十条 统计机构、统计人员泄露国家秘密的，依法追究法律责任。

第四十一条 作为统计调查对象的国家机关、企业事业单位或者其他组织有下列行为之一的，由县级以上人民政府统计机构责令改正，给予警告，可以予以通报；其直接负责的主管人员和其他直接责任人员属于国家工作人员的，由任免机关或者监察机关依法给予处分：

（一）拒绝提供统计资料或者经催报后仍未按时提供统计资料的；

（二）提供不真实或者不完整的统计资料的；

（三）拒绝答复或者不如实答复统计检查查询书的；

（四）拒绝、阻碍统计调查、统计检查的；

（五）转移、隐匿、篡改、毁弃或者拒绝提供原始记录和凭证、统计台账、统计调查表及其他相关证明和资料的。

企业事业单位或者其他组织有前款所列行为之一的，可以并处五万元以下的罚款；情节严重的，并处五万元以上二十万元以下的罚款。

个体工商户有本条第一款所列行为之一的，由县级以上人民政府统计机构责令改正，给予警告，可以并处一万元以下的罚款。

第四十二条 作为统计调查对象的国家机关、企业事业单位或者其他组织迟报统计资料，或者未按照国家有关规定设置原始记录、统计台账的，由县级以上人民政府统计机构责令改正，给予警告。

企业事业单位或者其他组织有前款所列行为之一的，可以并处一万元以下的罚款。

个体工商户迟报统计资料的，由县级以上人民政府统计机构责令改正，给予警告，可以并处一千元以下的罚款。

第四十三条 县级以上人民政府统计机构查处统计违法行为时，认为对有关国家工作人员依法应当给予处分的，应当提出给予处分的建议；该国家工作人员的任免机关或者监察机关应当依法及时作出决定，并将结果书面通知县级以上人民政府统计机构。

第四十四条 作为统计调查对象的个人在重大国情国力普查活动中拒绝、阻碍统计调查，或者提供不真实或者不完整的普查资料的，由县级以上人民政府统计机构责令改正，予以批评教育。

第四十五条 违反本法规定，利用虚假统计资料骗取荣誉称号、物质利益或者职务晋升的，除对其编造虚假统计资料或者要求他人编造虚假统计资料的行为依法追究法律责任外，由作出有关决定的单位或者其上级单位、监察机关取消其荣誉称号，追缴获得的物质利益，撤销晋升的职务。

第四十六条 当事人对县级以上人民政府统计机构作出的行政处罚决定不服的，可以依法申请行政复议或者提起行政诉讼。其中，对国家统计局在省、自治区、直辖市派出的调查机构作出的行政处罚决定不服的，向国家统计局申请行政复议；对国家统计局派出的其他调查机构作出的行政处罚决定不服的，向国家统计局在该派出机构所在的省、自治区、直辖市派出的调查机构申请行政复议。

第四十七条 违反本法规定，构成犯罪的，依法追究刑事责任。

第七章 附 则

第四十八条 本法所称县级以上人民政府统计机构，是指国家统计局及其派出的调查机构、县级以上地方人民政府统计机构。

第四十九条 民间统计调查活动的管理办法，由国务院制定。

中华人民共和国境外的组织、个人需要在中华人民共和国境内进行统计调查活动的，应当按照国务院的规定报请审批。

利用统计调查危害国家安全、损害社会公共利益或者进行欺诈活动的，依法追究法律责任。

第五十条 本法自 2010 年 1 月 1 日起施行。

统一思想　加强领导　认真做好第六次全国人口普查各项准备工作

——马建堂（国务院第六次全国人口普查领导小组副组长、国家统计局局长）在全国第六次人口普查办公室主任会议上的讲话

（2009 年 7 月 13 日）

同志们：

今年 5 月，国务院下发《关于开展第六次全国人口普查的通知》（国发〔2009〕23 号），决定于 2010 年开展第六次全国人口普查。这次普查的主要目的是查清十年来我国人口在数量、结构、分布和居住环境等方面的变化情况，为实施可持续发展战略，构建社会主义和谐社会，提供科学准确的统计信息支持；主要内容是人口和住户基本情况，包括性别、年龄、民族、受教育程度、行业、职业、迁移流动、社会保障、婚姻生育、死亡、住房情况等；标准时点为 2010 年 11 月 1 日零时；普查在国务院的统一领导下，按照“全国统一领导、部门分工协作、地方分级负责、各方共同参与”的原则组织实施。这次会议的主要任务就是贯彻落实国务院通知精神，统一思想，提高认识，研究部署人口普查的各项准备工作。下面，我讲三点意见。

一、充分认识人口普查的重要性和艰巨性

中国是世界第一人口大国。人口问题始终是制约我国全面协

调可持续发展的重大问题，是影响经济社会发展的关键因素。人口众多、人均占有量少的国情，人口对经济社会发展压力沉重的局面，人口与资源环境关系紧张的状况，人口大国向人力资源强国转变的要求，是全面建设小康社会、加快推进社会主义现代化所面临的突出矛盾和问题。解决这些突出矛盾和问题的前提，就是要准确把握好我国人口的数量、素质、结构、分布及其变化等情况，以便制定科学可行的应对战略和政策。衣食住行是保障人类生存的基础，居有所定，居有所安，居有所舒，是坚持以人为本的本质要求之一。这就需要查清人民群众的居住状况，以便依据经济的发展情况，逐步改善居住条件。开展人口普查是搞清人口状况和人们居住情况的基本途径。新中国成立以来，我国先后进行了5次全国人口普查，获得了大量人口基础数据，在推动经济社会发展中发挥了重要作用。2000年第五次全国人口普查以来，我国经济、政治、文化、社会和生态文明建设取得明显进步，人民生活水平得到显著改善。与此同时，我国人口总量、结构和人们居住状况也发生了很大变化，人口发展呈现出前所未有的复杂局面。人口惯性增长势头依然强劲，总人口每年仍净增七八百万人；人口素质总体水平不高，难以适应激烈的综合国力竞争的要求；劳动年龄人口数量庞大，就业形势更加严峻；人口老龄化日益加重，社会保障面临空前压力；出生人口性别比居高不下，给社会稳定带来隐患；流动迁移人口持续增加，对公共资源配置构成巨大挑战；贫困人口结构趋于多元，促进社会均衡发展的任务十分艰巨；不仅低生育水平面临反弹的现实风险，而且21世纪上半叶，我国将迎来总人口、劳动年龄人口和老年人口高峰；人们居住需求不断高涨，居住要求持续提高，解决人们住有所居的难度加大。可以说，实现我国经济社会又好又快发展、全面建设小康社会所面临的重大问题，无不与人口数量、素质、结构、分布和人们居住情况密切相关，在人口问题上的任何失误，都将对经济社会发展产生难以逆转的长期影响。在这一形势下，开展第六次全国人口普查，查清十年来我国人口在数量、素质、结构、分布和人们居住情况等方面的变化情况，对于深入贯彻落实科学发展观，进一步完善人口、就业、教育等政策，科学制定国民经济和社会发展规划，正确处理经济与人口、资源、环境关系，实现可持续发展战略，构建社会主义和谐社会，具有十分重要而深远的意义。

全国人口普查是和平时期最大的社会动员，是一项十分庞大、十分复杂的社会系统工程，在新形势下高质量完成普查工作，任务十分艰巨。一是如何锁定普查对象面临巨大挑战。坚持地域登记是人口普查的基本原则。只有在普查时点时将活动的人锁定于某个确定的地点，才能准确对其进行登记，才能做到不重不漏。但是当前城乡之间、城际之间、乡际之间，人口迁移流动不仅数量十分巨大，而且频率也非常高。无论是城市还是乡村，人口的居住地与户籍所在地分离的现象十分普遍；城市，特别是大城市，一户多处住房、承租户与房主互不了解的现象大量存在。这些因素非常容易造成人口普查登记遗漏或重复。二是获取真实、准确、完整的普查登记数据面临巨大挑战。现在社会公众越来越重视个人隐私的保护，越来越不愿意向外人透露自己的受教育状况、职业状况、婚姻状况、收入状况、住房情况等信息；人口普查采取入户查点询问、当场填报的调查方式，现在人们普遍存在较强的防范心理，普查员调查登记中可能遇到大量的门难进、脸难看的现象；人口普查的一些内容涉及人们的切身利益，一些普查对象担心一旦如实登记，这些信息可能会成为相关主管部门的惩罚依据，不想提供真实的情况。人们的这些顾虑将直接导致其对普查工作配合程度的下降，直接影响普查登记工作的顺利开展和普查数据的真实性、准确性和完整性。三是如何科学组织实施好普查面临巨大挑战。现在，各地的“人均”意识普遍增强，人均 GDP 增长情况和人口出生率等计划生育指标已成为考核地方政府官员的重要依据，入学率、文盲率、火化率等指标也与地方政府行政管理工作密切相关，使得在实施普查中如何确保普查机构和普查人员独立调查、独立报告、独立监督的难度增大；这次普查参与部门有25个，需要协调制定大量确保普查数据质量的政策，需要从有关单位和乡镇、街道、居委会、村委会以及社会上选调、招聘600多万名素质较高的普查指导员和普查员，普查的组织协调工作将异常大。此外，按照《联合国2010年人口和住房普查的原则和建议》中提出的“将人口的国际迁移作为人口普查的核心问题之一”建议，这次普查首次把常住大陆的港澳台和外籍人员纳入普查对象。对这些普查对象实施调查，无论是年度人口变动调查，还是以往各次1%人口抽样调查和人口普查，都没有现成的经验可循，这无疑也增加了本次普查的难度。因此，请同志们一定要增强对这次人口普查艰巨性的认识，一定要做好打硬仗、打苦仗的准备，从现在开始就要绷紧使命意识、责任意识和质量意识这根弦。

第六次全国人口普查工作虽然艰巨，但是，有党中央、国务院的坚强领导，有社会主义制度强大无比的行政动员能力为依托，有广大人民群众的积极配合，有改革开放30年所积累的雄厚物质基础作支撑，有历次普查积累的丰富经验，有广大统计工作者的奉献精神，只要我们统筹规划、充分准备、稳步推进、扎实工作，视普查数据为生命，切实把普查的重要意义内化为每一位统计工作者的神圣使命，将普查的艰巨性转化为搞好普查工作的内在动力，我们就一定能获取真实、准确、完整的普查数据，人口普查工作就一定能取得圆满成功。广大统计机构、普查机构和普查人员一定要从深入贯彻落实科学发展观的高度，从全面建设小康社会、加快推进社会主义现代化的高度，从对中华民族未来发展负责的高度，充分认识到自己肩负使命之光荣，承担任务之艰巨，统一思想，自我加压，奋发努力，不负众望，积极投身到第六次全国人口普查中去。要坚持依法普查，恪守职业道德，科学有效地组织实施普查，以高质量的普查成果，向党和政府、向全国人民、向国际社会交上一份基本满意的答卷。

二、认真做好人口普查的各项准备工作

经与国务院相关部门充分协商，这次人口普查的对象初步确定为中华人民共和国境内居住的自然人，包括中国公民、中国境内的港澳台人员和外籍人员。普查登记坚持以村委会、居委会所辖地域为基础划分普查区的地域原则，以户为单位，由普查员按照逐户查点询问、当场填报的方式采集数据。通过手工汇总，2011 年 2 月将发布主要普查数据公报。数据录入采用光电录入的方式，数据汇总于 2011 年底前全部完成。为使国务院通知精神和上述设想变为现实，首先要做好普查的各项准备工作。普查准备工作的质量直接决定着普查的成败，准备工作越主动、越从容，后期的登记、审核、录入、汇总工作就越顺利、越有效；准备工作越充分、越细致、越扎实，普查的数据质量就越真实、越准确、越完整。目前，第六次全国人口普查的各项准备工作已有条不紊地展开，组建了国家级普查领导小组及其办公室，拟定了《全国人口普查条例》(送审稿)，草拟了《第六次全国人口普查制度》，拟定了普查工作计划，召开了专家咨询会和部门需求会，初步落实了国家级普查经费，并在 5 个省开展了普查专项试点，这为做好人口普查各项工作开了一个好头。为确保普查工作取得圆满成功，当前，要重点抓好以下几项准备工作。

(一)抓紧成立普查机构。

人口普查是一项覆盖全社会的大型调查活动，涉及我国境内每一行政区域、每一自然人和每一居住屋舍。历次人口普查和其他重大国情国力调查的经验告诉我们，健全有力的普查机构是组织实施好人口普查的关键，是落实各项普查举措的组织保障。只有建立起从中央到地方的各级普查机构，构建执行有力、运转高效的普查组织体系，才能得到各级党委和政府的高度重视和大力支持，充分凝聚有关部门的智慧和力量，充分调动基层社区的积极

性，最大限度地发挥我国的行政动员优势，齐心协力、共同完成普查任务。《国务院关于开展第六次全国人口普查的通知》明确了全国人口普查领导机构，正式成立了第六次全国人口普查领导小组，组长由李克强副总理担任，副组长为国务院常务副秘书长以及国家统计局、公安部、国家人口和计划生育委员会的负责人，成员包括中宣部、国家发展改革委、财政部等 23 个部门的负责人；领导小组办公室主任为国家统计局负责人，副主任和成员分别为领导小组副组长及其成员所在单位的有关负责人。地方各级人民政府也要按照国务院通知要求，参照国家级普查领导小组及其办公室的组建方式，结合本地实际，加快组建本级政府的普查机构。地方各级普查领导小组应由一位政府领导同志挂帅，相关部门应参与其中。领导小组办公室应由相关部门业务精通、作风过硬、组织协调能力强的干部组成。应充分发挥街道办事处和居民委员会、村民委员会的作用，广泛动员和组织社会力量积极参与并认真配合做好普查工作。各级统计局作为人口普查具体组织实施的牵头单位，这次会议后要抓紧向本级党委政府领导汇报，加强与相关部门的沟通协调，按照人口普查工作流程的要求，确保今年 12 月底前完成县级以上各级普查机构的组建。

(二)加快制定《全国人口普查条例》。

《全国人口普查条例》是依法组织实施全国人口普查，科学有效开展普查工作，确保人口普查数据准确可靠的重要法律保障。从 1953 年第一次全国人口普查开始，国务院在历次人口普查时都制定了相应的全国人口普查办法，保证了普查的顺利开展。实践证明，2004 年制定的《全国经济普查条例》和 2006 年制定的《全国农业普查条例》，在两次全国经济普查和第二次全国农业普查中都起到了至关重要的作用，有效地提高了普查对象对普查工作的配合程度，一定程度上减少了干预普查数据行为，震慑了普查活动中的各种违法违纪行为，保障了普查数据的真实可信。国务院已决定制定《全国人口普查条例》，对人口普查的目的、对象、范围、组织实施、工作任务和应当遵循的原则等做出明确规定，对普查对象、普查机构和普查工作人员在人口普查活动中的权利、义务以及违法行为所应承担的法律责任等做出具有法律效力的严格界定，这将为人口普查工作顺利开展、保障普查数据真实可信提供坚强的法律保障。国家统计局在借鉴历次人口普查与其他重大国情国力调查经验和国际经验的基础上，拟定了《全国人口普查条例》(送审稿)，并于今年2月上报国务院。目前，国家统计局正在积极配合国务院法制办做好对送审稿的研究论证工作，争取今年内提请国务院审议通过，以便为这次普查提供法律基础和依据。

(三)科学设计全国人口普查制度。

科学、完善的人口普查制度是组织实施普查工作的基础。第六次全国人口普查是一项重大的国家统计调查项目。新修订的《统计法》规定，制定统计调查项目，应当同时制定该项目的统计调查制度；统计调查制度应当对调查目的、调查内容、调查方法、调查对象、调查组织方式、调查表式、统计资料的报送和公布等做出规定。前期，我们召开了多次人口普查工作座谈会和技术业务研讨会，广泛征求各地、各部门意见，为科学制定人口普查制度奠定了良好基础。国务院通知已明确了普查目的、时间、对象和内容。现在的关键是要在积极借鉴国际上人口普查的有效办法和认真总结我国历次人口普查经验教训的基础上，广泛调研、充分试点，尽快明确普查方法、普查表式、普查组织方式、普查资料的报送和公布等制度。人口普查使用的各种统计标准是搞好普查登记和科学分类汇总的基础，要依据《行业分类标准》、《职业分类标准》和《城乡划分标准》，积极与有关部门沟通协调，尽快协调好普查使用的各项标准，确保各类普查资料口径一致、标准统一。要根据人口普查的特殊性，抓紧研究制定科学实用的普查方法，关键是制定切实可行的户口整顿方案和特殊人口的普查方法，特别要重点研究解决好超生人口的如实申报、流动人口的普查登记等问题。普查组织方式所要解决的主要问题是如何既能充分发挥地方各级政府的行政动员和组织积极性，又能确保普查机构和普查人员的独立调查、独立报告、独立监督职权不受侵犯；既能调动各级政府相关部门广泛参与、齐心协力推进普查工作的开展，又能切实使普查对象的各项利益不因为如实登记而受到侵犯；既能使普查人员顺利找到普查对象，并真实、准确、完整地获得普查的原始数据，又能充分保护普查对象个人隐私、个人信息并尽量减少对其的打扰。科学的普查表应是指标简约、内容明了、富有人性化、方便普查员登记的。普查数据的审核、录入、报送、汇总和公布，关键是怎么排除人为干扰，怎样健全科学的普查数据质量全过程控制体系。通过普查制度的制定，不但要明确普查的各类事项，而且要选择科学实用的方式、方法，健全普查全过程、各环节的行为规范。在这次会议上，我们将重点讨论普查制度的设计，希望大家集思广益，积极建言献策。

（四）切实落实普查经费。

必要的普查经费是保障人口普查各项工作顺利开展的根本，是获取真实、准确、完整普查数据的前提。在市场经济条件下开展人口普查，没有钱，一切工作都无从谈起。落实普查所需的经费，始终是作为牵头单位的统计部门应该做的重中之重的普查准备工作。各地落实普查经费，是《统计法》的明确规定和国务院的明确要求。《统计法》规定，重大国情国力普查所需经费，由国务院和地方人民政府共同负担，列入相应年度的财政预算，按时拨付，确保到位。国务院通知进一步明确，第六次全国人口普查所需经费，由中央和地方各级人民政府共同负担。目前，国家级普查经费已经到位，并以各地常住人口为基数，适当考虑行政单位个数、地域经济差异、流动人口数量等因素，已向省级下拨年度经费，剩余经费将陆续分年度下拨。同时，人口普查也是重要的民生工程。通过人口普查准确掌握本地区基本的人口和住房情况，对于研究解决有关民生问题，科学管理本地区的人口和经济社会事务，促进本区域经济社会又好又快发展作用重大，地方财政为普查提供经费也是应尽的责任。现在，地方各级政府很快就要编制本级政府明年的财政预算。各地统计机构要按照国务院通知的要求和本次会议的精神，积极向各级政府主要领导、分管领导汇报请示，积极与本地区的财政部门沟通协调，要多汇报、多请示、多沟通、多协调，全力做好经费申请，确保普查所需经费列入当地相应年度的财政预算，绝不能因为经费问题影响普查工作的顺利进行。各地统计机构在做财政预算时，工作要细，既要充分考虑普查各项工作必要的投入，特别是普查员和普查指导员的补助问题，又要精打细算，实事求是。在以往各次普查中，各地在申请经费方面积累了许多很好的经验，如上次人口普查有些省级政府按各地人口数明确人口普查经费标准，要求市、县政府按标准拨付，这就是一种很好的方式。各地在筹措经费时要充分借鉴吸收这些经验。从历次普查实践看，一些基层统计机构和普查机构，特别是贫困地区的基层在落实普查经费上确实面临很大的困难，上级统计机构要认真研究，切实采取措施帮助他们落实好经费。各地要本着勤俭节约的原则，依法、规范使用普查经费。

(五)认真选调普查人员。

普查指导员和普查员是普查现场登记工作的具体执行者，普查人员的配备充足程度，他们的素质和责任心，直接决定着普查数据质量，因此搞好普查指导员和普查员的选调选聘工作非常重要。本次选调选聘普查人员仍然采取动员社会力量的方法，同时要保证对选调人员必要的工作补贴，对选任招聘人员支付适当的劳动报酬，初步估算全国需 600 多万普查指导员和普查员。要在基层工作任务重、人员紧张的情况下，动员如此庞大的队伍并对其进行全面系统的人口普查知识、技能、法规和职业道德、责任心的培训，工作量相当大。各级统计机构，特别是基层统计机构要早研究、早规划、早沟通，高度重视普查人员的选调、选聘工作。普查指导员和普查员可以从党政机关、事业单位借调，也可以从村民委员会和社区居委会选任，或者从社会招聘。要努力将素质好、责任心强的工作人员选调出来，将有过普查或大型调查入户经验的人员选调出来，特别是要选调一批既有群众工作经验，又懂得人口普查业务的人员，形成骨干队伍。此外，要强化对普查人员的培训，确保普查指导员和普查员达到胜任普查工作的各项要求。

在做好上述重点准备工作的同时，也要认真做好工作细则制定、户口整顿、数据处理方案设计、普查物资筹备、普查小区地图绘制等其他各项准备工作。

三、切实加强对人口普查各项准备工作的组织领导

第六次全国人口普查准备工作，内容庞杂，环节繁多，涉及面广，要求很高。目前距普查开始的标准时间只有不到500天，时间紧，任务重，头绪多。各级统计机构从现在起必须振奋精神，全力以赴，以高度的责任感和使命感，扎实做好各项准备工作。

（一）服从大局，高度重视。

人口普查是中央决定的了解我国基本国情国力的重大调查，是和平时期最大的社会动员工程。地方各级人民政府及其有关部门、基层各群众性组织、广大人民群众都应该从这个大局出发，积极组织实施和支持配合人口普查的各项工作。人口普查耗费大量的人力、物力、财力，目的是要获得我国人口真实、准确、完整的总量、素质、结构、分布数据和居住情况，为党中央、国务院和地方各级党委政府科学决策、编制规划、实施管理提供可靠的依据。如果由于个别地区、一些单位、一些人员思想不统一、重视不到位、组织不得力，使这次人口普查数据不准确，导致普查不能最终取得圆满成功，我们将犯下难以弥补的历史性错误。各级统计机构、普查机构和广大统计、普查人员，要牢固树立“视普查数据为生命”的大局意识，始终将这一大局意识贯穿于人口普查的各个环节和各个方面，不仅要自觉遵守统计法和将要出台的《全国人口普查条例》和全国人口普查制度，恪守职业道德，坚决反对和抵制任何形式的弄

虚作假等违法行为；而且要以确保普查数据真实、准确、完整为目标来筹建普查机构、草拟普查条例、制定普查制度、筹措普查经费和选调普查人员。目前，在应对国际金融危机、保持经济平稳较快发展的形势下，各级统计机构承担着为党中央、国务院和地方各级党委政府提供真实、准确、完整、及时的统计数据的任务，第二次全国经济普查也进入了十分关键的数据汇总和质量评估阶段，工作任务很饱满，很繁重，大家都十分辛苦。这次会议以后，人口普查准备工作要全面启动，这无疑将对各级统计机构以及广大统计人员增加巨大压力。统计系统历来有迎难而上、善打硬仗的优良作风，大家一定要继续发扬这一好的传统，再接再厉，扎实工作，从现在起就要高度重视人口普查工作，切实将人口普查准备工作摆到更加突出的位置，为人口普查的正式登记打下坚实的基础。

（二）加强领导，明确责任。

加强组织领导、落实各项普查工作的责任是圆满完成这次人口普查任务的重要保证。在座的大都是本地区普查办主任或分管人口统计工作的局领导。大家回去后，一定要将新《统计法》的规定、国务院通知的要求和这次会议的精神及时向地方主管领导汇报，积极争取地方党委政府领导的理解和支持，促使地方各级政府尽快将人口普查工作摆上政府工作重要议事日程，尽早完成本地区各级普查机构的组建工作。要将这次会议精神及时向本单位一把手汇报，加强对人口普查各项准备工作的领导。各级统计机构主要负责同志作为这次人口普查的第一责任人，要切实承担起领导责任，亲自过问，及时了解和掌握普查准备工作情况，及时发现问题，解决问题，特别是有关普查机构建立、普查经费筹措、部门之间的协调，一把手都要亲自出面。普查机构成立后，要尽快明确各成员单位的职责分工，抓紧建立人口普查各项准备工作责权统一的目标管理责任制，构筑自上而下、层层抓落实的目标责任体系，明确人口普查准备工作每项任务、每个环节的执行单位和责任人，确保普查各项准备工作得到不折不扣的贯彻落实。

（三）积极协调，密切配合。

人口普查工程浩大，不是统计系统一个部门能够独自承担的。在准备工作阶段，需要发展改革部门提供物质和装备支持，需要财政部门提供经费保障，需要公安部门提供户籍人口和外来人口等基础资料，需要人口计生部门制定有利于开展普查登记的相关政策，需要民政部门及时提供行政区划变动情况，需要宣传部门配合进行一系列的宣传和动员工作，需要军队、武警、司法系统对特殊人群的调查，更需要在地方各级党委政府的支持下，动员600多万普查指导员和普查员承担具体的入户查点询问、当场填报工作。这些工作环环相扣，任何环节出现问题都会影响普查的顺利推进。各级普查领导小组办公室设在统计局，具体负责人口普查的日常组织和协调。各级统计机构要切实发挥好牵头单位的作用，努力做好与地方政府各相关部门的沟通协调，积极争取相关部门对普查准备工作的支持与配合，遇到经费、物资、人员和具体工作的困难时，要及时向政府主管领导汇报请示，主动与有关部门协调沟通，以取得他们的支持。各相关部门应充分发挥各自职能、各负其责、通力协作、密切配合，对普查准备工作中出现的困难和问题，共同研究提出解决的办法和措施。统计系统上下级之间，也要密切配合，特别是在制度制定、试点、经费和物资落实、宣传动员等方面，要上下联动，形成合力。在各项准备工作中，上级机构要及时了解下级机构的工作进展和出现的问题，为他们创造良好的工作环境和氛围；下级机构也要将工作中遇到的重大困难及时向上级机构汇报请示。

（四）充分借鉴，搞好试点。

人口普查试点工作是人口普查准备工作阶段必不可少的重要环节。充分借鉴各方经验、认真做好试点工作是制定好普查制度、组织实施好普查各项工作的重要前提。要认真总结历次普查和大型调查的经验教训，充分借鉴国外人口普查的先进经验和成功案例，并将这些充分吸收到普查制度的制定之中。要对普查表式、普查方法、普查组织方式、普查数据报送等各个环节、各个方面进行充分试点，对可能发生的各种情况进行认真研究论证。通过普查试点，不断修改和完善普查制度，使其在正式普查中发挥应有的作用，确保普查数据真实可信。前一阶段，国家统计局在全国 5 个地区针对外出人口调查登记、外来人口调查登记、房屋调查登记、港澳台和外籍人口登记以及华侨及侨眷的登记进行了专项试点，积累了许多好的经验。下个月，还将在北京进行人户分离的专项试点。要继续做好普查地图绘制、普查项目和填写方法的试点，并在这些试点成果的基础上，认真完成全国综合试点工作，现场培训各省（区、市）人口普查业务骨干，为人口普查的正式开展做好业务上的准备。各地也要结合实际情况，突出重点进行人口普查小型试点。在试点过程中，要组织好相关人员学习统计理论和人口普查制度，充实业务骨干，为组织好本地区的普查工作做好业务和人才储备。各地在试点中遇到的重要问题，要及时上报普查领导小组办公室和国家统计局，以便进一步完善人口普查制度。

（五）大力宣传，广泛动员。

在普查准备阶段，要大力加强对地方各级领导干部的宣传，确保地方各级政府真正履行好组织实施普查的职责，确保普查人员独立行使普查权。要根据户口整顿、调查摸底、调查登记等不同阶段的工作，开展有针对性的宣传活动。尤其要做好人口普查政策的宣传。要切实搞好对社会公众的宣传动员工作，通过报刊、广播、电视和互联网等媒体，以及户外广告牌、宣传画、宣传栏、手机短信等灵活多样的形式，广泛深入宣传人口普查的重要意义、工作要求和普查政策，打消普查对象的思想顾虑，引导广大普查对象依法配合普查，如实申报普查项目，为普查工作顺利实施创造良好的舆论环境。

同志们！第六次全国人口普查已经正式启动了。大家责任重大，使命光荣。让我们以对党、对国家、对人民、对历史高度负责的态度，齐心协力、密切配合、积极开拓、扎实工作，高质量完成第六次全国人口普查这一艰巨而又光荣的任务！

国家统计局关于加强统计部门财务管理工作的若干意见

（2009 年 7 月 14 日）

各省、自治区、直辖市统计局，国家统计局各调查总队，有关在京行政事业单位：

为规范统计部门财务管理工作，切实改进和提高财务管理工作水平，现就进一步加强统计部门财务管理工作提出如下意见，请遵照执行。

一、完善财务制度，依法理财

各单位要根据国家有关财经法规、国家统计局的财务制度，结合近年来在财务检查或审计工作中发现的问题，制定或完善有关资金分配、资产管理、政府采购、财务报销等方面的各项制度；逐步建立和完善预算支出绩效考评体系，保障各项财务工作有序进行。

二、严格银行账户管理

要严格执行银行账户开设、使用、年检等管理规定；对单位现有的银行账户进行清理，避免银行账户过多过滥；严禁隐瞒账户，私设“小金库”；严格执行零余额账户管理办法。

国家统计局各调查队一律要在 2009 年 7 月底前将原城市社会经济调查队、农村社会经济调查队、企业调查队的所有相关银行账户全部撤销。

三、强化预算管理，逐步公开预算信息

要进一步完善预算决策机制和管理制度，夯实预算改革基础，树立综合预算意识，强化年度预算理念，提高预算管理水平；完善经费支出标准，细化预算编制，推进项目支出滚动管理；促进预算分配公平、公开、透明；积极创造条件，逐步将预算分配政策、预算编制程序、预算收支安排、决算等预算管理信息向社会公开。

四、严格支出管理，强化预算约束

要严格控制一般性支出，降低行政运行成本。一是基本支出要严格执行国家的有关政策及规定，合理安排单位人员经费和日常公用经费，不得擅自扩大开支范围和提高开支标准。二是项目支出严格按预算批准的用途执行，不得自行变更项目内容和使用范围，资金的拨付要与项目执行情况挂钩；不同预算科目和支出项目的资金不得随意调剂使用，确因特殊情况需要调整的，须报国家统计局审核批准。三是强化对预算执行的管理，按工作进度及时拨付和使用资金，提高预算执行的均衡性，切实保障统计工作的顺利开展。

五、加强政府采购管理

各单位要做好采购计划，细化政府采购预算，促进采购预算与单位预算紧密结合。严格执行政府采购法律法规及其他规范性文件所规定的工作程序，规范货物、工程和服务的采购活动，合理确定采购需求标准。

六、加强国有资产管理

认真执行财政部有关行政事业单位国有资产管理的暂行办法，规范国有资产管理工作。一要逐步建立完善资产配置标准及相关实物费用定额，细化资产配置、资产使用和资产处置等环节的管理权限和工作流程。二要加强国有资产出租、出借及处置的收入管理，严格实行“收支两条线”管理。三要积极推进资产管理和预算管理相结合，以增量调整存量，逐步建立资产在本系统内的调节机制。四要建立健全相关固定资产明细核算制度，及时办理基本建设竣工验收。

七、规范会计基础工作

要认真执行《会计基础规范》，加强会计基础工作。一要设置会计机构，配备持有会计从业资格证书的会计人员。二要建立符合规定的会计账簿。严格按照相关制度规定审核原始凭证、设置会计科目、填制会计凭证、登记会计账簿，并做到及时、定期结账对账，认真完整地编制财务报表。各调查总队必须将实有资金在国家统计局财务管理信息系统中统一核算。三要依据相关法规制度，强化会计监督。四要建立健全相关内部会计管理制度。

八、强化财务监督

要建立健全有效的财务约束和监督机制，充分发挥内部审计、纪检监察以及群众监督作用。坚持预算编制和重大财务支出经集体讨论决策。对涉及职工切身利益的重大支出及时向职工公开。进一步加大预算执行和财务收支的审计力度，规范预算执行和财务收支。加大专项审计的力度，积极探索绩效审计，不断提高各单位的资金使用效益。积极推进经济责任审计，扩大审计覆盖面。对严重违反财经纪律的，要严肃追究有关部门人员的责任。认真抓好审计意见的落实和整改工作，强化后续审计，促进财务管理工作水平的提高。

国家统计局关于认真学习贯彻《中华人民共和国统计法》的通知

（2009 年 7 月 24 日）

各省、自治区、直辖市统计局，新疆生产建设兵团统计局，国家统计局各调查总队：

修订后的《中华人民共和国统计法》（以下简称《统计法》）已于 2009 年 6 月 27 日经第十一届全国人大常委会第九次会议审议通过，将于 2010 年 1 月 1 日起施行。切实做好新《统计法》的学习宣传和贯彻落实工作，是当前和今后一段时期内全国统计系统的一项中心工作。各级统计机构必须高度重视，加强领导，积极采取各种有效措施，切实抓好《统计法》的学习贯彻工作。

一、充分认识修订《统计法》的重大意义

《统计法》是统计工作的根本依据，对于规范、引导、保障和推动统计事业健康发展，提高统计工作水平，保障统计数据质量，维护政府统计的公信力，具有十分重要的作用。新《统计法》进一步明确了统计法的立法宗旨及其调整范围，确立了统计工作的基本原则，完善了基本统计工作制度，全面规定了政府统计活动各类参与主体的权利和义务，尤其是加大了对统计调查对象合法权益的保护，强化了统计机构和统计人员依法行政的职责。新《统计法》的公布施行，是我国统计法治建设进程中的又一重要里程碑，是全面推进依法统计的新起点，必将为做好统计工作提供更有效的法

治保障。

统计数据质量是统计工作的生命。深入贯彻落实科学发展观，促进经济社会又好又快发展，实现全面建设小康社会的宏伟目标，对统计数据质量提出了新的更高要求。特别是在当前应对国际金融危机的形势下，进一步增强宏观调控政策的针对性、有效性和可持续性，更需要真实、准确、全面、及时的统计数据。我国经济与世界经济的联系日益密切，对世界经济的影响越来越大，国际社会对我国统计数据质量也更加关注。为切实保障统计数据质量，新《统计法》完善了保障统计数据质量的法律制度，进一步明确了统计机构、统计人员保障统计数据质量的职责，赋予了统计机构开展统计数据核查和执法检查的更大权力，同时也进一步细化和严格了统计机构和统计人员参与弄虚作假等统计违法行为的法律责任。各级统计局和国家统计局各级调查队要从确保统计数据质量，坚决维护政府统计的生命和公信力的高度，充分认识新《统计法》的重要意义，深刻领会《统计法》的精神实质，切实做好学习宣传和贯彻落实工作。

二、认真抓好《统计法》的学习和宣传工作

深入学习新《统计法》，广泛宣传新《统计法》，使统计活动的广大参与者了解新《统计法》，是保障新《统计法》得到切实有效执行的重要前提。当前和今后一个时期，各级统计机构要将新《统计法》的学习宣传当作一项事关全局的大事来抓，认真研究，周密部署，精心组织，努力为新《统计法》的贯彻实施营造良好的舆论氛围和社会环境。

要有组织、有计划地开展新《统计法》的宣讲活动，采取举办培训班和法制讲座、召开专题学习会、开展座谈研讨等多种形式，广泛深入地宣传新《统计法》的出台背景、重大意义、主要内容，特别是新《统计法》包含的新理念、新规定、新要求。要积极争取将新

《统计法》列入地方的普法规划及年度普法计划，将新《统计法》的学习培训列入各类专业统计会议的内容，大力推动新《统计法》进机关、进乡村、进社区、进学校、进企业、进单位，全面提高社会公众的统计法律意识。要重点抓好各级领导干部、政府统计工作人员和统计调查对象的学习培训工作，区分不同对象，采取不同形式，有针对性地开展普法活动，使统计活动的各类参与主体了解和掌握与其密切相关的统计法律规范，明了自身在统计活动中的权利和义务，理解和支持政府统计工作。

为保障新《统计法》的顺利实施，国家统计局决定将今年 12 月作为新《统计法》宣传月，在全国范围内集中开展统计普法宣传活动。国家统计局将制作公益广告，印制宣传挂图，编印有关学习宣传材料，并充分利用广播、电视、报刊、网络等宣传媒介，掀起一个学习宣传新《统计法》的高潮。各级统计机构要按照统一部署和要求，结合本地实际情况，认真做好准备，全面筹划好宣传月的活动，确保这一活动取得切实成效。

三、严格执行《统计法》，切实依法履行职责

各级统计机构既是政府统计调查的组织实施者，又是统计执法检查机关，在《统计法》的贯彻执行中负有特殊的使命，承担着重大职责，必须带头遵守《统计法》，严格依法履行职权，自觉维护《统计法》的权威。

当前，要切实按照新《统计法》的要求，完善制度，加强管理，努力提升依法统计的能力和水平。一是要建立健全统计数据质量管理制度。严格依法保障统计机构、统计人员独立行使统计调查、统计报告、统计监督的职权，健全统计数据全过程质量控制体系，建立涵盖统计数据采集、审核、传输、处理、评估、发布等各环节的质量标准、技术规范和责任追究制度，强化监控措施，努力提高统计数据质量，提高政府统计的公信力。二是要进一步加强统计调查

管理工作。牢固树立依法开展统计调查活动的观念,严格依法审批、备案统计调查项目,完善管理制度,明确审批权限,规范审批内容,完善审批程序,努力消除各类政府统计调查的重复、矛盾,切实减轻基层负担。三是要切实做好统计资料的管理和公布工作。依法建立健全政府统计机构和其他部门间的统计信息共享机制。建立健全统计资料公布制度,积极为社会公众提供统计信息服务。建立健全统计资料的保存、管理、保密制度,切实保守国家秘密。特别是要加大对单个统计调查对象资料的保护力度。四是要切实加强统计队伍建设。依法设置统计机构,健全统计调查网络,充实统计力量,抓好对统计人员的专业培训和职业道德教育,努力打造一支业务水平高、思想作风硬、责任心强的高素质的干部队伍。

四、抓紧修改、制定配套性法规规章及规范性文件,进一步完善统计法律制度

按照新《统计法》的要求,抓紧完善与其配套的法规、规章和规范性文件,对贯彻实施新《统计法》将发挥极其重要的作用。目前,国家统计局正在抓紧起草《统计法实施条例》,对新《统计法》的有关内容作进一步的细化和补充,增强其可操作性。在此基础上,国家统计局还将研究制定或修改有关统计调查项目管理、统计资料管理与公布、统计执法检查、涉外调查管理等方面的规章制度。开展规章和规范性文件的清理工作,对与《统计法》抵触的有关规定,及时予以修改或者废止。各级统计机构要积极配合国家统计局做好这方面的工作,及时提出相关意见和建议。

与此同时,各省、自治区、直辖市统计局要抓好地方性统计法规、规章的修订、完善工作。要积极争取地方人大和有关部门的支持,将制定、修改地方性统计法规、规章列入明年的地方立法计划。要根据新《统计法》及有关配套法规、规章的要求,适应统计工作发展的新形势,认真搞好各类规范性文件的清理、修改和制定工作。

在制定、修改配套的地方性统计法规、规章和规范性文件时，各地要坚持从实际需要出发，着力研究解决影响本地区统计工作发展的重大问题，努力增强法律制度的实用性、针对性和可操作性。

五、加强统计执法检查，严肃查处统计违法行为

为维护统计工作秩序，提高统计数据质量，新《统计法》不仅新设了大量统计违法行为种类，加大了对统计违法行为的法律责任，同时专门增设了监督检查一章，强化了统计部门的监督检查职责和职权。各级统计机构一定要充分认识其重要意义，坚持有法必依、执法必严、违法必究的原则，切实履行好法律赋予的这一神圣职责。要重点查处领导干部非法干预统计数据、统计人员参与弄虚作假、统计调查对象拒不履行法定义务的行为，努力提高统计数据的真实性，维护政府统计的公信力。要按照新《统计法》的要求，进一步拓展统计执法领域，对违法开展统计调查、违法公布统计数据、违法泄露统计调查对象资料等行为，加大查办力度。要进一步加强与监察机关等部门的协作配合，建立联合执法检查和共同查办案件的工作机制，依法行使新《统计法》赋予的处分建议权，做好案件材料移送工作，按照《统计法》和《统计违法违纪行为处分规定》加大对统计违法违纪行为的责任追究力度。要加强统计违法案件通报工作，采取多种形式及时通过新闻媒体曝光统计违法案件，揭示统计违法的严重后果及其危害，发挥出“查处一案、教育一片”的作用，努力形成反对统计弄虚作假、维护政府统计权威的舆论氛围和社会环境。为了有效履行新《统计法》赋予的监督检查职责，各级统计机构要积极争取地方党政领导和有关部门的支持，加强专职统计执法队伍的建设，加大对执法检查工作的投入，大力推行统计行政执法责任制，建立健全统计执法评议、考核和奖惩制度，切实提高统计执法能力和执法办案水平。

六、加强组织领导，周密安排部署

新《统计法》的学习宣传和贯彻落实工作，既是一项紧迫任务，又是一项长期的工作，更是一项涉及全局、需要上上下下、方方面面共同努力才能做好的工作。各级统计局、调查队的主要负责同志要切实负起责任，把贯彻落实《统计法》当作一项全局性、长期性的工作来抓，做到有计划、有部署、有检查。要研究制订本地区、本系统贯彻落实《统计法》的工作计划和具体措施。要明确分工，落实责任，注重发挥统计法制工作机构的组织、指导和协调作用。同时，要为宣传贯彻工作提供必要的人、财、物支持，切实保障各项宣传贯彻工作的落实。在学习宣传和贯彻实施《统计法》工作中，各级统计局、调查队要加强沟通联系，加强协调配合，努力形成合力，提高整体效能。

对新《统计法》贯彻实施中发现的问题，各级统计局、调查队要认真研究解决，重要问题及时报告上级机关。

国家统计局关于开展企业一套表试点工作的通知

（2009 年 8 月 3 日）

北京市、河北省、山西省、江苏省、浙江省、山东省、湖北省、湖南省、广东省、四川省统计局：

按照全国统计工作会议精神要求，为探索在新技术条件下的统计数据生产方式和生产流程，逐步实现统计业务的标准化管理，实现统计资源共享，提高统计工作效率、统计数据质量和统计服务水平，国家统计局决定开展“企业一套表”试点工作。试点工作从 2009 年 9 月开始。现将“企业一套表”试点工作方案印发给你们，请根据方案要求，认真组织试点工作。

“企业一套表”试点工作是落实学习实践科学发展观重要整改措施，也是统计制度方法改革的重要步骤，各试点省（市）要高度重视，要成立以局长挂帅的试点工作领导小组，统一组织和协调本地区的试点工作。试点地区统计局可根据情况成立工作班子，具体负责试点的组织实施，各有关单位要分工协作，密切配合，及时解决试点过程中出现的问题，确保试点工作顺利进行。

试点过程中发现问题，请及时联系国家统计局“企业一套表”工作小组。

附件：1.“企业一套表”领导小组及工作小组人员名单

2.“企业一套表”试点工作方案（略）

附件 1：

“企业一套表”领导小组及工作小组人员名单

领导小组人员名单：

组　长：马建堂

副组长：林贤郁　罗　兰　张为民　徐一帆　谢鸿光
许宪春　李　强　姚景源　郑京平

工作小组人员名单：

组　长：李　强

副组长：鲜祖德（常务）毛有丰　程子林　李晓超
彭志龙　刘富江　耿　勤　汲凤翔　宋跃征
冯乃林　马京奎　魏贵祥　张淑英　贺常明
孟庆欣　杨宽宽　许剑毅

成　员：孙庆国（设管司副司长）
贾　楠（设管司副司长）
董礼华（核算司副司长）
张卫华（工业司副司长）
耿　勤（能源司副司长）
赵培亚（投资司副巡视员）
蔺　涛（贸经司副巡视员）
孟庆普（人口司副司长）
察志敏（社科司副司长）
赵建华（农村司副司长）
庞晓林（城市司副司长）
雷平静（服务业调查中心副主任）
杜希双（普查中心副主任）
倪志良（数管中心副主任）

国家统计局　中央编办　民政部
税务总局　工商总局关于印发新修订的
《全国基本单位名录更新制度》的通知

（2009 年 8 月 4 日）

各省、自治区、直辖市及新疆生产建设兵团统计局、机构编制委员会办公室、民政厅（局）、国税局、地税局、工商局：

为进一步完善部门间相互衔接、互为补充、信息共享的基本单位名录库系统，确保名录库适时更新，及时反映全国基本单位增减变动情况，我们对 2006 年国家统计局、中央机构编制委员会办公室、民政部、国家税务总局和国家工商行政管理总局共同建立的《全国基本单位名录更新制度》做了修订。现印发给你们，请结合本地区、本部门情况认真贯彻执行。

全国基本单位名录更新制度
（2009 年修订）

一、为及时反映全国基本单位的增减变动情况，根据《中华人民共和国统计法》和《全国经济普查条例》，制定本制度。

二、本制度由国家统计局、中央机构编制委员会办公室、民政部、国家税务总局和国家工商行政管理总局共同建立，要求县及县以上各级统计、机构编制、民政、税务和工商部门共同实施。

三、本制度的资料来源是各部门的单位审批行政登记资料。每年由县及县以上各级有关部门向同级统计部门提供两次，即每年 2 月底前提供上年 7 月至 12 月底新增、变更和注销单位资料，每年 8 月底前提供本年 1 至 6 月底新增、变更和注销单位资料。

（一）各级机构编制部门按照正常单位、一个机构多块牌子、挂靠机构和教学点分别提供机关、事业单位法人及其产业活动单位（或分支机构）的登记变动资料；

（二）各级民政部门按照当年年检库和未年检库分别提供社会团体、基金会、民办非企业单位和居（村）委会及其产业活动单位（或分支机构）的变动资料；

（三）各级国税部门按照正常户和非正常户分别提供上缴增值税和消费税的法人单位和产业活动单位（或分支机构）的税务登记变动资料；各级地税部门按照正常户和非正常户分别提供上缴地方税的法人单位和产业活动单位（或分支机构）的税务登记变动资料；

（四）各级工商部门提供企业法人、企业法人外的其他企业、企业的分支机构和农民专业合作社的登记变动资料。

四、提供方式：电子邮件或磁介质。

五、基本单位名录信息由上述有关部门共享，仅供内部使用。上述部门如需查询基本单位名录的有关信息，统计部门有责任及时提供。

机构编制部门新增、变更和注销单位情况表

登记机关代码 B　　　　　　　　　　　　　　　表　　号:J 4 0 9 — 1 表

　　　　　　　　　　　　　　　　　　　　　　制表机关:国　家　统　计　局

登记机关级别代码□　　　20　年　半年　　　　　中央机构编制委员会办公室

　　　　　　　　　　　　　　　　　　　　　　文　　号:国 统 字〔2009〕78 号

登记机关行政区划代码□□□□□□　　　　　　有效期至:2 0 1 1 年 1 月

单位序号	部门交换码	部门登记证号	组织机构代码	单位名称	法定代表人	单位详细地址	行政区划代码	邮政编码	联系电话	业务活动	行业代码	单位类别	变动类型	变动时间
甲	1	2	3	4	5	6	7	8	9	10	11	12	13	14

单位负责人:　　　　　　　　　填表人:　　　　　报出日期:20　年　月　日

说明:1. 本表范围是报告期内机构编制部门审批登记的全部新增、变更和注销的法人单位和产业活动单位(或分支机构)。具体包括机构编制部门批准的机关、机关的内设和下设机构、事业单位及分支机构,事业单位登记管理部门登记的事业单位及分支机构。

2. 本表报告期别为半年报;提供时间为每年 2 月底前和 8 月底前;提供方式为电子邮件或磁介质。

3. 登记机关级别代码:1—中央级;2—省级;3—地(市)级;4—县(市)级。

4. 部门交换码及部门登记证号:机关及其内设、下设机构,未登记的事业单位及分支机构等没有部门登记证书的单位,填报部门交换码,即将机构编制部门统计数据库中的内部编码作为部门交换码,免填部门登记证号;已登记的事业单位及分支机构填报部门登记证号,即填写事业单位登记时的事业单位登记证书号,免填部门交换码。

5. 单位类别:20—事业法人;21—未登记的事业单位;22—已登记事业法人的分支机构;23—未登记事业单位的分支机构;30—机关法人;31—机关的内设机构;32—机关的下设机构;33—街道乡镇;34—街道乡镇的内设机构;35—机关的二级内设机构。

6. 变动类型:1—新增;2—变更;3—注销。

7. 变动时间:新增单位填写设立登记时间;变更单位填写变更登记时间;注销单位填写注销时间。

8. 本表按照正常单位、一个机构多块牌子、挂靠机构和教学点分别提供资料。

民政部门新增、变更和注销单位情况表

登记机关代码 M　　　　　　　　　　　　　表　　号:J 4 0 9 — 2 表

制表机关:国　家　统　计　局

单位类别代码□□□　　　　20　年　半年　　　　民　　政　　部

文　　号:国统字〔2009〕78 号

登记机关行政区划代码□□□□□□　　　　有效期至:2 0 1 1 年 1 月

单位序号	部门交换码	部门登记证号	组织机构代码	单位名称	法定代表人	单位详细地址	邮政编码	联系电话	变动类型	变动时间
甲	1	2	3	4	5	6	7	8	9	10

单位负责人:　　　　　　　　填表人:　　　　　　报出日期:20　年　月　日

说明:1. 本表范围是报告期内民政部门登记的全部新增、变更和注销的法人单位和产业活动单位(或分支机构)。具体包括民政部门登记的社会团体、民办非企业单位、基金会及他们的分支机构和由民政部门管理的居(村)委会。

2. 本表报告期别为半年报;提供时间为每年 2 月底前和 8 月底前;提供方式为电子邮件或磁介质。

3. 单位类别代码:为 3 位代码。第 1 位和第 2 位为 40—社会团体;51—民办非企业单位;52—基金会;53—居委会;54—村委会。第三位为 0 的是法人单位、为 1 的是分支机构,为 3 的是个人和合伙的民办非企业单位。

4. 部门交换码:是各级民政计财部门在统计台账上增加的部门统计代码,结构是 18 位,由 17 位本体码和一位校验码组成,其中本体码结构从左至右依次为:1 位登记机关代码(字母码)、6 位登记机关行政区划代码、2 位单位类别代码、3 位分支机构码、5 位顺序码。

5. 变动类型:1—新增;2—变更;3—注销。

6. 变动时间:新增单位填写设立登记时间;变更单位填写变更登记时间;注销单位填写注销时间。

7. 本表按照当年年检库和未年检库分单位类型提供资料。

税务部门新增、变更和注销单位情况表

登记机关代码□□　　　　　　　　　　　　　　　　　表　　号:J 4 0 9 － 3 表

　　　　　　　　　　　　　　　　　　　　　　　　　制表机关:国 家 统 计 局

登记机关级别代码□　　　　　20 年 半年　　　　　　　　国 家 税 务 总 局

　　　　　　　　　　　　　　　　　　　　　　　　　文　　号:国统字〔2009〕78 号

登记机关行政区划代码□□□□□□　　　　　　　　　有效期至:2 0 1 1 年 1 月

单位序号	部门登记证号	组织机构代码	单位名称	法定代表人	单位登记地址	单位注册地址	行政区划代码(9位)	邮政编码	联系电话	行业代码	上年营业收入	上年税金	从业人员	单位类别	管户	变动类型	变动时间
甲	1	2	3	4	5	6	7	8	9	10	11	12	13	14	15	16	17

单位负责人:　　　　　　　　　填表人:　　　　　　　　报出日期:20 年 月 日

说明:1. 本表范围是报告期内税务部门登记的全部新增、变更和注销的法人单位和产业活动单位(或分支机构)。

2. 本表报告期别为半年报;提供时间为每年 2 月底前和 8 月底前;提供方式为电子邮件或磁介质。

3. 登记机关代码:S1－国税部门,S2－地税部门。

4. 登记机关级别代码:1－中央级;2－省级;3－地(市)级;4－县(市)级。

5. 登记地址:纳税单位在税务部门登记的经营地址。

6. 注册地址:纳税单位在工商部门登记注册的经营地址。

7. 上年营业收入:填报上个公历年度单位申报表的数额,国税部门以增值税纳税申报表为准,地税部门以营业税纳税申报表为准。

8. 上年税金:国税部门填报上个公历年度申报表及查补的增值税、消费税税金之和,地税部门填报上个公历年度申报表及查补的营业税税金。

9. 单位类别:10－企业法人;20－事业法人;30－机关法人;40－社团法人;51－民办非企业法人;52－基金会;53－居委会;54－村委会;90－其他法人;01－生产经营性的分支机构;02－非生产经营性的分支机构。

10. 管户填报所管纳税户的税务分局或税务所。

11. 变动类型:1－新增;2－变更;3－注销。

12. 变动时间:新增单位填写设立登记时间;变更单位填写变更登记时间;注销单位填写注销时间。

13. 本表按照正常户和非正常户的行政登记资料分别提供资料,非正常户不填营业收入和税金。

工商部门新增、变更和注销单位情况表

登记机关代码 G　　　　　　　　　　　　　　　表　　号:J 4 0 9 — 4 表

制表机关:国 家 统 计 局

登记机关代码 G　　　　　20 年 半年　　　　　国家工商行政管理总局

文　　号:国统字〔2009〕78号

登记机关行政区划代码□□□□□□　　　　有效期至:2 0 1 1 年 1 月

单位序号	新登记注册号	原登记注册号	组织机构代码	单位名称	法定代表人/负责人	单位详细地址	行政区划代码	邮政编码	联系电话	行业代码	注册资本(金)	单位类别	变动类型	变动时间
甲	1	2	3	4	5	6	7	8	9	10	11	12	13	14

单位负责人:　　　　　　　　填表人:　　　　　　报出日期:20 年 月 日

说明:1. 本表范围是报告期内工商部门登记的全部新增、变更和注销的企业法人及分支机构。

2. 本表报告期别为半年报;提供时间为每年 2 月底前和 8 月底前;提供方式为电子邮件或磁介质。

3. 登记机关级别代码:1—中央级;2—省级;3—地(市)级;4—县(市)级。

4. 新登记注册号:按照工商办字〔2007〕79 号文的要求编制的新登记注册号。

5. 注册资本(金):按照《中华人民共和国企业法人登记管理条例》、《中华人民共和国公司登记管理条例》登记的企业法人填报注册资本(金),按照《中华人民共和国企业法人登记管理条例》、《中华人民共和国个人独资企业法》、《中华人民共和国合伙企业法》登记的非法人企业、个人独资企业、合伙企业,以及分支机构,填报资金数额或出资金额,按照《中华人民共和国农民专业合作社法》设立的农民专业社,填报出资总额。

6. 单位类别:10—企业法人;11—企业法人外的其他企业;12—农民专业合作社;01—企业的分支机构。

7. 变动类型:1—新增;2—变更;3—注销;4—吊销。

8. 变动时间:新增单位填写设立登记时间;变更单位填写变更登记时间;注销单位填写注销时间;吊销单位填写吊销时间。

国家统计局关于印发《统计用区划代码和城乡划分代码编制规则》的通知

（2009年8月25日）

各省、自治区、直辖市统计局，新疆生产建设兵团统计局，国家统计局各调查总队，各司级行政单位、在京直属事业单位：

为了规范各项普查、全面统计、抽样调查、专项调查的区划代码和城乡划分代码，建立统一的统计用区划代码和城乡划分代码库，现将《统计用区划代码和城乡划分代码编制规则》印发给你们，请遵照执行。

统计用区划代码和城乡划分代码编制规则（略）

国家统计局关于在机构改革中确保统计机构稳定的紧急通知

（2009 年 9 月 17 日）

各省、自治区、直辖市统计局，计划单列市及副省级省会城市统计局：

当前，机构改革工作正在各地市县级深入开展。在机构改革中依法保持统计机构稳定，对于强化统计能力、保障统计数据质量、提高政府统计的公信力具有十分重要的作用。各级统计部门对此必须高度关注，采取有力措施搞好相应工作。

一、认真学习和遵守《统计法》的有关规定。新修订的《统计法》明确规定："县级以上地方人民政府设立独立的统计机构，乡镇设置统计工作岗位，配备专职或兼职统计人员，依法管理、开展统计工作，实施统计调查。"设立独立的统计机构，是法律赋予县级以上地方各级人民政府的职责和义务，是统计机构独立行使统计调查、统计报告、统计监督职权的重要保障，是防止干预统计数据、保障统计数据真实可信的基本要求。

二、积极争取各级党政领导的大力支持。各级统计部门特别是省（区、市）统计局要密切关注本地区机构改革的进展情况，主动地、及时地向地方党委、政府及机构编制管理部门汇报统计法的要求。下级统计机构要主动向上级统计机构反映地方机构改革的动向，上级统计机构要采取措施，及时、全面地掌握本地区机构改革情况，主动做好汇报、沟通、协调工作，努力争取各级党政领导对统计工作的理解、关心和支持，确保县级以上人民政府独立设置统计机构。

三、加大监督检查力度，保障统计数据质量。当前，统计工作任务十分繁重。特别是在应对国际金融危机的形势下，做好统计工作，搞准统计数据，更是具有特殊重要的意义。各级统计机构和广大统计人员对此必须有清醒的认识，在地方机构改革中努力保持“统计机构不散、统计网络不断、统计队伍不乱”，保障统计工作的正常开展。各省（区、市）统计局要加强对基层统计工作的监督检查，严格依照新《统计法》和《统计违法违纪处分规定》查处各类统计违法行为，努力保障各项统计调查任务的完成，保障统计数据真实可信，维护政府统计的公信力和权威性。

各地区要认真按照本通知精神，抓紧做好有关工作。地方统计机构改革中出现的情况和问题，省（区、市）统计局要及时报告国家统计局。

国家统计局关于进一步推进工资统计制度改革工作的意见

（2009 年 10 月 19 日）

各省、自治区、直辖市统计局，国家统计局各调查总队，各司级行政单位、在京直属事业单位：

为贯彻国务院领导同志对进一步做好工资统计工作的重要批示，落实学习实践科学发展观的整改措施，在认真总结两年来城镇私营单位工资调查试点的基础上，国家统计局提出进一步改革和改进工资统计制度和统计工作的意见，请贯彻落实。

一、劳动工资统计的主要目的和作用

（一）劳动工资统计的根本目的是反映劳动力用工成本核算，进行市场竞争力的比较。工资作为劳动力的价格，是最重要的劳动力市场数据之一，国家或企业进行投资活动，都需要参照本地区、本行业的平均劳动力价格进行劳动力成本核算。企业要制定本企业的工资标准，也要参照本地区、本行业的平均水平。劳动工资统计就是定期为市场提供反映本国、本地区平均用工费用的统计数据。目前主要市场经济国家还定期进行以平均劳动报酬为主要内容的市场竞争力比较，确定本国与其他国家人工成本（如工作时间支付、其他直接支付和社会保险支付等）方面的差异，评估本国在国际贸易中的竞争地位。

（二）劳动工资统计是反映收入分配的重要指标。劳动工资统计数据直接反映国民收入初次分配的基本情况和变化。经济发展，最终表现出来的是社会财富的积累。社会财富在国家、企业和个人三者之间的分配必须保持一个适当的比例，才能保证经济又好又快发展。劳动工资统计数据是科学制定经济社会发展规划和分配政策的重要依据。劳动工资统计数据也是进行二次分配的依据。我国目前实施的各项社会保险政策和社会保障制度，都要依据工资水平来决定。从这个意义上说，劳动工资统计和广大人民群众的切身利益密切相关。

（三）劳动工资统计是进行国民经济核算的依据之一。目前国家统计局在进行 GDP 核算时，非物质生产部门的增加值核算主要以这些部门劳动工资统计数据作为核算的依据。劳动工资统计数据的真实程度，直接影响这些部门的核算精度。

（四）劳动工资统计是赔偿制度的法律依据。根据我国有关法律，劳动工资统计数据是确定国家赔偿和民事赔偿数额的主要依据。

二、现行劳动工资统计制度存在的主要问题

现行劳动工资统计制度主要存在以下问题和缺陷。

（一）统计范围不全。劳动工资统计制度建立时，统计城镇全民单位和集体单位可以基本达到统计的目的。经济体制改革以后，其他所有制形式的经济单位蓬勃发展，虽然劳动工资统计制度后来增加了内资和外资等其他经济单位，但仍然不能覆盖主要统计对象，不能反映全社会法人单位工资的平均水平。主要是：1、缺少私营单位的工资统计。我国目前城镇私营单位从业人员约占现行工资统计制度从业人员的一半。2、缺少个体经济单位雇工的工资统计。

（二）反映工资水平差异不够。我国实行结构工资，包括基本工资（合同工资）、加班工资、奖金、各种津补贴等。现行统计制度

中的工资总额中不能分解出工资结构变化的各种因素，工资的结构比例不清楚，补发工资在当期占了多大的比例也不清楚，因此不能说明工资变化的原因，不能满足分析工资收入差距和变化原因的需要。

(三)调查方法笨重。现行劳动工资统计制度仍然延续了全面报表的统计方法，报表单位有150多万家。各级统计局对统计单位培训和管理不足，疲于应付日常报表，数据质量难以控制。

三、劳动工资统计制度改革完善的具体措施和步骤

根据劳动工资统计制度的主要目的和存在的问题，提出分两步走的改革目标：第一步，用1—2年的时间，完成对现行劳动工资统计制度在统计范围、调查方法、指标体系上的改革完善，实现能反映全社会工资水平的统计报表制度；第二步，用3—4年时间，研究、探索建立反映企业岗位工资水平差异的人工成本统计调查制度。具体措施和步骤如下。

(一)规范劳动工资统计定义、称谓、标准。为了避免将反映劳动报酬总额的工资统计数据与一般人们理解的工资收入概念相混淆，国家统计局人口司要会同有关单位抓紧研究规范劳动工资统计相关指标的定义、名称和统计标准。

(二)扩大工资统计单位的范围。从2009年年报起，正式建立私营单位工资统计抽样调查制度，弥补现行劳动工资统计制度范围上的不足。

关于个体工商户的统计问题。一般个体工商户没有劳动雇佣关系，其经营收入已包括在家庭收支调查中，不纳入劳动工资统计范围。鉴于目前部分地区存在雇工较多的个体经济，要抓紧研究试点，按照国际通行作法，今明两年逐步将达到一定规模的个体工商户作为特殊经济组织纳入劳动工资统计范围。

(三)增加反映劳动报酬结构和差异的统计指标。从2010年

起，研究调整劳动工资统计报表的指标体系，方案完善后在全国推广。指标体系改革的主要内容包括：取消对用工增减情况的指标；增加反映工资结构的指标；增加反映企业从业人员结构的分组；增加并规范企业对使用劳务派遣人员的统计等。

（四）改革劳动工资统计的调查方式。私营单位工资抽样调查为改革劳动工资统计的调查方式提供了经验。从2010年季报开始，劳动工资统计制度将逐步推广实施抽样调查。抓紧研究论证，充分利用有关部门现有的机关和事业单位工资统计资料，条件成熟后，使用部门数据替代现行的机关和事业单位综合工资统计报表。

（五）改革劳动工资统计的数据汇总方式。逐步改变现行工资统计数据逐级汇总的处理模式，从2009年年报开始，各地方统计局直接上报基层单位数据，国家统计局进行超级汇总。

（六）改进劳动工资统计的数据发布方式。近两年，国家统计局在全国进行了私营单位工资调查试点，取得了2008年数据，经研究将于10月下旬按照法定程序对社会发布。从2010年起，每年在国家统计局网站上发布详细的分行业、地区、注册类型和单位类型的年度数据。要加强对工资统计数据的解读，介绍统计指标的口径、范围、计算方法。鉴于私营单位工资统计只按年度进行，今后不再公布工资统计季度数据。

（七）调整优化劳动工资统计调查体系。借鉴国外发达国家工资统计的经验，积极试点，争取3－4年内首先在副省级城市建立以从业人员岗位为调查对象的比较详细的企业人工成本统计抽样调查制度。通过企业人工成本调查，不但可以获取岗位劳动报酬数据，也可以计算劳动报酬的众数、中位数等其他反映总体的平均指标。岗位统计标准需要联合有关部门科学制订。调查频率可借鉴国外的做法和我国的实际情况，结合经济普查周期，每5年进行一次。

（八）夯实劳动工资统计的基础。劳动工资统计涉及面广，健全、可靠的企业基础资料是准确及时的统计数据的基础。在劳动工资统计改革中，部分地区试行帮助企业建立员工工资电子台账制度，效果明显。要很好地总结经验，逐步普及这种做法，进一步夯实劳动工资统计的基础建设。

（九）严格工资统计数据的质量控制。为了提高劳动工资统计数据质量，从今年年报开始，加强统计执法检查力度，加强对企业上报原始数据的逻辑关系审核，建立事后质量抽样调查制度，建立数据评估体系，努力提高劳动工资统计数据质量。

四、认真做好工资统计制度改革的几点要求

（一）提高认识。劳动工资统计制度改革关系到各级政府规划、政策的制定，关系到民生，受到各界的高度关注。劳动工资统计制度改革能否顺利进行，直接影响政府统计部门的公信力。各级统计部门要充分认识劳动工资统计制度改革的重要性和紧迫性，提高推进参与改革的自觉性和主动性。

（二）加强领导。各级统计局的领导班子要切实加强对劳动工资统计改革的领导，根据上述改革意见，制订措施，主动推进，将改革工作落到实处。劳动工资统计工作既要坚决改革，又要稳妥推进。要结合统计改革发展的整体战略和“企业一套表”试点，首先将工资统计改革中看得准、较可行、能公布的工作抓紧着手做好。

（三）狠抓落实。当前统计部门面临统计调查任务重，人员编制紧张，调查经费不足等困难，但劳动工资统计制度改革意义重大，工作刻不容缓。要向有关领导汇报，争取支持，对劳动工资统计改革工作给予必要的人力、物力和财力投入，根据国家的统一部署和制度要求，落实好各项工作任务，确保改革的顺利进行。

国家统计局巡查工作办法

国家统计局

（2009年11月4日）

第一条 为了加强对政府统计工作和所属调查总队的监督检查，推进依法统计，改善统计工作环境，促进统计行风建设，根据《中华人民共和国统计法》、《中华人民共和国行政监察法》和《中国共产党巡视工作条例（试行）》的规定，制定本办法。

第二条 巡查工作围绕“提高统计能力、提高统计数据质量、提高政府统计公信力”这个中心，服务统计改革与发展大局。

第三条 国家统计局巡查的对象是：各省、自治区、直辖市统计局，国家统计局各调查总队，国务院有关部门。

第四条 巡查工作坚持带着问题、突出重点、分类实施的原则，紧密结合地方和部门统计工作的实际，切实增强巡查工作的针对性、实效性和可操作性。

第五条 巡查的主要内容：

（一）国家统计法律、法规和规章的贯彻执行情况；

（二）国家统计制度方法的执行情况；

（三）国家统计局重要工作部署的贯彻落实情况；

（四）统计能力建设情况；

（五）所属调查总队领导班子建设和党风廉政建设情况。

第六条 国家统计局设立巡查工作领导小组，负责巡查工作的组织协调。领导小组下设办公室，为其日常办事机构。办公室设在纪检监察局。

第七条 巡查组组长由国家统计局领导或总经济师、总工程师担任。巡查组组成人员由国家统计局巡查工作领导小组指定。

第八条 开展巡查工作需制定工作方案，主要包括：巡查对象、巡查时间、巡查内容、巡查方式。巡查工作方案需经国家统计局巡查工作领导小组批准。

第九条 巡查工作根据对象和内容采取以下方式进行：

（一）发送巡查工作通知，对巡查对象开展自查提出要求；

（二）巡查组到实地进行检查，可采取听取汇报、召开座谈会、个别谈话、查阅资料、基层检查及其他必要的检查方式；

（三）巡查工作结束时，由巡查组与巡查对象领导班子交换意见，根据需要可以适当方式与地方负责同志沟通有关情况；

（四）巡查组将巡查工作的情况、问题和建议，形成巡查报告报国家统计局巡查工作领导小组；

（五）巡查组根据巡查情况，拟订《国家统计局巡查意见书》，报经局领导审批后向巡查对象反馈，巡查对象应在两个月内向国家统计局报告反馈意见落实情况；

（六）对巡查中发现的问题，应当责令改正，对违法违纪的，应当依照有关规定处理。

第十条 巡查组在巡查工作中，应当认真听取巡查对象对国家统计局工作的意见和建议，并及时向国家统计局巡查工作领导小组汇报，向有关单位反馈。有关单位要及时提出整改意见和措施，必要时向巡查对象反馈。

第十一条 巡查组执行巡查工作方案确定的任务，不干涉巡查对象的正常工作。必要时，可以要求巡查对象有关领导和人员予以回避。

第十二条 实行巡查工作责任制，巡查组对所完成的巡查工作和巡查报告负责。巡查人员必须坚持原则，公道正派，深入细致，如实反映巡查情况；严格遵守工作纪律，谨言慎行，廉洁奉公。

第十三条 巡查对象和有关工作人员，有权对巡查组或巡查组成员违反本办法的行为，向国家统计局举报。国家统计局应予核实处理。

第十四条 各省、自治区、直辖市统计局可以参照本办法，制定本地区巡查工作办法。

第十五条 本办法自印发之日起施行。国统字〔2006〕79号文件同时废止。

国家统计局关于开展固定资产投资当月统计试点的通知

（2009 年 11 月 12 日）

江苏省统计局：

为贯彻落实科学发展观，推进固定资产投资统计方法改革，按照国家统计局 2009 年督办事项的部署，国家统计局决定在你省开展固定资产投资当月统计方法试点工作。现将有关事项通知如下：

一、试点目的

试点的基本思路是探索当月投资统计数据的统计方法，目的是要提高投资统计工作科学性和及时性，满足宏观经济管理和国民经济核算的需要。

二、试点内容

（一）探索固定资产投资当月数据的统计方法。实现投资主要指标由累计统计为基础过渡到以当月统计数据为基础。试点单位要在以当月统计基础上对统计指标体系、基础工作、投资额计算方法、统计核算与会计核算衔接等方面进行积极探索，为改革固定资产投资统计制度积累经验。

（二）深入研究投资当月统计工作的组织模式。深入研究实施当月统计以后调查单位的确定，企业或项目内部资料报送流程，统计台账的建立和使用等问题。

（三）研究制定当月环比数据的统计方法。研究对当月固定资产投资统计数据进行环比测算的方法；研究制订对当月统计数据进行季节性调整的方法。

三、试点范围

本次试点调查的范围为计划总投资50万元（包括50万元）以上的全部投资建设项目（包括房地产开发项目）。

四、试点地点和时间

本次试点在江苏省南京市栖霞区。调查时间为2010年1月至2010年9月。

五、试点数据处理

试点调查统一采用国家统计局开发的数据采集处理平台收集、审核、汇总和上报。调查数据每月随现行固定资产投资统计月报和房地产开发投资统计月报一起报送。企业上报的试点数据通过平台逐级上报，试点地区各级统计部门逐级开展催报和审核工作，省级统计局向国家统计局投资司报送试点数据。

六、试点进度安排

准备阶段：2009年1月—12月。开展投资当月统计方法改革的调研；确定试点的内容和地区；召集座谈会，讨论并制定试点实施方案；发布试点通知；开展试点动员和培训工作。

实施阶段:2010 年 3 月—9 月。全面开展当月统计试点工作,根据试点工作进展情况对试点方案作进一步的完善。

总结阶段:2010 年 10 月。总结试点工作经验。

七、几点要求

(一)高度重视。试点地区要提高认识,高度重视本次试点工作的重要性。要把试点工作作为今明两年的一项重要工作来抓,明确职责,并在人力和经费方面予以必要的支持。

(二)广泛调研。试点地区要广泛征求各方面意见,积极开展相关调研工作,为完善试点调查方案提供意见和建议。

(三)周密部署。要认真做好试点工作的贯彻落实工作,要充分调动各级统计部门和有关部门的力量,通力合作,共同完成试点工作的各项任务。

(四)做好协调。试点地区要统筹安排好试点工作与常规统计工作的关系。在保证常规统计工作正常开展的基础上,做好试点工作。

八、其他事项

固定资产投资当月统计试点实施方案另行印发。

国家统计局关于
部分国家统计调查项目分工调整的通知

（2009 年 11 月 12 日）

各省、自治区、直辖市统计局，新疆生产建设兵团统计局，国家统计局各调查总队：

为充分发挥政府统计整体优势，提高统计数据质量，提高政府统计公信力，按照《国务院办公厅关于印发国家统计局直属调查队管理体制改革方案的通知》（国办发〔2005〕14 号）以及国家统计局、中央编办、国家发展改革委、财政部和人事部《关于印发国家统计局直属调查队管理体制改革实施方案的通知》（国统字〔2005〕158 号）的要求，现对国家统计局直属调查队（以下简称国家调查队）与省及省以下政府统计局承担国家统计调查项目的分工进行适当调整，请各地认真执行。

一、调整由省及省以下政府统计局负责的统计调查项目

（一）农村社区基本情况调查制度

（二）市县社会经济基本情况统计报表制度

二、调整由国家调查队负责的统计调查项目

整合现行制度中有关粮食、主要畜禽等主要农产品产量统计内容，建立统一的主要农产品抽样调查制度，由国家调查队负责。

三、继续明确分别由省及省以下政府统计局和国家调查队负责的统计调查项目

(一)省及省以下政府统计局负责的统计调查项目

1. 国民经济核算统计报表制度
2. 基本单位统计报表制度
3. 农林牧渔业统计报表制度(整合后)
4. 农林牧渔业产值统计制度
5. 农林牧渔业生产经营单位能源消费情况调查方案
6. 规模以上工业统计报表制度
7. 建筑业统计报表制度
8. 运输邮电业统计报表制度
9. 批发和零售业、住宿和餐饮业统计报表制度
10. 固定资产投资统计报表制度
11. 房地产开发统计报表制度
12. 能源统计报表制度
13. 劳动统计报表制度
14. 科技综合统计报表制度
15. 高技术产业综合统计报表制度
16. 企业(单位)科技活动统计报表制度
17. 环境综合统计报表制度
18. 社会综合统计报表制度
19. 妇女儿童状况综合统计报表制度
20. 人口变动情况抽样调查方案
21. 劳动力调查制度

(二)国家调查队负责的统计调查项目

1. 农产品价格调查方案
2. 主要农产品产量统计调查制度

3.农村住户固定资产投资抽样调查方案
4.规模以下工业抽样调查统计报表制度
5.部分服务业抽样调查统计报表制度
6.城镇住户调查方案
7.农村住户调查方案
8.价格统计报表制度
9.企业景气调查制度
10.农村贫困监测统计调查制度
11.农民工监测调查方案
12.退耕还林(草)监测调查制度

四、拟由国家调查队负责的新建统计调查项目

(一)资质以外建筑业企业调查
(二)限额以下批发和零售业、住宿和餐饮业企业调查
(三)物业管理、房地产中介等服务业抽样调查
(四)服务业价格调查
(五)餐饮业等能源消费抽样调查

五、其他统计调查项目按现有局队分工有关规定执行

六、其他有关事项

为保证局队分工调整后工作不断、数据不乱,设1年调整过渡期。在此期间,局队双方要从实际出发,协商确定交接时间,做好交接工作。

《国家统计局省级调查总队与同级统计局业务分工协作的基本原则和主要调查任务(试行)》(国统字〔2006〕12号)相关内容与此不一致的,以本文件为准。

国家统计局关于开展
建筑业经营地统计试点调查的通知

（2009 年 11 月 15 日）

河北、云南等省统计局：

为贯彻落实科学发展观，进一步提高建筑业统计的科学性，满足国民经济核算的需要，根据《国家统计制度方法中长期改革总体规划》，国家统计局决定在河北省、云南省开展建筑业企业按经营活动所在地统计试点调查。现将有关事项通知如下：

一、调查目的

探讨建筑业“在地”统计的必要性和可行性，研究按企业经营活动所在地统计的方法和途径，为加快建筑业企业经营地统计制度改革，完善地区建筑业增加值核算方法提供依据。

二、调查对象

辖区内具有建筑业资质的建筑业企业、建筑业产业活动单位。具体包括：

（一）具有建筑业资质的总承包、专业承包和劳务分包建筑业企业法人。

（二）报告期在辖区内从事建筑施工活动，并且具有建筑业资质的建筑业产业活动单位（分公司、项目部）。

三、调查内容

本次调查的主要内容是建筑业企业法人、建筑业产业活动单位基本情况、建筑业合同签订情况、承包工程完成情况、建筑业总产值、竣工产值、房屋建筑施工面积、施工机械设备、从业人员、建筑材料消耗、财务收支、结算情况等指标(指标解释及填报说明参照现行建筑业统计制度)。

四、调查方法和填报原则

(一)调查方法:采用全面调查的方式。

(二)填报原则:建筑业企业按法人单位主要经营活动所在地进行填报,跨地区(县)的建筑业产业活动单位采取项目施工活动所在地和归属法人单位双重填报原则。

五、调查试点费用

本次调查试点所需费用,除国家统一安排部分外,不足部分由地方给予适当补贴。

六、试点地区和进度安排

(一)试点地区为河北省邯郸市、云南省大理市。

(二)调查时期为 2009 年 1 月至 9 月 30 日。

(三)调查进度安排:

第一阶段,2009 年 11 月上旬至中旬,试点工作准备。

第二阶段,2009 年 11 月下旬至 12 月底,试点工作组织实施。

第三阶段,2010 年 1 月中旬前,整理试点材料,工作总结。

七、调查要求

（一）加强组织领导。为做好本次调查，试点地区要成立试点调查工作领导小组，全面负责试点工作的组织和领导。同时，为保证试点工作的顺利开展，试点地区还要会同同级发展改革、建设、国土、税务等部门通力协作，共同组织开展试点工作。

（二）创造性地开展试点。这次试点调查时间要求紧，涉及面广，调查对象错综复杂，试点地区要组织精干力量，在方案框架范围内创造性地开展工作，尽可能地多发现问题、积累经验，达到试点目的。

（三）保证工作质量。试点市要抓好调查工作的组织、协调和落实，坚持实事求是，认真抓好各县（区、市）的工作，保证试点调查的顺利进行。

（四）认真编写试点调查总结报告。调查结束后，要及时编写调查试点总结报告，于 2009 年 12 月底前报送国家统计局投资司，内容包括调查试点主要结果、调查试点工作情况；重点总结建筑业“在地”统计的可行性、组织模式、试点中发现的问题和建议等。

附件：1. 建筑业按经营地统计试点调查实施方案（略）
2. 建筑业按经营地统计试点情况调查表（略）
3. 法人单位、产业活动单位和个体经营户划分规定（略）

国家统计局　司法部
全国普法办公室关于认真学习宣传《中华人民共和国统计法》的通知

（2009 年 11 月 20 日）

各省、自治区、直辖市统计局、司法厅（局）、普法依法治理领导小组办公室，新疆生产建设兵团统计局、司法局、普法依法治理领导小组办公室，国家统计局各调查总队：

2009 年 6 月 27 日，十一届全国人大常委会第九次会议通过了修订后的《中华人民共和国统计法》（以下简称新《统计法》）。新《统计法》将于 2010 年 1 月 1 日起施行。新《统计法》的颁布施行，对于提高统计工作科学水平，保障统计数据质量，维护政府统计的公信力，促进经济社会科学发展，将发挥重要的作用。为了增强全社会的统计法律意识，保障新《统计法》得到切实有效的贯彻实施，司法部、国家统计局和全国普法办公室决定在全国范围内深入开展学习宣传新《统计法》活动。

一、充分认识学习宣传新《统计法》的重要意义

统计是国家重要的基础性工作。保障统计数据真实、准确、完整、及时，对于党和政府正确判断形势、实行科学决策和宏观调控具有十分重要的意义。新《统计法》在全面总结近年来我国统计改革和建设成功经验的基础上，适应新时期我国统计事业发展的需要，作出了许多新的重要规定，进一步完善了我国统计工作基本制

度，健全了统计数据质量责任机制，加大了对统计调查对象权利的保护力度，强化了统计监督检查和责任追究制度。

认真学习宣传新《统计法》，有利于提高全社会的统计法律意识，有利于促进各级统计机构及广大统计人员切实履行职责，是新《统计法》得到全面贯彻落实的前提。为此，必须采取有力措施，广泛深入地做好新《统计法》的学习宣传工作，使社会各界全面了解和掌握新《统计法》的立法宗旨、精神实质和主要内容，特别是掌握新《统计法》确立的新理念、新要求、新规范，使新《统计法》的各项规定真正落实到统计工作的各个方面、各个环节，真正发挥出新《统计法》对统计工作的指导、规范、保障和促进作用。

二、广泛深入地宣传新《统计法》，为新《统计法》的贯彻实施营造良好氛围

为做好新《统计法》实施的准备工作，司法部、国家统计局和监察部、国务院法制办公室将联合召开学习宣传和贯彻落实《统计法》电视电话会议。司法部、国家统计局将共同印制并发放《统计法》宣传挂图。国家统计局已将今年 12 月确定为“全国《统计法》宣传月”，将组织开展一系列宣传活动，如召开新《统计法》学习报告会，在有关新闻媒体组织宣传报道、开辟宣传专栏等。

各地区、各部门、各单位对此要高度重视，切实按照统一部署和要求，集中力量抓好实施前的普法宣传工作。要认真制定“宣传月”活动方案，结合本地实际，开展多种形式的普法宣传活动，通过举办专题讲座、开设宣传专栏、发放宣传材料、印制张贴宣传挂图等多种形式，充分利用报刊、电视、广播、网络等媒体，广泛深入地宣传统计法律知识，宣传依法统计的主要精神和基本要求。要将新《统计法》的学习宣传纳入本地区普法宣传活动中，纳入“12・4”全国法制宣传日活动中，加大宣传力度，推动新《统计法》进机关、进乡村、进社区、进学校、进企业、进单位，切实增强各级领导干部、

广大统计人员和统计调查对象贯彻实施新《统计法》的自觉性，保障新《统计法》的顺利实施。

三、有计划地做好统计普法宣传工作，推动新《统计法》得到全面贯彻实施

随着新《统计法》的颁布实施，《统计法实施条例》等一批统计行政法规、地方性法规和规章也将陆续出台。做好新《统计法》及其配套法规、规章的学习、宣传和普及工作，将是一项长期的重要任务。各地方、各部门、各单位对此要高度重视，有计划、有步骤地开展统计普法宣传工作。

要制定规划，有计划地推进统计普法宣传工作。各地要把学习宣传新《统计法》纳入明年“五五”普法总结验收的内容，认真总结经验，进一步提高普法宣传的成效。要进一步完善措施，将学习宣传新《统计法》及其他统计法规、规章纳入“六五”普法规划，制定相应的年度普法计划，进一步推动新《统计法》的全面贯彻实施。

要坚持分类指导，有针对性地开展统计普法宣传工作。要围绕领导干部、统计人员和统计调查对象这三类重点普法对象，制定不同的宣传方案并落实到位。一是采取学习报告会等方式，抓好对各级领导干部的统计法制宣传教育，着力提高领导干部依法领导和支持统计工作、自觉维护统计工作独立性的法律意识和责任意识。积极借鉴一些地方的好经验，将《统计法》纳入地方党校、行政学院的学习内容。二是要抓好统计系统内部的学习培训，让统计人员切实掌握统计法律法规的主要内容，使广大统计工作者牢固树立法律至上的观念，知法、守法、依法办事，努力提高法律素质和依法行政能力。三是要加强对统计调查对象的宣传教育，使广大统计调查对象明确其自身在统计活动中的权利和义务，更加理解和支持统计工作，为统计工作的正常开展创造良好的社会环境。

要充分发挥各自的职能优势，共同做好统计普法宣传工作。

围绕学习宣传新《统计法》及其他统计法规、规章，各地司法行政机关、统计机构和普法依法治理职能部门要注重发挥各自职能，加强协作配合，形成共同推进统计普法宣传的合力。各地统计机构要主动谋划，主动联系，积极提供各类宣传材料；各地司法行政机关、普法依法治理职能部门要把统计普法宣传放到更加重要的位置，统筹安排，将新《统计法》的普法宣传纳入当地的整个普法宣传工作中，努力拓展统计普法宣传的深度和广度。

各地在加强学习宣传的同时，要积极推进新《统计法》的贯彻实施，要将新《统计法》的要求落实到统计工作中，积极推进依法行政、依法统计，切实提高统计数据质量，为党和政府决策提供科学可靠的依据，为社会公众提供优质统计服务，为经济社会科学发展提高统计保障。

国务院第六次全国人口普查领导小组办公室关于印发国务院第六次全国人口普查领导小组办公室内设机构的通知

（2009 年 12 月 11 日）

各省、自治区、直辖市人口普查领导小组办公室：

为了贯彻《国务院关于开展第六次全国人口普查的通知》（国发〔2009〕23 号）的精神，国务院第六次全国人口普查领导小组办公室根据职责和工作任务，进行了内部机构设置。办公室负责人包括主任一人，副主任十三人（名单附后），下设九个组，承办人口普查的各项工作。

综合协调组：负责对各部门及局内各司的联络工作；承办日常性公文，负责文件的管理工作；监督各地工作进展情况；收集编写动态简报；承担重要会议的会务工作，撰写重要会议纪要；负责后勤保障工作；负责有关普查物资的协调工作；协调普查资料的包装、运送及资料库管理、人口普查原始表保管；组织普查工作评比表彰；撰写人口普查大事记；协调办公室财务管理工作。

方案设计和组织指导组：制定人口普查方案、工作规划；设计普查项目和普查表；编写普查表填写说明；组织撰写普查员培训教材；制定数据处理编辑规则；组织实施普查试点；组织指导普查员选聘、培训、摸底、现场登记、复查和快速汇总工作；组织制定各级汇总表式；审核汇总表；发布主要数据公报；编辑、出版和管理普查数据；撰写人口普查报告书，组织人口普查技术业务总结；联系和协助户口整顿工作；统筹协调业务工作。

区划和质量控制组：组织实施普查区域划分、地址编码和地图绘制；实施城乡划分标准；组织建立人口地理数据库；维护和整理普查原始数据；制定各阶段质量控制办法和质量验收标准；组织人口普查事后质量抽查。

长表抽样组：负责普查长表的抽样设计；组织样本抽取；负责抽样误差的计算；参与普查表设计、汇总表设计与审核。

标准分类和编码组：协调普查中使用的行业、职业、民族代码标准，负责组织普查表编码工作。

宣传和资料开发组：拟定并组织实施人口普查宣传工作规划；组织编写人口普查宣传材料；协助新闻单位进行人口普查宣传工作；撰写领导讲话；制作宣传用品；组织协调出版人口普查画册；组织普查数据的课题研究和资料的开发利用。

户口整顿组：负责户口整顿工作的方案设计、试点和组织指导，提供人口基础资料；协助现场登记的相关工作。

数据处理组：制定数据处理方案；负责数据处理设备调配；研制数据处理程序，组织实施数据处理各项工作；建立人口普查数据库。

执法检查组：组织指导全国人口普查执法检查活动，受理人口普查活动中的违法违纪行为举报，转办督办人口普查活动中的违法违纪案件，直接查处人口普查活动中的重大违法违纪案件。

附：国务院第六次全国人口普查领导小组办公室负责人名单

附：

国务院第六次全国人口普查领导小组办公室负责人名单

主　任：张为民　（国家统计局副局长）

副主任：冯乃林　（常务，国家统计局人口和就业司司长）

高　任　（公安部治安管理局副局长）

于学军　（国家人口计生委发展规划与信息司司长）

王开忠　（中宣部宣教局副巡视员）

苏　国　（国家发展改革委社会发展司副司长）

吴　钢　（财政部行政政法司副司长）

程子林　（国家统计局政策法规司司长）

鲜祖德　（国家统计局设计管理司司长）

张仲梁　（国家统计局财务司司长）

许剑毅　（国家统计局数据管理中心主任）

赵云城　（国家统计局人口和就业司副司长）

李希如　（国家统计局人口和就业司副司长）

孟庆普　（国家统计局人口和就业司副巡视员）

中组部　张为民、林贤郁同志职务任免

（2009 年 12 月 23 日）

中共国家统计局党组：

经研究，同意张为民同志任国家统计局党组副书记，免去林贤郁同志的国家统计局党组成员职务。

国务院关于李强、林贤郁职务任免的通知

（2010 年 1 月 1 日）

国家统计局：

国务院 2010 年 1 月 1 日决定，任命李强为国家统计局副局长；免去林贤郁的国家统计局副局长职务。

国家统计局关于理顺和规范国家抽样调查任务工作机制的通知

（2010 年 1 月 4 日）

各省、自治区、直辖市统计局，新疆生产建设兵团统计局，国家统计局各调查总队：

为保证国家抽样调查任务的科学性和有效性，按照《国务院办公厅关于印发国家统计局直属调查队管理体制改革方案的通知》（国办发〔2005〕14 号），以及国家统计局、中央编办、国家发展改革委、财政部、原人事部《关于印发国家统计局直属调查队管理体制改革实施方案的通知》（国统字〔2005〕158 号）精神，在《国家统计局关于部分国家统计调查项目分工调整的通知》（国统字〔2009〕129 号）的基础上，进一步理顺和规范城乡住户、价格、主要农作物产品、主要畜禽产品、规模以下工业、部分服务业、景气调查、农村贫困监测、退耕还林（草）监测等国家抽样调查任务工作机制，现通知如下：

一、根据国家抽样调查的需要，国家统计局在全国各省（区、市）、副省级城市、市（地、州、盟）和部分县（市、区、旗）设立直属调查队（以下称国家调查队），建立抽样调查网点，开展有关调查，推算分省数据，并上报国家统计局汇总全国数据。今后各地在有国家调查队的地方不得建队，如需开展与国家抽样调查任务有关的调查，其业务由国家调查队统一管理、组织和协调。

二、有关国家抽样调查任务需要在未设县级国家调查队的地区开展调查的，由调查总队会同省（区、市）统计局联合发文明确有关事项，具体安排实施。已纳入到国家抽样调查汇总推算的地方样本点，统一由国家调查队负责业务管理，相关样本资料由国家调查队负责审核、汇总、上报，并同时抄送同级统计局。省及省以下统计局（地方调查队）应当积极配合国家调查队完成各项国家调查任务。国家调查队也要在调查经费、业务培训等方面予以支持。

三、各级国家调查队依法独立行使统计调查、统计监督的职权，独立上报调查结果，并对上报调查资料的真实性负责。各地有关统计数据，按规定属于国家调查队调查的，以国家调查队数据为准。各省及省以下统计局（地方调查队）为满足地方分级管理需要，开展与国家调查队相同或相似的统计调查，其调查数据不得用于汇总和推算全省（区、市）数据，不得公布与国家调查队不一致的同类数据。

四、为保证国家抽样调查任务的顺利完成，国家统计局直属各地市级、县级调查队要切实有效地提高直接调查能力。

本通知印发后，请各地依照执行。对于已经由国家调查队统一管理地方调查队业务的地区，可以继续保留原工作模式和机制。

国务院第六次全国人口普查领导小组关于印发《国务院第六次全国人口普查领导成员单位职责分工和工作方式》的通知

（2010 年 1 月 6 日）

各省、自治区、直辖市人民政府第六次全国人口普查领导小组，国务院第六次全国人口普查领导小组成员单位：

《国务院第六次全国人口普查领导小组成员单位职责分工和工作方式》已经 2009 年 12 月 18 日国务院第六次全国人口普查领导小组第一次全体会议审议通过，现印发给你们。

国务院第六次全国人口普查领导小组成员单位职责分工和工作方式

国务院第六次全国人口普查领导小组（以下简称“领导小组”）的主要职责是研究决定人口普查的重大事项；制定和协调人口普查有关政策；组织人口普查全民动员。领导小组的日常工作由领导小组办公室承担。

一、职责分工

人口普查是一项重大的国情国力调查，涉及到每个人，与许多部门的工作有直接关系。为了使领导小组有效地担负起人口普查的领导责任，需要明确有关部门的分工。职责分工总的原则是在领导小组的统一领导下，各部门各负其责，通力合作。按照各部门的职能分工，具体安排如下：

国家统计局负责人口普查的日常工作，并全面负责专业技术工作。

公安部负责户口整顿工作，以及协助配合人口普查登记阶段相关工作。

人口计生委负责协调制定有利于开展人口普查的相关政策，以及查准出生人口方面的协调配合工作。

发展改革委负责协调人口普查方案与国民经济社会发展总体规划及有关专项规划的衔接工作。

财政部负责人口普查经费的协调保障工作。

中宣部、广电总局负责人口普查的宣传工作，以及与新闻媒体的组织协调工作。

民政部负责行政区划方面的协调配合工作。

工商总局负责对个体工商户的宣传动员工作。

外交部、国务院港澳办、国务院台办负责人口普查中涉及外籍人员及港、澳、台人员相关政策的协调工作。

国土资源部负责人口普查制图所需的地理信息和资料的协调保障工作。

国务院法制办负责《全国人口普查条例》制定等相关政策方面的工作。

国务院研究室负责国务院领导讲话及相关文件的审定工作。

总参军务部负责对解放军现役军人的人口普查、汇总工作。

武警部队司令部负责协调武警部队人口普查的组织实施工作。

教育部、国家民委、司法部、人力资源社会保障部、住房城乡建设部、农业部、卫生部、监察部按照各自的职能分工，负责相关政策的协调工作。

二、工作方式

（一）不定期召开领导小组会议，听取工作进展情况的汇报，研究决定人口普查的重大问题。

（二）人口普查的重大问题由领导小组会议议定，日常工作问题由领导小组办公室处理。

（三）领导小组重要文件按程序报国务院批准后印发，一般性工作文件由国家统计局局长兼领导小组副组长签发。

（四）人口普查涉及的有关政策问题需要协调的，由领导小组办公室牵头，商有关部门协商提出意见后，按程序报批。

委托统计调查项目管理暂行办法

国家统计局

（2010 年 1 月 19 日）

第一条 为保障国家统计局常规统计调查任务的顺利开展，规范委托统计调查项目的管理，从严控制委托统计调查项目，科学合理地配置统计资源，制定本暂行办法。

第二条 委托统计调查项目是指由中共中央有关部门和国务院有关部门，以及经政府主管部门授权行使行政管理职能的行业协会等单位（以下统称：委托单位）委托国家统计局开展的统计调查项目。

委托统计调查的主要数据必须是国家或部门常规统计调查项目不能取得或加工取得的。

第三条 凡需动用统计行政资源组织地方统计系统完成的委托统计调查项目，均纳入本暂行办法管理范围。

第四条 按照统筹安排、发挥优势的原则，确定委托统计调查项目的组织实施机构。采用直接派员调查方式的，由国家统计局相关业务司、中心组织国家调查队实施。采用电话调查方式的，由中国统计信息服务中心组织实施。

第五条 委托统计调查项目审批程序按《国家统计局统计调查项目审批和备案工作规程（暂行）》执行，主要程序如下：

（一）申请。委托单位提交委托统计调查项目申请公文、《新增/修订统计调查项目申请书》和统计调查制度。办公室负责申请文件的登记、流转等。

（二）初审。统计设计管理司负责初审申请文件，经与相关业务司、中心协商后，提出初审意见。

（三）审核。审核领导小组成员单位对统计调查项目材料进行审核；统计设计管理司根据成员单位审查意见，将审核情况报审核领导小组副组长审核。

（四）审批与签发。所有委托统计调查项目都要提请局常务会审定。局常务会审定通过的项目，由相关业务司、中心起草文件，经统计设计管理司会签后由局长签发；未通过的项目，由统计设计管理司起草文件，分管局领导签发。签发文件由办公室核发复函文号。

第六条 管理委托统计调查项目经费，按有关财务管理规定严格执行。

中共中央有关部门、国务院有关部门委托国家统计局组织进行的专项统计调查项目，应当在执行年度前一年上报财政部，列明委托统计调查项目名称及预算，调增国家统计局来年预算。

通过财政部列入国家统计局专项统计调查预算的，由财务司负责管理；未列入国家统计局专项统计调查预算的，由办公室负责管理，需下拨到承担调查任务地区的，需经财务司会签。

第七条 国家统计局各调查总队拟承接的地方委托统计调查项目，报国家统计局审批。

第八条 委托统计调查项目严格按程序管理。未经批准的委托统计调查项目，一律不得实施。

第九条 本办法自发布起施行。2003 年 10 月 24 日印发的《国家统计局关于承担委托调查项目的管理办法》同时废止。

国家统计局关于进行工资统计制度改革试点的通知

（2010年1月26日）

浙江、广东、四川等省统计局：

根据《国家统计局关于进一步推进工资统计制度改革工作的意见》（国统字〔2009〕114号）的精神，为了稳妥推进工资统计制度的改革工作，决定于2010年在浙江、广东、四川三省进行工资构成和岗位工资的调查试点。

一、试点主要目的

按照工资统计制度改革计划，2010年季报进行试点，在劳动统计报表中逐步增加反映工资构成和岗位工资的有关指标和内容。为2010年统计年报正式开展工资构成和岗位工资调查积累工作经验。

二、试点地区

根据工作情况，决定选取浙江、广东、四川为国家试点省份，三省可根据实际情况确定一个地级城市的区或县进行试点。

三、试点主要内容

（一）广东、四川两省进行工资构成方面的试点。调查指标将在原有年报报表内容的基础上，增加反映工资构成的指标，主要包括：基本工资（或称标准工资、合同工资、谈判工资）、津贴和补贴、奖金和绩效工资、加班工资、补发工资。具体调查表见附件1。

（二）浙江省进行岗位工资的试点，主要是对企业中的从业人员进行岗位工资的调查。从业人员的岗位主要分为：企业单位负责人、专业技术人员、管理人员和办事人员、技术岗位操作人员、其他工作人员。具体调查表见附件2。

四、试点时间安排

（一）2010年一季度，国家试点各省在选中的地区中，从制造业中按企业人员规模大、中、小各选20家，进行典型调查。主要是了解企业的人员和工资管理制度等情况以及能否准确、及时填报调查表。

（二）2010年二季度，国家试点各省在选中的地区中，对一个完整的区或县中的制造业（包括私营企业）进行调查，重点对基层统计局完成这项调查的组织工作进行试点，总结基层统计部门开展这项调查的经验。

（三）2010年三季度，国家试点各省与选中的城市和区、县共同对企业填报的报表进行分析、研究，对试点情况进行总结，撰写试点报告。

五、试点工作总结

国家统计局人口司将在2010年劳动工资统计报表布置会议前，召开工资统计制度改革试点专题研讨会，总结工作、完善方案。

请按照本通知的要求，认真组织好试点的各项工作。

附件：1. 企业从业人员工资结构调查试点方案（略）

2. 企业从业人员岗位工资调查试点方案（略）

迎难而上　开拓创新　奋力实现
统计能力数据质量和公信力的新提高

——马建堂(国家统计局局长)在
全国统计工作会议上的讲话

(2010 年 1 月 28 日)

同志们:

这次全国统计工作会议的主要任务是:认真贯彻落实党的十七大和十七届三中、四中全会以及中央经济工作会议精神,深入贯彻落实科学发展观,传达学习国务院领导同志最近对统计工作的重要批示精神,总结 2009 年统计工作,部署 2010 年统计工作。

一、2009 年的主要工作

2009 年是新世纪以来我国经济发展最为困难的一年,也是统计工作极不平凡的一年。年初,温家宝总理作出重要批示,李克强副总理视察国家统计局,对统计工作提出很高要求。应对国际金融危机冲击,统计作用空前凸显,统计任务异常繁重,统计数据受到前所未有的关注。面对严峻挑战,各级统计机构和广大统计人员牢记使命,恪尽职守,以果敢的勇气和坚强的信心,紧紧围绕党中央、国务院的中心工作,迎难而上,奋力拼搏,扎实工作,不断进取,各项工作都取得了新成绩,较好地完成了党中央、国务院交给我们的任务。

去年统计系统全力奋进的过程，也是巩固和发展学习实践活动成果的过程。一年来，我们进一步深入学习科学发展观，狠抓整改措施的落实，奋力解决统计工作中的突出问题和矛盾，奋力将学习实践活动成果转化为促进统计服务科学发展和统计工作科学发展的体制机制保障，奋力提高统计能力，提高统计数据质量，提高政府统计公信力，统计改革取得新进展，统计建设取得新突破，统计事业呈现新气象。

（一）积极为应对国际金融危机冲击提供优质统计服务。

应对国际金融危机冲击、保持经济平稳较快发展是去年经济工作的首要任务，党中央、国务院对统计系统寄予厚望。统计部门直面挑战，奋发作为，尽职尽责，经受住了考验。积极扩充统计调查内容。在做好原有工作的基础上，建立实施中央扩大投资情况月度统计制度，工业企业生产经营状况及趋势判断月度调查制度，农民工统计监测制度，成立房地产市场统计监测研究小组，建立实施重点城市房地产市场月度监测制度，完善社会消费品零售总额统计，强化城乡住户调查收入与消费统计，进一步完善各项景气调查制度。大力提高统计监测频率。启动重要工业品出厂价格监测旬报机制，重要农产品价格半月监测制度，主要食品消费价格十日报制度，主要农业生产资料价格月度监测制度。创办《统计信息专报》和《统计工作专报》，中办、国办全年共采用统计部门所报信息675篇，其中92篇得到党中央、国务院领导同志批示。准确研判经济运行走势。认真落实月度经济形势分析制度，完善季度经济形势分析制度，加大对经济社会运行中热点、难点、重点问题的分析深度，加大行政记录在统计分析中的应用，加大对微观经济活动的了解，加大对世界经济形势的跟踪监测分析。在认真开展统计分析的基础上，牢记中央领导同志的嘱托，准确研判宏观经济形势，较早提出“中国经济可能已经见底”，“经济持续下滑的趋势得到初步遏制，开始出现企稳回暖迹象，整体经济表现好于预期”，“国民经济在见底企稳基础上波动上行，积极变化的因素继续积累”，“回升势头进一步增强，总体形势积极向好”等重要观点，为中央判断经济走势、科学制定宏观经济政策提供了重要信息，对提振全国公众的信心发挥了重要作用。各地统计机构都积极为地方党委政府提供统计信息，开展分析研究，为各地应对国际金融危机冲击作出了突出贡献。上海创办经济形势回顾与展望报告，江苏建立重点企业旬报制度，青海研发“领导决策信息支持系统”。

(二)统计改革取得明显进展。

去年，统计系统着力解放思想，积极转变观念，调动一切可以调动的因素，奋力推进统计改革与创新。统计业务基础进一步夯实。统计分类、标准和编码得到完善，制定《统计用产品分类目录》，建立《统计用区划代码和城乡划分代码库》，建立健全基本单位名录库，统计业务工作的标准化、规范化得到进一步加强。重大统计制度方法改革迈出实质性步伐。积极采纳社会公众的意见和建议，对沿袭几十年的劳动工资统计进行重大改革，将私营单位正式纳入统计范围。建立 31 个大城市劳动力调查制度，按月反映全国重点城市劳动力供求状况，为“十二五”时期正式实施调查失业率制度奠定了基础。在国际组织和国内外科研机构支持下，认真分析研究我国季节变动因素，对大量历史数据进行了试算，环比制度已基本建立，将结束我国基本不生产环比统计数据的历史。整合各专业分散的企业报表，大力推进“企业一套表”试点，为推动在新技术条件下提高统计调查的标准化和统一性打下了良好基础。在多年工作的基础上，正式形成了全国城乡住户调查一体化方案，原先分别组织实施的城市和农村住户调查正在逐步走向统一，使多年来统计系统为之努力的改革迈出了实质性步伐。开展工业成本费用调查，为统计机构统一规范核算工业增加值、改善数据质量提供了支撑。建立批发零售住宿餐饮业销售额行业统计调查制度，改进社会消费品零售总额统计。研究推进统一核算 GDP。提出工业统计指数试算方案。建立部门固定资产投资项目管理信息抄送制度。对 36 项统计报表制度进行了修订，增加报表 37 种，减少报表49种，增设指标625个，减少指标890个，一定程度上减轻了基层负担。统计管理体制机制进一步完善。成立国家统计局统计咨询委员会，有利于提升重大事项决策水平。国家调查队改革不断巩固和深化，进一步明确国家调查队职能定位，调整局队调查项目，理顺局队业务关系。认真总结各地对地方统计工作实行垂直管理的经验，稳妥推进县级统计机构对乡镇统计的垂直管理改革，积极推进乡镇依法设置统计工作岗位。健全统计系统财务管理制度，统计预算、资产、政府采购、国库集中支付、结余资金管理以及调查队系统的财务管理得到加强，配合国家有关部门完成"小金库"清查和治理工作。北京、湖南、湖北等地"企业一套表"改革试点工作扎实推进。浙江、广东等地大力培育发展统计中介服务机构，创新统计调查工作机制。

（三）统计数据质量管理进一步加强。

提高统计数据质量紧迫性和重要性的意识进一步增强。统计系统牢记中央领导同志对提高统计数据质量的要求，把提高统计数据质量作为统计工作者的基本职责，把搞准统计数据摆在统计工作的中心位置。进一步加强统计职业道德教育。大力强化以"不出假数、真实可信、准确完整"为主要内容的统计职业道德教育，积极宣传表彰维护统计数据质量的先进人物和先进事迹，创新统计职业道德教育的形式，组织开展"视统计数据质量为生命"宣誓活动，全系统热爱统计、忠诚统计、真实统计、恪遵职业操守的氛围愈加浓厚。建立数据评估体系。我们将建立科学完备的数据质量评估体系作为提高统计数据质量的重要抓手，坚持不懈地予以推进。在国家和不少地区，投资、农业、工业、价格、收入、核算等专业已经建立或初步建立了以相关指标、行政记录和主要联网直报企业数据为评估标准的质量评估体系，依据评估结果审核主要、敏感统计数据，对提高统计数据质量发挥了很好的作用。强化对数据生产过程的管理和控制。着力强化对各地执行国家统计调查制度情况的监督检查，组织各专业深入基层统计机构、调查对象核实源头数据质量。建立健全各专业统计数据质量全过程控制体系，明确每一统计岗位的质量标准和技术规范。河北、安徽等地认真制定业务操作规程和数据质量控制办法，促进了数据质量的改善。

(四)各项统计调查取得新成绩。

第二次全国经济普查圆满完成。在国务院统一领导和地方各级政府的组织实施以及广大普查对象的支持配合下，经过各级普查机构和300多万普查人员的艰苦努力，顺利完成现场登记、数据处理、抽查评估等工作，获得大量翔实的统计数据，普查取得圆满成功。通过普查，基本查实了我国二、三产业的规模、布局和结构，查清了二、三产业的效益情况、技术现状、生产要素以及常规统计无法全面反映的服务业发展状况，掌握了二、三产业的能源和水资源消耗状况，摸清了二、三产业所有单位和个体工商户的基本情况。第六次全国人口普查全面启动。国务院印发关于开展第六次全国人口普查的通知，拟订了《全国人口普查条例(送审稿)》，制定了普查方案。各地都积极行动起来，及时组建各级普查机构，努力筹措经费，认真开展流动人口、人户分离、境外人员、普查小区划分和普查图绘制等专项试点，为人口普查的顺利开展奠定了扎实基础。第二次全国R&D资源清查和全国城乡划分清查顺利进行，分别进入调查表填报和质量抽查阶段。完成了2007年全国投入产出表编制工作。各项常规统计调查工作取得明显进步。统计系统核算、农业、工业、建筑业、服务业和投资、消费、能源、价格、住户、人口、就业、社会、科技、环境等专业克服人手少、任务重、时间紧的困难，认真组织，严格审核，及时处理，较好地满足了党中央、国务院和地方各级党委政府以及社会公众对统计数据的需要。圆满完成全国组织工作满意度民意调查，党风廉政建设民意调查，城市公共文明指数测评等37项专项调查。黑龙江、贵州等地认真开展社情民意调查，积极反映人民群众的意愿和诉求，为党和政府与人民群众沟通搭建了新的桥梁。

(五)统计法制建设取得重大突破。

《统计法》是统计工作的根本保障。为了尽快完成统计法的修订工作，统计系统全力配合立法机构，进一步征求和反映统计机构的意见，积极陈述统计部门的关切。全国人大常委会于2009年6月27日正式通过修订后的《统计法》。新《统计法》强化了对地方、部门、单位领导人员在统计活动中行为的约束和监督，强化了统计机构、统计人员维护统计数据质量的责任和职权，强化了对统计违法行为的监督和惩处力度，对于进一步规范统计行为，推动统计改革和建设，保障统计数据质量，意义重大而深远。为了做好《统计法》的实施工作，在认真征求国务院有关部门、各地统计机构和专家学者意见的基础上，反复研究、精心起草、多次修改，形成并向国务院报送了《统计法实施条例(送审稿)》。积极推动并与监察部、人力资源社会保障部联合制定《统计违法违纪行为处分规定》(以下简称《处分规定》)，进一步健全了统计数据质量责任机制，完善了统计监督检查和责任追究制度，具有更强的针对性和可操作性。围绕经济普查等重点工作，加大对统计违法违纪案件的查处力度，全国共检查统计违法违纪单位2.94万家，对1.35万起统计违法违纪行为进行了立案查处。国家统计局直接查处了12起经济普查违法违纪案件，共对31人给予处分，对11人予以诫勉谈话。以《处分规定》的公布实施、《统计法》修订通过和《统计法》正式施行为契机，全系统组织开展了3次规模大、影响广的统计法制宣传活动，有力增强了全社会的统计法律意识。按照计划开展了对有关省市和国务院有关部门的统计巡查。四川省人大常委会对《统计法》和地方统计法规执法情况开展专项检查，北京、新疆等地集中开展统计执法检查，积极开展统计法制宣传教育，取得明显成效。

(六)统计保障能力进一步增强。

统计队伍建设取得新进展。加强对各级统计机构负责人和业务骨干培训，加强各级统计机构领导班子建设和党风廉政建设，强化对各级国家调查队管理。通过竞争上岗等方式，全国统计系统一大批德才兼备的优秀统计干部走上更加重要的工作岗位，整个队伍面貌有了新变化。四川探索建立了统计信息总监、统计质量总监等制度。山西首创统计专家评选机制。统计信息化逐步推进。符合计算机技术、网络技术发展方向和统计工作实际的统计信息化规划思路进一步明确，网络基础设施建设进一步增强，联网直报的硬件以及系统环境进一步改善，统一的数据采集处理软件平台建设进展顺利，元数据库、原始数据库、基本单位名录库建设稳步推进，完成CPI无线移动数据采集系统的开发、试点工作，较好完成普查和各项常规调查的数据处理工作。辽宁积极利用遥感影像资料绘制人口普查小区图。山东、河南等地积极利用手持电子设备和无线网络采集、处理、上报统计数据。统计基层基础进一步夯实。积极宣传《统计法》关于“县级以上地方人民政府设立独立的统计机构”的规定，在支持地方机构改革的同时，依法维护市县两级政府统计机构的独立单设。研究提出了全国统一的《县级统计机构工作规范》及《县级统计机构考核评价办法》。海南省统计局积极做工作，实现了所有县级统计机构独立单设。辽宁省政府在有关促进就业文件中明确要求将社区统计员岗位纳入全省基层管理和服务岗位名录库，重庆强力推进统计调查网络和信息化网络建设，江西在全省范围推行首席乡镇统计员制度，宁夏开展统计基层基础能力建设年活动，山东、陕西等地积极推动建立乡镇统计站。国家调查队系统普遍制定了各项调查业务的操作规程。

（七）统计新闻宣传工作呈现新气象。

国家统计局成立统计新闻宣传领导小组，统一领导和认真部署统计新闻宣传工作。建立月度统计数据新闻发布会制度，集中统一发布各类月度统计数据。加大对统计数据的诠释力度，在主流媒体及时深度解读统计指标，在中国信息报开辟专栏，在中国统计信息网推出统计学家视频访谈系列节目。稳步推进统计数据生产过程和调查方法的透明化，建立新闻通气会制度，邀请多家媒体记者参与CPI和PPI等统计数据采集工作。加强对有关质疑的澄清和说明，积极引导社会公众正确认识和使用统计数据。努力为社会公众提供统计咨询服务，不断扩大政府信息公开的范围和内容，及时更新国家统计数据库的数据。充分利用中国信息报、中国统计信息网、统计研究、中国统计、中国经济景气月报等各类媒体，广泛宣传统计工作，发布统计信息，传播统计知识。组织编辑出版《新中国六十年》、《中华人民共和国统计大事记》和《新中国统计60年》，举办新中国统计60年图片展。各地统计机构也在加强新闻宣传，创新宣传方式，加大解疑释惑力度等方面开展了大量有益探索，取得了良好效果。经过全系统的共同努力，统计新闻宣传的主动性、针对性、有效性进一步增强，统计工作更加公开、更加透明、更加自信。

（八）部门统计迈出新步伐。

加强对部门统计工作的指导和管理。规范了部门统计调查项目审批和备案程序，出台了统计调查项目审批和备案工作规程，统一了部门统计调查项目报批和备案文本，加大对部门统计调查项目的审批和备案力度，全年共审批备案部门统计调查项目112项。部门统计得到进一步加强。完成第一次全国污染源普查、第三次全国港口普查、第一次体育及相关产业调查、公路水路运输量专项调查、国民科学素质监测调查等。铁道部增强了统计力量，中纪委、监察部、体育总局、中国残联等修订完善了统计规章和规范性文件，供销合作总社印发《关于进一步加强统计工作的意见》，安监总局、海洋局、知识产权局、林业局等修订了部门统计指标体系和调查方法，民政部、人力资源社会保障部、人口计生委、旅游局、粮食局、邮政局、测绘局、汽车工业协会、物流协会等也在培训统计人员、开展统计服务等方面做了大量有益的工作。政府综合统计与部门统计的信息交换机制进一步健全。甘肃等地认真开展部门统计工作巡查，不断强化对部门统计的管理和协调。

在做好上述工作的同时，国际统计交流与合作进一步拓展。中国国际统计培训中心已批准成立，这是中国统计日益走向世界的一件大事。认真组织开展国际比较项目。统计系统党建和思想政治工作进一步加强，统计科研教育、从业资格认定、涉外调查管理、后勤保障、老干部工作以及其他各项工作也都取得了可喜成绩。

上述成绩的取得，是党中央、国务院高度重视、正确领导的结果，是各地方、各部门大力支持的结果，是社会公众积极配合的结果，是广大统计人员团结奋斗、求真务实、开拓进取、扎实工作的结果。借此机会，我代表国家统计局向多年来理解、关心、支持统计事业发展的各地党政领导、各部门和社会各界表示崇高的敬意！向长期以来辛勤工作、无私奉献的全国统计工作者表示衷心的感谢！

二、牢记使命，奋力推进“三个提高”

当前是我国统计改革发展建设的关键时期。今年 1 月 21 日，温家宝总理作出重要批示：“统计工作全面真实准确反映经济社会发展情况，直接关系中央的决策和部署。要下大力气推进统计工作的改革和建设，建立符合国际标准和我国实际的科学统计体系”。1 月 19 日，李克强副总理要求我们：“深入贯彻落实科学发展观，以新统计法施行为契机，加快统计改革，进一步提高数据质量和公信力，做好人口普查工作，在掌握国情国力、服务科学发展中发挥更大的作用”。国务院领导同志的重要指示，指明了统计工作的方向，我们必须认真学习，谨记在心，切实履行好统计部门的神圣职责和历史使命。

不辱使命，担当责任，基础是提高统计能力，核心是提高统计数据质量，关键是提高政府统计公信力。

统计能力是提高统计数据质量的基础。经过多年努力，统计部门已具备相应的统计能力，但统计设计理念需要进一步更新，统计调查能力和统计数据质量过程控制能力需要进一步加强。统计信息网络基础设施和软件建设难以满足统计业务快速发展的需要，统计法律、组织、人才、经费保障相对不足，统计基层基础仍比较薄弱，这些都一定程度上制约着统计数据质量的提高。加强统计能力建设的任务十分繁重。

统计数据质量是统计工作的生命。近年来，围绕提高统计数据质量，我们投入了大量精力，倾注了很多心血，采取了不少措施，应该说取得了一定的效果，全国统计数据总体上能准确反映经济社会发展走势，基本上反映着经济社会的客观变化。但是，与党和政府的更高要求相比，与人民群众的更多期待相比，统计数据质量还存在着一些问题。个别地方在统计上弄虚作假的现象时有发生，某些领域的统计数据匹配性有待增强，一些引导和服务科学发展的统计指标有待健全，反映调整结构、转变增长方式、改善民生方面的数据有待进一步丰富。提高统计数据质量的任务十分紧迫。

政府统计公信力关乎政府形象。这次应对国际金融危机冲击凸显出政府统计公信力的至关重要。社会公众对统计数据的质疑时有发生，对统计调查科学性的评论日渐增多，对统计工作公开透明的呼声越来越高。这一方面对改进政府统计有重要促进作用，但也在一定程度上影响着统计工作权威性，影响着调查对象对统计工作的支持配合。必须把提高政府统计公信力摆上重要议事日程。

对上述问题，大部分同志都有比较清醒的认识，并决心采取有力措施予以解决。但有的同志可能对解决问题的紧迫性认识还不够，有的同志对解决长期存在的矛盾还缺乏足够信心。各级统计机构和广大统计人员必须正视问题，统一思想，坚定信心，迎难而上，开拓创新，真抓实干，在过去工作的基础上，不断提高统计能力，提高统计数据质量，提高政府统计公信力。

一是更加着力转变统计观念。思想是行动的先导。牢记使命，奋力推进“三个提高”，要进一步破除思维惯性，进一步激发干部职工投身改革的热情。要牢固树立数据质量第一的意识，以对党、对国家、对人民、对历史高度负责的精神，以求真务实为天职，视数据质量为生命，恪遵“不出假数、真实可信、准确完整”的职业操守，从自己做起，从现在做起，从细节做起，将提高数据质量始终贯穿于统计工作的各个环节、各个方面。要牢固树立用户至上的意识，确立以需求为导向的统计工作理念，构建与用户沟通的良好机制，不断丰富统计产品的种类，创新统计产品载体，拓展统计信息传播渠道，千方百计地满足统计用户的需要。要牢固树立尊重调查对象的意识，切实减轻调查对象负担，方便调查对象填报，严守调查对象的个人隐私和商业秘密，积极争取调查对象的支持与配合。

二是更加着力深化统计改革。改革创新是统计事业发展的不竭源泉，是奋力推进“三个提高”的强大动力。不破除不适应新形势、新任务的统计体制机制和制度方法，就难以建立起适应社会主义市场经济体制的现代统计体系。不加快改革步伐，不抓紧完善统计管理体制机制，不抓紧变革统计制度方法，统计能力就难以得到真正提升，统计数据质量就难以得到真正提高，政府统计公信力就难以得到真正改善。要集全系统之力，大力推动体制创新、机制创新、制度创新、方法创新、实践创新，努力突破统计工作的瓶颈制约，真正实现统计工作的科学发展。创新统计组织体系，强化国家对统计工作的集中统一领导，强化统计调查的独立性，健全统计工作监督检查和反馈奖惩机制。加快统计制度方法改革，积极建立统一、完整、适用的统计标准体系，积极建立科学、统一、简约的统计指标体系，积极构建科学、高效、节约的统计调查方法体系。

三是更加着力推进依法统计。严格依法统计是提高统计能力的重要依据，是提高统计数据质量的根本保障，是提高政府统计公信力的坚实基础。我们都要敬畏统计法、遵守统计法、严格执行统计法，这样才能维护统计工作的正常秩序，才能有效解决统计能力与统计需求的矛盾，才能排除对统计数据的各种干扰，才能真正赢得社会公众对政府统计的信任。要全面加强统计立法、执法、普法工作，确保各项统计工作有法可依，有法必依，执法必严，违法必究。必须依法规范统计机构和统计人员的行为，做到依法进行统计管理，依法审批统计调查项目，依法实施统计行政许可，依法组织实施统计调查，依法管理和公布统计资料，依法维护调查对象的合法权益。必须依法治理和改善统计工作环境，依法维护统计机构、统计人员独立调查、独立报告、独立监督的职权，依法查处统计违法行为。统计法规定应当做的，必须坚决地、不折不扣地照办；统计法禁止做的，必须坚决地、毫不含糊地不做。

四是更加着力推进统计信息化。实现统计信息化，能够提高统计管理的标准化、规范化水平，极大地解放和发展统计生产力，有效减少中间环节对统计数据的干扰，切实保障统计数据质量，减轻调查对象负担。要加快建立全国统一、畅通的统计信息网络体系，加快应用各专业统一的、方便使用的数据采集处理软件平台，加快建设统一完备、及时更新的统计数据库体系，加快构建国家统计信息安全保障体系。大力推动电子报表的应用，实现各类统计调查从方案设计到报表布置、数据采集、传输、处理、公布等统计工作全流程的电子化、网络化和高效化。加快推进联网直报，实现主要专业领域统计调查对象通过网络直接向国家统计局报送统计资料、各级统计机构按权限在线审核处理统计资料的工作模式。

五是更加着力加强质量管理。高质量的统计数据源于统一规范的生产流程，源于统计人员严格履行职责，源于严谨科学的数据质量评估。要进一步加强职业道德教育，经手搜集、处理、签署的统计数据要经得起良心和道德的审视。要进一步严格实施统计调查规范化管理，制定并实施分专业的全国统一的数据采集基本操作规程，建立并实施主要统计指标数据质量全过程控制体系，强化各项统计业务工作规范化标准，将业绩考核与数据质量挂钩，以统计调查行为的规范化确保统计数据的准确性。进一步完善统计数据质量审核检查机制，建立对统计数据采集过程主要工作环节的审核和验收制度，建立统计数据采集过程的定期质量抽查制度，加大对重点数据的审核抽查力度。进一步完善统计数据质量评估机制，提高数据评估的科学性，并切实在数据审核中加以应用。

六是更加着力打造透明统计。公开透明是提高数据质量的强大监督力量，是政府统计赢得社会公众信任和支持的重要机制，也是统计法的神圣要求。当前，社会各界对统计公开透明的呼声比以往任何时候都高，必须投入更大的精力，积极稳妥地推进统计工作的公开和透明。要及时公布重大统计改革和政策预案的主要内容、相关背景，认真倾听、积极吸收社会各界的意见和建议。及时公布重要统计工作的进展，将政府统计置于全社会的监督之下。认真贯彻统计法关于以公开为原则、保密属例外的立法精神，及时公开统计资料，使统计成果惠及全社会。积极推进统计制度方法的公开化，认真做好统计数据诠释和解疑释惑工作，对统计数据修订作出必要的说明，使社会各界正确理解和使用统计数据。大力提高统计数据生产全过程的透明度，增强社会公众对统计数据质量的认同感，使全社会更加放心地使用统计产品。充分展现统计人员热爱统计、忠诚统计、真实统计、奉献统计的职业精神，如实展现统计部门崇尚科学精神、尊重科学规律、探求科学方法的良好形象。

提高统计能力，提高统计数据质量，提高政府统计公信力，是今后一段时期统计工作的主线。今年国家统计局将围绕这一主线深入开展调查研究，制定“十二五”时期全国统计改革与发展总体规划。请各地区、各部门统计机构和广大统计人员积极建言献策，为制定出战略性、指导性和针对性更强的规划贡献力量。

三、扎实做好2010年的各项工作

2010年是实施“十一五”规划的最后一年，也是加快统计改革和发展的关键一年。各级统计机构和广大统计人员要按照党的十七大和十七届三中、四中全会以及中央经济工作会议的要求，深入贯彻落实科学发展观，紧紧围绕党中央、国务院的中心工作，深化统计改革，加强统计建设，不断提高统计能力、提高统计数据质量、提高政府统计公信力，努力开创统计工作新局面。

（一）全力提供优质统计服务。

2010年是我国促进经济平稳较快增长，推进经济结构调整，转变发展方式，提高经济增长质量和效益的关键之年。在这个关键时刻，各级统计机构要按照中央经济工作会议确定的今年经济工作的总体要求和主要任务，在真实统计、认真调研的基础上，进一步加强统计监测，深入开展统计分析，认真研判我国经济运行态势，为党中央、国务院把握好宏观经济政策实施的力度、节奏、重点，增强宏观调控的针对性和灵活性，提供优质统计服务，为夺取应对国际金融危机冲击的全面胜利作出贡献。密切监测中央扩大投资政策落实情况、重点调整和振兴产业及中小企业生产经营状况、房地产市场运行状况、农民工城市务工状况、各类价格变化情况以及市场、消费、收入、库存等领域运行情况，密切关注世界经济形势的变化及其对我国的影响。落实好月度、季度经济形势分析会议制度，重点分析促进经济增长与防止通货膨胀问题，准确研判经济运行走势，及时反映宏观经济发展中的苗头性、趋势性问题。办好《统计信息专报》，为党和政府把握经济形势、实施科学决策和管理提供扎实依据。进一步加强和改进统计新闻宣传工作，加大统计信息发布力度，编辑出版《中国主要统计指标诠释》。积极开发利用统计数据，加强对数据的整理，增加国家统计数据库信息加载量，尽可能方便统计用户。完善统计信息门户网站建设，提高网站服务的主动性和时效性。

（二）精心组织第六次全国人口普查。

组织实施好第六次全国人口普查，是今年统计工作的重中之重。各级统计机构和普查机构务必以高度的责任感和一丝不苟的求实精神，坚持科学普查、依法普查，建立健全普查质量控制体系，落实普查工作岗位责任制。各级统计局主要负责人要切实履行好第一责任人的职责。切实加强对普查工作的领导，充分发挥好统计部门作为牵头单位的作用，努力做好与相关部门的沟通协调，认真做好普查组织实施工作。认真制定普查实施细则，提出切实可行的关于超生人口、外出人口、外来人口、人户分离、港澳台和外籍人员等各类人群如实填报登记的办法，努力提高普查的规范性和统一性。认真做好普查人员选调工作，积极落实普查指导员和普查员劳动报酬，重点做好对普查人员普查法规、普查政策、职业道德、普查方案、普查细则、普查技巧等内容的教育培训。认真做好普查宣传，广泛动员社会力量，努力营造社会公众参与、配合、支持普查的良好氛围。切实落实普查经费和物资，认真做好户口整顿、普查区域划分、普查地图绘制、摸底调查等准备工作。扎实做好普查登记阶段的各项工作，对填报登记的每一环节、每一岗位层层审核把关，层层检查验收，确保源头普查数据真实可靠。认真做好普查复查、数据质量抽查以及普查数据审核、录入、汇总、上报工作。要通过扎实细致的工作，确保普查取得圆满成功。

认真做好第二次全国经济普查资料开发等后续工作，使普查成果更好地服务全社会。继续组织实施好第二次全国 R&D 资源清查，为推进创新型国家建设提供统计支持。继续开展好城乡划分清查，抓紧建立《统计用区划代码和城乡划分代码库》。严格按照国家统计调查制度要求，高质量完成各项常规统计调查、专项调查以及城镇住户基本情况抽样调查。国际比较项目范围已覆盖全国，要继续认真做好。全面推进妇女发展纲要和儿童发展纲要监测工作。

（三）积极推进统计制度方法改革。

今年统计制度方法改革任务很重，一定要分类指导，精心组织，扎实推进。对于已经实施的改革，要严格按照改革方案，认真组织实施，不断深化完善，确保改革成功；今年要正式推出的，要抓紧论证方案，认真做好各项准备，制定相关预案，按照时间节点适时推出；今年仍在试点的，要加大试点力度，认真总结经验，根据发现的问题不断完善方案，为尽快正式实施积极创造条件；需要继续研究的，要加大工作力度，加快研究步伐，创造性地开展工作，尽快提出改革实施方案。

抓紧提出国家统一核算地区 GDP 方案，改进地区 GDP 审核与评估，统一国家与地区分行业增加值核算方法。一季度正式推出主要统计指标环比制度，灵敏准确反映经济运行状况。搞好“企业一套表”试点工作，认真总结经验，为明年正式实施创造条件。认真实施好城乡住户调查一体化试点，完善抽样设计方案和推算方法，尽快统一指标、统一标准、统一方法，进一步提高调查网点的代表性，加快向城乡住户调查一体化过渡。进一步完善劳动工资统计制度，扩大抽样调查范围，研究提出工资结构和岗位工资的统计方法。认真做好提高“三上”企业划型标准和投资统计起点的准备工作，为明年实施奠定基础。抓紧建立国家统一的服务业统计制度，不断扩大部分行业服务业抽样调查制度覆盖范围。完善资源环境统计，着手研究建立适应循环经济和测算碳排放需要的能源统计制度，研究制定环保支出试点调查方案和环保支出测算方法。编制国家和试点地区矿产、能源、污染物排放账户。积极推进贸易统计改革，建立重点商品购销存统计制度，规范和改进限额以下批发零售住宿餐饮业抽样调查制度。完善工业发展速度计算方法，开展工业生产指数试算工作，稳步推进工业品价格定基指数改革，改进规模以下工业抽样调查制度。制定统一的主要农产品统计调查制度，改进农产品产量调查方法，建立以耕地地块为抽样调查对象的农产量对地调查体系。逐步推进投资当月统计，研究试行建筑业企业“在地”统计方法。研究完善社会发展水平综合评价制度，研究建立文化及相关产业统计工作机制。

(四)全面强化统计执法检查。

今年是新《统计法》施行的第一年。各级统计机构要从维护统计法尊严、维护政府统计权威的高度，充分认识加强统计执法检查的重要意义和作用，切实履行好统计法赋予的监督检查职责，与一切统计违法违纪行为作坚决的斗争。加快构建完备高效、坚强有力的统计执法检查机制，积极构建由市级以上政府统计专门执法机构和县级专职执法人员组成的执法体系，充实各级统计机构执法检查力量。进一步加大统计执法力度，完善统计违法违纪行为惩处制度，建立健全统计违法案件通报和公开制度。今年，国家统计局将联合有关部门对《统计法》和《处分规定》贯彻执行情况进行检查，各地要按照全国统一部署，认真做好检查工作，保证检查取得切实的成效。在大检查期间，各地要集中力量查处地方、部门、单位的负责人违法干预统计数据，统计机构、统计人员知法犯法、参与弄虚作假，违法实施统计调查、违法公布统计资料等行为，依法追究有关责任人的党纪政纪责任，公开、通报一批有影响的案件。进一步完善统计法律制度，积极配合国务院法制办做好《统计法实施条例》的制定工作。根据新《统计法》制定和修订部门统计规章，推动修订地方性统计法规和政府规章，夯实依法统计的法律基础。深入开展形式多样的统计法制宣传活动，加大对领导干部和统计人员统计法制宣传力度，加强对统计调查对象的宣传教育，不断优化依法统计的社会环境。

（五）切实加强统计信息化建设。

今年统计信息化的重点是推进统一的数据采集处理软件平台建设。这个问题基层反映非常强烈，已到了非解决不可的地步。国家统计局将集中力量，各专业要积极配合，确保统一软件平台的建成、推广和使用，切实从根本上解决统计数据采集处理软件多乱问题。加快统计信息化网络基础建设，各地区要按国家的统一要求，完成国家统计信息网络扩建工程省以下配套建设任务。加快涉密网和数据中心建设，完成国家统计局核心业务系统及资源整合项目建设，加快数据安全热备系统建设，为各专业全面实施联网直报提供技术支撑。全国统一的“三上”企业联网直报体系建设力争取得重大进展，逐步推进工业品出厂价格、房地产价格等调查的联网直报，对已实施联网直报的企业要抓紧实现联网直报和纸介质报送的并轨。抓紧提出统计数据库体系的总体建设方案。加快推进报表布置和数据填报、加工、汇总、信息发布的电子化、网络化。做好第六次全国人口普查等大型国情国力调查的数据处理工作。在更大范围推进利用卫星遥感技术和手持电子设备采集、传输统计数据。

(六)大力夯实统计基础。

修订《国民经济行业分类》,实施《统计用产品分类目录》,修订和完善企业划型等标准。强化对基本单位名录库的维护更新和使用,做好与相关部门的协调与信息交流。所有以单位为调查对象的统计调查项目,都要加快实现以基本单位名录库为抽样框或字典库。在地方机构改革中,确保县级以上人民政府统计机构依法独立设立,指导乡镇政府依法设置统计工作岗位,不断充实基层统计力量。总结推广地方统计工作垂直管理的经验和做法,鼓励地方积极进行不同形式的探索。继续做好基层统计机构建设经验的推广工作,召开统计基层基础建设经验交流会。建立统计基层基础建设工作检查制度,制定实施《县级统计机构工作规范》和《县级统计机构考核评比办法》。研究制定《加强统计基层基础建设工作的意见》。努力改善基层工作条件,财力物力要向基层倾斜。

(七)加强对部门统计的管理指导和服务。

研究制定《关于加强部门统计工作的指导意见》,支持部门进一步健全统计机构,充实统计人员。积极帮助部门完善统计调查制度和方法,加强对部门统计人员的业务培训。制定《部门统计标准管理办法》,对现行的部门统计标准进行清理。严格执行《委托统计调查项目管理办法》,统一规范管理国家统计局接受部门委托调查项目。制定《部门统计数据交流共享办法》,健全部门间资料交换制度,及时向部门提供有关统计资料。规范部门统计调查项目审批和备案程序,严格审批部门统计调查项目,努力提高审批的时效性与科学性。抓紧建立部门统计调查信息交流平台和部门统计调查项目数据库。各部门要严格执行统计法,努力完善统计制度,扎实做好各项统计调查,及时提供部门统计资料,切实提高部门统计能力，切实提高部门统计数据质量。

（八）加强统计队伍建设和党风廉政建设。

进一步加强统计职业道德建设，牢固树立忠诚统计、真实统计、依法统计、科学统计的理念，大力弘扬求真务实、爱岗敬业、创新奉献、开拓奋进的统计新风。加强统计系统各级领导班子思想建设、组织建设和作风建设，努力形成能挑重担、朝气蓬勃、奋发有为的领导集体。进一步完善国家调查队系统干部选拔任用与考核工作的有关制度和规定，进一步充实班子力量，提高组织领导国家统计调查工作的能力。进一步加强制度建设，努力提高管理水平。加强统计人才培养，组织实施好对各级统计局、国家调查队负责同志和统计业务骨干的培训工作，加强统计革命传统教育，加大干部挂职锻炼、岗位交流力度。稳妥推进事业单位人事制度改革。

党风廉政建设关系到政风、行风和干部作风，关系到党和人民赋予权力的正确行使，我们要进一步提高对统计系统反腐倡廉建设重要性和紧迫性的认识，一以贯之地抓好。要深入学习贯彻中央纪委五次全会和胡锦涛总书记重要讲话精神，全面贯彻执行中央印发的《中国共产党党员领导干部廉洁从政准则》。要坚持标本兼治、综合治理、惩防并举、注重预防的方针，扎实推进统计系统惩治和预防腐败体系建设。要深入开展反腐倡廉教育，加强领导干部党性修养和作风建设，加强统计行风建设，加强反腐倡廉制度建设，注重廉政风险防范，围绕人、财、物、数等权力运行的重点领域和关键环节，切实加强对权力运行的监督制约。加强对重大统计调查项目的监督检查，严肃查处违法违纪案件，严格执行党风廉政建设责任制，充分发挥纪检监察部门的作用，为统计改革和发展提供强有力的保障。

四、切实提高统计系统执行力

按照《统计法》的规定，国家建立集中统一的统计系统，实行统一领导、分级负责的统计管理体制；国家统计局依法组织领导和协调全国的统计工作。因此，统计系统良好的执行力就是各级统计机构和广大统计人员坚决贯彻党和国家各项统计政策、法令、指示和工作部署，严格执行国家统计调查制度，有力落实国家统计局决定的重大改革措施和提高数据质量的举措。

（一）增强大局意识，确保令行禁止。

统计系统有近10万工作人员，带领这样一支庞大的队伍深化统计改革，推进统计建设，完成艰巨复杂的统计工作任务，需要统一的意志和行动。如果有令难行，有禁不止，统计工作就难以科学发展，统计数据质量就难以真正提高，就会影响党和国家的决策。相对于全党全国工作大局，统计工作是局部；相对于全国统计工作大局，各地方、各部门统计工作是局部。如果全局利益受到损害，最终局部利益也必然受到损害。各级统计机构和广大统计工作者必须牢固树立大局意识，坚持小道理服从大道理，正确认识和处理好全局利益与局部利益的关系，切实做到服从大局，维护大局，服务大局。要自觉与中央保持高度一致，不折不扣地贯彻落实党中央、国务院的各项部署，坚决维护中央的权威和中央大政方针的统一性和严肃性。始终牢记自己的根本任务是通过依法独立调查、独立上报提供真实可信的统计数据，始终牢记自己的首要职责是高质量完成国家统计调查任务，严格遵守国家统计调查制度，坚决执行国家统计局的各项决定，确保政令畅通，努力实现全国统计工作一盘棋。

（二）坚持求真务实，勇于承担责任。

邓小平同志曾经指出，世界上的事情都是干出来的，不干，半点马克思主义都没有。统计事业已进入难得的重要战略机遇期，统计部门肩负着前所未有的繁重任务和艰巨使命，面临着良好的发展机遇和巨大挑战。只有坚决按照国家关于统计工作的统一部署，脚踏实地，埋头苦干，才能把握机遇，乘势而上，开创统计事业新局面。各级统计机构领导干部和广大统计人员要大力弘扬求真务实、脚踏实地、一丝不苟的工作作风，培养责任意识、执行意识和岗位意识，真正做到讲法制、重约束，讲制度、重质量，讲效率、重结果。要在抓好落实上狠下功夫，在攻坚克难上狠下功夫，在务求实效上狠下功夫。强化对执行过程的指导，加强上下级统计机构间的沟通，努力使执行机构和人员充分理解、领会各项统计政策和工作部署的背景、目的、内容和要求，确保执行不走样。要深入实际，深入基层，深入调查对象，加强调查研究，创造性地开展工作。

繁重的统计改革和发展任务，是需要人来落实的。要把每一项工作具体细化到每一岗位、每一个人。工作要做到有布置、有检查、有考核，要调动每一位同志完成本岗位职责的责任心、积极性和创造性。各级统计机构的主要负责同志是抓落实的第一责任人，要切实担负起“班长”的职责，以身作则，率先垂范，勇于担当，勇于负责，敢于抵制影响统计数据质量的各种干扰，敢于查处各种统计违法违纪行为。各级领导班子的成员要发挥工作的主动性，对分管的业务要敢抓善管，主动协调，当好主要负责同志的参谋助手，做提高执行力的模范。

（三）加强监督检查，确保任务落实。

加强监督检查是提高执行力的重要环节，对于掌握执行情况，减少执行偏差，提高执行效率，确保各项工作落到实处，具有十分重要的作用。各级统计机构要建立健全统计工作督办制度，将国家统计调查项目组织实施、重大统计改革和建设推进情况、重要统计工作部署落实情况纳入督办事项，通过经常性跟踪督查、阶段性督查，及时发现执行过程中存在的问题，切实加以整改。建立健全年度报告制度和重大事项报告制度，各地统计机构要将国家统计调查任务的落实情况、重大统计改革和建设的进展情况以及其他重大问题及时向上级统计机构报告。建立健全统计领导干部问责制，按照严格要求、实事求是、权责一致、依法有序的原则，对统计数据严重失实、发生重大统计违法违纪案件、国家重大统计工作部署执行不力以及出现其他严重失职行为的各级统计机构相关负责人实行行政问责，并将行政问责与行政监察、审计监督结合起来。进一步加大统计巡查力度，完善统计巡查办法，强化对各地执行国家统计调查任务，落实国家统计工作部署情况的巡查。

同志们！今年的统计工作任务十分艰巨，提高统计能力，提高统计数据质量，提高政府统计公信力任重道远。让我们更加紧密地团结在以胡锦涛同志为总书记的党中央周围，高举中国特色社会主义伟大旗帜，以邓小平理论和“三个代表”重要思想为指导，深入贯彻落实科学发展观，坚定信心，开拓创新，奋力拼搏，努力完成各项任务，为全面建设小康社会、加快推进社会主义现代化做出新的更大贡献！

中华人民共和国国家统计局令

第13号

（2010年2月9日）

《统计用产品分类目录》已经2010年1月22日国家统计局第1次常务会议通过，现予公布，自公布之日起实施。

局长　马建堂

统计用产品分类目录（略）

国家统计局关于开展
2010年“企业一套表”试点工作的通知

（2010年3月15日）

各试点地区统计局，国家统计局各试点调查总队：

根据全国统计工作会议精神和《国家统计局关于开展企业一套表试点工作的通知》（国统字〔2009〕77号）要求，为探索在新技术条件下的统计数据生产方式和生产流程，认真总结经验，全面推行“企业一套表”奠定基础，2010年继续进行“企业一套表”试点工作。现将《2009年年报和2010年定报“企业一套表”试点实施方案》印发给你们，请北京、河北、山西、黑龙江、江苏、浙江、山东、河南、湖北、湖南、广东、四川等省（市）统计局及调查总队根据方案要求，认真组织试点工作。国家统计局安徽、宁夏调查总队对“三下单位”纳入“企业一套表”的调查方法进行研究并提出方案。

各试点地区对“企业一套表”试点工作要高度重视，根据试点内容，增加调查总队领导及有关业务部门参与“企业一套表”领导小组及办公室工作，统一、协调组织开展试点工作。试点过程中发现问题，请及时联系国家统计局“企业一套表”工作小组。

附件：2009年年报和2010年定报“企业一套表”试点实施方案（略）

国家统计局关于印发流通领域重要生产资料价格监测调查方案的通知

（2010 年 3 月 16 日）

国家统计局河北、山西、辽宁、上海、广东、四川、陕西调查总队：

为加强流通领域重要生产资料价格监测工作，经研究，现将《流通领域重要生产资料价格监测调查方案》印发给你们，请认真贯彻执行。

此调查方案于 2010 年 4 月上旬启动，结束时间另行通知。

流通领域重要生产资料价格监测调查方案

一、监测目的

科学、准确、及时地反映流通领域重要生产资料批发价格（大宗交易价格，下同）的变动趋势和幅度，为提高宏观经济分析和调控的及时性、预见性提供基础数据。

二、监测任务

调查部分地区重要生产资料的批发价格，及时反映流通领域中重要生产资料的市场价格变动趋势，及其新情况、新问题，为党政领导和管理部门宏观决策提供服务。

三、监测范围

调查六大类 27 种重要生产资料的批发价格。各地应选择 1 至 3 家当地规模最大的大型物流、批发和交易市场。对无法从这 3 个渠道获得批发价格的个别产品，可直接从生产企业（煤矿）采集价格。

四、调查时间、调查方式及调查价格

每旬价格的调查时间为8日、18日、28日，以8日代表上旬，18日为中旬，28日为下旬。调查价格为时点价(即当日或最邻近日具有代表性的实际成交价格)。

五、调查资料的上报内容、上报时间和上报方式

上报内容为经过检查、审核的原始数据资料。上报时间为每旬调查日的次日。流通领域重要生产资料旬报资料由有关调查总队负责调查收集，采用FTP网络传输方式报国家统计局城市司。

附表：1. 流通领域重要生产资料监测产品及监测地区(略)

2. 流通领域重要生产资料价格调查表(略)

农村统计调查数据质量控制办法

（试行）

国家统计局办公室
（2010 年 3 月 22 日）

数据质量是统计工作的生命。为贯彻落实科学发展观，维护农村统计数据的真实性、权威性和公信力，必须采取全面和有效的措施，对农村统计调查的全过程进行数据质量的控制管理，保持和提升农村统计调查数据质量。

一、目　　的

通过本办法的实施，对各级农村统计机构和业务人员提出工作要求，以加强对调查数据生产过程的控制与管理，及时发现数据生产过程中不符合质量要求的行为，并通过一系列措施加以纠正，全面实现提升农村统计调查数据质量的目标。

二、基本原则

（一）坚持农村统计调查全过程控制。即农村统计调查数据质量的管理，按照统计调查设计和实施的基本过程实行全过程控制。

（二）坚持农村统计数据质量“六要素”综合控制。统计数据质量包括适用性、准确性、时效性、可获得性、可解释性、连贯性六种基本要素。通过持续关注农村统计调查的工作目标、主要数据用途、成本、以及其他影响数据质量和用户需求的各种因素，平衡这些要素，达成数据质量目标。

（三）坚持数据质量检查措施控制。通过定期自查、互查和事后抽查，发现和总结质量控制过程管理中不符后质量目标达成的设计和规定，加以不断调整和完善，促进过程管理的效率提升。

三、实施范围

国家统计调查制度规定的所有农村统计调查项目。在条件允许的情况下，专题调查也应按本制度要求开展调查数据质量控制管理工作。

四、总体要求

根据农村统计调查工作的内容和组织形式，数据质量控制管理按调查过程来制定相应的工作要求。对于调查过程中要求综合管理和共同实施的步骤制定统一的要求，包含的步骤有方案设计、抽样框编制、样本的抽选与网点管理和调查人员的管理与培训。对于具有专业特点的步骤，则在分专业的管理办法加以规定，包含的步骤有：现场调查的组织与数据采集、数据处理与管理、数据发布、以及事后质量抽查和基础工作检查，对应的项目有农作物调查、主要畜禽监测调查、农村住户调查和贫困监测调查、农产品生产价格调查和退耕还林（草）监测调查等农村抽样调查项目，以及县域统计、农业核算等农村全面报表项目。

以下对进行综合管理和统一实施的调查步骤的质量控制管理作出要求，其他调查步骤的要求参照分专业办法执行。

（一）方案设计

调查方案设计的主体是指调查计划的制定和调查承载工具的设计。方案设计从抽样误差和非抽样误差两方面决定了数据质量的好坏。负责方案设计的部门和人员应在方案设计方面加强投入，对方案的主要指标解释、关键定义和范围、重要的技术标准提供详尽的文档供基层查阅，方案设计应在充分论证、测试、试点和评估后才能正式使用。

1. 调查计划的制定

调查计划的第一步是明确信息需求。在决定一项调查满足用户需求的程度时，需要在用户需求、调查精度、经费预算、调查负担之间寻找平衡点。在明确了信息需求和调查项目可行性之后，调查计划的第二步是确定好调查目标、用途、目标用户群以及分析将针对的关键问题。为了确保最初的计划能够转变成一个实际的调查承载工具，目标和用途应该陈述得非常精确，以确保新的或改进的统计活动能够满足用户的特定需求。第三步是调查设计者对调查范围、指标解释进行明确，调查方式、调查对象、调查的进度安排等也必须确定下来。调查方式和调查进度安排的确定，应在充分试点和评估、以及考察是否满足用户需求等基础上进行。

2. 调查表/问卷设计

调查表/问卷是调查承载工具的一部分，是目前农村统计调查中最常用的数据采集工具。调查表/问卷设计应在了解用户需求、制定数据初步分析计划、与数据处理程序编制人员充分互动、考虑实际调查成本及工作量的基础上进行。调查表/问卷在数据收集过程中起到中心作用，其对数据质量、被访者的行为、调查员的表现、与被访者关系以及调查效率和数据处理效率有着主要的影响。调查表和问卷的结构要清晰，填报须知和导语部分要明确，措辞应便于开展调查。定期收集调查员反馈，在此基础上对调查表/问卷措辞进行调整。如有可能，通过开展试调查来评价和改进调查表和问卷。问卷还要适应数据录入手段，方便录入或归档，易检查和审核。

3. 数据处理

从数据质量控制的角度来看，规范化的数据处理过程为质量控制提供了重要保障。比如,通过规范统一的数据处理程序来实现样本管理和相应的数据管理,通过程序的复录比对功能来减少数据录入的再生性误差,通过有效的控制和审核来发现录入错误和调查错误,以及正确的数据修正方式等等。要采取措施来切实加强数据处理工作的管理,特别是从审核差错记录、数据修改痕迹记录、基础数据插补要求以及原始数据的上报和归档保存等方面进行有效的管理,实现数据处理有专人负责、有专人检查,上级部门要定期开展专项抽查。因为有些抽样设计是不等概率抽样,计算或推算时有相应的赋权,因此,基层部门必须使用国家统一制发的数据处理程序,不得随意变更程序的参数,确保数据处理过程的准确、规范和统一。

(二)抽样框的编制与维护

样本的抽选必须依据调查目标和可用的抽样框。抽样框的编制资料主要来自普查和摸底调查。2010 年农村抽样调查的样本轮换使用第二次全国普查数据和统计标准地址码编制初级抽样单元的抽样框。在确定的初级抽样单元内,各类调查通过摸底收集与各自专业相关的名录框或地域框。

名录框或地域框的编制要有统一的、科学、可行、易于检查的办法。名录框或地域框内的抽样单元要清晰、易辨认。除了抽样单元的特征信息外,还必须包括联系信息、如户主姓名、详细地址、电话等。

摸底形成的抽样框必须按规定的时间和要求同时上报省调查总队和国家统计局,国家统计局对抽样框资料的摸底调查工作开展抽查,以保证摸底调查的工作质量和数据质量。

(三)样本抽选、轮换及网点管理

1. 样本抽选与样本轮换

样本抽选与轮换是农村抽样调查工作的前提,抽样方案的科学制定与严格实施关系到调查数据的整体质量。国家抽样调查的抽样设计方案由国家统计局统一制定,各级调查队必须按照国家制定的方案实施。由国家统计局和各调查总队进行样本抽选和确定，确定后的样本不得随意调整。具体实施要求为：

(1)农村抽样调查网点抽选方案和实施细则由国家统计局统一制发，并由国家统计局农村司负责组织实施。

(2)各省(区、市)调查总队根据统一方案和实施细则，制订本省(区、市)实施方案，在得到国家统计局农村司批准后，负责具体组织实施。

2. 网点的管理

农村抽样调查网点实行国家统计局农村司统一方案、统一审批、统一管理的原则。

各基层调查队有责任维护网点的稳定。按照一定程序，经多方做工作后，确定无法保持的网点应收集变更信息，在网点变更审批时上报上级调查队。网点变更审批的具体规定为：

(1)县级调查网点的变动更新须由国家统计局批准。

(2)乡、村两级调查网点的变动须由省(区、市)调查总队提出方案，国家统计局农村司批准。

(3)户一级调查网点的变动须由县级(市、区)调查队提出方案，报省(区、市)调查总队批准，报国家统计局农村司备案。

(4)调查网点变更经由省(区、市)调查总队书面报送国家统计局农村司审批。上报内容包括变更意见和变更前后的样本评估分析资料。国家统计局农村司将在一个月内对各地上报的变更申请作出批复。未经正式批复，县、乡、村网点一律不得变更。

(5)国家统计局每年将对各地调查网点的管理情况进行抽查。

3. 网点的定期评估

由于现行抽样方案采取的是一次抽选样本后连续调查三至五年的固定样本设计，为了适应农村人口和耕地经营权等流动性大的实际情况，保证各调查主题网点的代表性，每年应对调查网点进行评估。评价办法由国家统计局统一制定，各调查总队负责实施，并将评价结果及网点调整意见上报国家统计局。评价内容包括：

各省(区、市)所辖县、乡、村、户的基本情况;各项抽样调查网点的变动情况,各调查点辅助调查员配备及工作开展情况;抽样误差(变异系数)等各有关参数变动情况;农村抽样调查网点系统维护情况。

4. 网点管理数据库信息系统

为实现农村抽样调查网点管理系统化、自动化,加强网点的控制,确保调查网点的质量,国家、省(区、市)建立农村抽样调查网点管理数据库信息系统。该系统包括抽样方法、样本轮换方法、网点评估方法、调查网点名单及其统一代码、有关样本网点资料等。农村抽样调查网点管理数据库信息系统将由国家统计局农村司统一制定。

(四)调查人员的管理与培训

调查人员是实施现场调查的起始,也是贯穿整个过程的主导因素。选聘符合条件的调查人员,开展有效的业务培训,进行正确的、及时的指导和监督等,是现场调查人员组织工作的基本内容。

1. 问题

调查人员队伍不稳定,有的地方辅助调查员业务不熟练,工作时间没保证。

2. 要求

要根据具体工作的要求严格选聘调查员和辅助调查员,并对调查员和辅助调查员开展业务培训,让调查员和辅助调查员真正明确他们的义务、纪律和具体任务。

(1)调查员、辅助调查员选聘。

根据农村统计调查调查工作的性质,在选聘调查员、辅助调查员时应从两方面进行考察。

一是要思想上重视。只有思想上重视农村统计调查工作的人员,才能保质保量地完成调查任务。

二是要工作上称职。农村统计调查工作对统计业务应有较高的专业要求,选聘工作上称职的人员作为农村统计调查的调查员和辅助调查员很重要。

(2)调查员和辅助调查员需要遵守的纪律。

为充分发挥调查员和辅助调查员的作用，保质保量完成调查任务，调查员和辅助调查员应履行自己的义务，遵守纪律，完成监测调查任务。

一是恪守职业道德。要忠于职守，严格执行方案。要服从上级调查机构的领导，辅助调查员要接受调查员分配的工作，对调查员指出的差错要认真进行核对并及时更正。要按时完成各个阶段的报表工作。遵守《统计法》，坚持实事求是，如实登记调查数据，不得编造或隐瞒调查数据。

二是学习调查技能。要认真参加培训，学习调查知识，掌握调查的现场登记、复查等各种工作技能，并随时记录调查工作中存在的问题，积极寻求解决的办法。

三是坚持现场调查。在现场调查工作中要认真细致，坚决杜绝急于求成、赶进度的做法，保证数据质量。调查中遇到不能肯定的问题时，应及时向上级汇报，征求意见。

(3)调查员的配备要求。

各县调查队对每个专业必须要有 1－2 名专职调查员，具体负责对调查工作进行检查、指导，负责台账资料的收集、审核、编码、整理、录入和原始资料的保管等。

(4)辅助调查员的配备要求。

每个调查网点要配备 1 名责任心强、有一定文化水平、在群众中有一定威信的村级辅助调查员，负责督导本村调查户的记账工作，接受调查户的咨询，经常督促调查户的记账，及时发现问题，现场核实，纠正记账差错。

(5)业务培训的要求。

县级调查队或统计局要将对辅助调查员的业务培训制度化，每年进行一次集中培训。

3. 办法

(1)上级机关进行工作检查时，应询问调查人员的基本情况，与选聘条件对照，发现选聘条件问题，并判断其严重程度。

(2)对于某些条件不足，如文化条件不足，但责任心很强的，要进行重点的培训和辅导，帮助其掌握一些调查的必备知识，促进其能力的提高，达到条件的要求。要采取多种方法，强化对辅助调查员的培训。辅助调查员水平各异，培训不宜一刀切，要采取差别化培训，甚至个别辅导培训的方法，提高辅助调查员的整体水平。

(3)对于多次检查表明，那些确因责任心、理解力、身体情况等无法胜任工作的，要及时更换。

(4)定期开展对辅助调查员的督促检查，定期访问调查农户，了解辅助调查员的工作情况，制定适度可行的奖惩措施，激发辅助调查员的荣誉感和责任心。

(5)建立调查人员的动态信息库。每年报送调查人员个人信息，了解调查人员的变动情况，建立国家与基层调查人员直接联系的渠道。

(6)各地要在每年的 3 月 31 日前，将当年县调查队或县统计局负责各个专业的调查员以及村级辅助调查员的姓名、性别、年龄、职务、文化程度和联系电话报国家统计局农村司。

(五)事后质量抽查

国家级事后质量检查可采取综合检查的办法，几个专业可以结合在一起集中到一到两个县进行综合检查，但各个专业的具体检查方法仍然分别制定(见附件)。

附件：1. 农作物调查数据质量控制办法(试行)(略)
2. 主要畜禽监测调查数据质量控制办法(试行)(略)
3. 农村住户调查和贫困监测调查数据质量控制办法(试行)(略)
4. 农产品生产价格数据质量控制办法(试行)(略)
5. 退耕还林(草)监测调查数据质量控制办法(试行)(略)
6. 县域统计数据质量控制办法(试行)(略)
7. 农业核算数据质量控制办法(试行)(略)

国家统计局关于开展全国农村抽样调查样本轮换工作的通知

（2010 年 4 月 9 日）

各省、自治区、直辖市统计局，新疆生产建设兵团统计局，国家统计局各调查总队：

周期性的农村抽样调查样本轮换工作是保持样本代表性，不断改进现行农村、农业抽样调查方法的需要，更是提高农村抽样调查能力和提高数据质量的重要举措。根据国家统计局今年的工作安排，4 月份开始将在全国范围内开展农村抽样调查样本轮换工作。现将有关事项通知如下：

一、工作内容

本次样本轮换工作针对国家统计调查制度内的农村抽样调查主题的样本网点开展。相应的主题类别为：(1)农作物调查，包括农作物播种面积和主要农作物单产调查；(2)农村住户类调查，包括农村住户调查、农民工监测调查、贫困监测调查；(3)农产品生产价格调查。主要农产品中间消耗调查利用农产品生产价格的样本网点。主要畜禽抽样调查不参加本次样本轮换。

二、工作要求

（一）农村抽样调查的样本轮换工作由国家统计局各调查总队

负责组织实施，各总队要高度重视并认真组织。为确保此项工作顺利进行，各总队应成立由有关领导和专业处人员共同组成的样本轮换工作领导小组，并从人力、物力、交通、经费等方面给予充分保障。

（二）农村抽样调查样本轮换工作涉及面广、工作量大，请各地统计局给予积极支持与配合。

（三）要严格执行2010年全国农村抽样调查样本轮换方案，按工作方案和实施细则的要求开展样本轮换工作。要结合本地实际制定各地的样本轮换实施方案，并报国家统计局农村司审批备案。

（四）样本轮换过程中，各地遇到的新情况、新问题应及时与国家统计局农村司联系，共同研究解决。

（五）样本轮换工作结束后，应对本次样本轮换工作进行认真总结，以书面形式上报国家统计局。

三、工作进度安排

整个农村抽样调查样本轮换工作分为两个时间段，第一阶段是样本抽选阶段，时间从2010年4月至2010年7月，要求完成新网点的抽选和报批工作。第二阶段是新样本网点的布置落实阶段，时间从2010年8月至2010年11月，要求完成新网点的开点、开户和试记账/试调查工作。2010年12月1日，正式启用新的农村抽样调查网点。

附件：1.2010年农村抽样调查样本轮换工作方案（略）

2.2010年农作物调查样本轮换实施细则（略）

3.2010年农村住户类调查样本轮换实施细则（略）

4.2010年农产品生产价格调查样本轮换实施细则（略）

5.2010年农村抽样调查样本轮换抽样框数据使用规定（略）

中组部　人力资源社会保障部 国家统计局关于进一步加强和改进人才资源统计工作的通知

（2010 年 4 月 21 日）

各省、自治区、直辖市党委组织部，政府人力资源社会保障厅（局）、统计局，中央和国家机关各部委、各人民团体组织人事部门：

人才资源统计是人才工作的一项重要基础性工作，也是国家统计工作的重要组成部分。做好这项工作，全面掌握、科学评估人才工作和人才队伍建设的基本情况，对于贯彻落实好《国家中长期人才发展规划纲要（2010－2020 年）》、提高人才工作科学化水平、更好实施人才强国战略，具有十分重要的意义。2004 年《关于做好全国人才资源统计工作的通知》（组通字〔2004〕49 号）下发以来，各地各部门认真组织开展人才资源统计工作，取得了一定成效。随着新时期人才工作形势和任务的发展变化，人才资源统计工作面临着许多新情况新问题，在工作机制、指标体系、统计方法等方面，还存在一些不相适应的问题。为进一步加强和改进人才资源统计工作，现将有关事项通知如下：

一、健全国家人才资源统计指标体系

国家人才资源统计指标体系由国家人才发展主要指标、人才队伍建设指标、重点领域人才资源指标和国家人才发展监测与评价主要指标构成。

国家人才发展主要指标是反映人才发展整体水平和主要发展目标的综合性指标，包括人才资源总量、每万劳动力中研发人员、高技能人才占技能劳动者比例、主要劳动年龄人口受过高等教育的比例、人力资本投资占国内生产总值比例、人才贡献率等6项指标。

人才队伍建设指标是反映党政人才、企业经营管理人才、专业技术人才、高技能人才和农村实用人才队伍基本状况的专项指标，包括人才资源规模、素质、结构等方面的若干指标。

重点领域人才资源指标是反映经济社会发展重点领域人才资源状况的专项指标，包括人才资源总量、素质、结构和急需紧缺人才开发状况等方面的若干指标。

国家人才发展监测与评价主要指标是衡量人才发展整体水平的综合评价指标。除国家人才发展主要指标、人才队伍建设指标和重点领域人才资源指标外，还包括人才资源综合评价、规模与素质、投入与效能以及状况等方面的若干指标。

二、完善人才资源统计调查方法

国家人才发展主要指标、重点领域人才资源指标和国家人才发展监测与评价主要指标的统计，根据实际需要，可采取全面统计、抽样调查、专题调查和数据测算相结合的方式进行；党政人才、公有制经济领域的企业经营管理人才和企事业单位专业技术人才统计，可采取全面统计调查方式，实行年度统计；非公有制经济领域人才、高技能人才、农村实用人才统计，可采取抽样调查方式，每二三年进行一次。在此基础上，全口径的全国人才资源统计调查，每五年开展两次。

三、明确人才资源统计工作责任分工

国家人才资源统计工作在中央人才工作协调小组领导下，由中组部、人力资源和社会保障部、国家统计局会同各有关部门共同开展。统计数据的综合汇总由中组部负责，各项指标统计的具体分工见附件1、附件2、附件3。

人才资源统计调查时点为每年12月31日，调查年度为每年1月1日至12月31日。年度统计汇总数据于次年6月30日前报中组部。

各级党委组织部门、政府人力资源社会保障部门、统计部门及其他相关部门，分别按照上级主管部门的要求，开展相应的人才资源统计调查工作。

四、建立人才资源信息定期发布制度

国家人才资源信息发布工作由中组部、人力资源和社会保障部、国家统计局共同负责，每二三年按全口径发布一次。其中，党政人才、公有制经济领域的企业经营管理人才、公有制经济领域的企业和事业单位专业技术人才相关信息每年发布一次；各重点领域人才资源信息发布，需经中央人才工作协调小组同意。

国家人才资源信息的发布，可根据实际情况通过文件、统计公报、新闻发布会或新闻报道等形式进行。

五、加强组织领导

各地各部门要进一步增强做好人才资源统计工作的责任感和紧迫感，把这项工作作为更好实施人才强国战略的一项重要内容，列入各级党委、政府重要议事日程。要把人才资源统计工作纳入地区和部门统计工作体系，建立健全工作制度，推进人才资源统计工作科学化、规范化、制度化。

要加强人才资源统计工作的统筹协调。坚持党管人才原则，在各级党委统一领导下，党委组织部门、政府人力资源社会保障部门、统计部门及其他相关部门要切实负起责任，认真履行好职能。各责任单位和相关职能部门要各司其职、密切配合，确保人才资源统计工作有序开展。各责任单位要指定专门联络人，具体负责统计数据报送工作。

要加强人才资源统计工作队伍的业务培训。各级党委组织部门、政府人力资源社会保障部门、统计部门及其他相关部门可通过专题培训、短期集训等多种形式，认真搞好业务培训，不断提高人才资源统计工作队伍的能力素质，为进一步提高人才资源统计工作水平提供保证。

附件：1. 国家人才发展主要指标统计工作分工

2. 人才队伍建设指标统计工作分工

3. 重点领域人才资源指标统计工作分工

附件 1：

国家人才发展主要指标统计工作分工

统计指标	责任单位
人才资源总量	中央组织部
每万劳动力中研发人员	科技部
高技能人才占技能劳动者比例	人力资源和社会保障部
主要劳动年龄人口受过高等教育的比例	教育部
人力资本投资占国内生产总值比例	国家统计局
人才贡献率	国家统计局

附件 2：

人才队伍建设指标统计工作分工

<table>
<tr><th colspan="2">统计指标</th><th>责任单位</th></tr>
<tr><td colspan="2">党政人才</td><td>中央组织部</td></tr>
<tr><td rowspan="2">企业经营管理人才</td><td>公有制经济领域企业经营管理人才</td><td>人力资源和社会保障部</td></tr>
<tr><td>非公有制经济领域企业经营管理人才</td><td>国家统计局</td></tr>
<tr><td rowspan="2">专业技术人才</td><td>公有制经济领域企业和事业单位专业技术人才</td><td>人力资源和社会保障部</td></tr>
<tr><td>非公有制经济领域专业技术人才</td><td>国家统计局</td></tr>
<tr><td rowspan="2">高技能人才</td><td>公有制领域企业高技能人才</td><td>人力资源和社会保障部</td></tr>
<tr><td>非公有制领域企业高技能人才</td><td>国家统计局</td></tr>
<tr><td colspan="2">农村实用人才</td><td>人力资源和社会保障部牵头，国家统计局、农业部配合</td></tr>
</table>

附件 3：

重点领域人才资源指标统计工作分工

统计指标		牵头部门
经济重点领域人才资源	科技人才资源	科技部
	装备制造人才资源	工业和信息化部
	信息产业人才资源	工业和信息化部
	生物技术人才资源	科技部
	新材料人才资源	科技部
	航空航天人才资源	工业和信息化部
	海洋人才资源	国家海洋局
	金融、财会人才资源	人民银行、财政部
	国际商务人才资源	商务部
	生态环境保护人才资源	环境保护部
	能源资源人才资源	国家能源局
	现代交通运输人才资源	交通运输部
	农业科技人才资源	农业部
社会发展重点领域人才资源	教育人才资源	教育部
	政法人才资源	中央政法委
	宣传思想文化人才资源	中央宣传部
	社会工作人才资源	民政部
	医药卫生人才资源	卫生部
	防灾减灾人才资源	民政部

国家统计局关于进一步做好地方统计调查项目审批工作的通知

（2010 年 4 月 22 日）

各省、自治区、直辖市统计局，新疆生产建设兵团统计局，国家统计局各调查总队：

为加强地方统计调查项目的审批与管理工作，根据《中华人民共和国统计法》，国家统计局制定印发了《国家统计局统计调查项目审批和备案工作规程（暂行）》（见国统办字〔2010〕16 号文件）、《国家统计局委托统计调查项目管理暂行办法》（见国统字〔2010〕3 号文件）。为做好有关工作，现就有关事项通知如下：

一、要严格控制新建地方统计调查项目和对国家统计调查制度的调整。省级统计局和国家统计局各调查总队要充分考虑基层统计部门、调查对象的承受能力，严格控制新建地方统计调查项目。省级统计局和国家统计局各调查总队单独制定或者和有关部门共同制定的地方统计调查项目，包括普查项目、常规统计调查项目、专项统计调查项目、试点项目，必须报国家统计局审批。

省级统计局和国家统计局各调查总队要认真贯彻执行国家统计调查制度，严格控制对国家统计调查制度的调整，确需调整的，必须报国家统计局审批。

各地上报国家统计局审批的地方统计调查项目必须按照国家统计局有关规定，认真填写《新增统计调查项目申请书》（见附件 1）或《修订统计调查项目申请书》（见附件 2），提供完整的审批资料。

二、做好省以下地方统计调查项目管理工作。省级统计局和国家统计局各调查总队要建立地方统计调查项目管理机制，做好省以下地方统计调查项目管理工作。要加强对市、县地方统计调查项目的审批管理工作，省级统计局负责市、县统计局地方统计调查项目的审批管理工作，国家统计局各调查总队负责市、县调查队地方统计调查项目的审批管理工作。

三、建立地方统计调查项目公示制度。国家统计局建立地方统计调查项目公示制度，定期公布“省级地方统计调查项目目录”；省级统计局和国家统计局各调查总队应当分别建立市、县统计局和市、县调查队统计调查项目公示制度，定期公布市、县地方统计调查项目目录。

四、加强对地方统计调查项目的监督、检查。国家统计局将对地方统计调查项目实施情况进行检查，并将其列入统计巡查的内容；同时，对重要地方统计调查项目进行评估，作为后续调查项目审批和改进的依据。未经审批的地方统计调查项目，将予以废止，对有关责任人员依法追究法律责任。

附件：1. 新增统计调查项目申请书（略）

2. 修订统计调查项目申请书（略）

3. 省级地方统计调查项目审批工作注意事项（略）

人力资源社会保障部办公厅　国家统计局办公室关于2010年度高级统计师资格考评结合试点工作有关问题的通知

（2010年4月23日）

各省、自治区、直辖市人力资源社会保障（人事、劳动保障）厅（局）、统计局，新疆生产建设兵团人事局、劳动保障局、统计局：

为促进统计专业人才队伍建设，探索科学、客观、公正的高级统计师资格评价办法，人力资源社会保障部、国家统计局研究决定，2010年度继续进行高级统计师资格考评结合试点工作。现就有关问题通知如下：

一、试点范围

在2009年28个省（区、市）和新疆生产建设兵团开展高级统计师资格考评结合试点的基础上，试点工作扩大到全国31个省（区、市）、新疆生产建设兵团，国务院各部门所属单位和中央管理的企业（以下简称“中央单位”）。

二、组织管理

人力资源社会保障部、国家统计局共同负责高级统计师资格考评结合试点工作的组织和领导。

高级统计师资格考评结合工作中的考试（以下简称高级统计

师资格考试)由国家统一组织。人力资源社会保障部、国家统计局全国统计专业技术资格考试办公室(简称全国统计考办)负责确定考试科目、制定考试大纲、组织命题和阅卷、确定合格标准。

各地区高级统计师资格考试考务工作,由当地人力资源社会保障部门、统计部门协商制定实施办法。中央单位的统计人员,按照属地化原则报名参加高级统计师资格考试。

申请参加高级统计师资格评审的人员,须持有高级统计师资格考试成绩合格证或本地区、本部门当年参评使用标准的成绩证明。各地区的评审工作仍按现行办法组织进行。中央单位的评审工作,由经人力资源社会保障部备案、具有高级统计师专业职务任职资格评审权和评审委员会的单位组织进行;没有高级统计师专业职务任职资格评审权和评审委员会的中央单位,可按规定委托经人力资源社会保障部备案、具有高级统计师专业职务任职资格评审权和评审委员会的部门或所在地省级高级统计师专业职务任职资格评审委员会进行评审。

三、试点考试

(一)报名条件

申请参加高级统计师资格考试的人员,须符合下列条件之一:

1.《统计专业职务试行条例》规定的高级统计师专业职务任职资格评审条件。

2. 省级人力资源社会保障(人事)、统计部门或中央单位批准的本地区、本部门申报高级统计师专业职务任职资格评审的破格条件。

(二)考试实施

1. 考试科目为《高级统计实务》。考试时间为180分钟,采取开卷笔答方式进行。主要考核应试者运用统计专业知识、相关知识和法律法规,分析、解决和处理统计业务的综合能力。

2. 考点原则上设在省会城市和直辖市的大中专院校和高考定点学校。考试日期为2010年10月24日(周日),考试时间为上午9:00—12:00。

3. 参加考试并达到国家合格标准的人员,由全国统计考办核发高级统计师资格考试成绩合格证,该合格证在全国范围5年内有效。

4. 各地区和中央单位可根据本地区、本部门统计专业技术人员的实际情况,确定当年参评的使用标准,报全国统计考办备案。

(三)有关要求

1. 各级考试管理机构应严格执行考试工作的有关规章制度,切实做好试卷运送与保管过程中的保密工作,严格遵守保密制度,严防泄密。

2. 考试工作人员要严格遵守考试工作纪律,认真执行考试回避制度。对违反考试纪律的考试工作人员和应试人员,按照《专业技术人员资格考试违纪违规行为处理规定》(原人事部第3号令)处理。

3. 中央单位所属统计专业人员依据本部门规定破格条件报名的,经单位人事部门审核盖章同意,当地考试管理机构应为其办理考试报名手续。

4. 中央单位在确定本单位当年评审有效的使用标准时,如有需要,可与当地省级考试管理机构联系,取得本部门考试人员成绩相关信息。

在高级统计师资格考试工作中遇到问题,请及时告知人力资源社会保障部专业技术人员管理司、国家统计局人事司。

国务院办公厅转发国务院第六次全国人口普查领导小组　公安部关于在第六次全国人口普查前进行户口整顿工作意见的通知

（2010 年 5 月 4 日）

各省、自治区、直辖市人民政府，国务院各部委、各直属机构：

国务院第六次全国人口普查领导小组、公安部《关于在第六次全国人口普查前进行户口整顿工作的意见》已经国务院同意，现转发给你们，请给合实际认真贯彻执行。

关于在第六次全国人口普查前进行户口整顿工作的意见

国务院第六次全国人口普查领导小组　公安部

自 2000 年第五次全国人口普查以来，我国户籍管理制度改革逐步深化，户籍登记管理工作不断改进和规范。但是，在户籍管理工作中仍然存在一些突出问题：在一些农村地区，出生人口未登记户口、死亡人员未注销户口以及户口登记项目不齐全、不准确的现象比较突出；在城镇地区，居民居住地与常住户口登记地址不一致、暂住人口不按规定申报登记的情况比较普遍。为切实解决突出问题，做好第六次全国人口普查的基础性工作，确保人口普查质量，根据《国务院关于开展第六次全国人口普查的通知》（国发〔2009〕23 号）精神，现就户口整顿工作提出如下意见：

一、内容和要求

户口整顿工作要依照有关法律法规进行，着力查清当前户口登记管理中存在的突出问题，为人口普查提供翔实的户籍资料。

户口整顿工作的重点是清理和掌握各地以居(村)民委员会为单位的常住人口、暂住人口、人户分离人员、在中国内地居留的境外人员、无户口人员的情况和数据资料。对出生、死亡、迁出、迁入等未及时办理手续的，要依照规定办理。对无户口人员，要经调查甄别后依照规定办理户口登记手续或恢复户口登记；对其中未申报户口的不符合计划生育政策的出生人口，要准予登记，不得将登记情况作为行政管理和处罚的依据。对暂住人口和在中国内地居留的境外人员，要掌握其居住地点和基本情况，配合人口普查办公室进行普查登记。对户口登记项目内容与居民本人实际情况不符或存在差错的，要按有关规定及时更正，力争做到常住人口登记表、居民户口簿、居民身份证、公民身份号码顺序码登记表、计算机存储的人口信息和居民本人实际情况相一致。

各地要尽快落实新开发居民小区和新建房屋居住人员户口管理的归属。对居民居住地与常住户口登记地址不一致的，要区别不同情况及时妥善处理；对一时不能解决的，必须掌握情况，采集、录入有关信息。监狱服刑人员的户口整顿工作，由省级公安机关协调省级监狱管理机关组织实施。户口整顿工作涉及的街巷房屋楼牌、门牌的编制、清理和装钉工作，由公安机关、民政部门结合工作实际，协同配合组织实施。

二、方法和步骤

户口整顿工作采取依托人口信息系统和现有资料，入户清理核对的方法进行。对辖区内的各类人员，要按照户口登记项目，逐户逐人逐项核对。对核对出的户口问题和户口登记项目差错，要组织人员深入核实、查证；对查实后的一人多户口、空挂集体户口、无户口、应销未销户口以及登记项目差错、遗漏现象，要依据有关政策规定和程序予以更正、补录；对暂住人口和在中国内地居留的境外人员，要核对本人身份证件（证明）和住宿登记等情况，及时进行变更更正、补录（注销）。对辖区的各类房屋，包括违章建筑，均应全面登记核对，有条件的地区可绘制居民小区实有房屋示意图，方便入户核对和普查登记。

户口整顿工作分三个阶段：

第一阶段，2010 年 5 月。动员部署，建立工作机制并制定工作方案，选调和培训户口整顿工作人员，印制相关表格，做好宣传发动工作。

第二阶段，2010 年 6 月至 8 月中旬。全面开展户口整顿工作。

第三阶段，2010 年 8 月中旬至 8 月底。各地区在全面检查验收后，将居（村）民委员会的现有人口资料报送当地人口普查办公室，完成户口整顿工作。

三、组织实施

地方各级人民政府要加强领导，将户口整顿工作纳入当地人口普查办公室的重要工作日程。

地方各级人口普查办公室和公安机关要抽调具有高中以上文化水平、工作认真负责的人员，按照统一部署，认真组织实施。要充分利用各种宣传形式，做好动员工作。要充分发动和依靠群众，发挥居（村）民委员会、治安保卫委员会、企事业单位、物业服务企业等组织和机构的作用，争取广大群众的理解、支持和配合。

各级人口计生、人力资源社会保障、民政、卫生、教育、财政、司法、工商等部门要积极参与，密切协作，共同做好这项工作。

户口整顿工作所需经费纳入人口普查经费预算，由中央财政和地方财政共同负担，以地方财政为主。中央相关部门经费纳入各部门预算。

国务院第六次人口普查领导小组办公室和公安部将加强对各地区、各有关部门户口整顿工作的督促、检查、指导，推动工作扎实开展、取得实效。各地区、各有关部门要注意掌握户口整顿工作进展情况，并及时报告国务院第六次全国人口普查领导小组和公安部。

国家统计局　监察部　司法部关于联合开展统计法和统计违法违纪行为处分规定贯彻执行情况大检查的通知

（2010 年 5 月 13 日）

各省、自治区、直辖市监察厅（局）、司法厅（局）、统计局，新疆生产建设兵团监察局、司法局、统计局，国家统计局各调查总队，国务院各有关部门：

十一届全国人大常委会第九次会议于 2009 年 6 月 27 日修订通过了《中华人民共和国统计法》（以下简称《统计法》）。监察部、人力资源社会保障部、国家统计局于 2009 年 3 月 25 日联合公布了《统计违法违纪行为处分规定》（以下简称《处分规定》）。十七届中央纪委五次全会要求“坚决纠正违背求真务实精神的现象”，“对弄虚作假、虚报浮夸的，必须严肃追究责任”。为落实中央纪委五次全会精神，进一步推动《统计法》和《处分规定》的贯彻执行，坚决反对和制止在统计上弄虚作假，监察部、司法部、国家统计局决定在全国范围内联合开展《统计法》和《处分规定》贯彻执行情况大检查（以下简称统计执法大检查）。现将有关事项通知如下：

一、检查目的

全面了解《统计法》和《处分规定》的贯彻执行情况，发现和梳理存在的突出问题，提出切实有效的改进措施，大力推进依法统计，推动统计改革和发展；进一步宣传统计法，增强各级领导干部、广大统计人员、统计调查对象和社会公众的统计法制观念，努力营造学习统计法、敬畏统计法、遵守统计法的社会氛围；严肃查处统计违法违纪行为，处理一批顶风作假的责任人，坚决遏制在统计上弄虚作假的现象，为提高统计能力、提高统计数据质量和提高政府统计公信力提供强有力的法制保障。

二、检查对象和内容

统计执法大检查对象：一是组织领导统计工作的地方各级人民政府；二是组织实施政府统计调查的地方各级人民政府统计机构、有关部门和国家统计局各级调查队；三是依法负有提供统计资料义务的单位。

统计执法大检查的内容主要包括两个方面：

(一)统计违法行为及其查处情况。重点检查2008年以来发生的统计违法行为。

——对地方人民政府、政府统计机构或者有关部门、单位的负责人，重点检查是否存在要求有关机构和人员伪造、篡改统计资料，打击报复统计人员，对本地方、本部门、本单位发生的严重统计违法行为失察等问题。

——对县级以上人民政府统计机构或者有关部门，重点检查是否存在未经批准擅自组织实施统计调查或者变更统计调查制度内容，伪造、篡改统计资料，违法公布统计资料，违法泄露统计调查对象资料等问题。

——对统计调查对象，重点检查是否存在提供不真实或者不完整的统计资料，拒绝提供政府统计调查所需的资料等问题。

与此同时，要认真检查是否存在阻挠、限制或干扰统计执法检查，是否存在统计执法机关不作为，压案不查、瞒案不报等问题。

(二)统计工作组织领导和保障措施。重点检查地方人民政府、有关部门及其负责人依法领导统计工作，设置统计机构、充实统计力量，支持统计机构和统计人员独立行使统计调查、统计报告和统计监督职权，为统计工作特别是第六次全国人口普查提供必要保障等情况。

三、检查步骤

统计执法大检查从5月开始，到9月底结束，按照动员、自查、抽查、处理和总结四个阶段安排。

（一）动员阶段（5月中下旬）。

监察部、司法部和国家统计局将联合召开全国电视电话会议，对全国统计执法大检查进行全面的动员和部署。各地区、各有关部门要按照统一要求，抓紧做好以下工作：

1. 成立统计执法大检查领导小组及其办事机构，负责本地区、本部门统计执法大检查的领导和组织协调工作。

2. 结合本地区、本部门实际情况，研究制定统计执法大检查工作计划和实施方案，做好检查人员抽调和培训工作。

3. 充分利用广播、报刊、电视、互联网等媒介，深入宣传《统计法》和《处分规定》，广泛宣传统计执法大检查的基本要求和主要内容，动员社会公众参与和支持统计执法大检查工作。

4. 各级统计执法大检查领导小组办公室都要向社会公布举报电话和电子邮箱，积极鼓励和认真受理群众有关统计违法行为的举报。

（二）自查阶段（6月）。

各地区、各有关部门要严格依照《统计法》、《处分规定》和本通知精神，认真开展自查，切实查找影响本地区、本部门、本单位统计工作的突出矛盾和问题，及时进行整改。

各省（区、市）、各有关部门要制定自查工作计划，提出明确具体的自查内容和要求，努力提高自查的针对性、可操作性，提高自查实效。自查结束后，地方各级统计执法大检查领导小组办公室要逐级向上报告自查情况。对不按规定进行自查或未按时报告自查情况的，要进行批评教育；对自查不认真的，要责令其重新自查。

（三）抽查阶段（7—8月）。

监察部、司法部和国家统计局将组成联合检查组，对部分地区和部门进行抽查。各地区、各有关部门都要组织好本地区、本系统的抽查工作。

要从实际出发，合理确定抽查对象的范围和数量。原则上，每个省（区、市）要抽查2—4个地市，每个地市要抽查2—4个县区，每个县区要抽查2—4个乡镇和至少30个规模以上工业企业、限额以上批发零售住宿餐饮企业、资质以上建筑企业和亿元以上固定资产投资项目。对地方各级人民政府有关部门的抽查以国务院有关部门为主，地方统计执法大检查领导小组可根据本地实际，安排好对部门统计工作的抽查。

抽查工作要突出重点，抓住主要矛盾和问题。要把统计基础工作薄弱、统计数据质量问题较多或有统计违法嫌疑的，列为重点抽查对象。集中力量检查规模以上工业产值、粮食产量、固定资产投资完成额、城乡居民收入、价格指数、节能减排等重点指标。要采取查阅文件、资料，实行现场检查，组织异地交叉检查等多种检查手段，保证抽查工作深入、扎实、细致，取得切实成效。

对抽查中发现的重要情况、重点问题及重大统计违法违纪案件，要及时向上级报告。

（四）处理和总结阶段（9月）。

各地区、各有关部门要严格按照法律法规和党纪政纪有关规定，本着“自查从宽、被查从严”的原则，认真处理统计执法大检查中发现的统计违法行为。

凡是在自查阶段由自己主动查出、报告并能认真纠正、整改的，统计违法违纪情节较轻的可免于处罚或处理，情节较重的也可酌情从轻或减轻处罚或处理。凡是在抽查阶段查出的统计违法行为，要依法严肃进行处理。需要立案的，要及时立案，集中力量查处。为提高统计执法大检查效果，各地区对查处的统计违法案件要及时进行通报和公开，国家和各省（区、市）在大检查过程中和结束后要集中通报、公开一批典型案件。

各地区、各有关部门要认真做好统计执法大检查总结工作。各省（区、市）和有关部门应于9月底前将总结报告报全国统计执法大检查领导小组。统计违法行为查处情况以及结案的重大案件材料要一并上报。

四、加强组织领导

各地区、各有关部门必须充分认识统计执法大检查的重要意义，高度重视，加强领导，精心谋划，扎实工作，确保大检查取得成功。

为加强对统计执法大检查的统一领导，监察部、司法部和国家统计局联合成立全国《统计法》和《处分规定》贯彻执行情况大检查领导小组。领导小组办公室设在国家统计局政策法规司，具体负责大检查的组织协调工作。各地区、各有关部门都要成立相应的领导小组和办事机构，加强对本地区、本部门统计执法大检查工作的组织领导和督促检查，保障大检查所需人、财、物的投入。

各级监察、司法行政、统计等部门要加强协作配合，共同研究部署、合力推动统计执法大检查工作。要切实发挥各自的职能优势，履行好各自的职责。监察机关要按照监察部、国家统计局联合印发的《关于监察机关和人民政府统计机构在查处统计违法违纪案件中加强协作配合的通知》（监发〔2009〕6号）的要求，积极协助统计部门查办统计违法案件。司法行政机关要把大检查活动纳入"五五"普法检查验收内容，充分利用各种普法宣传渠道、阵地和平台，广泛宣传《统计法》和《处分规定》，营造统计执法大检查声势。各级统计局、国家统计局调查队要切实做好统计执法大检查的日常组织协调工作，积极谋划，主动沟通，及时通报检查进展情况，加强与监察、司法行政等机关的沟通联系，共同推动统计执法大检查顺利开展。

附件：全国《统计法》和《处分规定》贯彻执行情况大检查领导小组人员名单

附件：

全国《统计法》和《处分规定》贯彻执行情况大检查领导小组人员名单

组　长：马建堂（国家统计局局长）

副组长：郝明金（监察部副部长）

张苏军（司法部副部长）

张为民（国家统计局副局长）

成　员：贺常明（监察部派驻国家统计局监察局局长、国家统计局党组纪检组副组长）

杨晓京（监察部一室副局级纪检专员）

朱江华（司法部法制宣传司副司长）

刘　恒（国家统计局政策法规司副司长）

国家统计局关于在成都市开展统筹城乡统计制度方法改革试验的批复

（2010年5月17日）

四川省统计局：

你局《关于转报〈关于在成都市开展统筹城乡统计制度方法改革试验的请示〉的请示》（川统计〔2010〕10号）收悉。经研究，现批复如下：

一、国务院批准成都市为全国统筹城乡综合配套改革试验区，是党中央、国务院加快推进中西部发展，推动区域协调发展的重大战略部署。国家统计局支持在成都开展有关统计工作的专项改革。

二、支持建立完善符合统筹城乡发展需要的评价体系和统计监测调查。研究设计统筹城乡发展评价指标体系，开展相关统计监测调查是统计服务的重要内容，国家统计局将在相关统计理论、方法和技术等方面给予必要的帮助和指导。成都市开展的相关统计监测调查应按规定报四川省统计局审批。

三、支持建立完善符合统筹城乡发展需要的统计工作体系。成都市统计局可以根据统筹城乡发展全局工作的需要，在保证完成国家和四川省统计任务的前提下，调整完善地方统计调查项目内容，扩大"一套表"试点范围，探索创新具有地方特色的统计基层基础建设的有效措施，统筹规划管理地方政府统计和部门统计工作。

四、关于举办统筹城乡发展统计论坛事项，请成都市统计局提出工作方案，另行研究批复。

中华人民共和国国务院令

第576号

（2010年5月24日）

《全国人口普查条例》已经2010年5月12日国务院第111次常务会议通过，现予公布，自2010年6月1日起施行。

总理　温家宝

全国人口普查条例

第一章　总　则

第一条　为了科学、有效地组织实施全国人口普查，保障人口普查数据的真实性、准确性、完整性和及时性，根据《中华人民共和国统计法》，制定本条例。

第二条　人口普查的目的是全面掌握全国人口的基本情况，为研究制定人口政策和经济社会发展规划提供依据，为社会公众提供人口统计信息服务。

第三条　人口普查工作按照全国统一领导、部门分工协作、地方分级负责、各方共同参与的原则组织实施。

国务院统一领导全国人口普查工作，研究决定人口普查中的重大问题。地方各级人民政府按照国务院的统一规定和要求，领导本行政区域的人口普查工作。

在人口普查工作期间，各级人民政府设立由统计机构和有关部门组成的人口普查机构（以下简称普查机构），负责人口普查的组织实施工作。

村民委员会、居民委员会应当协助所在地人民政府动员和组织社会力量，做好本区域的人口普查工作。

国家机关、社会团体、企业事业单位应当按照《中华人民共和国统计法》和本条例的规定，参与并配合人口普查工作。

第四条 人口普查对象应当按照《中华人民共和国统计法》和本条例的规定，真实、准确、完整、及时地提供人口普查所需的资料。

人口普查对象提供的资料，应当依法予以保密。

第五条 普查机构和普查机构工作人员、普查指导员、普查员（以下统称普查人员）依法独立行使调查、报告、监督的职权，任何单位和个人不得干涉。

地方各级人民政府、各部门、各单位及其负责人，不得自行修改普查机构和普查人员依法搜集、整理的人口普查资料，不得以任何方式要求普查机构和普查人员及其他单位和个人伪造、篡改人口普查资料，不得对依法履行职责或者拒绝、抵制人口普查违法行为的普查人员打击报复。

第六条 各级人民政府应当利用报刊、广播、电视、互联网和户外广告等媒介，开展人口普查的宣传动员工作。

第七条 人口普查所需经费，由国务院和地方各级人民政府共同负担，并列入相应年度的财政预算，按时拨付，确保足额到位。

人口普查经费应当统一管理、专款专用，从严控制支出。

第八条 人口普查每 10 年进行一次，尾数逢 0 的年份为普查年度，标准时点为普查年度的 11 月 1 日零时。

第九条 国家统计局会同国务院有关部门制定全国人口普查

方案(以下简称普查方案),报国务院批准。

人口普查应当按照普查方案的规定执行。

第十条 对认真执行本条例,忠于职守、坚持原则,做出显著成绩的单位和个人,按照国家有关规定给予表彰和奖励。

第二章 人口普查的对象、内容和方法

第十一条 人口普查对象是指普查标准时点在中华人民共和国境内的自然人以及在中华人民共和国境外但未定居的中国公民,不包括在中华人民共和国境内短期停留的境外人员。

第十二条 人口普查主要调查人口和住户的基本情况,内容包括姓名、性别、年龄、民族、国籍、受教育程度、行业、职业、迁移流动、社会保障、婚姻、生育、死亡、住房情况等。

第十三条 人口普查采用全面调查的方法,以户为单位进行登记。

第十四条 人口普查采用国家统计分类标准。

第三章 人口普查的组织实施

第十五条 人口普查登记前,公安机关应当按照普查方案的规定完成户口整顿工作,并将有关资料提交本级人口普查机构。

第十六条 人口普查登记前应当划分普查区,普查区以村民委员会、居民委员会所辖区域为基础划分,每个普查区划分为若干普查小区。

第十七条 每个普查小区应当至少有一名普查员,负责入户登记等普查工作。每个普查区应当至少有一名普查指导员,负责安排、指导、督促和检查普查员的工作,也可以直接进行入户登记。

第十八条 普查指导员和普查员应当具有初中以上文化水平,身体健康,责任心强。

第十九条 普查指导员和普查员可以从国家机关、社会团体、企业事业单位借调，也可以从村民委员会、居民委员会或者社会招聘。借调和招聘工作由县级人民政府负责。

国家鼓励符合条件的公民作为志愿者参与人口普查工作。

第二十条 借调的普查指导员和普查员的工资由原单位支付，其福利待遇保持不变，并保留其原有工作岗位。

招聘的普查指导员和普查员的劳动报酬，在人口普查经费中予以安排，由聘用单位支付。

第二十一条 普查机构应当对普查指导员和普查员进行业务培训，并对考核合格的人员颁发全国统一的普查指导员证或者普查员证。

普查指导员和普查员执行人口普查任务时，应当出示普查指导员证或者普查员证。

第二十二条 人口普查登记前，普查指导员、普查员应当绘制普查小区图，编制普查小区户主姓名底册。

第二十三条 普查指导员、普查员入户登记时，应当向人口普查对象说明人口普查的目的、法律依据以及人口普查对象的权利和义务。

第二十四条 人口普查对象应当按时提供人口普查所需的资料，如实回答相关问题，不得隐瞒有关情况，不得提供虚假信息，不得拒绝或者阻碍人口普查工作。

第二十五条 人口普查对象应当在普查表上签字或者盖章确认，并对其内容的真实性负责。

第二十六条 普查人员应当坚持实事求是，恪守职业道德，拒绝、抵制人口普查工作中的违法行为。

普查机构和普查人员不得伪造、篡改普查资料，不得以任何方式要求任何单位和个人提供虚假的普查资料。

第二十七条 人口普查实行质量控制岗位责任制，普查机构应当对人口普查实施中的每个环节实行质量控制和检查，对人口普查数据进行审核、复查和验收。

第二十八条 国家统计局统一组织人口普查数据的事后质量抽查工作。

第四章 人口普查资料的管理和公布

第二十九条 地方各级普查机构应当按照普查方案的规定进行数据处理，并按时上报人口普查资料。

第三十条 人口普查汇总资料，除依法应当保密的外，应当予以公布。

全国和各省、自治区、直辖市主要人口普查数据，由国家统计局以公报形式公布。

地方人民政府统计机构公布本行政区域主要人口普查数据，应当报经上一级人民政府统计机构核准。

第三十一条 各级人民政府统计机构应当做好人口普查资料的管理、开发和应用，为社会公众提供查询、咨询等服务。

第三十二条 人口普查中获得的原始普查资料，按照国家有关规定保存、销毁。

第三十三条 人口普查中获得的能够识别或者推断单个普查对象身份的资料，任何单位和个人不得对外提供、泄露，不得作为对人口普查对象作出具体行政行为的依据，不得用于人口普查以外的目的。

人口普查数据不得作为对地方人民政府进行政绩考核和责任追究的依据。

第五章 法律责任

第三十四条 地方人民政府、政府统计机构或者有关部门、单位的负责人有下列行为之一的，由任免机关或者监察机关依法给予处分，并由县级以上人民政府统计机构予以通报；构成犯罪的，依法追究刑事责任：

（一）自行修改人口普查资料、编造虚假人口普查数据的；

（二）要求有关单位和个人伪造、篡改人口普查资料的；

（三）不按照国家有关规定保存、销毁人口普查资料的；

（四）违法公布人口普查资料的；

（五）对依法履行职责或者拒绝、抵制人口普查违法行为的普查人员打击报复的；

（六）对本地方、本部门、本单位发生的严重人口普查违法行为失察的。

第三十五条 普查机构在组织实施人口普查活动中有下列违法行为之一的，由本级人民政府或者上级人民政府统计机构责令改正，予以通报；对直接负责的主管人员和其他直接责任人员，由任免机关或者监察机关依法给予处分：

（一）不执行普查方案的；

（二）伪造、篡改人口普查资料的；

（三）要求人口普查对象提供不真实的人口普查资料的；

（四）未按照普查方案的规定报送人口普查资料的；

（五）违反国家有关规定，造成人口普查资料毁损、灭失的；

（六）泄露或者向他人提供能够识别或者推断单个普查对象身份的资料的。

普查人员有前款所列行为之一的，责令其停止执行人口普查任务，予以通报，依法给予处分。

第三十六条 人口普查对象拒绝提供人口普查所需的资料，或者提供不真实、不完整的人口普查资料的，由县级以上人民政府统计机构责令改正，予以批评教育。

人口普查对象阻碍普查机构和普查人员依法开展人口普查工作，构成违反治安管理行为的，由公安机关依法给予处罚。

第三十七条 县级以上人民政府统计机构应当设立举报电话

和信箱，接受社会各界对人口普查违法行为的检举和监督。

第六章　附　则

第三十八条　中国人民解放军现役军人、人民武装警察等人员的普查内容和方法，由国家统计局会同国务院有关部门、军队有关部门规定。

交通极为不便地区的人口普查登记的时间和方法，由国家统计局会同国务院有关部门规定。

第三十九条　香港特别行政区、澳门特别行政区的人口数，按照香港特别行政区政府、澳门特别行政区政府公布的资料计算。

台湾地区的人口数，按照台湾地区有关主管部门公布的资料计算。

第四十条　为及时掌握人口发展变化情况，在两次人口普查之间进行全国1%人口抽样调查。全国1%人口抽样调查参照本条例执行。

第四十一条　本条例自2010年6月1日起施行。

国家统计局　国家发展改革委　民政部 中华全国总工会关于开展2010年全国城镇住户基本情况抽样调查的通知

（2010年5月28日）

各省、自治区、直辖市及新疆生产建设兵团统计局、发展改革委、民政厅（局）、总工会，国家统计局各调查总队：

党中央、国务院一贯高度重视就业、收入分配、社会保障等与群众利益密切相关的问题。建立合理的收入分配制度，坚决扭转收入分配差距扩大趋势，更加注重社会公平，是2010年政府工作确定的主要任务。随着我国社会主义市场经济体制不断完善以及城镇化进程不断加快，城镇居民收入渠道和消费构成发生了很大变化，为全面了解和掌握全国城镇居民生活状况及变化情况，更好地满足党和政府加强宏观调控和科学决策的需要，国家统计局、国家发展和改革委员会、民政部和中华全国总工会决定于2010年7月份在全国开展城镇住户基本情况抽样调查（以下称大样本调查）。为切实做好这项工作，现将有关事宜通知如下：

一、调查工作的目的和意义

大样本调查是做好城镇住户调查工作的基础。通过调查，一是更好地了解我国城镇居民家庭的收入、消费等基本情况，为党和政府制定政策进行宏观调控提供科学准确的信息支持，为“十二五”规划的制订提供基础资料；二是为未来几年常规城镇住户调查提供基础样本框；三是监测城乡统筹发展现状，为推进城乡住户调查一体化工作提供基础数据和参考资料；四是利用大样本调查的分层信息，改进样本轮换方法，提高常规住户调查样本的科学性和代表性。

二、调查工作的组织实施

此次大样本调查由国家统计局牵头，会同有关部门统一布置，组织各级调查队实施，地方各级统计局配合。由于本次调查涉及范围广、技术性强、调查费用高、难度较大，地方各级统计部门要积极争取同级政府的重视和支持，强化与宣传、民政、工会、户籍管理等部门和机构的协作，切实做好城镇居民的宣传动员工作和组织工作，确保按时按质完成调查任务。

三、调查工作的经费安排

按照现行财政管理体制，各国家调查点为满足国家调查需要而增加的支出，由中央财政安排配套经费解决，各地要精打细算，合理使用。为满足当地政府需要，各地自行增加调查任务所需的经费由当地政府负责解决。

四、调查工作的安排与要求

此次大样本调查将在参加国家数据汇总的所有调查市、县进行。上述调查市、县要遵照国家统计局统一制定的《2010 年全国城镇住户基本情况抽样调查制度》(见附件)要求，按时完成国家布置的基本调查任务。

为确保调查数据质量，各地要对本地区的调查数据质量负责，切实保证调查结果真实、准确，严禁弄虚作假和篡改调查结果。修改调查数据的，一经发现，将按照《中华人民共和国统计法》和《统计违法违纪行为处分规定》等有关规定追究相关人员的责任。

附件：2010年全国城镇住户基本情况抽样调查制度（略）

国家统计局关于进一步加强单位国内(地区)生产总值能耗统计工作的通知

（2010 年 5 月 31 日）

各省、自治区、直辖市统计局，新疆生产建设兵团统计局：

为贯彻落实国务院《关于进一步加大工作力度确保实现“十一五”节能减排目标的通知》和温家宝总理在国务院节能减排电视电话会议上的讲话精神，按照国务院对统计部门提出的坚持原则、搞准数据、科学核算、确保单位国内（地区）生产总值能耗数据的真实性、准确性和一致性要求，现就进一步做好单位国内（地区）生产总值能耗统计工作通知如下：

一、进一步增强搞好搞准节能统计的紧迫感和责任感

“十一五”前 4 年，经过各级政府、各有关部门共同努力，节能降耗工作取得重大进展，全国单位国内生产总值能耗累计降低 14.38%。但以时间进程衡量，这一降幅与实现降低 20%左右目标的进度要求尚有很大差距。而且今年 1 季度，高耗能行业生产大幅反弹，全社会能源消费增长速度高达 15.5%，单位国内生产总值能耗不降反升。要在今年剩下不到 8 个月的时间里扭转能耗过快增长趋势、确保实现预期节能目标，任务十分艰巨。为此，国务院采取了一系列强有力的政策措施，从经济、法律、技术和必要的行政手段等方面进一步加大节能减排工作力度，确保实现“十一五”节能减排目标任务。作为负责能源统计和国内（地区）生产总值核

算的各级统计部门，承担着节能目标任务完成情况测算和节能统计监测工作的职责，必须充分认清当前节能工作的严峻形势，以高度的责任感和使命感全力做好单位国内（地区）生产总值能耗统计和监测工作，全面、准确、及时地反映节能工作进展情况。

二、进一步加强能耗统计监测和分析

（一）进一步加强重点行业、重点产品能耗统计监测工作。

利用工业和能源月度统计资料，进一步加强六大高耗能行业和主要耗能产品月度运行动态监测，及时反映六大高耗能行业和主要耗能产品的生产、能耗增长情况，及时发现和反映高耗能行业和产品能耗过快增长的苗头性和趋势性问题。

（二）进一步加强重点企业能耗统计监测工作。

对年综合能耗 1 万吨及以上的国家重点耗能企业，进一步加强对其生产、能源消费、电力消耗等指标的动态监测，及时发现和反映能耗、电耗上升较高的企业情况，查找原因，分析其能耗增长对地区节能形势的影响。

（三）进一步加强节能目标政策措施执行情况统计监测工作。

加强与节能主管部门的沟通，通过专项调查、重点调查、工作调研等方法，对淘汰落后产能、控制“两高”产品项目建设和出口、节能减排重点工程实施、能源价格政策、高效节能产品推广、重点领域节能管理等政策措施执行情况实施跟踪监测，及时反映各项节能政策措施的实施成效。

（四）进一步加强节能形势分析。

各级统计部门在做好各项基础工作的同时，要深入开展调查研究和分析，查找节能中的问题和潜力，提出可资借鉴的政策建议。

三、进一步加强数据审核评估，确保单位国内（地区）生产总值能耗数据质量

（一）进一步加强能源消费统计数据审核评估，确保能源消费统计数据质量。

各行业以及居民生活能源消费数据是核算地区能源消费总量和单位国内（地区）生产总值能耗的基础。各级统计部门要严格按照能源统计制度要求和数据审核、评估办法，做好工业、交通、贸易、农业以及居民生活能源消费统计数据的审核、评估工作，确保数据真实、准确。

（二）进一步加强煤炭产量审核，确保煤炭产量统计数据质量。

煤炭消费占全国能源消费近70%，其产量是国家核算能源消费总量的主要依据，并在很大程度上决定着全国能源消费总量和单位国内生产总值能耗的变化趋势。各煤炭主产省（自治区）一定要把煤炭产量统计作为今后一项十分重要的工作，切实抓实、抓好。严格执行《国家统计局办公室关于进一步规范原煤产量统计的通知》（国统办字〔2008〕91号）要求，对煤炭产量及其增长速度，要分企业逐个进行审核，对于新建企业和增速较快的企业，要有详细说明和解释。

（三）进一步加强地区生产总值数据质量审核评估，确保地区生产总值数据质量。

地区生产总值是核算单位地区生产总值能耗的重要依据。各地区在核算本地区生产总值中，要严格执行国家规定的核算方法，进一步加强对地区生产总值数据的审核评估，切实提高地区生产总值与税收、用电量、货运量等宏观指标的匹配性和协调性，确保地区生产总值数据质量。

各级政府统计部门一定要按照国务院要求，坚持原则、搞准数据，科学核算，确保单位国内（地区）生产总值能耗数据的真实性、

准确性和一致性。要坚持实事求是，严防弄虚作假、做表面文章。任何地方和企业，一经发现在统计数据上弄虚作假，将依法依规严肃处理。

国家统计局调查队固定资产管理办法

国家统计局

（2010 年 5 月 31 日）

第一章　总　则

第一条　为了规范和加强国家统计局各级调查队固定资产的管理，维护固定资产的安全完整，促进固定资产合理、有效、节约使用，保障国家统计局各级调查队履行职能，根据《行政单位国有资产管理暂行办法》、《中央垂直管理系统行政单位国有资产管理暂行实施办法》、《调查队财务管理办法》及其他有关规定，结合国家统计局各级调查队实际情况，制定本办法。

第二条　本办法适用于国家统计局各级调查队（以下简称调查队）的固定资产管理活动。

第三条　本办法所称固定资产，是指由调查队占有或者使用，依法确认为国家所有，能以货币计量的固定资产的总称。

调查队固定资产包括：调查队用国家财政性资金形成的固定资产、国家调拨给调查队的固定资产、调查队按照国家规定组织收入形成的固定资产，以及接受捐赠和其他经法律确认为调查队所有的固定资产。

第四条　调查队固定资产管理的原则是：固定资产管理与预算管理相结合；固定资产管理与财务管理相结合；实物管理与价值管理相结合。

第五条　调查队固定资产管理的主要任务是：建立健全固定

资产的管理规章制度;合理配置固定资产,提高固定资产的使用效率;确保固定资产的安全完整。

第六条 调查队固定资产管理的内容包括:固定资产管理制度;固定资产的范围和分类;固定资产配置、计价、使用、处置及评估;固定资产的监督检查、考核和奖惩等。

第七条 调查队财务部门和固定资产管理部门是固定资产管理的职能机构,财务部门主要负责固定资产的核算、监督与管理,固定资产管理部门主要负责固定资产的实物管理。

第二章 固定资产管理制度

第八条 调查队固定资产管理,应建立以下管理制度:

(一)登记制度。财务部门要在固定资产总账科目下,按固定资产类别进行明细核算。

(二)保管制度。固定资产管理部门按财产类别、品名、规格、型号设置明细分类账,核算购入、发出、结存的数量和金额。固定资产的相关资料,如说明书、保修单和维修资料等,要整理后妥善保管,以备查用。

房屋及建筑物的地质资料、设计、施工及竣工图纸、电路和水、暖、气管道安装线路图纸以及房屋使用、维修、调拨、变卖、拆迁等未在会计档案中体现的重要资料应列入档案管理。

(三)使用制度。按使用单位或个人建立固定资产领用卡片。做到财务部门有账,使用单位有卡,管理部门有账有卡,有利于清查核对,相互制约。

(四)固定资产清查核对制度。财产物资的清查核对工作,由固定资产管理部门统一组织,会同财务部门和使用单位共同清理。每年至少要全面清查核对一次,在具体安排时,可采取一次性清理,也可以采取分期分批轮流清查核对的办法。

第三章　固定资产范围和分类

第九条　调查队固定资产是指单位价值在规定标准以上，使用期限在一年以上，并且在使用过程中基本保持原有物质形态的资产，包括房屋及建筑物、一般设备、专用设备、文物和陈列品、图书、其他固定资产。

一般设备单位价值在500元以上，专用设备价值在800元以上，为固定资产。单位价值虽未达到规定标准，但是使用时间在一年以上的大批同类物资，按固定资产实行管理。

第十条　调查队固定资产按其性质、用途和品目具体分类如下：

（一）房屋和建筑物类。指纳入单位管理的可供办公、生活和储备等用途的房屋、建筑物及与房屋、建筑物不可分割的各种附属设施，如暖气、电梯、锅炉、水塔、蓄水池等。

（二）一般设备类：

1. 交通运输工具类。指一切机动和非机动车、船等交通运输工具，如大轿车、小轿车、吉普车、旅行车、卡车、摩托车、三轮车、自行车等。

2. 计算机及网络设备类。指计算机及其附属设备和网络设备。计算机类包括各种计算机，包括服务器、小型机、个人计算机和便携式计算机等，及其电源设备、打印机和录入机等附属设备；网络设备类包括交换机、路由器和集线器等设备。

3. 计算机软件类。计算机软件类包括操作系统、数据库管理系统、中间体软件、办公软件和防毒软件等。

4. 家具用品类。指办公和生活用的各种办公桌、椅子、资料柜、保险柜、沙发及地毯等。

5. 文体设备类。是指各种文化体育设备，如各种乐器、演出服装道具、健身器材、体育用品等。

（三）专用设备类。指各种测产、测量设备及仪器、仪表等。

（四）文物和陈列品类。文物和陈列品是指历史文物、纪念品、装饰品、展品、藏品等。

（五）图书类。指单位的图书室、资料室购置的各种中外图书、资料（包括微缩资料）等。

（六）其他固定资产类。其他设备类包括广播设备类、通讯设备类和其他。其中，广播设备类包括摄像、编译设备、视频设备，如电视机、录像机，音像设备如收音机、录放机、扩音器和组合音响；通讯设备类包括电话、传真及数据通讯设备等；其他类指以上所有设备类未提到的其他固定资产，如印刷一体机、变压器、发电机、炊事器械、空调器、复印机、照相机类、洗衣机和消防设备等。

第四章　固定资产配置

第十一条　调查队固定资产配置应当遵循以下原则：严格执行国家有关法律、法规和规章制度；坚持与调查队履行职能需要相适应；科学合理配置，优化资产结构；勤俭节约，从严控制。

第十二条　对有规定配备标准的固定资产，应当按照标准进行配备；对没有规定配备标准的固定资产，应当从实际需要出发，从严控制，合理配置。

对调查队要求配置的固定资产，能通过调剂解决的，原则上不重新购置。

第十三条　调查队房屋的配置，按国家有关基本建设管理的规定办理。所需支出需要使用财政性资金的，必须经国家统计局批准，纳入部门预算报财政部审批。

第十四条　调查队土地的配置，按国家有关土地管理的规定办理。所需支出需要使用财政性资金的，必须经国家统计局批准，纳入部门预算报财政部审批。

第十五条　除房屋、土地外，调查队购置车辆和其他有规定配备标准的资产，应当按下列程序报批：

（一）调查队审核固定资产存量，提出拟购置固定资产的品目、数量，测算经费额度，并随部门预算逐级汇总上报国家统计局；

（二）国家统计局对调查队上报的固定资产配置事项进行审核，提出初步审核意见，连同相关材料一并报送财政部；

（三）财政部根据调查队固定资产状况和国家统计局的初步审核意见进行核准；

（四）经财政部核准后，调查队可以将固定资产购置项目列入单位年度部门预算，并在编制年度部门预算时将核准文件和相关材料由国家统计局一并报财政部，作为审批部门预算的依据。未经批准，不得列入部门预算，也不得列入单位经费支出。

第十六条 调查队配置本办法第十三条、第十四条、第十五条规定以外的固定资产，有关审批权限和报批程序如下：

（一）单台（件）价值在50万元以上（含50万元）的固定资产的购置，使用单位必须详细说明情况，提出书面申请，经调查总队审查后，报国家统计局审批；

（二）单台（件）价值在50万元以下的固定资产的购置，使用单位必须详细说明情况，提出书面申请，由调查总队审批；或者由调查总队授权基层单位主管领导审批，报调查总队备案。

第十七条 调查队购置纳入政府采购目录范围的固定资产，依法实施政府采购。

第十八条 调查队应当对配置的固定资产进行验收、登记，并及时进行账务处理。

第五章 固定资产计价及使用

第十九条 调查队固定资产应按照下列规定确定其价值：

（一）购入、调入的固定资产，按实际支付的买价、调拨价以及运杂费、保险费、安装费、车辆购置附加费计价；

（二）自行建造的固定资产，应按建造过程中实际发生的全部支出计价；

（三）在原有固定资产基础上进行改建、扩建的固定资产，应按改建、扩建发生的支出，减去改建、扩建过程中发生的变价收入后的净增加值，增记固定资产；

（四）接受捐赠的固定资产，应当按照同类固定资产的市场价格或者有关凭据计价。接受固定资产时发生的相关费用，应当记入固定资产价值；

（五）无偿调入的固定资产，应当按有关凭据或估计价值计价入账；

（六）盘盈的固定资产，按重置完全价值计价；

（七）已投入使用但尚未办理移交手续的固定资产，可先按估计价值记账，待确定实际价值后，再进行调整。购置固定资产过程中发生的差旅费，不计入固定资产价值；

（八）调查队固定资产的核算不计提折旧。

第二十条 调查队应当认真做好固定资产的使用管理工作，做到物尽其用，充分发挥固定资产的使用效益；保障固定资产的安全完整，防止固定资产使用中的不当损失和浪费。

第二十一条 调查队对所占有、使用的固定资产应当定期清查盘点，做到家底清楚，账、卡、实相符，防止固定资产流失。

第二十二条 调查队应当建立严格的固定资产管理责任制，将固定资产管理责任落实到具体部门和个人。

第二十三条 固定资产的使用按下列原则办理：

（一）房屋及建筑物类。由房产管理部门指定专人负责管理，合理分配使用，并按其结构、面积、价值和使用单位编号登记。

（二）一般设备类：

1. 交通运输工具类。交通工具应由专门部门负责管理，单位或使用人负有保养和保证安全的责任。

2. 计算机及网络设备类。可根据使用单位具体业务情况配备,使用人负责管理、保养、维修,确保设备的有效合理使用。

3. 计算机软件类。单位指定专人负责管理,登记在册,保证软件合理高效的使用。

4. 家具用品类。根据统管与分管的原则进行"四定",即定品名、定数量、定位置、定管理人。要求做到物物有账,人人有责。

5. 文体设备类。各种文体设备都应按类别进行分类编号,登记在册,管理人员应定期及时清查检查,保证物品的及时高效使用。

(三)专用设备类。领用单位除指定专人负责使用(或专人管理)外,并应制定操作规程、维修保养、交接手续以及使用情况登记等制度。

(四)文物和陈列品类。各种文物和陈列品都应按类别进行分类编号,登记在册,管理人员应定期及时清查检查,保证物品的安全完整。

(五)图书类。图书管理员对所管图书、杂志都应加盖图书公章,按类别进行编号登记,存放固定位置,设置图书目录和借书证,凭证借阅。管理人员对图书、杂志要经常清理、检查、催收,重要杂志、刊物年终应装订成册。

(六)其他固定资产类。管理办法可参照上述有关规定执行。

第二十四条 调查队不得用固定资产对外担保,法律另有规定的除外。

第二十五条 调查队拟将占有、使用的固定资产对外出租、出借的,必须事先报上级主管单位审批,审批程序及审批权限比照固定资产的处置程序办理。国家统计局将审批情况定期报送财政部备案。未经批准,不得对外出租、出借。

第二十六条 调查队出租、出借的固定资产,其所有权性质不变,仍归国家所有;所形成的收入按照政府非税收入管理及政府国库收缴管理的规定上缴中央财政,实行"收支两条线"管理。

第二十七条 调查队不得以任何形式用占有、使用的固定资产举办经济实体。本办法印发前已经用占有、使用的国有资产举办经济实体的，应当按照国家有关党政机关与所办经济实体脱钩的规定进行脱钩。脱钩之前，调查队应当按照国家有关规定对其经济实体的经济利益、收益分配及使用情况等进行严格监管，国家统计局、财政部对其进行监督检查。

第六章　固定资产处置

第二十八条　调查队固定资产处置，是指调查队固定资产产权的转移及核销。包括固定资产的调拨、无偿转让、出售、置换、报损、报废等。

第二十九条　调查队固定资产处置的范围包括：

（一）闲置的固定资产；

（二）因技术原因并经过科学论证，确需报废、淘汰的固定资产；

（三）因单位分立、撤销、合并、改制、隶属关系改变等原因发生的产权或者使用权转移的固定资产；

（四）盘亏、呆账及非正常损失的固定资产；

（五）已超过使用年限无法使用的固定资产；

（六）依照国家有关规定需要进行固定资产处置的其他情形。

第三十条　调查队固定资产的处置应当严格履行审批手续，应由固定资产管理部门会同财务部门、技术部门审核鉴定，提出意见，按审批权限报送审批，未经批准不得处置。

第三十一条　固定资产处置审批权限及程序：

（一）房屋处置，由调查总队提出申请，经国家统计局审核提出处理意见，报财政部同意后，按国家有关房屋管理的规定办理；

（二）土地处置，由调查总队提出申请，经国家统计局审核提出处理意见，报财政部同意后，按国家有关土地管理的规定办理；

（三）车辆处置，由调查总队提出申请，经国家统计局审核提出处理意见，报财政部审批；

（四）单位价值或批量价值200万元以上（含200万元）的其他固定资产的处置，由国家统计局审核提出处理意见，报财政部审批；

（五）单台（件）价值在50万元以上（含50万元），200万元以下的其他固定资产处置，使用单位必须详细说明情况和报损、报废原因，提出书面申请，经调查总队审查后，报国家统计局审批；

（六）单台（件）价值在50万元以下的其他固定资产的处置，使用单位必须详细说明情况和报损、报废原因，提出书面申请，由调查总队审批；或者由调查总队授权基层单位主管领导审批，报调查总队备案；

（七）对长期闲置不用的固定资产，上级主管单位依照相关规定进行处置和调剂。

第三十二条 调查队改变隶属关系或性质，以及合并或撤销，其占用的固定资产，依照程序按下列规定处置：

（一）调查队改变隶属关系，成建制划转的，所占用的全部固定资产报国家统计局审核，经财政部批准后无偿移交；

（二）调查队撤销的，原占用的全部固定资产由上级主管单位负责组织清理，提出处理意见，报国家统计局审核，经财政部批准后处理；

（三）调查队合并的，所占用的固定资产报国家统计局审核，经财政部批准后无偿调拨给并入调查队或合并后新组建的调查队。

第三十三条 调查队固定资产处置应当按照公开、公正、公平的原则进行。资产的出售与置换应当按照国家法律、行政法规规定的拍卖、招投标、协议转让等方式进行。

第三十四条 调查队固定资产处置的变价收入和残值收入，按照政府非税收入管理的规定，实行“收支两条线”管理。

第三十五条 固定资产的处置，在各调查队内部可以实行有偿或无偿转让；转让给调查队以外的单位，应实行有偿转让。

第三十六条 固定资产的处置应遵循相关报告制度和审批手续，调整有关资产、资金账目。

第七章 固定资产评估

第三十七条 调查队有下列情形之一的，应当对相关资产进行评估：

（一）调查队取得的没有原始价格凭证的资产；

（二）拍卖、有偿转让、置换固定资产；

（三）依照国家有关规定需要进行资产评估的其他情形。

第三十八条 国家统计局、财政部根据工作需要，组织开展调查队固定资产评估工作。

第三十九条 调查队固定资产评估工作应当委托具有资产评估资质的资产评估机构进行。

第四十条 调查队进行资产评估，应当如实提供有关情况和资料，并对所提供的情况和资料的客观性、真实性和合法性负责，不得以任何形式干预评估机构独立执业。

第八章 监督检查、考核和奖惩

第四十一条 调查队及其工作人员，应当认真履行固定资产监督管理职责，依法维护固定资产的安全、完整。

第四十二条 调查队应当加强固定资产的管理和监督，坚持单位内部监督与财务监督、审计监督、社会监督相结合，事前监督、事中监督、事后监督相结合，日常监督与专项检查相结合。

第四十三条 固定资产管理工作纳入调查队的考核范围，定期检查评比。

第四十四条 对认真执行本办法，在固定资产管理工作中，做出突出贡献的单位和个人，给予精神鼓励或物质奖励。

第四十五条 由于管理不善、玩忽职守给调查队占有、使用的固定资产造成损失和浪费的，依照法律、法规和国家有关规定，对有关主管领导和直接责任人给予批评教育、处分；对长期非法占有、故意损坏、贪污盗窃固定资产等违法行为，情节严重，构成犯罪的，依法追究刑事责任。

第四十六条 调查队及其工作人员违反固定资产管理规定，未经上级部门批准，擅自占有、使用、处置固定资产的，限期退还违法所得和被侵占的固定资产。对单位给予警告或者通报批评。对直接负责的主管人员和其他直接责任人员给予记大过处分；情节较重的，给予降级或者撤职处分；情节严重的，给予开除处分。

违反国家固定资产管理规定的其他行为，按国家有关法律法规处理。

第九章 附 则

第四十七条 本办法由国家统计局负责解释。

第四十八条 各调查总队可根据本地区具体情况，制定实施细则。

第四十九条 本办法自发布之日起施行。原《调查队固定资产管理办法》(国统字〔2006〕149 号)同时废止。

国家统计局调查队工作用车配置与处置管理办法

国家统计局

（2010 年 5 月 31 日）

第一章　总　则

第一条　为了加强国家统计局各级调查队工作用车管理，保障统计调查工作有序开展，根据国家有关规定，结合调查队统计调查工作实际，制定本办法。

第二条　本办法适用于国家统计局各级调查队（以下简称调查队）工作用车的配置与处置管理。

第三条　本办法所指工作用车是指小汽车（包括小轿车、吉普车、旅行车）、大轿车（指车内座位在 20 个以上或车长在 6 米以上的旅行车）等。

第四条　国家统计局负责调查队工作用车的管理。

第五条　调查队工作用车管理的原则是统一标准、总量控制，系统调配。统一标准是指统一核定车辆编制和车辆配备的标准；总量控制是指各单位应在车辆编制内配备工作用车；系统调配是指根据各调查队工作用车实际情况，适当进行系统内调配。

第六条　调查队配备工作用车要坚持使用国产汽车的原则，要与国家经济发展水平、统计调查工作需要及资金承受能力相适应，有利于加强党风廉政建设，减少国家财政支出，促进经济增长和环境保护。

第二章　工作用车编制核定及配备标准

第七条　工作用车编制核定：

(一)调查总队。单位编制人数在100人(含100人)以上可配备工作用车14辆;单位编制人数在90人(含90人)以上、100人以下可配备工作用车13辆;单位编制人数在80人(含80人)以上、90人以下可配备工作用车12辆;单位编制人数在80人以下可配备工作用车11辆。

副省级调查队可配备工作用车7辆。

(二)地市级调查队。单位编制人数在30人(含30人)以上可配备工作用车5辆,30人以下可配备工作用车4辆。

(三)县级调查队。可配备工作用车2辆。

第八条　配备车型:小轿车、吉普车、旅行车等。

第九条　工作用车配备标准:

(一)小轿车配备标准:

1. 省级调查队:排气量2.0升(含2.0升)以下、价格25万元以内的国产车。

2. 地市级调查队:排气量2.0升(含2.0升)以下、价格20万元以内的国产车。

3. 县级调查队:排气量1.8升(含1.8升)以下、价格16万元以内的国产车。

排气量及价格两个标准要同时严格掌握,既不得超排气量,也不得超价格。

(二)越野车、旅行车等配备标准原则上按财政部当年预算批复标准执行。

(三)大型载客汽车和其他工作用车配备标准不作规定,需要使用时,应尽可能从社会租赁。确需购置的,单独审批。

第三章　工作用车配置

第十条　工作用车配置原则。调查队工作用车配置应严格执行国家有关规章制度,应与统计调查工作相适应,要遵循勤俭节约,从严控制的原则。

第十一条　工作用车配置审批程序。各级调查队配置工作用车,应按下列程序办理:

(一)各级调查队结合现有工作用车情况,提出拟配置车辆的品牌、型号、数量、测算经费额度,逐级汇总上报。

(二)国家统计局对各级调查队上报的工作用车配置计划进行审核,提出初步审核意见,连同相关材料一并报送财政部。

(三)财政部根据调查队工作用车状况和国家统计局的初步审核意见进行核准。

(四)经财政部核准后,调查队可以将工作用车配置项目列入单位年度部门预算,并在编制年度部门预算时将核准文件和相关材料报送国家统计局。未经批准,不得列入部门预算,也不得列入单位经费支出。

第十二条　工作用车配置方式。各级调查队配置工作用车,应在坚持排气量和价格双控标准的前提下,综合考虑车辆价格、性能、油耗及维修费用等因素,按照等价择优,等质择廉的原则,通过"政府采购"方式进行配置。

第十三条　工作用车维修、购买保险和加油必须在政府统一招标采购指定的单位进行。

第十四条　所有购置、配发或调拨的工作用车必须纳入调查队管理范畴,及时记入固定资产账册,并纳入调查队资产管理信息系统。

第十五条　对于超编制工作用车或更新替换的车辆,实行系统内调配制度。

第四章　工作用车处置

第十六条　工作用车报废控制标准。调查队工作用车报废更新,要严格执行国家有关车辆使用期限规定。个别未达到使用期限而需提前报废的工作用车,经过公安机动车辆管理部门的鉴定,确认符合报废条件的,按规定程序办理报废手续后,方可提前报废。

第十七条　工作用车更新控制标准:

(一)9 座(含 9 座,包括小轿车、吉普车、旅行车)以下载客汽车,符合以下条件之一,可以提出更新:

1. 使用年限满 10 年或行驶里程 30 万公里以上的;

2. 因事故等原因无修复价值的。

(二)9 座以上载客汽车使用年限 10 年以上及因事故等原因无修复价值的。

第十八条　工作用车处置程序。车辆处置,由调查总队审核汇总填报部门预算,经国家统计局审核提出处理意见,报财政部审批。未经批准不得处置。

第十九条　调查队改变隶属关系或性质,以及合并或撤销,其原有工作用车的处置按照《国家统计局调查队固定资产管理办法》和有关文件规定执行。

第五章　监督检查

第二十条　各级调查队要严格工作用车的使用及日常管理,加强党风廉政建设,节约国家财政支出。

第二十一条　各级调查队要按照工作用车管理权限,分级负责。纪检监察部门要加强监督检查,发现问题及时上报并严肃查处。违反本规定的单位和个人,视情节轻重追究直接责任人和有关领导的责任。

第六章　附　则

第二十二条　本规定由国家统计局负责解释。

第二十三条　本规定自印发之日起实施。原《国家统计局调查队工作用车管理办法》(国统字〔2007〕83号)同时废止。

国家统计局关于印发楼市调控政策对房地产企业影响情况调查制度的通知

（2010年5月31日）

各省、自治区、直辖市统计局，新疆生产建设兵团统计局：

今年以来，针对部分城市商品房价格过快上涨态势，国家各项宏观调控政策陆续出台。为了及时了解各项宏观调控政策对房地产市场的影响以及房地产开发企业对宏观调控政策的反映，特别是上半年及全年商品房开发投资、供给情况，房价走势以及资金情况，国家统计局决定对全国重点房地产开发企业开展楼市调控政策对房地产企业影响情况问卷调查。现将《楼市调控政策对房地产企业影响情况调查制度》印发给你们，请遵照执行。

附件：楼市调控政策对房地产企业影响情况调查制度

附件：

楼市调控政策对房地产企业影响情况调查制度

一、说明

（一）调查目的

今年以来，针对部分城市商品房价格过快上涨态势，国家各项宏观调控政策陆续出台。为了及时了解各项宏观调控政策对房地产市场的影响以及房地产开发企业对宏观调控政策的反映，特别是上半年及全年商品房开发投资、供给情况，房价走势以及资金情况，为国务院和宏观经济管理部门判断房地产市场形势、做好市场调控提供决策依据。

（二）调查范围

调查的范围是房地产联网直报企业系统名录库中全部房地产开发企业。

（三）调查内容

调查的具体内容包括：一是今年楼市调控政策出台以来，重点房地产开发企业对政策的基本看法，二是调控政策对房地产开发企业投资、供给、销售、房价、资金等方面的影响，三是对上半年、三季度及全年商品房开发投资、供给情况，商品房销售情况以及企业资金情况的预测，四是企业对宏观调控政策的建议。

（四）调查时间和频率

本调查为一次性调查。调查时间为 2010 年 5 月 25 日—6 月 20 日。

（五）资料来源

资料来源于房地产联网直报企业系统中法人房地产开发企业现有相关资料以及对相关问题科学的分析、推算和判断。调查表由企业负责人或相关部门负责人填写。

（六）组织实施

本调查由各省、自治区、直辖市统计局负责组织实施，企业通过国家统计局房地产联网直报系统上报数据。

二、调查表式（略）

中华人民共和国国家统计局令

第 14 号

（2010 年 6 月 2 日）

《统计用区划代码》和《统计用城乡划分代码》已经 2010 年 5 月 20 日国家统计局第 5 次常务会议通过，现予公布，自公布之日起实施。

局　长　马建堂

统计用区划代码（略）

统计用城乡划分代码（略）

国家统计局关于开展2010年城市公共文明指数测评工作的通知

（2010年6月10日）

国家统计局各有关调查总队：

按照中央文明委2010年重点任务分工要求，受中央文明办委托，国家统计局决定在全国118个城市（城区）进行2010年公共文明指数的测评工作。现将《2010年城市公共文明测评制度》印发给你们，请按照制度要求认真组织实施。

2010年城市公共文明测评制度

一、说明

（一）调查目的

通过调查，反映全面建设小康社会、认真实践“三个代表”重要思想和深入贯彻科学发展观的成果，以推动我国经济建设、政治建设、文化建设和社会建设全面、和谐、可持续发展。

（二）调查范围

调查范围为中央文明办指定的118个文明或先进城市（城区）：

北京市：东城区、西城区

天津市：和平区

河北省：石家庄市、唐山市、秦皇岛市、邯郸市、保定市、廊坊市

山西省：太原市、长治市、晋城市

内蒙古自治区:包头市、通辽市、鄂尔多斯市、满州里市

辽宁省:沈阳市、大连市、鞍山市、锦州市、营口市、盘锦市、铁岭市

吉林省:长春市、吉林市、四平市

黑龙江省:哈尔滨市、大庆市、伊春市、牡丹江市

上海市:静安区

江苏省:南京市、无锡市、常州市、苏州市、南通市、扬州市、镇江市、张家港市

浙江省:杭州市、宁波市、温州市、嘉兴市、湖州市、绍兴市

安徽省:合肥市、芜湖市、马鞍山市、淮北市、铜陵市

福建省:福州市、厦门市、三明市、泉州市、漳州市

江西省:南昌市、景德镇市、萍乡市

山东省:济南市、青岛市、淄博市、东营市、烟台市、潍坊市、威海市、莱芜市、临沂市

河南省:郑州市、开封市、洛阳市、新乡市、濮阳市、许昌市、漯河市

湖北省:武汉市、十堰市、宜昌市、襄樊市

湖南省:长沙市、湘潭市、岳阳市、常德市

广东省:广州市、深圳市、珠海市、江门市、茂名市、肇庆市、惠州市、东莞市、中山市

广西自治区:南宁市、柳州市、桂林市

海南省:海口市、三亚市

重庆市:渝北区

四川省:成都市、绵阳市、广安市

贵州省:贵阳市、遵义市

云南省:昆明市、曲靖市

西藏自治区:拉萨市

陕西省:西安市、宝鸡市、咸阳市、延安市

甘肃省:兰州市、嘉峪关市、金昌市

青海省:西宁市

宁夏自治区:银川市

新疆自治区:乌鲁木齐市、克拉玛依市、库尔勒市、石河子市

(三)调查内容

调查内容包括对城市公共环境、公共秩序、公共关系、公益行动等的现状考察和市民评价。

(四)调查对象

调查对象分为面访调查对象和暗访调查对象两类。

面访调查对象为18—65周岁的城市(城区)常住居民。在抽中的调查户中,用随机方法选择一名年龄在18—65周岁且居住在本市半年以上的家庭成员作为被访者。如果家庭中有两个以上的成员符合被访要求,则以这些符合要求的家庭成员的出生日期来确定,即以出生日期更接近于7月1日的成员作为调查对象。

暗访调查对象为城市(城区)公共场所。

(五)调查方法

采用分层、两阶段随机等距方法抽选居民户样本。即首先按照行政区划代码由小到大的顺序将市辖区排序分层,其次把全市(城区)需要调查的社区样本数量依照各市辖区人口数进行比例分配,最后在每个市辖区内用两阶段方法抽选调查样本:第一阶段,在市辖区内使用PPS方法抽选调查社区;第二阶段,在抽中社区按随机等距方法抽选调查户。

原则上,省会(副省级)城市调查社区数为24个,每个社区调查12—15户;城区及地、县级城市调查社区数为12个,每个社区调查16—18户。

省会(副省级)城市调查300户,城区及地、县级城市调查200户。118个城市(城区)共调查26800个居民(户)。

城市(城区)公共场所由调查员根据城市地图按中央文明办测评要求在现场随机抽取。118个城市(城区)共调查约2500个公共场所。

（六）数据收集方式

采用调查员入户访问并现场填写调查问卷的方式收集数据。

（七）调查组织与质量控制

1. 调查工作组织方式

为保证测评工作的客观性、公正性，采取籍贯回避、异地抽选调查人员的办法，从国家统计局调查队系统抽选 196 名调查人员，组成 14 个测评工作组，每组 14 人。

组长由国家统计局有关调查总队和城市司组织纪律性强、工作经验丰富、有一定组织协调能力的厅、处级干部担任，副组长由国家统计局城市司和有关调查总队业务能力较强的处级干部担任。从国家统计局有关调查队抽选的调查工作组的组长、副组长和组员来自于不同的省（区），组员由两个省（区）的人员组成。

2. 入户调查注意事项与要求

（1）为保证抽选调查对象的随机性及减少对调查户的影响，对入户调查时间作如下规定：晚上 6 点至 10 点；周一至周五白天不入户调查，周六、周日上午 9 点至 11 点半，下午 3 点至 5 点。测评工作组可根据当地城市的作息时间做适当调整，原则是尽量减少对调查户的影响。

（2）入户调查时佩带测评工作证，携带齐全调查工具，备用笔 2 支。

（3）入户时，要按照问卷首页的内容，向调查户说明调查的随机抽样原则，使被调查者消除不必要的顾虑。不得随意发挥，不得透露调查的真实目的。

（4）调查时要谦虚谨慎，待人和气，耐心细致。与调查户建立融洽的关系。不打听调查户的家庭“秘密”，尊重调查户风俗习惯和生活规律。

（5）严格按照问卷内容进行调查。提问时不得诱导被调查者回答。

（6）如实记录调查结果，不得自行更改调查户的原始资料，不得编造假调查问卷。

(7)入户调查结束时，调查人员要在问卷上签名并填写调查时间。

(八)工作步骤及进度安排

6月底，完成调查前期准备工作；7月上旬—9月中旬，完成培训、实地调查及数据录入、审核、汇总工作；9月20日前，将调查结果报送中央文明办。

二、调查表式(略)

国家统计局关于印发《全国统计系统基本单位名录库建设维护与使用管理暂行办法》的通知

（2011 年 6 月 11 日）

各省、自治区、直辖市统计局，新疆生产建设兵团统计局：

建立健全基本单位名录库是统计系统一项重要的基础性工作，对提高统计数据质量，改进统计调查方法，都具有十分重要的意义。为此，国家统计局制定了《全国统计系统基本单位名录库建设维护与使用管理暂行办法》，现印发给你们，请结合本地区实际，认真贯彻执行。

为加强对此项工作的领导，国家统计局成立全国基本单位名录库工作领导小组，由马建堂同志任组长，徐一帆、李强同志任副组长，各相关专业司（中心）主要负责人为成员，统一协调全国统计系统基本单位名录库管理与使用工作。从 2010 年起，名录库工作将纳入统计巡查内容。

全国统计系统基本单位名录库建设维护与使用管理暂行办法

第一章　总　则

第一条　为有效开展统计调查，确保统计数据质量，科学管理全国统计系统基本单位名录库(以下简称名录库),提高名录库使用效率,根据《中华人民共和国统计法》和《全国经济普查条例》制定本办法。

第二条 名录库建设、维护与使用管理工作遵循“全国统一管理、专业分工协作、地方分级负责、各方共同参与、信息资料共享”的原则。

第三条 名录库执行国家统一的统计分类标准和目录。

第四条 名录库是指在我国境内从事经济和社会活动的所有法人单位、产业活动单位(分支机构)基本信息的数据库。单位基本信息包括识别信息、属性信息和数据信息等。

(一)识别信息是指单位代码、单位名称、法定代表人(负责人)、单位地址和区划,以及联系方式等;

(二)属性信息是指单位所属行业、登记注册类型、机构类型、开业时间、营业状态,以及法人单位与其下属产业活动单位的关系等;

(三)数据信息是指单位从业人员、资产和收支情况等。

第二章 职责分工

第五条 各级政府统计部门应当加强对名录库建设、维护与使用管理工作的领导,内部相关单位要合理分工、各负其责、密切配合,共同做好各项工作。

第六条 各级统计局普查中心(或指定的专门机构)是名录库的主管机构,其主要职责是:

(一)负责制定并实施名录库系统建设总体规划;

(二)负责协调有关部门完善名录库共建共享制度并付诸实施;

(三)负责实施基本单位统计调查和名录库维护更新专项调查;

(四)负责对名录库进行周期性全面更新和经常性维护更新;

（五）负责提供专业调查单位字典库和抽样框，协调解决专业间单位重复问题；

（六）负责名录库用户授权管理，按照规定的程序提供单位基本信息；

（七）负责对下级名录库建设、维护与使用管理工作进行监督检查。

第七条 各级统计局相关专业（司、处、科等）的主要职责是：

（一）根据名录库主管机构提供的专业调查单位字典库和抽样框，确定本专业年（定）报单位以及抽样调查的抽样框；

（二）将本专业各项调查所获得的单位变动情况、单位基本信息变更资料定期反馈给名录库主管机构。

第八条 各级统计局数据管理中心（或计算中心、站）的主要职责是：

（一）根据名录库主管机构的需求和统计业务发展需要，设计、开发和维护名录库系统软件；

（二）协助名录库主管机构做好利用周期性普查数据全面更新名录库，以及名录库日常维护更新的数据报送、接收工作；

（三）为名录库系统安全运行提供软硬件技术支持。负责对名录库管理系统及数据进行常规备份和存储。

第三章 名录库建设

第九条 名录库是在重大国情国力普查数据基础上建立，利用统计调查资料和相关部门的行政登记资料进行适时维护更新。名录库建设的总体目标是建成一个全国统一的、完整的、不重不漏且可动态维护更新的名录库。

第十条 名录库建设必须着眼长远、立足现状、统筹规划、稳步推进。2010年年底前，要建成和完善国家和省两级名录库模式，在此基础上逐步过渡到分布式处理的全国一库模式，实现全国一库在线、分级管理、适时更新和信息共享。

第十一条 名录库建设按照“先易后难”的原则，第一步，建好“三上企业”字典库，即从县级起逐级做好专业年(定)报统计调查单位与名录库的衔接、比对和核实确认工作。名录库主管机构和专业共同确认的调查单位作为专业调查字典库，以满足年(定)报工作需要。第二步，建好“三下企业”和非企业单位名录库，以满足抽样调查的需要。

第四章 维护更新

第十二条 名录库维护更新分为全面更新和部分更新。全面更新是指利用周期性普查形成的普查数据库对名录库全部单位进行更新。部分更新是指通过基本单位统计调查和各专业统计调查取得的单位变动情况、单位基本信息变更资料对名录库部分单位进行经常性的维护更新。

第十三条 名录库的全面更新每五年一次，普查数据处理结束后两个月内完成；利用基本单位统计调查部分更新由目前的半年一次逐步过渡到每季或每月一次，按调查制度规定时间完成；利用专业统计调查获得的信息部分更新每月一次，月报后 20 天内完成。

第十四条 通过基本单位统计调查更新名录库的主要流程是：

(一)各级名录库主管机构定期从同级编制、民政、税务、工商和其他有关行政主管部门取得新增、变更、注销单位行政登记资料；并根据单位活动在地原则，逐级分解到下一级名录库主管机构直至县级。

(二)地方各级名录库主管机构，按照单位活动在地原则，对新增单位进行调查，对变更和注销单位的情况进行核实；

(三)上一级名录库主管机构授权的维护人员，按照调查取得或核实后的名录库资料，在《全国基本单位名录库管理系统》平台上，按权限更新名录库数据。

第十五条 通过专业统计调查更新名录库的主要流程是：

（一）各级有关专业与名录库主管机构共同在名录库中确定专业调查单位字典库，由名录库主管机构在名录库中对调查单位做出标记。

（二）各级有关专业按确认的调查单位字典库开展各项统计调查后，将调查获得的法人单位和产业活动单位的单位变动情况、单位基本信息变更资料反馈名录库主管机构。

（三）名录库主管机构授权的维护人员，根据专业反馈资料，统一在《全国基本单位名录库管理系统》平台上按权限更新名录库数据。

（四）"三上企业"需要增加、变更或剔除时，由省级各专业核实主要证件及主要数据后，送交省级名录库主管机构审定更新，并将有关证件复印件和名单报国家级名录库主管机构，以备抽查复核。

第十六条 对专业统计调查单位的增加、变更或剔除有争议的，由各级名录库主管机构定期组织相关专业人员进行协调和会审确认。

第十七条 各级名录库主管机构要建立健全名录库质量控制制度和专职人员岗位责任制，对维护更新等各环节的工作实行全过程质量控制，加强单位基本信息的动态审核工作，并定期对名录库质量进行抽查和考核评比。

第五章 使用管理

第十八条 各项统计调查必须使用统一的名录库作为调查字典库或抽样框。不在名录库中的单位不得列入专业统计的调查范围。

第十九条 名录库中涉及国家秘密的资料一律不得向外提供；非涉密资料按国家有关规定提供。未经名录库主管机构同意，任何用户不得向第三方提供通过名录库查询得到的资料。

第二十条 各级名录库主管机构可授权参与名录库维护更新

的编制、民政、税务、工商等部门相关机构使用与其提供的行政登记资料范围相同的最新名录库数据。其他部门对单位基本信息的需求,需经统计局主管局领导审批后方可授权使用。

第二十一条 各级统计局内部参与名录库维护更新的相关专业机构可查询、使用本级本专业范围内的全部单位基层数据和汇总数据,包括屏幕浏览、存储和输出;其他机构可查询本级名录库的汇总数据,包括屏幕浏览、存储和输出,若需使用名录库基层数据,需经主管局领导审批后方可授权使用。

第六章 安全保障

第二十二条 各级统计局必须严格遵守《中华人民共和国统计法》、《全国经济普查条例》和国家有关安全保密方面的规定,保证名录库数据在存储、传输、审核、汇总和使用等各环节的安全。

第二十三条 各级名录库主管机构要建立系统运行及用户使用日志报告,依据用户授权目录对网上各类用户的行为进行监测,阻止非法用户进行数据存取;各级统计局数据管理中心应建立网络安全应急预案,保障系统运行安全。

第七章 附 则

第二十四条 本办法由国家统计局负责解释。

第二十五条 本办法自发布之日起施行。

国家统计局　国务院第六次全国人口普查领导小组办公室关于印发《第六次全国人口普查方案》的通知

（2010 年 6 月 11 日）

各省、自治区、直辖市统计局、人口普查领导小组办公室：

《第六次全国人口普查方案》是组织实施第六次全国人口普查的总纲和基础，是对普查各项工作的规范。现将《第六次全国人口普查方案》印发给你们，请遵照执行。

附件：1. 第六次全国人口普查方案

2. 普查表（式样）（略）

3.《第六次全国人口普查表》填写说明（略）

附件 1：

第六次全国人口普查方案

为科学有效地组织实施第六次全国人口普查，根据《全国人口普查条例》，制定本方案。

一、总则

（一）第六次全国人口普查的目的是查清 2000 年以来我国人口数量、结构、分布和居住环境等方面的变化情况，为科学制定国民经济和社会发展规划，统筹安排人民的物质和文化生活，实现可持续发展战略，构建社会主义和谐社会，提供真实准确、完整及时的人口统计信息支持。

（二）人口普查工作，按照“全国统一领导、部门分工协作、地方分级负责、各方共同参与”的原则组织实施。

国务院和地方各级人民政府设立第六次全国人口普查领导小组及其办公室，领导和组织实施全国和本区域内的人口普查工作。

村民委员会和居民委员会设立人口普查小组，做好本区域内的人口普查工作。

领导小组各成员单位按照各自职能，各负其责、通力协作、密切配合。

（三）人口普查所需经费，由国务院和地方各级人民政府共同负担，并列入相应年度的财政预算，按时拨付，确保足额到位。

人口普查经费应当统一管理、专款专用，从严控制支出。

（四）各级宣传部门和人口普查机构应采取多种方式，积极做好人口普查的宣传工作，为人口普查工作的开展营造良好的社会氛围。

（五）人口普查实行严格的质量控制制度。地方各级人口普查机构主要负责人对本行政区域人口普查数据质量负总责，确保人口普查数据真实、准确、完整、及时。

二、人口普查的标准时点、对象和内容

（六）人口普查的标准时点是2010年11月1日零时。

（七）人口普查对象是指普查标准时点在中华人民共和国境内的自然人以及在中华人民共和国境外但未定居的中国公民，不包括在中华人民共和国境内短期停留的境外人员。

（八）人口普查采用按现住地登记的原则。每个人必须在现住地进行登记。普查对象不在户口登记地居住的，户口登记地要登记相应信息。

（九）人口普查以户为单位进行登记，户分为家庭户和集体户。

以家庭成员关系为主、居住一处共同生活的人口，作为一个家庭户；单身居住独自生活的，也作为一个家庭户。

相互之间没有家庭成员关系、集体居住共同生活的人口，作为集体户。

（十）人口普查登记的主要内容包括：姓名、性别、年龄、民族、国籍、受教育程度、行业、职业、迁移流动、社会保障、婚姻、生育、死亡、住房情况等。

（十一）人口普查表分为《第六次全国人口普查表短表》和《第六次全国人口普查表长表》。普查表长表抽取10％的户填报；普查表短表由其余的户填报。

在境内居住的港澳台和外籍人员，在现住地进行登记，填写供港澳台和外籍人员使用的普查表短表。

（十二）2009年11月1日至2010年10月31日期间有死亡人口的户，同时填报《第六次全国人口普查死亡人口调查表》。

（十三）人口普查表由国务院第六次全国人口普查领导小组办公室（以下简称国务院人口普查办公室）和国家统计局统一制定，各省、自治区、直辖市人口普查办公室负责印发。

（十四）中国人民解放军现役军人及军队管理的离退休人员，由军队领导机关统一进行普查、汇总。

军队各类单位中服务的职工、文职人员、非现役公勤人员以及家属、保姆等，在军队营院内居住的，由军队机关负责普查，普查表移交当地人民政府指定的人口普查机构；不在军队营院内居住的，由地方人口普查机构负责普查。

（十五）中国人民武装警察部队，由武警机关负责普查登记，普查表移交当地人民政府指定的人口普查机构。

武警部队各类单位中服务的职工、非现役公勤人员以及家属、保姆等，在武警部队营院内居住的，由武警机关负责普查，普查表移交当地人民政府指定的人口普查机构；不在武警部队营院内居住的，由地方人口普查机构负责普查。

（十六）驻外外交机构人员、驻港澳机构人员、其他各驻外机构人员以及派往境外的专家、职工、劳务人员、留学生、实习生、进修人员等，由其出国前居住的家庭户或者集体户申报登记。

（十七）依法被判处徒刑、劳动教养的人员，由当地公安机关和监狱、劳教机关进行普查，普查表移交县、市人口普查办公室。

三、人口普查的宣传工作

（十八）各级宣传部门和人口普查机构应制定宣传工作方案，深入开展普查宣传。

（十九）各级宣传部门应组织协调新闻媒体，通过报刊、广播、电视、互联网和户外广告等多种渠道，宣传人口普查的重大意义、政策规定和工作要求，积极营造良好的人口普查氛围。

（二十）各级人口普查机构要组织开展形式多样的宣传活动，动员社会各界支持、参与人口普查工作。

四、普查指导员、普查员的借调、招聘和培训

（二十一）每个普查小区至少配备 1 名普查员，每个普查区至少配备 1 名普查指导员，原则上 4 至 5 个普查小区配备 1 名普查指导员。

普查员负责人口普查的入户登记等工作，普查指导员负责安排、指导、督促和检查普查员的工作，也可以直接进行入户登记。

（二十二）普查指导员和普查员应当由具有初中以上文化水平、身体健康、认真负责、能够胜任人口普查工作的人员担任。

（二十三）普查指导员和普查员可以从党政机关、社会团体、企业事业单位借调，也可以从村民委员会、居民委员会或者社会招聘。借调和招聘工作由县级人民政府负责。

借调的普查指导员和普查员在普查任务完成以前，不得随意更换。

（二十四）借调的普查指导员和普查员的工资由原单位支付，其福利待遇保持不变，并保留其原有的工作岗位。

招聘的普查指导员和普查员的劳动报酬，在人口普查经费中予以安排，由聘用单位支付。

（二十五）普查指导员和普查员的借调和招聘工作应于2010年8月底前完成。

（二十六）普查指导员和普查员的培训工作由县级人口普查机构统一组织进行。普查指导员和普查员经过培训并考核合格后，由县级以上人口普查机构颁发全国统一的证件。培训工作应于2010年10月15日前完成。

普查指导员和普查员执行直接面对普查对象的人口普查任务时，应当出示普查指导员证或者普查员证。

任何单位和个人不得冒充人口普查机构、普查人员进行社会调查或者进行欺诈活动。

五、人口普查登记前的现场准备工作

（二十七）人口普查按照划分的普查区域进行。普查区域的划分要坚持地域原则，做到不重不漏，完整覆盖全国。

（二十八）普查区划分以村民委员会和居民委员会所辖区域为基础。每个普查区按照一个普查员所能承担的工作量，划分成若干个普查小区。

普查小区划分工作应于2010年8月底前完成。

（二十九）在人口普查机构统一领导下，公安部门应按照《中华人民共和国户口登记条例》和《第六次全国人口普查户口整顿工作方案》的要求进行户口整顿。户口整顿应当按照普查区域的范围，摸清常住人口、流动人口、无户口和应销未销户口等情况。户口整顿有关资料应当提交同级人口普查机构，供普查登记时参考。

户口整顿工作应于2010年8月底前完成。

（三十）人口普查登记前，普查员要做好摸底工作，明确普查小区的地域范围、绘制普查小区图、摸清人口和居住情况、编制普查小区各户户主姓名底册。

摸底工作应于2010年10月底前完成。

六、人口普查的登记和复查工作

（三十一）人口普查的登记工作，从2010年11月1日开始到

11 月 10 日结束。

（三十二）人口普查登记，采用普查员入户查点询问、当场填报的方式进行。普查员应当按照普查表列出的项目逐户逐人询问清楚，逐项进行填写，做到不重不漏、准确无误。

普查表填写完成后，普查员应将填写的内容，向申报人当面宣读，核对无误后，由申报人签字或盖章确认。

（三十三）普查登记时，申报人应当依法履行普查义务，如实回答普查员的询问，不得谎报、瞒报、拒报。

（三十四）普查登记结束后，普查指导员应当组织普查员按照规定的方法进行全面复查，发现差错，应重新入户核对，经确认后予以更正。

复查工作应于 2010 年 11 月 15 日前完成。

（三十五）复查工作完成后，国务院人口普查办公室统一组织事后质量抽查。

事后质量抽查工作应于 2010 年 11 月底前完成。

（三十六）人口普查对象提供的资料，应当依法予以保密。

人口普查中获得的能够识别或者推断单个普查对象身份的资料，任何单位和个人不得对外提供、泄露，不得作为对人口普查对象作出具体行政行为的依据，不得用于人口普查以外的目的。

人口普查数据不得作为对地方人民政府进行政绩考核和责任追究的依据。

七、人口普查数据的汇总、发布和管理

（三十七）人口普查表经复查后，按照统一规定的标准进行编码。

编码后的普查表经复核、检查验收合格后，方可交付录入。

（三十八）《第六次全国人口普查表短表》、《第六次全国人口普查表长表》，以普查小区为单位分别装入不同的包装袋。《死亡人口调查表》以普查区为单位装入相应的包装袋。

普查资料在运送过程中，必须妥善包装，专人护送，保证完整无损。运送单位和接收单位应当按规定的程序办理交接手续。

（三十九）人口普查数据由人口普查机构负责进行数据处理。录入采用光电录入的方式，数据录入、编辑、审核、汇总程序由国务院人口普查办公室统一下发。

（四十）人口普查机构对普查登记的主要数据，先进行快速汇总。国家统计局和国务院人口普查办公室对数据进行审核后发布主要数据公报。各省、自治区、直辖市的主要数据应于国家公报发布之后发布。

（四十一）国务院人口普查办公室应于2011年12月31日前完成人口普查全部数据的汇总工作。

（四十二）人口普查数据处理工作结束后，原始普查表按国务院人口普查办公室的统一规定销毁。

（四十三）数据处理形成的单个普查对象的资料，由国务院人口普查办公室和各省、自治区、直辖市人口普查办公室负责管理。

（四十四）国务院人口普查办公室和各省、自治区、直辖市人口普查办公室应编制普查报告书，分别向国务院和各省、自治区、直辖市人民政府报告工作。

（四十五）各级人口普查机构应做好人口普查资料的开发和应用，为社会公众提供查询、咨询等服务。

八、人口普查的质量控制

（四十六）人口普查实行质量控制岗位责任制，普查人员应认真履行职责，严格执行岗位工作规范，保证各自的工作质量达到规定的标准。

（四十七）各级人口普查办公室应对人口普查实施中的每个环节进行监督检查，收集、整理、分析工作质量情况，对发现的问题，要及时研究解决。

（四十八）在人口普查登记、快速汇总、编码、数据处理各环节实行质量验收制度。验收不合格的必须返工，直至达到规定的质量验收标准方可转入下一工作环节。

九、其他

(四十九)对认真执行本方案,忠于职守,坚持原则,在人口普查工作中做出显著成绩的单位和个人,按照国家有关规定给予表彰奖励。

(五十)违反本方案规定的,依据《中华人民共和国统计法》、《全国人口普查条例》等追究法律责任。

(五十一)香港特别行政区、澳门特别行政区的人口数,按照香港特别行政区政府、澳门特别行政区政府公布的资料计算。

台湾地区的人口数,按照台湾地区有关主管部门公布的资料计算。

(五十二)交通极为不便的地区,需采用其他登记时间和方法的,须报请国务院人口普查领导小组批准。

(五十三)国务院人口普查办公室可以根据本方案制定各项具体工作实施细则。

(五十四)本方案由国务院人口普查办公室负责解释。

国家统计局关于进一步加强统计行风建设的意见

（2010 年 6 月 29 日）

为深入贯彻党的十七届四中全会精神，认真落实中央纪委第五次全会和国务院第三次廉政工作会议部署，进一步加强统计行风建设，促进统计能力、统计数据质量和政府统计公信力的提高，现提出如下意见。

一、统一思想，切实提高对统计行风建设重要性的认识

党的十七届四中全会明确要求“大兴求真务实之风”，中央纪委第五次全会对反对弄虚作假、虚报浮夸作出部署，国务院领导同志多次对确保统计数据真实可信提出要求，这充分表明党中央、国务院、中央纪委对惩治弄虚作假、虚报浮夸问题的高度重视和坚强决心。紧密结合统计工作的实际，以防治在统计上弄虚作假为重点，从教育、制度、监督等多方面入手，大力加强统计行风建设，是统计系统贯彻落实党中央、国务院、中央纪委部署的重大举措。近年来，随着我国经济社会的快速发展，各级党政机关和有关部门对统计的需求越来越多、要求越来越高，广大人民群众和国际社会对统计数据也越来越关注。这既是推动统计改革发展的有利机遇，也是统计系统面临的严峻挑战，不仅对提高统计能力提出新的任务，而且对统计行风建设提出新的要求。当前，统计队伍素质和统计行风整体是好的。但是应当看到，统计行风建设与党和政府的

要求以及人民群众的期待还存在一定的差距，必须切实加以改进和加强。加强统计行风建设，有利于进一步推进依法统计，推动统计改革创新，加强统计基层基础工作，建设一支素质优良、作风过硬的统计队伍，切实增强统计系统的凝聚力、战斗力、创造力，大力提高统计能力、统计数据质量和政府统计公信力。统计行风反映统计部门和统计人的形象，事关统计工作的生存与发展，各级统计机构一定要统一思想、提高认识，把加强统计行风建设作为促进“三个提高”的重要任务，切实抓紧、抓好、抓出成效。

二、加强教育，大力弘扬符合科学发展观要求的统计行风

加强统计行风建设，必须坚持以科学发展观为统领，坚持实事求是的思想路线，大兴求真务实之风；坚持以科学严谨的态度，确保统计数据真实可信、准确完整；坚持统计人不计得失、淡泊名利、甘于奉献的优良传统，积极倡导热爱统计、忠诚统计、依法统计、科学统计的良好风尚。一是加强理想信念教育。促进广大统计人员牢固树立正确的世界观、人生观、价值观，牢固树立科学的发展观和正确的政绩观，切实增强宗旨意识、责任意识、服务意识和大局意识。二是加强统计法制教育。促进广大统计人员牢固树立法律至上和依法统计的观念，坚决依法履行独立调查、独立报告、独立监督的职责，坚决反对和抵制弄虚作假、虚报浮夸。三是加强统计职业道德教育。促进广大统计人员牢固树立数据质量第一、用户至上、尊重调查对象的统计理念，始终恪守以求真务实为天职、视数据质量为生命的职业操守。四是加强廉洁从政教育。促进广大统计人员牢固树立廉洁统计意识，不断提高拒腐防变能力，坚决杜绝以权谋私、以数谋私。五是加强统计行风建设的宣传。以统计报刊和网站为载体，大力宣传统计人的精神风貌和统计行风建设的成效，推广统计行风建设先进经验，探索统计行风建设的新办法、新途径。

三、健全制度，大力推动统计系统用制度管权、管人、管数

加强统计行风建设，必须紧紧围绕“三个提高”这条主线，针对当前统计工作存在的突出问题，进一步推进统计改革，切实加强统计调查制度建设，推进统计调查工作的规范化管理，将统计行风建设融入统计业务工作全过程，努力形成用制度管权、管人、管数的体制机制和按制度办事的良好风气。一是进一步推动统计制度方法改革。积极建立科学、统一、完整、适用的统计标准体系、统计指标体系和统计调查方法体系，切实提高统计制度方法的科学性、适用性。要坚决维护国家统计调查制度的统一性、权威性，切实增强全国统计系统执行国家统计调查制度的自觉性、坚定性。二是进一步加强统计数据采集规范化建设。严格实施统计调查规范化管理，研究推行全国统一的分专业统计数据采集基本操作规程，建立健全对统计数据采集过程主要工作环节的审核和验收制度，制定实施主要统计指标数据质量全过程控制体系，实行严格的质量控制，以统计调查行为的规范化确保统计数据的准确性。三是进一步提高统计工作的科技含量。加快建立全国统一、畅通的统计信息网络体系，加快建设各专业统一的、方便使用的统计数据采集电子平台，大力推动电子报表的应用和联网直报，逐步实现统计工作全流程的电子化、网络化和高效化，有效减少中间环节对统计数据的干扰。四是进一步完善统计数据质量评估机制。建立健全主要统计指标数据质量评估体系，规范评估的内容、方法和流程，增强评估工作的科学性和可操作性，提高统计数据的协调性和匹配性。五是进一步提高统计透明度。逐步推进统计方法制度和统计数据生产过程的公开，及时公布重大统计改革的主要内容、相关背景。进一步加强和完善统计信息发布工作，丰富发布内容，围绕热点、焦点问题和重要指标的变化加强统计数据解读工作。充分发挥媒体和社会公众对统计的舆论监督作用。

四、强化监督，切实提高统计系统执行力

执行力是良好政风行风的体现，提高统计系统的执行力是统计行风建设的重要内容，加强监督检查是确保统计系统政令畅通的关键环节。一是加强对统计法执行情况的监督检查。重点检查领导干部自行修改统计资料、编造虚假统计数据，要求有关机构和人员伪造、篡改统计资料，对本地方、本部门、本单位发生的严重统计违法行为失察等问题，以及政府统计机构或者有关部门伪造、篡改统计资料等问题。对统计弄虚作假案件，要依法依纪严肃处理，追究有关责任人的责任，典型案件要予以通报和公开曝光，震慑弄虚作假者，教育和警示统计干部。二是加强对重大国情国力调查的专项督查。重点督查重大普查项目的组织和人财物保障情况、普查方案的执行情况以及重要普查数据质量情况。对重视不够、保障不好、措施不到位、执行不得力的地方，对普查数据出现问题的地方，要及时督促整改，对拒不整改的要通报批评。三是加大统计巡查工作力度。针对突出问题，有重点地开展巡查工作，健全发现问题的整改督办机制和巡查成果的运用机制，提高巡查效果。要把统计行风建设纳入巡查内容，以提高统计执行力为重点，加大对国家统计局政令和国家统计制度执行情况的巡查力度，坚决维护统计工作的集中统一，切实保证统计系统政令畅通、令行禁止。四是加强对反腐倡廉建设重点工作落实情况的督促检查。重点检查党风廉政建设责任制和党风廉政建设承诺、重大事项报告等制度的落实情况。严格监督重大决策、重要干部任免、重要项目安排和大额度资金使用等情况。加强对全国统计工作会议部署的重要任务和国家统计局重大决策、部署落实情况的行政监察，促进统计工作质量和效率的提高。五是加强对统计行风的社会监督。国家统计局和各省（区、市）统计局在条件具备时要开设统计行风热线，积极受理群众对统计行风问题的举报，认真听取有关意见和建议。

各级统计机构要积极参与地方政府组织的行风评议活动。

五、加强领导，认真落实统计行风建设责任制

按照中央关于“谁主管、谁负责”和“管行业必须管行风”的要求，各级统计机构要切实加强对统计行风建设的组织领导。国家统计局成立由马建堂局长担任组长的全国统计行风建设领导小组，领导小组下设办公室（设在纪检监察局），负责统计行风建设具体工作。地方各级统计局、国家统计局各级调查队要尽快成立相应的组织机构，建立健全党组统一领导、业务单位齐抓共管、纪检监察部门组织协调和监督检查的领导体制和工作机制。主要领导要切实履行第一责任人的职责，统筹安排，把统计行风建设贯穿于统计业务工作的各个环节。纪检监察部门要充分发挥参谋助手作用，加强组织协调和监督检查，及时发现和解决统计行风建设中存在的问题。业务部门要积极配合、支持纪检监察部门开展工作，自觉参与统计行风建设，以行风建设的实际成效促进统计能力、统计数据质量和政府统计公信力的不断提高。

国家统计局办公室关于进一步加强中小工业企业统计监测分析工作的通知

（2010 年 6 月 29 日）

各省、自治区、直辖市统计局，国家统计局各调查总队：

《国务院关于进一步促进中小企业发展的若干意见》（国发〔2009〕36 号）提出，统计部门要建立和完善对中小企业的分类统计、监测、分析和发布制度，加强对规模以下企业的统计分析工作。为贯彻落实国务院文件精神，切实加大对中小企业的统计、监测和分析力度，为促进中小企业发展提供统计信息服务，现就进一步做好中小企业统计、监测和分析工作通知如下：

一、进一步提高对中小企业统计、监测和分析工作重要性的认识

中小企业是我国国民经济的重要组成部分，对保持经济平稳较快发展、促进就业、维持社会稳定，具有十分重要的意义。国务院文件明确提出，统计部门要加强中小企业的统计、监测、分析工作，加强对规模以下企业的统计分析工作。这反映了国务院对这项工作的高度重视。各级统计部门一定要深刻领会文件精神，充分认识中小企业健康发展的现实和长远意义，加强组织领导，切实做好中小企业统计、监测和分析工作。

二、做好中小工业企业分类统计工作，充分提供相关信息

统计部门要依照中小工业企业划型标准，定期整理中小工业企业分类统计数据，及时提供和发布中小工业企业统计信息，为各级政府、有关部门以及金融机构支持中小工业企业发展提供信息服务。

三、加强中小工业企业运行监测分析工作

统计部门要准确把握中小工业企业发展的运行趋势，密切关注中小工业企业成长，围绕企业生产经营过程中的热点问题、难点问题和重点问题，深入基层，开展调研和统计分析工作，增强中小工业企业统计分析的针对性和时效性。

四、加强规模以下工业企业统计分析工作

规模以下工业企业数量占中小工业企业的绝大多数，抽样调查是采集规模以下工业企业主要总量指标的重要方法。目前，规模以下工业抽样调查工作主要由国家统计局的调查队系统负责组织实施，基层政府统计部门配合国家统计局调查队系统完成有关工作。各调查总队一定要进一步重视和加强规模以下工业抽样调查工作，以提高基层数据质量为基本出发点，围绕统计报表制度有关内容，结合对样本企业的调研，积极开展规模以下工业企业统计分析工作。

五、及时报送有关中小企业分析资料

各省区市统计局及各调查总队依据统计调查数据及实地调查

情况研究撰写中小企业分析资料，及时报送国家统计局及省区市党委和政府及有关部门，为党中央、国务院以及省区市党委和政府及有关部门及时了解中小企业运行情况、制定中小企业有关政策提供信息服务。

国务院第六次全国人口普查领导小组办公室关于印发《第六次全国人口普查港澳台和外籍人员普查登记办法》的通知

（2010 年 7 月 14 日）

各省、自治区、直辖市人口普查领导小组办公室：

为贯彻落实《全国人口普查条例》，规范港澳台和外籍人员的普查登记工作，我办制订了《第六次全国人口普查港澳台和外籍人员普查登记办法》。现将《办法》印发给你们，请遵照执行。

第六次全国人口普查港澳台和外籍人员普查登记办法

一、根据《全国人口普查条例》和《第六次全国人口普查方案》，制定本办法。

二、人口普查中对港澳台和外籍人员（以下简称境外人员）进行普查登记的目的是掌握在中华人民共和国境内居住的境外人员的基本情况，掌握人口的跨境和国际迁移状况，为境外人员更好地提供服务。

三、人口普查的标准时点为 2010 年 11 月 1 日零时。

四、普查标准时点在中华人民共和国境内居住的（不包括因出差、旅游等在境内短期停留和在境内享有外交或领事豁免权的）境外人员，属于人口普查对象。

五、境外人员填写《第六次全国人口普查表短表(供港澳台和外籍人员使用)》(以下简称《境外人员普查表》),内容包括:姓名、与户主关系、性别、出生年月、来大陆或来华目的、已在大陆或在华居住时间、受教育程度、身份或国籍。港澳台人员还要填写行业、职业、过去六个月回港澳台居住时间。

六、境外人员按现住地登记原则,在现住地进行登记。

七、境外人员的普查登记,一般采取普查员入户询问、当场填报的方式,也可采取普查员登门送表、普查对象自行填报、普查员回收普查表等方式。

八、境外人员的普查登记工作一般由本普查小区的普查员承担。本普查小区的普查员因语言等原因确有困难需要帮助的,上级普查办公室应派人协助完成普查登记工作。

九、普查员由县级人民政府负责借调和招聘。普查员在执行普查登记任务时,应当主动出示由县级以上普查机构颁发、全国统一样式的普查员证;未出示普查员证的,普查对象有权拒绝进行普查登记。

十、普查机构和普查人员对境外人员提供的普查登记资料及在普查中获悉的有关情况应当依法予以保密。

十一、人口普查中获得的境外人员的普查登记资料,任何单位和个人不得对外提供、泄露,不得作为对其作出具体行政行为的依据,不得用于人口普查以外的目的。

十二、人口普查登记结束后,《境外人员普查表》逐级上报到国务院人口普查办公室。国务院人口普查办公室统一组织对境外人员普查登记资料的编码和数据录入、审核、汇总工作。

十三、人口普查数据处理工作结束后,《境外人员普查表》由国务院人口普查办公室统一销毁。

十四、境外人员普查汇总数据,由国家统计局和国务院人口普查办公室对外发布。

国家发展改革委办公厅　国家统计局办公室关于开展循环经济统计试点工作的通知

（2010年7月22日）

山西省、浙江省、山东省发展改革委（经信委）、统计局：

为全面贯彻落实《循环经济促进法》，科学评价循环经济发展成效，国家正在研究建立"可量化、可操作、可考核"的循环经济评价指标体系。为进一步完善相关统计方法和报表，研究建立省市层面循环经济评价指标体系，国家发展改革委、国家统计局决定组织开展以资源产出率评价循环经济发展的统计试点工作。现将《循环经济统计试点方案》印发给你们，请认真贯彻执行。

各试点地区要根据实施方案的要求，结合各自实际，加强领导，统筹安排，精心组织，认真抓好落实，保证统计试点工作取得实效。各试点地区循环经济发展综合管理部门和统计部门要加强协调配合，及时将进展情况及相关建议报送国家发展改革委（环资司）、国家统计局（能源司）。国家发展改革委、国家统计局将加强对试点工作的指导，及时解决试点中有关方面反映的问题。

附件：循环经济统计试点实施方案

附件：

循环经济统计试点实施方案

一、总体目标

通过在国家循环经济统计试点地区开展主要资源消费量统计调查试点工作，探索在地区层面计算综合反映循环经济发展的资源产出率指标。为进一步完善循环经济统计评价指标体系，建立循环经济统计评价考核制度、反映循环经济发展成效、推动可持续发展奠定基础。

二、统计试点地区和范围

确定山西省、浙江省、山东省为循环经济试点地区。其中，山西省在全省范围，浙江省、山东省分别从本省经济总规模前5位的地级市中选择2—3个市开展主要资源消耗量统计调查试点。

试点统计范围为本地区规模以上工业企业和资质以上的建筑业企业，同时在主要资源消耗量较大的行业中，选择部分规模以下工业企业开展报表试填工作。

请各试点地区和单位按照国家统计局统一制定的统计试点表(见附件)开展统计工作。数据处理软件由国家统计局统一下发。

三、试点统计指标和资源种类

(一)统计指标

此次循环经济统计试点，主要是研究建立资源产出率的统计核算方法。资源产出率是指主要资源单位消耗量(包括：主要能源资源、主要矿产资源、木材和工业用粮)所产出的地区生产总值(按不变价计算)。资源消耗量应注意区分资源消耗量和资源开采量的关系。

$$资源产出率=\frac{地区生产总值(亿元不变价)}{资源消耗量(万吨)}$$

(二)纳入统计范围的资源种类

1. 能源资源:现行能源统计核算的能源消费总量;

2. 矿产资源(共10种):金属资源:铁矿、铜矿、铝土矿、铅矿、锌矿、镍矿、锰矿、非金属资源:石灰石、磷矿、硫铁矿;

3. 木材;

4. 工业用粮。

四、时间安排

(一)2010年7月下旬,国家发展改革委环资司、国家统计局能源司召开统计试点工作动员会,就统计范围、技术路线和统计报表进行解释说明,具体情况另行通知。

(二)2010年8月上旬,各试点地区制定本地区的具体实施方案,并抄报国家发展改革委(环资司)、国家统计局(能源司)。

(三)2010年8月—9月,各试点地区按照试点方案要求开展2008年、2009年和2010年1—6月主要资源消耗量统计调查的布置和填报工作,能源资源和农用化肥施用量的消耗量统计由试点地区统计部门统一填报。同期开展统计方法验证,注重统计试点工作与统计方法研究工作的衔接。

(四)2010年9月30日前,各试点地区将电子版统计数据报国家发展改革委(环资司)、国家统计局(能源司)。

(五)2010年10月—11月,国家发展改革委、国家统计局对各试点地区和单位的统计数据进行分析研究,组织相关专家研究确定主要资源产品与资源消耗量的折算关系,计算各试点地区的资源消耗量和资源产出率,并进一步完善循环经济统计评价指标体系。

五、试点要求

(一)加强组织领导。本次统计试点工作由试点地区的循环经济发展综合管理部门与统计部门共同组织实施。具体统计工作由各地区统计部门负责,包括调查单位确定、人员培训、报表布置、数据采集、审核及处理。循环经济发展综合管理部门要提供包括试点经费在内的保障措施,确保统计试点工作取得实效。循环经济发展综合管理部门、统计部门要分别明确一名负责同志牵头,加强对试点工作的统筹协调。同时,两部门要加强配合,实现联动,共同协调解决试点工作中出现的问题。

(二)保证统计数据的质量。统计数据的质量是统计工作的核心。各级统计部门和填报单位,要以认真负责的态度对填报的数据严格审核,确保数据的真实性和可靠性。

(三)及时报告。请各试点地区和单位参照本方案要求认真开展循环经济统计试点工作,及时报告在试点过程中发现的问题和改进建议。

其他非试点地区也可结合自身实际开展相关工作,并将有关进展情况报送国家发展改革委(环资司)、国家统计局(能源司)。

附:循环经济统计试点调查表式及说明(略)

国家统计局直属单位领导干部异地交流办法

国家统计局

（2010 年 7 月 29 日）

第一条 为进一步加大国家统计局直属单位领导干部异地交流的力度，促进和保障领导干部异地交流工作顺利进行，根据《党政领导干部交流工作规定》（中办发〔2006〕19 号）等有关规定，制定本办法。

第二条 本办法所述的国家统计局直属单位是指国家统计局各司级行政单位、在京直属事业单位和国家统计局直属调查队；领导干部异地交流是指根据工作和干部培养、锻炼等需要，经组织确定而进行领导干部异地交流任职。

第三条 国家统计局直属单位干部异地交流工作，按照《党政领导干部选拔任用工作条例》、《党政领导干部交流工作规定》和《公务员调任规定》等执行。

第四条 国家统计局各调查总队主要负责人任职时间较长的，原则上要进行交流。局内设机构和在京直属事业单位主要负责人选任，原则上应有在国家调查队任职的经历，副司级干部也要根据工作需要，分期分批到调查总队交流任职。

第五条 异地交流的领导干部接到任职通知后，要尽快办理工作交接手续，在规定的时限内到新任职单位报到，同时按规定将行政关系转到新任职单位。户籍关系是否转移，在符合当地户籍管理规定的前提下，尊重本人意愿。

第六条 异地交流领导干部的新任职务以交流任职通知为准,其工资福利待遇按照国家有关规定执行,其他应享受的福利待遇按相关规定执行。有关单位要关心和支持交流干部,帮助交流干部解决困难和问题,解除其后顾之忧。

第七条 有关单位要为异地任职的领导干部安排好周转住房,并本着节约的原则,配备必要的生活设备。购买或租用供异地交流干部使用的周转房等费用,由国家统计局在编制预算时予以适当安排。

第八条 异地交流干部按有关规定享受探亲假和年休假。

第九条 异地交流干部到达退休年龄时,在尊重个人意愿基础上,可回原调出单位或在现工作单位所在地退休。

第十条 由国家局交流到调查总队任职的干部调动回局后,由局党组视本人工作情况和局内岗位情况安排工作。有关工资等待遇按在调查队工作时的级别执行。

第十一条 本办法自发布之日起实施,其他相关规定同时废止。

国家统计局关于开展
庆祝“世界统计日”活动的通知

（2010 年 8 月 30 日）

各省、自治区、直辖市统计局，新疆生产建设兵团统计局，国家统计局各调查总队：

联合国大会第 64/267 号决议决定将 2010 年 10 月 20 日定为“世界统计日”，主题为“庆祝官方统计的众多成就”，以体现官方统计服务、诚信、专业的核心价值。近日，联合国秘书长潘基文就“世界统计日”致函胡锦涛主席，邀请中国政府采取措施共同庆祝第一个“世界统计日”。

为此，国家统计局决定，将 9 月 20 日定为中国统计开放日，在 9 月 20 日至 10 月 20 日期间，以“统计和您在一起”和“走向公开透明的中国统计”为主题，在全系统开展一系列庆祝活动，庆祝统计人自己的节日。

为庆祝好“中国统计开放日”和“世界统计日”这两个重要节日，现将有关事项通知如下：

一、开展宣传活动的主要内容

（一）普及推广统计知识。充分利用现有条件，通过科普读物、宣传展板、统计咨询等多种方式，宣传、普及统计知识，展现服务、诚信、专业的核心价值，展现统计科学发展的成就和理念。

（二）宣传统计先进人物。通过各种方式宣传统计先进人物爱岗敬业、无私奉献的精神，展现统计人求真务实、捍卫真理的风貌，激发统计工作者在新形势下进一步做好统计工作的信心和决心。

（三）慰问统计调查对象。统计调查对象的积极参与和配合是搞准统计数据的关键。通过走访调查点、慰问记账户，提高统计调查对象的配合程度，体现“统计和您在一起”的活动主题，感谢公众对统计工作的理解和支持。

（四）营造节日喜庆气氛。在“中国统计开放日”（9 月 20 日）和“世界统计日”（10 月 20 日）当天，利用海报、标语、手机短信等方式，宣传统计，展现统计走向公开透明的良好形象，营造隆重、热烈的庆祝气氛。

二、开展宣传活动的有关要求

（一）此项活动要本着隆重、简朴而热烈的原则，突出活动主题，重点做好统计知识普及工作，增进公众对统计工作的认识、理解、信任和支持，提高政府统计公信力。

（二）各地统计局和各调查总队要密切配合，加强组织领导，制定工作方案，明确分工，抓好落实。

（三）请于 9 月 15 日前将具体的活动方案和联系人报国家统计局。

国家统计局关于进一步加强统计部门预算管理的通知

（2010年9月14日）

各省、自治区、直辖市统计局，新疆生产建设兵团统计局，国家统计局各调查总队，各司级行政单位、在京直属事业单位：

为规范统计部门预算管理，推进预算管理的科学化、精细化，保证统计工作的正常开展，现就进一步加强统计部门预算管理通知如下：

一、规范预算编制

（一）预算编制应遵循综合预算的原则，所有收支都应编入预算统一管理，统筹安排，量入为出。

（二）预算编制应遵循科学精细的原则，切实把预算细化到基层单位，细化到具体项目，提高预算到位率。

（三）预算编制应遵循程序规范的原则，进一步规范预算编制的流程，严格执行“二上二下”的时间进度要求。

（四）预算编制应遵循公开透明的原则，相关的政策、标准、流程和结果应在适当范围公开。

（五）预算编制应遵循绩效预算的原则，探索建立统计调查项目绩效预算评价指标体系，并将评价结果作为下一年度预算安排的重要依据。

二、严格支出管理

（六）加强预算编制的严肃性，预算一经批复不得随意调整；杜绝预算支出的随意性，没有列入预算的项目不得列支，超预算范围、超预算额度不得开支。

（七）严格控制公务接待费、出国（境）经费和车辆购置及运行费三项经费支出，不得超预算支出。

（八）严格执行车辆配置标准，购置公务用车必须按规定程序报批，并按照政府采购的相关规定执行。

（九）严格控制会议支出，各类会议经费支出应全部纳入预算管理，严格执行政府采购会议定点制度。

（十）加强中央预算内投资的管理，不得虚报挪用项目投资，不得虚报投资完成额，不得隐匿投资结余。

三、规范预算执行

（十一）增强预算执行的计划性，各单位应根据年度预算安排和项目实施进度编制并报告分月用款计划。

（十二）增强预算执行的时效性，均衡预算资金使用，对预算执行达不到财政部要求的单位，相应扣减其下年度预算。

（十三）建立预算执行通报制度，各单位应以适当方式公开本单位和下属预算单位的预算执行进度。

四、夯实预算基础

（十四）建立完善统计调查项目管理体系，进一步规范新增统计调查项目的评审和批准程序。

（十五）建立完善项目支出定额标准体系和资产配置标准及相

关实物费用定额标准。

（十六）建立完善预算编制基本信息数据库和资产信息数据库，进一步规范调查队系统办公用房投资的批准程序。

五、加强监督检查

（十七）推进预算、决算的公开，主动接受本单位职工和社会各界的监督。

（十八）加强预算管理全过程的监督检查和分析，发现问题及时报告、及时纠正。

国家统计局　住房城乡建设部关于加强协作共同做好房地产价格统计工作的通知

（2010年9月19日）

各省（自治区、直辖市）住房和城乡建设厅（住房和城乡建设委、房地局）、统计局，国家统计局各调查总队，有关城市住房和城乡建设委（房地局）、统计局、调查队：

为了进一步贯彻落实《国务院关于坚决遏制部分城市房价过快上涨的通知》（国发〔2010〕10号）精神，完善房地产市场信息披露制度，现就进一步加强协作，共同做好房地产价格统计工作通知如下：

一、充分认识做好房地产价格统计工作的重要意义

住房问题关系国计民生，既是经济问题，更是影响社会稳定的重要民生问题。全面、及时、准确地了解和掌握房地产价格统计信息，对市场价格变动情况和走势作出准确判断，及时向社会发布市场价格变动信息，有助于提高政府监管水平，加强宏观调控，引导市场理性投资和消费，促进房地产市场平稳健康发展。

二、加强协作，明确分工，共同做好房地产价格统计工作

各级住房和城乡建设（房地产）部门（以下简称"房地产部门"）、统计部门要切实加强沟通与合作，密切联系，实现数据资源

共享、信息资源共用。各有关城市(具体名单见附件1)统计部门要提前向房地产部门提出房屋销售价格统计所需要的样本范围,房地产部门应当向当地统计部门提供样本范围内有关新建商品住房交易数据(数据提供办法见附件2),数据不足或不全的,由当地统计部门补充调查获得。国家统计局北京、天津、上海、重庆调查总队以及其他有关城市调查队负责将数据整理补充后报国家统计局。

各级统计部门应在每月8日(节假日顺延)前,向同级房地产部门提供房地产开发快报等统计信息。房地产部门在保密期内仅限内部使用,不得对外提供。

三、加强安全措施,做好保密工作

各级房地产部门和统计部门及其工作人员要切实增强保密意识,采取安全可靠的保密措施,严格遵守《国家保密法》和《统计法》,确保原始信息资料在数据交换、存储和加工等过程中的安全。对房地产部门提供的基础信息,统计部门只能用于编制价格指数,对数据处理设备实行专人保管,不得泄露和对外提供。

四、严格按照规定,做好房屋销售价格指数的发布工作

国家统计局按月发布大中城市的住宅销售价格指数。国家统计局发布后,各有关城市可以发布当地的住宅销售价格指数,具体方式由当地统计部门和房地产部门协商确定。

附件:1.35个大中城市名单(略)

2.数据提供办法(略)

国家统计局关于开展建筑业经营地统计扩大试点和网上直报试点的通知

（2010年10月18日）

辽宁省、河南省统计局：

为了全面贯彻落实国家统计局关于“提高统计能力，提高统计数据质量，提高政府统计公信力”的总体目标，进一步提高建筑业统计数据质量，增强建筑业统计的科学性，适应国民经济核算的需要，国家统计局决定在辽宁省、河南省开展建筑业企业按经营活动所在地统计试点和建筑业网上直报试点调查。现将有关事项通知如下：

一、调查目的

（一）扩大建筑业“在地”统计试点范围，研究解决在全省范围内进行建筑业“在地”统计的技术性问题，为全国实施“在地”统计的可操作性奠定基础。

（二）探索建筑业企业联网直报的组织实施方式、网络支持环境和数据处理方式，寻求建筑业“在地”统计与联网直报结合并行的可行性。

二、调查对象

辖区内具有建筑业资质的建筑业企业、建筑业产业活动单位。

具体包括：

（一）年报：具有建筑业资质的总承包、专业承包和劳务分包建筑业企业法人，及报告期在辖区内从事建筑施工活动，并且具有建筑业资质的建筑业产业活动单位（分公司、项目部、工程队等）。

（二）季报：具有建筑业资质的总承包和专业承包建筑业企业法人。

三、调查内容

本次调查的主要内容是建筑业企业法人、建筑业产业活动单位基本情况、建筑业合同签订情况、承包工程完成情况、建筑业总产值、竣工产值、房屋建筑施工面积、施工机械设备、从业人员、建筑材料消耗、财务收支、结算情况等指标（指标解释及填报说明参照现行建筑业统计制度）。

四、调查方法和填报原则

（一）调查方法：采用全面调查的方式，由企业通过网络平台向负责试点工作的河南省、大连市统计局直接上报试点调查表。

（二）填报原则：

1. 年报：按建筑业企业法人主要经营活动所在地进行填报，同时，还要负责组织其所属跨地区（县）的建筑业产业活动单位调查表的填报。

2. 季报：按建筑业总承包和专业承包企业法人注册地进行填报。

五、调查试点费用

本次调查试点所需费用，除国家统一安排部分外，不足部分由地方给予适当补贴。

六、试点地区和进度安排

（一）试点地区为河南省、辽宁省大连市。其中，河南省在全省进行建筑业企业按经营活动所在地统计试点和建筑业网上直报试点；辽宁省在大连市全市进行建筑业网上直报试点。

（二）调查时期为 2010 年年度。

（三）调查进度安排：

第一阶段，2010 年 10 月，试点工作准备。

第二阶段，2010 年 11 月至 2011 年 4 月底，试点工作组织实施。

第三阶段，2011 年 5 月底前，整理试点材料，工作总结。

七、调查要求

（一）加强组织领导。为做好本次调查，试点地区要成立“在地”试点和网上直报试点工作领导小组，全面负责“在地”试点和网上直报工作的组织和领导，保证试点工作的顺利开展。

（二）创造性地开展试点。试点地区要组织精干力量，在方案框架范围内创造性地开展工作，尽可能地多发现问题、并提出解决问题的方法和建议，达到试点目的。

（三）保证工作质量。试点地区要搭建好网络平台，抓好直报工作的组织、协调和落实，坚持实事求是，认真组织好各地（市）、县（区、市）的建筑业企业网上直报工作。特别是开展建筑业“在地”统计扩大试点的地区，除了组织好法人“在地”试点表的填报工作外，还要将整套法人表连同其所属建筑业产业活动单位表以网上直报方式，由企业直接上报试点省统计局投资处。

（四）认真分析总结。试点结束后，要及时撰写试点总结报告，于 2011 年 5 月底前报送国家统计局投资司，内容包括试点主要结果、试点工作情况、组织实施流程、网络平台的使用情况；重点总结建筑业网上直报的可行性、组织模式、试点中发现的问题和建议等。

附件：1. 建筑业按经营地统计扩大试点调查实施方案（略）

2. 建筑业企业联网直报试点实施方案（略）

3. 建筑业按经营地统计和企业联网直报试点情况调查表（略）

国家统计局调查队系统
领导干部选拔任用工作暂行规定

国家统计局

（2010 年 10 月 28 日）

第一章　总　则

第一条　为深入贯彻落实科学发展观，进一步加强国家统计局调查队系统干部队伍建设，建立促进科学发展的干部选拔任用考核评价机制，规范领导干部选拔任用工作，促进人事工作制度化、规范化，根据《党政领导干部选拔任用工作条例》和《公务员法》等有关法律、法规和中共中央组织部《党政工作部门领导班子和领导干部综合考核评价办法（试行）》的要求，结合国家统计局调查队系统干部人事管理的实际，制定本规定。

第二条　本规定适用于国家统计局各级调查队领导干部（包括正、副总队长，正、副队长，总统计师，党组书记、副书记和纪检组长、党组成员）的选拔任用工作。

第三条　选拔任用国家统计局各级调查队领导干部，必须坚持以下原则：

（一）党管干部原则；

（二）任人唯贤、德才兼备原则；

（三）群众公认、注重实绩原则；

（四）公开、平等、竞争、择优原则；

（五）民主集中制原则；

（六）依法办事原则；

（七）有利于优化领导班子结构原则；

（八）注重选拔任用优秀年轻干部原则。

第二章　选拔任用条件和资格

第四条　选拔担任国家统计局各级调查队领导干部应当具备下列基本条件：

（一）具有履行职责所需要的马克思列宁主义、毛泽东思想、邓小平理论水平，认真实践"三个代表"重要思想和科学发展观，具有共产主义远大理想和中国特色社会主义坚定信念，坚决执行党的基本路线和各项方针、政策，努力用马克思主义的立场、观点、方法分析和解决问题。

（二）坚持解放思想，实事求是，与时俱进，开拓创新，认真调查研究，能够把党的方针、政策同国家统计调查工作的实际相结合，卓有成效地开展工作，讲实话，办实事，求实效，有统计工作等实践经验，在工作中勤奋敬业，做出实绩。

（三）有强烈的革命事业心和政治责任感，有胜任领导工作的组织能力、文化水平和专业知识。坚持和维护党的民主集中制，有民主作风，有全局观念，善于集中正确意见，善于团结同志，包括团结与自己有不同意见的同志一道工作。

（四）正确行使人民赋予的权力，依法办事，清正廉洁，勤政为民，以身作则，艰苦朴素，密切联系群众，自觉接受党和群众的批评和监督，反对官僚主义，反对任何滥用职权、谋求私利的不正之风。

提任总队长、队长职务的，应具有较高的政策理论水平，较强的组织管理能力和丰富的统计工作经验，具备优秀的人格品质，能担负起抓班子、带队伍的重任。

提任纪检组长职务的，应严格遵守党纪国法，恪守统计职业道德，敢于坚持原则，主持正义，依法办事，敢于同腐败现象和不正之风作斗争。

第五条 选拔担任国家统计局各级调查队领导职务的，应当具备下列资格：

（一）提任调查队县（处）级以上领导职务的，一般应当具有在下一级两个以上职位任职的经历和两年以上基层工作经历。其中提任党的领导职务的按照党章有关规定执行。

（二）提任调查队县（处）级以上领导职务，由副职提任正职的，应当在副职岗位上工作两年以上，由下级正职提任上级副职的，应当在下级正职岗位工作三年以上。

（三）应当经过党校、行政院校或者组织（人事）部门认可的其他培训机构五年内累计三个月以上的培训，确因特殊情况在提任前未达到培训要求的，应当在提任后一年内完成培训。

（四）身体健康，一般应有三年以上统计工作经历。

（五）一般应有大学专科以上文化程度，其中副厅局级以上领导干部一般应有大学本科以上文化程度。

（六）在近三年年度考核中确定为“称职”和“称职”以上等次。

（七）符合任职回避规定。

（八）符合具体职位需要的其他条件。

对德才表现优秀、政绩特别突出的年轻干部或者工作特殊需要的职位，可以适当放宽本规定的部分任职资格条件，破格提拔。

第六条 国家统计局各级调查队领导干部一般应当逐级提拔。越级、破格提拔的，需报经上级人事部门同意。

国家统计局各级调查队领导干部一般应从调查队系统内选拔任用，也可通过干部交流等方式从调查队系统以外选拔调任。从系统外选拔调任的，可不受统计工作经历限制。

推选本级调查队领导干部时，下一级调查队符合任职资格条件的人选列入推选范围。

第三章　选拔任用程序

第一节　一般规定

第七条　选拔任用调查总队厅局级领导干部，由国家统计局人事司组织推荐、考察，省（区、市）党委组织部门协助，确定拟任人选，报国家统计局党组研究决定，并征求省（区、市）党委意见后任免。

根据工作需要，国家统计局可直接选派调查总队厅局级领导干部。

第八条　选拔任用副省级城市调查队队长、党组书记，由国家统计局人事司组织推荐、考察，副省级城市党委组织部门和调查总队党组协助，确定拟任人选，报国家统计局党组研究决定，并征求副省级城市党委和调查总队党组的意见后任免。

选拔任用副省级城市调查队副队长、总统计师、纪检组长、党组成员，由调查总队人事部门在副省级城市党委组织部门协助下组织推荐、考察和确定拟任人选，经调查总队党组研究决定并征求副省级城市党委意见后，报国家统计局党组备案同意后任免。

根据工作需要，国家统计局可直接选派副省级城市调查队队长；调查总队可直接选派副省级城市调查队副队长、纪检组长。

第九条　选拔任用市级、县级调查队领导干部，由调查总队人事部门在同级地方党委组织部门协助下组织推荐、考察和确定拟任人选，报调查总队党组研究决定，并征求同级地方党委意见后任免。其中，市级调查队队长、党组书记人选需报国家统计局党组备案同意后任免。

根据工作需要，调查总队可直接选派市级、县级调查队领导干部。

第十条　选拔任用国家统计局各级调查队领导干部应当按照

下列程序：

（一）民主推荐；

（二）组织考察；

（三）综合评价；

（四）党组讨论决定；

（五）任前公示；

（六）任职。

第二节　民主推荐

第十一条　选拔任用国家统计局各级调查队领导干部，必须经过民主推荐提出考察对象。民主推荐包括会议投票推荐和个别谈话推荐。民主推荐的结果一年内有效。

按照干部管理权限，民主推荐由国家统计局人事司或调查总队人事部门负责组织，并经过下列程序：

（一）召开民主推荐会，公布推荐职位、任职条件和资格、推荐范围，提出有关要求，投票推荐；

（二）进行个别谈话推荐；

（三）对民主推荐情况进行统计，综合分析；

（四）根据民主推荐和分析结果，研究提出考察对象人选建议报党组；

（五）党组研究确定考察对象。

民主推荐结果作为确定考察对象的重要依据之一，同时在实际操作中要防止简单地以票取人。

第十二条　参加会议投票推荐人员范围为：

（一）本单位正式工作人员（不含工勤人员）；

（二）推荐调查总队领导干部，市级调查队队长参加；推荐市级调查队领导干部，实行市管县的地区，其所管县级调查队队长（主要负责人）参加；

（三）其他需要参加的人员。

第十三条　参加个别谈话推荐人员范围为：

（一）本单位领导成员；

（二）参加投票推荐的下级调查队队长（主要负责人）；

（三）本单位内设机构主要领导干部；

（四）其他需要参加的人员。

人员较少的调查队，参加谈话推荐的人员范围可扩大。

第十四条　根据会议投票推荐的情况，必要时经考察组研究，可进行第二次会议投票推荐。参加人员范围参照会议投票推荐人员范围。

第十五条　考察组根据民主推荐结果和有关意见，结合平时考核、年度考核、能力实绩分析等情况，听取调查队主要负责人的意见，研究提出考察对象建议人选，按照干部管理权限，经与组织人事部门沟通，报党组研究确定考察对象。

领导干部提拔任职考察时，一般应实行差额考察。

第三节　组织考察

第十六条　国家统计局和调查总队人事部门，按照干部管理权限对考察对象进行考察，由地方党委协管的干部的选拔考察应邀请地方组织部门共同参与，考察前应以适当方式在一定范围内发布考察预告。

第十七条　考察组应由两名以上成员组成。考察组人员应当具有较高素质和相应资格。考察组负责人应当由思想政治素质好、有较丰富工作经验并熟悉干部工作的人员担任。

实行干部考察工作责任制。考察组必须坚持原则，公道正派，深入细致，如实反映考察情况和意见，并对考察工作负责。

考察中了解到的考察对象的表现情况，一般由考察组向考察对象所在单位党组主要领导成员和本人反馈。

第十八条　考察主要采取个别谈话、民主测评、实地考察、专项调查、查阅档案资料、同考察对象面谈等方式，广泛深入地了解情况。

个别谈话主要是深入了解考察对象德才表现、工作能力和工作业绩。谈话范围一般为：调查队领导成员、综合部门主要负责人、考察对象所在部门或分管部门的部分干部，考察组确定的其他人员。

民主测评一般按照德、能、勤、绩、廉五个类别设置测评内容和评价要点，测评项目评价意见分为好、较好、一般和差四级。

第十九条 同考察对象本人面谈。一般采取考察组集体面谈的方式进行，以进一步了解考察对象的思想政治水平、适应职位能力、发展潜力和心理素质等方面的情况，比较对照不同考察环节的评价意见，核实考察过程中反映的有关问题，深化对考察对象的了解。

第四节 综合评价

第二十条 考察组要在全面掌握考察信息的基础上，客观公正地对考察对象人选作出评价。

第二十一条 综合评价可以采用以下办法：

（一）根据不同环节的考察结果进行评价。将民主推荐、民主测评、个别谈话的结果进行比较分析，客观评价考察对象的主要优缺点和群众公认度。

（二）根据不同考察积累的情况进行评价。将提拔任职考察与平时考核、年度考核结果等情况进行综合分析，相互补充印证，评价考察对象的基本素质。

（三）根据考察对象的一贯表现进行评价。将历史情况与现实情况联系分析，评价考察对象的发展潜力。

第二十二条 对反映考察对象的有关问题，特别是涉及不按照科学发展观要求办事和廉洁、团结、作风、拉票贿选等方面的问题，应当认真核实和分析，凡是线索清楚、情节具体的，考察组应当核查认定。情况比较复杂、一时难以了解清楚的，按照干部管理权限，委托有关部门进行专项调查，形成结论，作为综合评价的重要依据。

第二十三条 在综合评价的基础上，由考察组集体研究，综合分析考察情况，同考察对象所在单位的党组主要领导成员交换意见。

对干部提拔使用提出意见，负责形成考察报告和考察材料。考察报告和考察材料必须客观公正、实事求是地反映考察结果。考察材料应当全面评价考察对象德、能、勤、绩、廉等方面的现实表现、个性特点和不足之处。同时反映民主推荐、民主测评等方面的量化成果。

第五节 党组讨论决定

第二十四条 考察组根据考察情况，通过综合评价等提出拟任人选初步意见，经人事部门集体研究后，呈报党组研究决定。

呈报材料包括：选拔领导干部拟任意见、干部任免审批表、干部考察材料和民主推荐、组织考察情况。

在提请党组讨论决定前，人事部门应征求同级纪检监察部门对拟提拔使用干部廉洁自律方面的意见，纪检监察部门应当及时反馈。征求及反馈意见应当以书面形式进行。

第二十五条 对考察对象人选必须形成书面考察材料，建立考察文书档案。提拔任用后，考察材料要归入干部本人档案。考察材料是党组、人事部门研究干部时的重要依据。考察材料必须写实，要全面、准确、清楚地反映考察对象的情况，内容包括：

1. 德、能、勤、绩、廉方面的主要表现和主要特长；

2. 主要缺点和不足；

3. 民主推荐、民主测评、考察谈话情况。

第二十六条 选拔任用国家统计局各级调查队领导干部，应当按照干部管理权限由主管单位党组集体讨论作出任免决定，或者决定提出推荐、提名的意见。属于上级党组管理的，本级党组可以提出选拔任用建议。

第二十七条 党组讨论决定干部任免事项，必须有三分之二以上的成员到会。与会成员对任免事项应当发表同意、不同意或者缓议等明确意见。对意见分歧较大或者有重大问题不清楚的，应当暂缓作出决定。对影响作出决定的问题，会后应当及时查清，避免久拖不决。

党组有关干部任免的决定，需要复议的，应当经党组超过半数成员同意后方可进行。

第二十八条 党组讨论决定调查队领导干部任免事项的程序是：党组分管干部工作的领导成员或人事部门的负责人，介绍拟选拔任用人选的提名、推荐、考察和任免理由等情况；参加会议人员进行讨论；进行表决，以党组应到会成员超过半数同意形成决定。

第二十九条 党组确定拟任人选后，按照干部管理权限，以公函形式征求协管部门意见。干部协管部门一个月内未予答复的，视为同意。双方意见不一致时，正职的任免报上级党组人事部门协调，副职的任免由主管方决定。

第六节 任 职

第三十条 实行领导干部任职前公示制度。提拔任用国家统计局各级调查队领导干部，在党组讨论决定后、下发任职通知前，应当在一定范围内进行公示。公示期一般为七至十五天。

公示的实施办法是：

（一）发布任职公示通知或公告；

（二）按照干部管理权限，国家统计局人事司、纪检监察局和调查总队人事教育处、纪检监察室是受理群众反映问题的主管部门，公示通知或公告应注明这些部门的联系方式；

（三）人事部门会同纪检监察部门，对群众来信、来访、来电反映公示对象的有关情况，进行归纳、整理，对有关重要情况或涉及违纪违法问题，要在充分调查核实的基础上，提请党组研究；

（四）公示结果不影响任职的，人事部门办理任职手续，下发任职通知并按照规定抄送有关部门备案。地方党委协管的干部任免前征求协管部门的意见。

第三十一条 实行任前谈话制。下达任职通知前进行任职谈话。任命调查总队总队长、副省级城市调查队队长的，由国家统计局主要领导（或分管领导）进行谈话；任命市级、县级调查队队长的，由调查总队主要领导（或分管领导）进行谈话；任命各级调查队副职的，由上级人事部门主要负责人进行谈话。

任前谈话后，宣布任职通知。

第三十二条 实行任职试用期制。

（一）提拔担任国家统计局各级调查队领导职务的，由非领导职务转任同级领导职务的，任职试用期为一年，以试用任职通知中确定的时间计算。

（二）领导干部在试用期间，履行所任职务的职责，享受相应的待遇。

（三）任职试用期满后，人事部门根据实际情况，采取适当方式组织考核。考核应了解领导干部本人在试用期间的思想政治表现、组织领导能力、工作作风、工作实绩和廉洁自律等情况，重点考核对所任职务的适应能力和履行职责的情况。人事部门考核后提出意见，报党组决定。党组决定正式任命的，其任职时间从确定试用期之日起计算。

（四）经考核不能胜任的，免去试任职务，一般按试任前职级安排工作。

第四章　竞争上岗

第三十三条 选拔任用国家统计局各级调查队领导干部，各地根据实际情况，应积极采取竞争上岗的选拔形式。竞争上岗一般应按照以下程序进行：

（一）公布职位、报考资格条件、基本程序和实施方案；
（二）报名与资格审查；
（三）民主测评；
（四）统一考试；
（五）综合评价；
（六）组织考察；
（七）党组讨论决定；
（八）任前公示；
（九）任职。

第五章 任期、交流、回避

第三十四条 市级以上调查队队长实行领导干部职务任期制度。每个任期为 5 年。在同一职位上连续任职达到两个任期的，原则上不再担任同一职务。

第三十五条 实行干部交流制度。省级、副省级和有条件的市级、县级调查队正职领导，在同一职位任职满 10 年的，应当交流。

第三十六条 各级调查队应加大干部交流力度，制定干部交流办法，采取积极措施，鼓励干部交流，加强同地方的沟通协调，积极开展系统内外的干部交流。

第三十七条 有下列情况之一的，可不进行交流：
（一）离退休年龄不到 1 个任期的；
（二）年度考核被确定为不称职的；
（三）因涉嫌违纪、违法正在接受审查，尚未作出结论的；
（四）因其他原因不适合交流的。

第三十八条 实行任职回避制度。国家统计局各级调查队领导干部任职回避的亲属关系为：夫妻关系、直系血亲、三代以内旁系血亲以及近姻亲关系。有上述亲属关系的，不得在同一调查队工作,应实行任职回避。

第三十九条 实行领导干部选拔任用工作回避制度。讨论干部任免及考察干部时,凡涉及与会人员及考察组成员本人及其亲属的,本人必须回避。

第六章 免职、辞职、降职

第四十条 免职。有下列情形之一者,应予以免职:

(一)到达退休年龄界限或任职年龄界限的;

(二)在年度考核、干部考察中,民主测评不称职票超过三分之一,经组织考核认定为不称职的;

(三)离职学习、探亲、出国及其他原因,不在岗时间超过一年的;

(四)因健康原因不能坚持正常工作一年以上的;

(五)因工作需要和其他原因,应当免去现职的。

第四十一条 按照《党政领导干部选拔任用工作条例》实行领导干部辞职制度和领导干部降职制度。

第七章 纪律和监督

第四十二条 选拔任用国家统计局各级调查队领导干部,必须严格执行《党政领导干部选拔任用工作条例》和本规定,并遵守下列纪律:

(一)不准超职数配备领导干部,或者违反规定提高干部的职级待遇;

(二)不准以队长办公会、领导圈阅等形式,代替党组会集体讨论决定干部任免;

(三)不准临时动议决定干部任免;

(四)不准个人决定干部任免,个人不能改变党组会集体作出的干部任免决定；

（五）不准拒不执行组织调动、交流领导干部的决定；

（六）不准要求提拔本人的配偶、子女及其他亲属，或者指令提拔秘书等身边工作人员；

（七）不准在机构变动和主要领导成员工作调动时，突击提拔调整干部，或者干部在调离后，干预原任职单位的干部选拔任用；

（八）不准在民主推荐或民主测评过程中弄虚作假和搞拉选票等非组织活动；

（九）不准在干部考察工作中隐瞒、歪曲事实真相，或者泄露酝酿、讨论干部任免的情况；

（十）不准在干部选拔任用工作中任人唯亲，封官许愿，营私舞弊，搞团团伙伙，或者打击报复。

第四十三条 党组及其人事部门对领导干部选拔任用工作和贯彻执行《党政领导干部选拔任用工作条例》和本规定的情况进行监督检查，要认真受理有关干部选拔任用工作的举报、申诉，制止、纠正违反有关规定的行为，并对有关责任人提出处理意见或处理建议。

干部监督和纪检监察部门按照有关规定，对干部选拔任用工作进行监督检查。

第四十四条 建立人事部门与纪检监察部门、机关党委等有关单位的联席会议制度，就加强对干部选拔任用工作的监督，沟通信息，交流情况，提出意见和建议。联席会议由人事部门召集。

第四十五条 实行领导干部选拔任用工作责任追究制度。用人失察失误造成严重后果的，应当根据具体情况，追究主要责任人以及其他直接责任人的责任。

第四十六条 实行党政领导干部选拔任用工作监督责任制。凡本地区、本单位用人上的不正之风严重、干部群众反映强烈以及对违反组织人事纪律的行为查处不力的，应当追究党组主要领导成员和分管领导成员的责任。

第四十七条 按照《党政领导干部选拔任用工作责任追究办法(试行)》等规定,党组每年对领导干部选拔任用工作进行一次自查,形成专题报告,于次年第一季度报上一级党组及其人事部门。重要情况随时报告。对下级党组的领导干部选拔任用工作,应当定期进行集中检查,必要时进行抽查。

第四十八条 党组及其人事部门在干部选拔任用工作中,必须严格执行《条例》和本规定,自觉接受组织监督和群众监督。各级调查队和系统内党员、干部、群众对干部选拔任用工作中的违纪违规行为,有权向同级和上级党组及其人事部门、纪检监察部门举报、申诉,受理部门应当按照有关规定核实处理。

第八章　附　则

第四十九条 国家统计局各级调查队内设机构领导干部的选拔任用,可参照本规定执行。

第五十条 本规定由国家统计局人事司负责解释。

第五十一条 本规定自印发之日起施行,之前印发的相关规定同时废止。

国务院第六次全国人口普查领导小组关于认真学习贯彻胡锦涛总书记在参加第六次全国人口普查登记时重要讲话的紧急通知

（2010 年 11 月 3 日）

各省、自治区、直辖市人口普查领导小组：

11 月 2 日，胡锦涛、吴邦国、温家宝、贾庆林、李长春、习近平、李克强、贺国强、周永康等党和国家领导人参加了人口普查登记。胡锦涛总书记在参加登记时对人口普查工作发表了重要讲话。胡锦涛总书记对普查员的辛勤工作表示感谢，对全国广大普查员表示亲切问候，他强调："切实搞好人口普查、准确掌握人口信息，是党和政府进行科学决策的基本依据，对于推动经济社会又好又快发展、增进广大人民群众福祉具有重大意义。希望各有关方面坚持科学普查、依法普查，努力把普查工作做好，高标准、高质量、高效率地完成这次人口普查任务。"

各级普查机构接到通知后，要立即认真学习、深刻领会，并要组织全体普查工作人员、普查指导员和普查员，在紧张开展人口普查入户登记工作的同时进行学习，切实贯彻胡锦涛总书记讲话精神，进一步提高做好人口普查工作的责任心和使命感，坚持科学普查、依法普查，认真做好人口普查入户登记工作，以自己的实际行动落实总书记的要求，为高标准、高质量、高效率地完成第六次全国人口普查任务贡献自己的力量。

国家统计局关于加强部分服务业抽样调查工作的通知

（2010年12月10日）

各省、自治区、直辖市统计局，新疆生产建设兵团统计局，国家统计局各调查总队：

为加强和完善服务业统计工作，按照《国家统计局关于布置2010年统计年报和2011年定期统计报表制度的通知》（国统字〔2010〕87号）精神，对部分服务业抽样调查工作进行了以下修订：

一、扩大了调查行业范围。在原有的11个服务业行业调查基础上，增加对物业管理、房地产中介服务两个行业中类的调查。

二、增加了调查频率。调查报告期由一年两次改为一年三次，增加了年报。

三、增加了基层企业调查表。基层企业调查表由原来的1张服务业企业调查表增加为6张表。

四、增加了财务指标及业务量指标。财务指标从原有的18个指标增加到22个；增加了物业管理企业、房地产中介服务企业的业务量指标。

五、推行企业联网直报制度。从2010年年报开始，基层调查表采用企业联网直报的方式，报送国家统计局服务业统计司。

部分服务业抽样调查工作由我局服务业统计司负责组织，国家统计局各调查总队负责具体实施。由于这些行业调查难度大，加之增加了新的工作领域，以及采用新的报送方式，请各调查总队加强对这项工作的领导与协调，统筹安排力量；同时请各地统计局予以配合，以保证国家调查工作顺利完成。

国家统计局调查队系统领导班子和领导干部年度考核暂行规定

国家统计局

（2010 年 12 月 17 日）

第一条　为深入贯彻落实科学发展观，加强国家统计局调查队系统领导班子和领导干部队伍建设，进一步改进和规范年度考核工作，根据《中华人民共和国公务员法》、《党政领导干部选拔任用工作条例》等有关法律法规和中央组织部《关于建立促进科学发展的党政领导班子和领导干部考核评价机制的意见》、《党政领导班子和领导干部年度考核办法（试行）》的要求，结合调查队系统实际情况，制定本暂行规定。

第二条　本规定适用于国家统计局调查队系统领导班子及其成员的年度考核。

对各级调查队内设机构领导干部的年度考核，按照《公务员考核规定（试行）》办理。

第三条　领导班子年度考核，主要考核领导班子本年度发挥职能作用情况，内容包括思想政治建设、领导水平、工作实绩、完成重点任务、反腐倡廉等方面的实际成效。领导干部年度考核，主要考核领导干部本年度履行岗位职责情况，内容包括德、能、勤、绩、廉等方面的现实表现。

第四条　年度考核按照干部管理权限，一般在每年年末或次年年初组织实施。

调查总队领导班子及其成员的年度考核，在国家统计局党组领导下，由人事司组织实施。

副省级城市调查队、市县级调查队领导班子及其成员的年度考核，在调查总队党组领导下，由调查总队人事教育处组织实施。根据各地调查队管理的实际情况，县级调查队领导班子和领导干部的年度考核方式由总队党组根据各地实际情况决定。

第五条 年度考核在年度总结的基础上进行。调查队领导班子在年度总结前，应当采取适当方式征求干部群众意见，领导干部本人可以通过谈心等形式听取意见。根据年度考核内容及有关要求，结合干部群众的意见，领导班子和领导干部提前撰写并提交工作总结和个人述职报告。

领导班子工作总结一般结合单位年终总结进行，主要包括本年度贯彻执行党的路线方针政策、完成目标任务、执行民主集中制、干部选拔任用、反腐倡廉等方面情况。

领导干部个人述职报告，主要包括本年度个人思想政治状况、履行岗位职责、完成重点工作、廉洁自律等情况，存在的突出问题和改进措施以及其他需要说明的情况。

第六条 年度考核按照下列程序和要求进行：

（一）民主测评会议前发放领导班子工作总结、领导干部个人述职报告、年度目标任务完成情况、测评要点等材料，供干部群众提前了解有关情况。

（二）召开民主测评会议。会议由调查队主要负责人主持，参加测评人员范围为本单位正式工作人员和下级调查队主要负责人。

（三）民主测评会上调查队主要负责人作领导班子工作总结和个人述职报告；领导班子其他成员书面述职。

（四）参加测评人员填写测评表。测评表按照调查队领导班子、担任正职的领导干部和其他班子成员分别进行设计（见附表1、2、3）。测评表由考核组负责收回交人事部门统计。

（五）个别谈话。参加个别谈话人员范围为调查队领导成员、内设机构主要负责人和下一级调查队主要负责人，人员较少的调查队，可扩大谈话范围。

谈话内容：介绍一年来调查队领导班子的运行情况，并对领导成员的表现情况作出简要评价。

第七条 根据《公务员法》规定，领导干部年度考核结果分为优秀、称职、基本称职、不称职四个等次。每个等次的基本要求是：

优秀：在德、能、勤、绩、廉等方面都表现出色，圆满地完成了各项工作任务，成绩显著。

称职：在德、能、勤、绩、廉等方面都达到任职的要求，很好或者比较好地完成了工作任务。

基本称职：在德、能、勤、绩、廉等方面勉强达到任职的要求，勉强完成工作任务。

不称职：政治、业务素质较差，达不到现任职务的要求，或在某一方面存在突出问题，不能按要求完成工作任务，或在工作中造成严重失误。

在推荐优秀等次人选时，测评优秀率要达70%以上，并严格按照规定的优秀人员比例掌握，不得突破。

第八条 按照定性与定量相结合的要求，考核组根据领导班子和领导干部年度考核测评分类分项和综合统计结果，对不同评价主体和不同评价档次测评情况进行比较分析，结合年度总结、个别谈话和平时考核了解掌握的情况，对领导班子和领导干部进行综合分析，形成年度考核意见。

人事部门在听取、研究考核组意见的基础上，向本级党组报送领导班子和领导干部年度考核情况报告和干部考核等次意见。

第九条 领导班子的年度考核意见，经上级党组研究后，由上级人事部门向被考核单位主要负责人或者领导班子集体反馈；领导干部的年度考核意见，一般由上级人事部门通过所在单位主要负责人向领导班子成员反馈，特殊情况下也可以分别向领导班子成员反馈。

反馈内容:领导班子及其成员民主测评结果;领导班子成员年度考核等次;对领导班子的整体评价,存在的主要问题及改进意见。

领导班子和领导干部应当根据上级人事部门反馈的年度考核意见,结合领导班子民主生活会,认真总结经验,开展批评与自我批评,提出整改措施。年度考核有关情况和整改措施,可以采取适当方式公开。

第十条 年度考核意见应当作为加强领导班子建设和领导干部选拔任用、培养教育、管理监督、激励约束的重要依据。

(一)对领导干部在年度考核测评中优秀票比率较高、表现突出的,予以表扬鼓励。对坚持原则、勇于负责,敢抓善管、真抓实干的,予以充分肯定和保护。

(二)对领导班子在年度考核测评中总体评价项目好和较好得票率达不到三分之二,或者差得票率超过三分之一,经组织考核认定为确实存在问题的,应当督促领导班子加强整改,必要时应进行组织调整;主要负责人确有责任的,应当对其进行诫勉谈话或者组织调整。

(三)对领导干部在年度考核测评中优秀和称职得票率达不到三分之二、经组织考核认定为不胜任现职岗位的,应当进行诫勉谈话或者组织调整。

(四)对领导干部在年度考核测评中不称职得票率超过三分之一,并经组织考核认定为不称职的,应当视具体情况分别作出免职、责令辞职、降职等组织处理。

(五)领导干部除本条(二)、(三)、(四)情形外,按照《公务员考核规定(试行)》晋升工资档次、级别。

第十一条 本着注重实效的原则,实施年度考核可以与调查队党员领导干部民主生活会、廉政考核以及本单位年度工作总结会议等统筹安排、结合进行,做到方法简便易行,结果明确有效。

当年开展任期考察的,年度考核可不单独进行,总结、述职可以与单位年度工作总结会议等结合进行。根据年度工作情况,综合运用任期考察成果,形成年度考核意见。

第十二条 年度考核情况,由上级人事部门存入干部考核工作档案,做好资料积累,加强综合运用。

第十三条 新提拔任职的领导干部,按现任职务进行年度考核。交流任职的领导干部,由现工作单位进行年度考核。交流任职不足半年的,其交流前的有关情况由原单位提供。

当年病、事假累计超过半年的干部,不参加年度考核。被立案审查尚未结案的干部,可以参加年度考核,但在其受审查期间不确定考核等次。

第十四条 本规定由国家统计局人事司负责解释。

第十五条 本规定自发布之日起施行。

附表:1. 国家统计局调查队领导班子年度考核测评表(略)
2. 国家统计局调查队领导干部年度考核测评表(正职)(略)
3. 国家统计局调查队领导干部年度考核测评表(班子其他成员)(略)

锐意改革　奋力创新
全面开创统计工作新局面

——马建堂（国家统计局局长）在全国统计工作会议上的讲话

（2010 年 12 月 23 日）

这次全国统计工作会议的主要任务是：认真贯彻落实党的十七大和十七届三中、四中、五中全会以及中央经济工作会议精神和国务院领导同志对统计工作的重要指示，总结 2010 年统计工作，部署 2011 年重点任务。

一、2010 年的主要工作

2010 年是统计系统极不平凡、极其艰难的一年。统计数据受到空前关注，政府统计公信力经受重大考验。面对严峻形势和巨大挑战，在党中央、国务院的正确领导下，各级统计机构和广大统计人员，深入贯彻落实科学发展观，认真落实中央领导同志的重要指示精神，紧紧围绕提高统计能力、统计数据质量和政府统计公信力，以推进统计工作的规范统一、改革创新、公开透明为主线，锐意开拓进取，奋起攻坚克难，各项工作取得新成绩。

（一）改革创新取得重大进展。

国民经济核算制度改革稳步推进。在深入研究论证、充分征求各地和有关部门意见的基础上，制定《地区生产总值统一核算方案》并上报国务院。修订《季度地区生产总值核算方案》，规范地区生产总值核算方法。房地产价格统计改革取得重大进展。及时回应对房地产价格统计的质疑，认真采纳相关部门和专家的建议，通过网络公开征求意见，制定了《住宅销售价格统计调查方案》并得到批准。城乡住户调查一体化进展顺利。成立了局直管的住户调查办公室，确定城乡住户调查范围，统一主要调查指标名称和口径，基本建立统一的城乡住户调查抽样框，按照新的调查方案在部分地区进行了试点和测算。服务业统计进一步规范。整合成立服务业统计司，形成《服务业统计基本规范与职责分工》，为统一规范服务业调查提供了组织和制度保障。对物业管理、房地产中介服务开展抽样调查。试行文化服务业综合财务统计报表制度，制定了《文化及相关产业统计方案》。主要统计指标环比试算有序开展。研制了中国化季节调整方法和国家统计局版季节调整软件，整理了各指标当月和当季数据，认真测算各指标月度季度环比数据，组织有关部门和专家对环比统计方法和数据进行论证评估。建立统计制度方法评估机制。专门召开主要专业统计制度方法评估研讨会，对主要国家统计调查制度，按照制度设计、执行和结果等三个环节，从适用性、科学性、完善性、便捷性和可获得性等方面，紧密结合各专业数据质量，进行全面评估，形成《国家统计制度初步评估意见》，制定了《国家统计调查制度评估办法》。各项专业统计改革不断深化。提高规模以上工业统计标准和固定资产投资统计起点，整合农业统计制度，试算工业生产指数，组织开展循环经济统计试点，开展建筑业“在地”统计试点和投资、房地产当月统计试点，适当扩大社会消费品零售总额统计范围，试行重要商品购销存统计制度，稳步推进科技统计、劳动力调查、劳动工资统计等改革，完善工业生产者价格统计制度，完成居民消费价格指数基期更换工作。统计管理体制机制进一步完善。进一步调整各地统计局和国家调查队业务分工，理顺和规范国家抽样调查任务工作机制，促进国家调查队增强国家调查责任，各地在创新统计管理体制机制方面进行了大量探索。加强对国家调查队人财物的管理，建立健全包括政务管理、人事教育、财务资产、保密安全等在内的各项规章制度，加大对市县调查队人员录用、考核、晋升、变动的管理力度。

（二）规范统一取得明显成效。

健全统计标准。修订《国民经济行业分类》，编制《统计用产品分类目录》，认真组织实施《统计上划分城乡的规定》，颁布《统计用区划代码》和《统计用城乡划分代码》，完善企业划型等标准。加快基本单位名录库建设。制定《全国统计系统基本单位名录库建设维护与使用管理暂行办法》，对名录库的建设原则、建设主体及其职责、更新维护、数据使用等作出明确规定，在建设满足“三上”企业联网直报和企业一套表制度改革需要的调查单位库方面迈出重要步伐。认真组织实施企业一套表制度试点。设计了一套表调查试点方案，湖北、北京、四川等 12 个省（区、市）和 45 万个调查单位积极参与试点，初步实现统一设计、统一标准、统一调查单位、统一布置，探索了新的工作机制和业务流程，在推进企业一套表方面迈出了关键一步。积极完善统一的数据采集处理软件。清理整合现有的数据采集处理软件，不断完善统一的数据采集处理软件系统，该系统已初步应用于经济普查、人口普查、科学研究与试验发展资源清查和主要畜禽监测的数据处理，并在湖北、河北一套表试点中进行试用和完善。科学评估主要统计指标数据质量。建立健全各主要专业统计业务操作规程，出台了《主要统计指标数据质量全过程控制办法》，制定了主要统计指标数据质量评估办法，对国内（地区）生产总值、工业增加值、全社会固定资产投资、社会消费品零售总额等 10 个主要统计指标进行严格的数据质量控制和评估。

（三）公开透明取得重大突破。

认真组织开展两个统计节日活动。9 月 20 日，举办首个“中国统计开放日”活动，以“统计和您在一起”和“走向公开透明的中国统计”为主题，邀请 70 多名社会各界代表到国家统计局做客，展示数据生产过程。10月20日，与联合国经社部统计司成功举办第一个“世界统计日”全球性庆祝活动，李克强副总理和潘基文秘书长分别书面致辞。各地也开展了形式多样的庆祝活动。这两项活动受到国务院领导同志的高度赞扬和联合国官方的充分肯定。提高统计工作透明度。增强统计数据解读工作的主动性和针对性，组织编写《中国主要统计指标诠释》和统计科普知识书籍，拍摄《统计数据是如何产生的》等电视宣传片，组织举办“开放居民消费价格生产过程”活动、第二期媒体统计知识研讨班和统计发展成就巡回展。加强统计新闻宣传。组织各类媒体广泛宣传统计法规政策、统计制度方法和统计工作，中国统计信息网、《中国信息报》、《中国统计》等统计媒体在发布统计信息、宣传统计工作、传播统计知识中发挥了骨干作用。进一步提高应急处理能力。加强舆情监测，建立统计新闻舆论应急处理机制，制定了应急预案，较好地应对了各种统计突发事件。

（四）第六次全国人口普查取得重大阶段性成果。

制定《第六次全国人口普查方案》和13个工作细则，对普查全部过程和所有环节进行明确规定。组建覆盖全国的基层普查机构。在公安部、民政部、人口计生委、国土资源部、教育部、人力资源和社会保障部等大力支持下，出台9个人口普查政策性文件。在财政部的大力支持下，首次在重大国情国力普查中安排了可用于“两员”劳动报酬的中央专项经费，各地经过积极工作也基本落实人口普查经费。组建普查队伍，全国共借调、招聘和培训600多万名普查指导员和普查员。首次以遥感图像为底图，结合实地调查，绘制了覆盖全国所有区域、建筑物的电子化普查地图，查清了各建筑物人口和居住情况，编制了普查小区各户户主姓名底册。完成对公安、计生、民政、教育、卫生、建设等部门人口信息基础资料的收集整理。在宣传部门和新闻媒体的大力支持下，通过人口普查宣传月等活动，开展了声势浩大的宣传动员。认真做好入户登记工作，逐街逐巷、逐门逐户对全国四亿多家庭、十几亿人口，进行逐人逐项询问登记。目前，正在对人口普查数据进行录入、审核和汇总。面对流动人口规模庞大、人户分离现象普遍等复杂局面，通过扎实的工作，战胜了入户难、与普查对象见面难、政策外生育人员登记难等诸多困难，获得了较高质量的人口普查登记数据。

（五）各项统计调查圆满完成。

扎实开展节能减排统计。完善能源数据质量评估制度，加大监测频率，增加监测内容，严明监测纪律，提高监测质量，为国家科学制定节能降耗政策措施和考核各地“十一五”期间节能降耗工作成效提供可靠依据。认真组织实施各项常规统计调查。组织完成47项涉及国民经济各领域的国家常规统计调查，获取大量真实准确的调查数据。完成新一轮农村抽样调查样本轮换和城镇住户调查大样本轮换工作，进一步加强抽样调查样本规范化管理。及时组织并开展部分城市存量住房使用情况专项调查。完成了新一轮国际比较项目准备工作。完成第二次全国科学研究与试验发展资源清查。认真组织现场调查和数据采集、审核、汇总，主要数据已如期发布。认真做好重大委托调查。扎实开展组织工作满意度调查、党风廉政建设民意调查、国有企业反腐倡廉民意调查、城市公共文明指数测评、群众安全感调查等重大委托调查。

（六）统计服务水平进一步提高。

强化统计分析。面对复杂多变的国内外经济环境，各级统计机构认真组织召开月度、季度经济形势分析会，研究分析经济运行态势，提出具有前瞻性和参考价值的分析报告。一季度，针对社会上对经济出现过热的担心，适时提出“国民经济运行总体上仍处在正常区间”的观点；二季度，针对中国经济是否会出现二次探底的问题，及时提出“总体上看经济运行仍处在正常增长区间，经济增速回落主要是基数原因和主动调控的结果”的观点；三季度，明确提出“要密切关注价格走势，加强管理通胀预期”的观点，这些都为中央科学判断经济形势、制定宏观调控政策提供了可靠依据，发挥了统计部门信息优势和参谋助手作用。认真组织对“十二五”规划编制重大问题的研究，对“十二五”规划相关的统计指标进行测算和分析，为“十二五”规划的制定提供了扎实的数据支撑。研究提出反映科学发展的指标体系框架并进行测算。切实加强统计监测。按旬监测27种流通领域重要生产资料价格、22种工业品出厂价格、29种主要食品价格、15种重点农产品价格的变化，按月监测12种农业生产资料价格的变化，及时反映苗头性和趋势性问题。认真组织实施楼市调控政策对房地产企业影响情况的问卷调查。继续做好小康社会建设进程监测。积极做好信息报送工作。中办、国办全年共采用统计部门报送信息393篇，其中59篇得到中央领导同志批示。各地统计机构对地方党委和政府的信息服务也进一步增强。进一步强化对社会公众统计服务。认真开展政府统计信息公开工作，及时更新国家统计数据库，中国统计信息网的信息更加丰富，中国统计资料馆为社会公众服务的水平进一步提高。

（七）统计保障能力进一步增强。

统计信息化建设步伐加快。以基本单位名录库建设、企业一套表试点、统一软件系统建设和联网直报四大工程建设为中心，提升了统计信息化装备水平和数据处理能力。研究提出了《国家统计局联网直报系统建设方案》，工业企业、重点房地产开发经营企业、重点批发零售住宿餐饮业企业联网直报企业数量不断增加，建筑业企业已启动联网直报。全国50个城市近千名采价员利用手机采价，通过网络直接向国家统计局报送数据。扩建了统计信息化网络，加快建设信息化安全子系统。统计法制建设进一步加强。与监察部、司法部联合开展《统计法》和《统计违法违纪行为处分规定》贯彻执行情况大检查。全国统计系统全年共抽查约25万个单位，发现统计违法违纪行为33265件，立案查处14400件。开展对工业企业、投资项目、基本单位等专项检查，查处多起重大统计违法案件。认真开展统计“五五”普法考核验收工作。积极配合国务院法制办进一步论证修改《统计法实施条例（送审稿）》。各省（区、市）全面启动地方性统计法规的修订工作。基层基础建设得到进一步加强。县级统计机构独立单设进一步巩固，县级和乡镇统计工作条件得到进一步改善，人员编制得到进一步充实，一批全国基层统计工作先进集体和先进个人受到表彰。

（八）部门统计取得新成绩。

加强对部门统计的指导和协调，全年共审批或备案部门统计调查项目120余项，举办部门统计人员业务培训班，编印《部门统计工作动态》。各部门统计信息共享和交换机制进一步完善，编制、民政、税务、工商、质检等部门及时向统计部门提供有关基本单位的信息。各部门根据行业管理的需要，认真开展部门统计调查，积极开发统计产品，努力提高统计分析和服务水平。第一次全国水利普查、第三次全国国民体质监测、第二次全国地名普查试点进展顺利。铁道部、人口计生委、林业局、粮食局、证监会、民航局、食品药品监管局等19个部门在系统内开展了统计执法检查。工信部、质检总局实行了统计业务归口管理。教育部、海洋局建立健全部门统计指标体系。供销合作总社积极推进联网直报工作。环保部、农业部、商务部、文化部、国资委、知识产权局、旅游局、测绘局、外汇管理局等加强了统计业务培训。

（九）队伍建设和党风廉政建设迈出新步伐。

干部队伍建设取得新进展。各级统计机构干部交流力度进一步加大，横向交流开始起步，纵向交流已逐步走向制度化。进一步完善了干部选拔任用和考核评价制度，建立健全对国家调查队领导班子及成员年度考核制度。全系统职业道德水平进一步提高，依法统计、科学统计的理念进一步增强。业务培训力度继续加大，国家统计局共举办12期省级、市级、县级统计机构负责人培训班，各地也逐级开展了大量培训工作。机关党的建设扎实推进。学习实践活动成果得到进一步巩固和扩大，深入落实学习实践活动整改方案，今年需落实的各项整改措施都已基本完成，一些整改措施已成为统计改革发展的重要内容。认真开展创先争优活动，以深入贯彻落实科学发展观、全面推动统计工作“三个提高”为活动主题，以创建先进党支部、争当优秀共产党员为主要内容，通过组织开展统计建模大赛、机关统计技能大赛、统计科学发展青年论坛和争当统计能手等主题实践活动，不断将创先争优活动引向深入并和统计工作更好地结合起来。国家统计局创先争优活动得到中央国家机关工委的充分肯定。党风廉政建设取得新成绩。认真学习贯彻中央纪委五次全会精神和《廉政准则》，开展多种形式的学习教育活动，不断增强党员干部廉洁从政意识。加强党风廉政制度建设，健全党风廉政建设责任制的各项制度，着手建立国家调查队系统“三重一大”决策制度，完善党风廉政建设承诺制度、领导干部述职述廉和廉政考核办法。扎实推进统计系统惩防腐败体系建设，认真落实“四项监督制度”，细化分解任务，明确工作责任，开展廉政风险防范管理试点，各国家调查总队党组和各司级单位领导班子签署了党风廉政建设承诺书，强化对党风廉政建设责任制情况的监督检查。深入开展统计行风建设。印发《关于进一步加强统计行风建设的意见》，在全系统大力弘扬求实、创新、严谨、奉献的统计行风。

同时，国际统计交流进一步扩大，广泛参与联合国、世界银行等国际组织全球性统计工作的磋商和决策，与加拿大、德国、英国、荷兰、巴西、俄罗斯、印度等国的合作进一步加强，中国国际统计培训中心正式成立。统计政务管理、财务管理、涉外调查管理、科研教育、后勤保障、老干部工作和工青妇工作都取得可喜成绩，统计信息咨询服务和社情民意调查得到进一步规范和发展。

上述成绩的取得，归功于党中央、国务院的正确领导，归功于各地方、各部门的大力支持，归功于社会公众的积极配合，归功于广大统计人员的拼搏奉献，是数十万统计人、各级统计机构一年来共同团结奋斗、共同负重奋进的成果。借此机会，我代表国家统计局向多年来理解、关心、支持统计事业发展的各地党政领导、各部门和社会各界表示崇高的敬意！向奋战在统计战线的广大干部职工、数十万统计人表示衷心的感谢！

二、全力推进四大工程，积极创新统计调查体系

今后几年，是加快统计工作科学发展的关键时期，是深化统计改革、推进统计建设的攻坚阶段。抓住统计事业发展的重要战略机遇期，奋力提高统计能力、统计数据质量和政府统计公信力，全面推进统计工作规范统一、改革创新、公开透明，充分发挥统计在国家宏观调控和经济社会管理中的基础性作用，非常重要的一个抓手就是要加快建设基本单位名录库、企业一套表制度、数据采集处理软件系统和联网直报系统等互相联系、共为整体的四大工程。

(一)充分认识建设四大工程的重要性和紧迫性。

建设四大工程，是统计理念的重大革新，是统计调查流程的系统再造，是统计数据生产方式的深刻变革，对于推进统计数据采集、传输、汇总、加工环节的科学化和规范化，提高基础数据质量具有十分重要而迫切的意义。

建设四大工程是提高统计能力的基础。只有建成基本单位名录库，才能为以单位为对象的各类统计调查提供完备的调查单位库和抽样框，有效提高统计调查的科学性。只有实施企业一套表制度，才能进一步强化统计调查的统一性和系统性，有效避免统计调查的重复、交叉和矛盾，消除统计任务的多头布置，有力提高统计数据采集能力。只有建成数据采集处理软件系统和联网直报系统，才能真正实现各级统计机构、各专业共享原始统计数据，切实减轻基层统计机构和调查对象负担，极大提高统计调查效能，提升统计数据生产能力。

建设四大工程是提高统计数据质量的关键。通过建设基本单位名录库，可以全面准确掌握调查对象的基本状况，有效避免调查对象重复遗漏，提高调查对象的可核实性，确保填报单位的真实性。通过建立企业一套表制度，可以统一统计指标涵义、计算方法、分类目录、调查表式和统计编码，有效提高统计数据的可比性

和适用性。通过建设数据采集处理软件系统，可以统一规范数据加工过程，杜绝对统计数据的不实处理，提高统计数据的准确性、及时性和共享性。通过建设联网直报系统，可以实现国家对源头统计数据的集中管理，减少中间环节可能出现的对统计数据的干扰，确保各级统计机构同时获得调查对象报送的原始数据。

建设四大工程是提高政府统计公信力的保障。当前影响政府统计公信力的突出问题是地方数据与国家数据、专业数据与综合数据以及专业数据之间的不够匹配。通过建设四大工程，可以确保统计制度方法的统一，实现各级统计机构、各专业共享原始数据，消除统计数据之间不匹配的现象。四大工程的实施，可以使统计工作更加规范，业务流程更加完善，调查制度更加科学，为公开统计数据生产过程，提高统计工作透明度，做好解疑释惑工作奠定坚实基础。

建设四大工程刻不容缓。近年来，我们在推进统计现代化过程中做了大量工作，取得了一定成效。但是，统计调查抽样框和调查单位库的完整准确和及时更新还有待进一步增强，统计调查内容、表式还存在一定交叉，数据采集处理软件偏多，统计中间环节受干预现象在一些地方还不同程度地存在。这些问题如不尽快加以解决，就可能影响到为党和政府宏观调控和科学决策提供准确的依据，就可能引致社会公众对统计数据的质疑，就可能制约统计调查效能的提高，统计事业发展就可能错失难得的重要战略机遇期。建设四大工程是在现有体制条件下破解统计工作难题，提高统计能力，提高统计数据质量，提高政府统计公信力最直接、最有效、最根本的举措。对此，我们必须有清醒的认识！必须以只争朝夕的态度加快推进四大工程建设！

(二)进一步明确四大工程的主要任务。

经过近年来的探索和研究，特别是各地的一些创新和试点，建设四大工程的基本思路是：

一是建设真实完整、及时更新的基本单位名录库。坚持“全国统一管理、专业分工协作、地方分级负责、各方共同参与、信息资料共享”的原则，按照“统一标准、一库在线、分级维护、及时更新”的模式，遵循“各项统计调查必须使用统一的名录库作为调查单位库或抽样框，不在名录库中的单位不得列入专业统计调查范围”的要求，以经济普查资料为基础，充分利用部门行政记录和专业统计信息，健全基本单位统计标准，完善基本单位名录库维护更新规范，分步建设“三上”企业调查单位库和“三下”企业及非企业单位名录库，最终建成一个全国统一完整、不重不漏、真实准确、及时更新的基本单位名录库。

二是建立统一规范、方便填报的企业（单位）一套表制度。按照“统一设计、统一标准、统一调查单位、统一布置”的原则，将对企业分散实施的各项调查整合统一到一起，统一布置报表，统一采集原生性指标数据，统一不同专业报表中相同指标的涵义、计算方法、分类标准和统计编码，建立既能有效满足各级党委政府、各类经济体和社会公众统计需求，又能满足专业统计和国民经济核算需要，便于企业填报、减轻企业和基层统计机构负担的统一规范的企业一套表制度。

三是建设功能完善、统一兼容的数据采集处理软件系统。按照“功能完善、方便使用、标准统一、友好兼容”的总体要求，以规范的统计业务流程为依托，以解决现有数据采集处理软件多乱为重点，以满足各项统计调查数据采集处理、实现不同专业数据共享为目标，建设能够对统计调查制度进行统一电子化设计和布置，具备数据统一管理、录入、审核、编辑、报送、汇总等功能，性能优良、便于操作的数据采集处理软件系统。

四是建设安全畅通、便捷高效的联网直报系统。在信息化硬件设施、数据采集处理软件系统和原始数据库建设的基础上，尽快实现调查对象和调查人员通过互联网直接向全国数据管理中心报送原始数据、各级统计机构在线共享的工作模式，转变基层统计队伍工作重点，从过去繁重的数据收集汇总、报表填报转向对原始数据的核查和企业基础统计工作的督导，有效消除可能存在的中间环节对统计数据的干扰，提高数据汇总效率和生产过程的透明度与可控性。

特别需要指出的是，四大工程是一个有机整体，基本单位名录库是基础，企业一套表制度是核心，统一的数据采集处理软件系统是平台，联网直报系统是手段。简言之，四大工程就是统一的基本单位名录库中的法定调查单位，按照企业一套表制度规定的调查内容，采用统一的数据采集处理软件，将原始数据通过互联网直接报送全国统一的数据中心，实现各级统计机构在线同步接收、审核和共享原始数据，确保数据的真实准确、完整及时。所以，这项工作既要分项建设，更要统筹设计，整体推进。

(三)积极推进四大工程建设。

近年的试点情况表明，建设四大工程的方向是正确的，在现有的环境和条件下建设四大工程是完全可行和十分必要的。试点地区通过建设四大工程，推动了统计工作的规范统一、改革创新、公开透明，提高了统计能力、统计数据质量和政府统计公信力，地方政府满意，各级统计机构满意，调查对象满意。国家统计局党组已决定将建设四大工程作为今后几年统计工作的重中之重，组织全系统不遗余力地予以推进。各级统计机构和广大统计人员务必要进一步统一思想，充分认识建设四大工程的重要性、必要性和紧迫性，从事关统计工作“三个提高”，事关统计事业长远发展，事关统计现代化的高度出发，切实增强加快推进四大工程建设的责任感和使命感，按照国家的统一部署，加强领导，统筹兼顾，上下一条心，各方一股劲，积极认真、整体有序、不遗余力地推进。

三、扎实工作，高质量完成 2011 年重点任务

2011 年是中国共产党成立 90 周年，是“十二五”时期开局之年，也是统计改革发展建设任务十分繁重的一年。统计工作的总

体要求是：认真贯彻党的十七大和十七届三中、四中、五中全会以及中央经济工作会议精神，深入贯彻落实科学发展观，紧紧围绕提高统计能力，提高统计数据质量，提高政府统计公信力，进一步推进统计工作规范统一、改革创新、公开透明，着力建设基本单位名录库、企业一套表制度、数据采集处理软件系统、联网直报系统等四大工程，加快推进统计现代化，努力开创统计科学发展新局面。

（一）奋力推进规范统一。

扎实推进基本单位名录库建设。制定基本单位统计标准，出台统计临时代码使用管理办法和基本单位名录库更新维护与使用管理实施细则。制定统一的名录库建设方案，建成全国统一的“三上”企业和房地产开发经营企业调查单位库。加快推行企业（单位）一套表。2011 年年报和 2012 年定报在“三上”企业和全部房地产开发经营企业正式实施企业一套表。继续组织实施好企业一套表试点工作，将定报试点范围扩大到全国 2/3 以上省（区、市）。制定企业一套表总体实施规划及方案。按照一体化理念，组织设计反映调查单位全部经营活动全貌的调查制度，对现有的统计报表、指标、标准、方法等统计工作要素和业务流程进行统一规范整合。研究制定元数据标准和企业一套表数据质量控制办法。加快推出统一兼容的数据采集处理软件系统。在认真评估、论证的前提下，尽快明确统一兼容、可供国家推荐的一套表数据采集处理软件，并根据统计需求不断完善其功能。制定不同软件数据处理和交换标准，实现不同软件之间的顺畅兼容，确保国家能够掌握不同软件的核心技术和再开发能力。大力推进联网直报系统建设。在认真论证基础上，尽快确定联网直报建设和实施的具体方案，加快相应的软、硬件能力和安全、认证体系建设，不迟于 2012 年底，在企业一套表框架范围内和统一的软件平台上，实现全部“三上”企业和房地产开发经营企业直接向全国数据中心报送原始数据，实现各级统计机构对其原始数据的在线共享。在全国 550 个城市推广利用手持电子终端采集居民消费价格和农产品价格调查数据。着手研究和设计其他专业利用互联网和电子信息技术直接向国家报送原始数据的方案。

(二)积极推动制度创新。

积极稳妥推进国内(地区)生产总值核算制度改革。统一核算地区生产总值是一项特别重大的改革,要按照国务院的批复方案,积极稳妥地予以推进。各级统计机构务必从大局出发,严格按照国家统一部署,积极支持改革,确保改革取得预期效果。进一步健全完善服务业统计调查。实施好《服务业统计基本规范与职责分工》,建立完善全国规范统一的服务业调查制度,加强服务业统计能力建设,明确和强化部门分工,加强部门服务业统计工作,建立新型服务业态相关数据采集渠道,不断提高非普查年度服务业统计覆盖程度。积极推进城乡住户调查一体化。充分发挥住户调查办公室统筹推动作用,认真落实城乡住户调查一体化方案,在"统一标准、统一方法、统一指标、统一抽样、统一程序"上迈出切实步伐。按一体化要求认真测算评估历年收入和消费数据。提高收入统计的科学性,加大对基础数据的抽查和审核评估力度。稳步推动房地产等价格统计改革。认真实施住宅销售价格统计调查方案,加强与房地产管理部门的沟通联系,充分利用房地产管理部门的网签数据,确保住宅销售价格指数质量,切实做好数据发布和解读工作。精心组织工业生产者价格调查和以 2010 年为基期的新一轮居民消费价格调查。认真实施经批复的主要统计指标环比制度,进一步完善环比统计方法,加强对环比数据结果的审核评估和发布解读。继续改进劳动力调查制度,增加样本量,调整样本分布,增强省级数据代表性。深化工资统计制度改革,继续完善私营单位工资抽样调查,逐步增加反映劳动报酬结构和差异的指标。继续实施贸经统计改革方案,认真落实重要商品购销存统计制度,开展以全国为总体的批发零售住宿餐饮行业抽样调查。改革农业统计,开展以农作物用地图斑库为抽样框的对地抽样调查试点和方法研究,积极推动遥感技术在农作物调查中的业务化应用,改进农产品中间消耗调查方法，强化粮食、棉花等重要农产品产量科学调查、依法调查。以工业统计为重点，进一步加大地方数据与国家数据衔接的力度，定期严格核查工业调查单位库。继续完善工业数据质量评估体系，加快完善工业生产指数试算方法。完善投资统计，加大建筑业“在地”统计试点力度，尽快开展固定资产投资当月统计，加大对固定资产投资项目的监督检查和审核评估力度。完善资源环境统计，细化能源品种分类，编制中国资源环境主要统计数据报告，研究建立碳排放统计、监测体系，加快建立环保支出统计制度。

（三）认真做好人口普查和各项常规统计调查。

严格按照规定的程序、标准和期限，认真做好第六次全国人口普查数据处理工作，发布人口普查主要数据公报，编印普查主要数据和详细汇总数据资料，深入开展数据分析研究工作，充分发挥普查资料的作用。严格执行国家统计调查制度，认真组织实施好农业、工业、建筑业、批发零售住宿餐饮业、房地产开发经营业、13 个重点服务业等行业，能源、投资、居民收支、价格、人口、劳动、社会、科技、环境等领域各项常规统计调查，确保数据的真实性和准确性。切实做好样本轮换工作，提高样本代表性。精心组织新一轮国际比较项目，确保调查数据质量。组织开展文化及相关产业增加值核算。认真开展反映科学发展指标的测算工作，进一步做好妇女发展纲要、儿童发展纲要、小康社会建设进程和畜禽、贫困、退耕还林等监测工作。认真做好 2012 年投入产出调查试点工作。

（四）切实加强统计建设。

加强统计业务基础。建立健全以《国民经济行业分类》为基础、满足部门管理需要的相关产业分类，修订《关于划分企业登记注册类型的规定》，严格实施主要统计指标数据质量控制办法，认真开展对主要统计数据的质量评估。加强统计基层建设。出台县级统计机构工作规范和考核评价办法，推动乡镇政府依法设置统计工作岗位，组织实施好对县级统计局、调查队主要负责人和业务骨干的培训，进一步增强统计经费向基层倾斜的力度，认真做好统计从业资格认定的各项工作。加强统计法制建设。积极配合国务院法制办完成《统计法实施条例》的制定并做好贯彻落实工作，积极推动地方性统计法规和配套性制度建设，抓紧起草《民间统计调查管理办法》。制定并实施统计"六五"普法规划和年度计划，强化对领导干部和统计人员的普法培训。扩展执法领域，创新执法方式，加大案件查办力度。认真总结统计执法大检查工作经验，通报和曝光一批案件。大力推进统计信息化建设。以加快建设四大工程为目标，进一步强化统计信息化与统计工作的结合，为统计工作的现代化提供有力支撑。以软件兼容为重点健全统计信息化技术标准和业务标准，以疏通瓶颈限制为重点完善信息化网络，以扩大联网直报企业数量为重点建设基础数据库。升级改造国家统计数据发布库，推进国家统计信息系统安全保障体系建设，加快建设国家统计信息系统涉密网络。

（五）认真做好统计分析和信息服务工作。

继续做好对经济运行中重点、热点问题的跟踪和分析，重点围绕"十二五"规划、经济结构调整和发展方式转变、收入分配结构、物价形势及通胀影响机制等，组织开展专题分析。加强对月度、季度主要指标和世界经济形势的跟踪，强化对进度数据代表性、逻辑性、匹配性的研究，不断提高对宏观经济形势的把握能力和预判能力。不断探索和完善统计监测分析方法，逐步建立宏观经济监测分析研究的整体框架。做好信息报送工作，办好《统计信息专报》。进一步充实国家统计数据发布库内容，优化数据库功能，增加信息加载量，尽可能方便统计用户。做好面向社会各界的统计信息服务。及时发布经济社会统计信息及相关研究成果。完善统计信息门户网站建设，丰富网站内容，提高网站服务的主动性和时效性。

（六）不断强化统计新闻宣传。

加大公开透明力度，主动公开统计制度方法，不断透明统计生产过程，继续加大数据解读力度。建立新闻宣传策划工作机制，完善“事前有策划，事中有协调，事后有跟踪”的工作模式。紧紧围绕统计中心工作，充分利用中国统计信息网、《中国信息报》、《中国统计》等宣传阵地，重点做好四大工程进展情况、统计制度方法改革等工作的新闻宣传。增强统计应急管理能力，完善统计突发事件处理机制。继续加强与新闻媒体的沟通合作，积极普及统计知识，努力营造促进统计工作科学发展的良好舆论氛围。

（七）进一步做好国家调查队工作。

切实强化国家队意识和调查队意识，使其真正根植于每一位国家调查队工作人员的思想中，落实到具体行动上。切实提高直接调查能力，充实一线数据采集力量，强化一线人员的责任心，提高调查人员的业务水平。进一步完善调查队管理制度，严格执行国家统计局出台的各项管理规定，确保各项工作制度化、规范化。进一步提高对市县调查队的管理水平，加大对人员、日常经费支出项目和国有资产的监管力度。鼓励各地从实际出发，探索推进管理层次的扁平化。

（八）进一步提高部门统计水平。

推动建立政府综合统计和部门统计整体功能协调、资源配置合理、合作互补发展的部门统计管理体系。加大对部门统计人员的培训力度，加强对部门统计工作的指导。推动建立部门统计调查信息交流平台，积极促进部门间统计信息共享。做好对部门统计调查项目的审批和备案工作，努力提高审批的科学性与时效性。各部门要严格执行统计法，努力完善统计制度，扎实开展各项统计调查，及时提供部门统计资料，依照国家规定发布统计数据，切实提高部门统计能力，切实提高部门统计数据质量。

四、全面提高人员素质，切实加强党风廉政建设

明年的统计任务艰巨而繁重。要做好各项工作，顺利推进各项改革和建设，必须统一思想，加强领导，狠抓队伍建设，狠抓党风

廉政建设。

加强思想政治建设。新形势下激发广大统计干部职工的凝聚力、战斗力和创造力,就必须加强思想政治建设。要加强政治理论学习,不断增强统计围绕中心、服务大局的使命感,不断提高统计践行党的宗旨、服务社会的自觉性,不断强化深化统计改革、推动统计发展的责任感。加强统计职业道德教育,牢固树立数据质量第一意识,始终恪守“不出假数、真实可信、准确完整”的职业操守。加强对统计形势的教育,增强忧患意识,不断激发工作热情,不断迸发工作干劲。深入开展创先争优活动,积极创建“五个好”先进基层党组织,积极争做“五带头”优秀共产党员。

突出领导班子建设。各级统计机构领导班子是推动统计事业科学发展的核心。要进一步加强领导班子建设,不断增强推动统计工作“三个提高”的能力。坚持和完善民主集中制,进一步完善领导班子议事规则和决策程序,凡属政策性、全局性的重大决策、重要干部任免、重要项目安排和大额度资金使用,都要按照规定程序,在班子充分酝酿的基础上做出决定。加强班子团结,班子成员要以大局为重,以统计事业为重,求大同、化小异,认真开展批评与自我批评,共同营造团结和谐、奋发有为的班子氛围。强化对领导班子的考核,重点考核落实国家统计法规政策、国家统计调查制度、重大统计改革建设事项、确保统计数据质量等内容,充分发挥考核结果的激励作用。

推进人才队伍建设。高素质的人才是统计部门的第一生产力,是统计事业科学发展最可宝贵的财富。要加强统计教育培训工作,强化统计理论知识和业务技能培训,加大干部轮岗交流力度,鼓励广大干部职工积极创新、大胆实践,大力营造吸引人才、留住人才、让人才脱颖而出的良好工作氛围。要把人才队伍建设与做好本职工作紧密结合,鼓励干部在做好本职工作中锻炼提高、增长本领、成长成才。

狠抓干部作风建设。干部作风关系统计事业科学发展的成败。国家统计局党组已决定将明年定为作风建设年，通过作风建设，营造爱岗敬业、奋发有为的氛围，确保各项改革发展建设任务的全面落实。要大兴密切联系群众之风，虚心向群众学习，虚心接受群众监督，认真倾听群众呼声，尊重群众首创精神。大兴调查研究之风，坚持深入基层，深入调查对象，深入统计用户，及时了解经济社会新变化、新情况、新特点，积极把握统计工作的新要求、新进展、新规律。大兴求真务实之风，大力精简会议和文件，努力改进会风和文风，真正把功夫下在统经济社会实数、察统计工作实情、出统计改革实招、办统计发展实事上。大兴艰苦奋斗之风，把有限的经费和资源用在统计关键工作上，用在改善基层统计工作条件上。大力加强统计行风建设，严格落实行风建设工作责任制，切实加强行风教育，健全各项行风建设制度，加强对行风建设的监督，使行风建设渗透到全部统计工作之中，贯穿于整个统计实践之中。

强化反腐倡廉建设。要认真落实党风廉政建设责任制，切实加强对党风廉政建设的领导，主要负责同志要认真履行党风廉政建设第一责任人的政治责任，其他班子成员要对职责范围内的党风廉政建设切实负起主要领导责任。强化反腐倡廉制度建设，以廉政风险防控和规范权力运行为重点进一步健全惩治和预防腐败体系，认真落实干部离任审计、干部任前廉政谈话、领导干部报告个人有关事项等制度，认真落实廉政建设责任考核和责任追究制度。提高反腐倡廉工作针对性，把反对和制止统计上的弄虚作假作为统计系统反腐败工作的重点。领导干部要率先垂范、以身作则、廉洁自律，以淡泊之心对待名利，以警惕之心对待诱惑，以谨慎之心对待权力，牢固树立正确的世界观、人生观、价值观和正确的权力观、利益观、政绩观。

明年是加快统计改革、促进统计发展十分重要且极为关键的一年。强大的执行力对于确保明年各项统计改革和建设任务顺利完成至关重要。提高执行力，其关键一是明确时限，二是责任到人。要抓紧建立健全保障执行的工作机制，制定周密工作计划，明确完成时限，落实责任人。加强对各项工作进度与完成情况的监督检查，对重要工作建立挂牌督办制度，实行进度通报，加强考核奖惩，确保政令畅通。

经过深入调研，充分论证，数易其稿，形成了《"十二五"时期统计发展和改革规划纲要》(征求意见稿)，请大家认真讨论，充分发表意见。修改后将作为指导未来5年统计工作的重要文件印发。

同志们！做好明年的各项工作，关乎统计工作全局，关乎统计事业长远。让我们在以胡锦涛同志为总书记的党中央领导下，高举中国特色社会主义伟大旗帜，以邓小平理论和"三个代表"重要思想为指导，深入贯彻落实科学发展观，振奋精神，求真务实，突出重点，开拓创新，以更加坚定的信心、更加积极的态度、更加有力的措施、更加扎实的工作，全面开创统计工作新局面，迎接建党90周年！

文化及相关产业统计方案

（试行）

国家统计局

（2010年12月29日）

一、目的和意义

（一）为规范文化及相关产业（以下简称文化产业）统计工作，客观描述我国文化产业的发展状况，为各级领导和社会公众提供文化产业统计数据，特制定本方案。

（二）本方案对我国文化产业的统计对象、行业范围、统计内容和资料来源进行了规范，规定了文化产业增加值的核算方法，以确保年度间数据的衔接和地区间数据的可比。

（三）本方案主要供国家和省级统计局执行。

二、统计对象和行业范围

（一）统计对象

根据国家统计局印发的《文化及相关产业分类》（国统字〔2004〕24号），我国的文化产业被界定为：为社会公众提供文化、娱乐产品和服务的活动，以及与这些活动有关联的活动的集合。文化产业的统计对象是上述集合内的法人单位、产业活动单位（仅指非文化法人所属）和个体经营户。

（二）行业范围

文化及相关产业分类表规定了文化产业的行业范围及其代码(详见附件1)。根据这一分类表,文化产业涉及现行《国民经济行业分类》(GB/T 4754—2002)中的6个中类(内含25个小类)和74个小类(简称为80个中小类)。

在文化及相关产业分类表中有17个小类只含有部分文化活动(对这些行业用“*”做了标记)。对这17个行业中是否属于文化活动的详细说明见附件2。

三、统计内容

文化产业的统计内容包括实物量指标和价值量指标,分为以下四类:

(一)财务状况

旨在反映文化产业的资产负债、财务收支和生产经营状况,同时满足增加值核算的需要。主要指标包括:

1. 企业财务指标:包括营业收入、主营业务收入、主营业务成本、主营业务税金及附加、费用合计、营业利润、利润总额、本年应付工资总额、本年应付福利费总额、养老失业保险费、固定资产原价和资产总计等。

2. 事业财务指标:包括本年收入、财政拨款、上级补助收入、事业收入、经营收入、本年支出、工资福利支出、商品和服务支出、对个人和家庭的补助、经营支出、经营税金和固定资产原价等。

3. 社团财务指标:包括收入合计、捐赠收入、会费收入、提供服务收入、政府补助收入、费用合计、业务活动成本、人员费用、日常费用、税费、管理费用、固定资产折旧和固定资产原价等。

(二)业务活动状况

旨在反映文化产业主要业务活动的状况。业务活动状况指标以有关部门的职责范围和现行统计制度为基础,根据分析需要确定收集范围,力求反映文化产业业务活动的全貌。

(三)就业人员状况

旨在反映文化产业就业人员的数量、素质和结构情况。主要包括就业人员总数及其分性别、年龄、文化程度等情况。

(四)补充指标

旨在反映政府文化事业支出、文化产业投资和居民文化消费支出情况。主要包括文化事业费、文化事业基建投资额、文化体育与传媒财政支出额、文化产业投资额、居民文化娱乐消费支出额和居民旅游支出额等。

四、资料来源

文化产业的资料收集立足于现行统计制度,采用全面调查、抽样调查及对现有资料再加工相结合的统计方法。文化产业的资料收集和整理工作由国家统计局社会和科技统计司负责组织开展。

(一)在经济普查年份,从经济普查数据库中提取和整理文化产业数据。提取和整理的方法见附件 4。

(二)在非经济普查年份,从多种渠道收集、整理数据。根据现行的专业统计分工,为资料收集的方便,可把文化产业的 80 个中小类行业归纳为文化产品制造业、文化产品批零业和文化服务业(详见附件 3)。

1. 从国家统计局工业年报资料中收集属于文化产品制造业(18 个中小类)的规模以上法人单位的财务状况数据(收集的综合表式见附件 5 中的表式 1)和规模以下单位的相关指标。并对其中 6 个带 * 小类行业数据按最近一次普查结果的筛选系数(见附件 4 中的 2)进行折扣。

2. 从国家统计局批发零售年报资料中收集属于文化产品批零业(17 个小类)的限额以上法人单位的财务状况数据(收集的综合表式见附件 5 的表式 2)和限额以下单位的相关指标。并对其中 4 个带 * 小类行业数据按最近一次普查结果的筛选系数(见附件 4

中的表2)进行折扣。

3. 从国家统计局文化服务业财务年报资料中收集属于文化服务业的45个小类的法人单位(包括服务业企业、事业单位和社团及其他单位)的财务状况数据(收集的综合表式见附件5的表式3—5)。

(三)每年从有关部门(包括文化、广播电视和新闻出版等部门)的年报资料和国家统计局有关专业统计(包括人口、劳动、投资、国际等统计)和住户调查资料中收集文化产业的业务量指标、就业人员指标和补充指标等。

五、增加值核算

(一)开展文化产业增加值年度核算。在国家层面,核算工作由国家统计局社会和科技统计司负责、国民经济核算司为核算方法提供技术支持,有关司提供相关基础数据。

(二)文化产业增加值的核算要在国家统计局国民经济核算司制定的《经济普查年度GDP核算方案》和《非经济普查年度GDP核算方案》的框架内进行。具体的增加值核算方法见附件6。

(三)在经济普查年份,国家统计局对全国的文化产业增加值进行核算,并统一核算各地区文化产业法人单位的增加值,省级统计局负责对本地区非文化法人所属的产业活动单位和个体经营户的增加值进行核算。在非经济普查年份,省级统计局负责对本地区的文化产业增加值进行核算,国家统计局负责全国文化产业增加值的核算并对省级的核算工作进行监督和指导,确保有关数据与普查年份数据的衔接。

附件:1. 文化及相关产业分类表(略)
　　　2. 含有部分文化活动的行业类别(略)
　　　3. 按资料来源划分的文化产业行业类别(略)

4. 从经济普查数据库中提取和整理文化产业数据的办法(略)
5. 非普查年份文化产业综合数据收集表式(略)
6. 文化产业增加值的核算方法(略)

国家统计局关于印发调查队系统贯彻落实干部选拔任用工作有关监督制度实施细则的通知

（2010年12月31日）

国家统计局各调查总队：

2010年3月，中共中央办公厅印发《党政领导干部选拔任用工作责任追究办法（试行）》。与之相配套，中央组织部制定了《党政领导干部选拔任用工作有关事项报告办法（试行）》、《地方党委常委会向全委会报告干部选拔任用工作并接受民主评议办法（试行）》和《市县党委书记履行干部选拔任用工作职责离任检查办法（试行）》。按照中央要求，结合调查队系统的实际情况，经国家统计局党组会议研究决定，现将《国家统计局调查队系统贯彻落实〈党政领导干部选拔任用工作有关事项报告办法（试行）〉的实施细则》、《国家统计局调查队系统贯彻落实〈地方党委常委会向全委会报告干部选拔任用工作并接受民主评议办法（试行）〉的实施细则》和《国家统计局调查队系统贯彻落实〈市县党委书记履行干部选拔任用工作职责离任检查办法（试行）〉的实施细则》（以下简称《实施细则》）印发给你们，请认真贯彻执行，并提出如下要求：

一、高度重视

建立和实行干部选拔任用工作监督制度，是贯彻落实党的十七大和十七届四中全会精神，健全干部选拔任用工作监督机制的重要举措。《实施细则》进一步细化了干部监督制度的有关内容，明确了贯彻落实的具体措施。各级调查队党组和领导干部要按照深入贯彻落实科学发展观的要求，切实加强学习贯彻干部监督制度和《实施细则》的组织领导，周密部署，积极推进。各级人事部门要结合干部监督制度的学习贯彻，认真抓好《实施细则》的学习、宣传和落实工作，严格执行规定，加强督促考核，确保取得实效，不断提高干部选拔任用工作的水平。

二、抓好学习培训和宣传

要将《实施细则》纳入各级党组和领导班子的学习培训计划，使领导干部熟知各项具体要求。各级人事部门，要结合自身实际，采取有效方式督促广大干部认真学习《实施细则》。积极开展宣传引导，通过媒体、网络、内部刊物等多种渠道，对《实施细则》进行宣传报道，提高知晓率。引导干部群众了解《实施细则》的内容，并根据干部监督制度及《实施细则》，积极参与监督。

三、抓好贯彻落实

国家统计局各级调查队要结合实际，认真贯彻落实《实施细则》，确保各项要求和规定真正落到实处。认真做好有关事项报告工作，要按规定的范围、时限和程序，向上一级人事部门报告有关事项，做到不遗漏、不隐瞒，确保有关事项报告的真实性、准确性、完整性和及时性。对下一级人事部门报告的有关事项，要按要求认真受理，严格审核，及时答复；认真开展“一报告两评议”，严格执行《实施细则》中对“一报告两评议”的适用范围、形式、程序和参加人员范围等方面的规定，对评议结果进行认真分析，及时制定整改措施；严格按照《实施细则》规定的程序、方法和范围开展离任检查，并把检查结果作为评价、使用干部的重要依据。

四、抓好督促检查

人事部门要加强对贯彻落实《实施细则》工作的督促检查，建立和完善督促检查机制，及时了解情况，加强经验总结，确保取得实效。按干部管理权限，各调查总队负责对所在地区的国家统计局副省级城市调查队、市级调查队和县级调查队进行督促检查。

国家统计局各调查总队在实施过程中有何问题和建议，请及时报国家统计局。

国家统计局调查队系统贯彻落实《党政领导干部选拔任用工作有关事项报告办法（试行）》实施细则

第一条 为认真做好党政领导干部选拔任用工作有关事项报告工作，根据中央组织部关于《党政领导干部选拔任用工作有关事项报告办法（试行）》的相关规定，制定本实施细则。

第二条 国家统计局各级调查队党组按照干部管理权限，负责本级党组管理的领导干部选拔任用工作有关事项的报告工作，并负责受理审核下一级人事部门报告的干部选拔任用工作有关事项。

第三条 国家统计局各级调查队党组在干部选拔任用工作中有下列情形之一的，应当按照要求书面报告上一级人事部门，经批复同意后方可进行：

（一）在机构变动或调查队主要领导已经明确即将离任时确因工作需要提拔、调整干部的；

（二）越级提拔干部的；

（三）调查队个别特殊需要的领导成员人选，不经民主推荐，由组织推荐提名作为考察对象的；

（四）调查队正职在同一岗位任职不到3年需要调整的；

（五）其他应当事先报批的事项。

报告内容包括提拔调整干部的原由，拟提拔调整对象个人情况、任用意向、职数配备以及其他需要说明的情况。

属于越级提拔的，还应报送证明干部特别优秀或工作特殊需要的相关材料。

第四条 国家统计局各级调查队党组管理的领导干部选拔任用工作中有下列情形之一的，在党组作出决定前应当征求上一级人事部门的意见：

（一）破格提拔干部的；

（二）一批集中调整（含提拔）干部数量超过本单位相应级别领导和非领导职数30%的；

（三）领导干部的近亲属在领导干部所在调查队系统内提拔任用，或者在领导干部所在调查队系统担任下一级领导职务的；

（四）拟提拔领导干部在社会治安综合治理、计划生育等方面受过处罚的；

（五）领导干部因被问责受到组织处理或者纪律处分，影响期满拟重新任用的；

（六）领导干部超过任职年龄或者规定任期需要继续留任的；

（七）其他需要报告的事项。

本条第（三）项所称领导干部的近亲属，是指与领导干部有夫妻关系、直系血亲关系、三代以内旁系血亲以及近姻亲关系的人员。

征求意见应当以书面形式事前函报上一级人事部门，拟提拔任用的需附报《干部任免审批表》、考察材料等。

属于破格提拔的，还应报送证明干部特别优秀或工作特殊需要的相关材料。

第五条 报告事项未经答复，党组会议不得研究决定相关任用事项。党组会议讨论研究有关干部任用事项时，人事部门应如实报告征求意见的情况。

第六条 国家统计局各级调查队党组向上一级人事部门报告有关事项，由各级人事部门，结合干部选拔任用工作，对照本实施细则第三、四条的有关要求，提出需要报告的事项，并经主管领导审核后报上一级人事部门。

第七条 国家统计局各级调查队报告的干部选拔任用工作有关事项，由上一级人事部门负责受理，并依据有关规定审核报告事项，审核和答复一般在收到书面报告及征求意见函 15 个工作日内完成。

第八条 上级人事部门负责对下级调查队有关干部事项报告制度实施情况进行监督，对违反本实施细则作出的干部任用决定予以纠正，并按照规定追究相关责任人的责任。

第九条 本实施细则由国家统计局人事司负责解释。

第十条 本实施细则自印发之日起执行。

国家统计局调查队系统贯彻落实《地方党委常委会向全委会报告干部选拔任用工作并接受民主评议办法（试行）》实施细则

第一条 为加强对干部选拔任用工作的民主监督，提高选人用人公信度，根据中央组织部关于《地方党委常委会向全委会报告干部选拔任用工作并接受民主评议办法（试行）》的有关规定，制定本实施细则。

第二条 国家统计局各级调查队党组书记（队长）或主要负责人每年向全体干部职工报告工作时，要专题报告本年度干部选拔任用工作情况，并接受全体干部职工对本级党组干部选拔任用工作和新选拔任用领导干部的民主评议（以下简称“一报告两评议”）。

第三条 民主评议采取无记名方式进行，参加人员按要求分别填写《国家统计局××调查（总）队干部选拔任用工作民主评议表》（附1）和《国家统计局××调查（总）队新选拔任用干部民主评议表》（附2）。

第四条 新选拔任用干部评议范围为本级党组近一年内选拔任用的各级调查队领导干部，包括：总队和副省级城市调查队的正、副处长，市级调查队的正、副队长、纪检组长，县级调查队的正、副队长及市级调查队的中层领导干部。如在本年度对干部选拔任用工作已进行过检查和民主评议的，可不再进行民主评议。

第五条 党组书记（队长）或主要负责人代表党组报告干部选拔任用工作时，可单独报告，也可作为党组工作报告的一个专项内容。报告一般包括下列内容：

（一）选拔任用干部的总体情况；

（二）贯彻执行党的干部路线方针政策的情况；

（三）创新选人用人措施和办法，建立健全干部选拔任用和监督机制的情况；

（四）整治用人上不正之风的情况（包括上年度评议整改措施落实情况）；

（五）存在的主要问题和改进的措施；

（六）其他需要报告的情况。

第六条 “一报告两评议”一般在当年年度考核总结述职述廉大会上一并进行，由上一级机关年度考核工作组会同本级党组组织实施。各级调查队人事部门应提前将开展“一报告两评议”的具体安排报告上一级人事部门。民主评议表的收集由上级年度考核工作组负责，本级人事部门配合做好有关工作。

第七条 “一报告两评议”结束后，上一级党组要对评议结果进行综合分析，提出加强和改进工作的措施及建议；上一级人事部门要及时向被评议单位的领导班子反馈民主评议情况及上一级党组意见，同时要以适当的方式向被评议单位中层以上干部通报有关情况。

第八条 “一报告两评议”结果，应当作为衡量领导班子民主作风建设和评价选人用人公信力的重要依据，是对本级党组和人事部门工作考核评价的重要依据。

第九条 对民主评议满意度高、工作成绩突出的，上一级党组要予以表扬；对民主评议满意度明显偏低、干部群众反映强烈的，经组织考核认定后，要按照规定追究有关责任人员的责任，并督促进行整改。

对民主评议满意度明显偏低、干部群众意见集中的干部，本级党组应对其选拔任用情况作出说明，并进行相应的教育和处理。

第十条 开展“一报告两评议”应当严格遵守纪律。不准弄虚作假、隐瞒真实情况；不准干扰参加评议人员表达真实看法；不准更改、伪造民主评议结果；不得以征求意见等方式代替民主评议。

第十一条 本实施细则由国家统计局人事司负责解释。

第十二条 本实施细则自印发之日起执行。

附：1. 国家统计局××调查（总）队干部选拔任用工作民主评议表（略）

2. 国家统计局××调查（总）队新选拔任用干部民主评议表（略）

国家统计局调查队系统贯彻落实《市县党委书记履行干部选拔任用工作职责离任检查办法（试行）》实施细则

第一条 为切实做好国家统计局各级调查队党组书记履行干部选拔任用工作职责离任检查，根据中央组织部关于《市县党委书记履行干部选拔任用工作职责离任检查办法（试行）》的相关规定，制定本实施细则。

第二条 对拟提拔使用、平级交流、到龄退休等原因即将离任的党组书记履行干部选拔任用工作职责的情况，重点检查下列内容：

（一）任职期间贯彻执行党的干部路线方针政策的情况；

（二）任职期间党组选拔任用的干部的情况；

（三）任职期间本单位、本系统用人风气的情况；

（四）任职期间遵守干部人事纪律的情况特别是离任前有无突击提拔调整干部的情况；

（五）任职期间加强干部监督管理工作的情况；

（六）其他应当检查的情况。

第三条 离任检查一般按下列方式进行：

（一）召开中层干部会议听取即将离任的党组书记书面报告任职期间第二条所列情况；对任职期间选拔任用干部工作情况和本单位、本系统最近半年内选拔任用的干部进行民主评议；

（二）通过个别谈话、召开座谈会等方式听取干部群众意见；

（三）查阅干部任免相关材料。

第四条 民主评议采取无记名方式进行，参加人员按要求分别填写《国家统计局××调查（总）队党组书记履行干部选拔任用工作职责情况民主评议表》（附1）和《国家统计局××调查（总）队党组近期新任用干部民主评议表》（附2）。

如在近半年内，开展过“一报告两评议”工作，对已经评议过的新选拔任用干部，可不再进行评议。

第五条 对党组书记实施离任检查，由上一级党组或人事部门派出的干部考察（检查）组组织实施，一般按照下列程序进行：

（一）制定离任检查工作方案。上一级人事部门，根据要求提前制定离任检查工作方案。对因退休即将离任的党组书记，一般安排在退休前一个月内进行；对因其他原因即将离任的党组书记，原则上由上一级人事部门在其离任前做出适当安排。

（二）离任检查时间确定后，上一级人事部门要提前（3天）告知被检查单位，并通过适当方式在一定范围内发布离任检查预告。

（三）干部考察（检查）组，按照本实施细则第二、三、四条的有关规定和要求，对其任职期间履行干部选拔任用职责情况进行检查评议，并收集、统计有关表格（见附1、2、3）。

（四）检查结束后，干部考察（检查）组应及时进行汇总分析，形成专题报告，报本级主管领导审定。专题报告包括检查工作开展情况、党组书记任职期间履行干部选拔任用工作职责情况、最近半年内任用干部的民主评议情况、有关问题的调查核实情况及相关意见和建议等。

（五）主管领导或委托本级人事部门，以一定的方式及时将检查情况向被检查的党组书记反馈。

（六）离任检查专题报告和有关表格，要报上一级人事部门备案。

第六条 检查结果作为评价、使用党组书记的重要依据。对民主评议中履行干部选拔任用工作职责总体评价“满意”、“基本满意”两项比率合计不足三分之二，或者用人风气总体评价“好”、“较好”两项比率合计不足三分之二的人员，经组织考核认定，要采取相应的组织处理措施，其中拟提拔使用的，应当取消其资格。

第七条 检查发现即将离任的党组书记在任职期间存在严重违反干部选拔任用工作规定问题的，以及在干部选拔任用工作中不履行或者不正确履行职责导致用人失察失误、造成严重后果或者恶劣影响的，要进行调查核实，必要时会同纪检监察机关，组织专题调查组进行调查。经调查属实的，根据有关规定追究其责任，给予相应的组织处理或者纪律处分。

对于在新任用的干部民主评议中满意度明显偏低的干部，党组书记应当就其任用情况作出说明。上一级干部考察（检查）组应当对其任用过程进行调查了解。

第八条 本实施细则由国家统计局人事司负责解释。

第九条 本实施细则自印发之日起执行。

附：1. 国家统计局××调查（总）队党组书记履行干部选拔任用工作职责情况民主评议表（略）

2. 国家统计局××调查（总）队党组近期新任用干部民主评议表（略）

3. 国家统计局××调查（总）队党组管理的干部违纪违法受处理情况统计表（略）

中华人民共和国国家统计局公告

2011年第1号

（2011年1月10日）

按照国内生产总值(GDP)核算程序，国家统计局根据2009年有关统计年报和部门会计、财政决算资料，在初步核实数的基础上，对2009年GDP数据进行了最终核实。结果如下：

2009年GDP现价总量为340903亿元，比初步核实数增加了396亿元，按不变价格计算，比上年增长9.2%，比初步核实数提高了0.1个百分点(详见附件)。

附件：2009年GDP最终核实数

附件：

2009年GDP最终核实数

行业	现价总量（亿元）	不变价增长速度（%）	构成（%）
GDP	340903	9.2	100.0
第一产业	35226	4.2	10.3
第二产业	157639	9.9	46.3
第三产业	148038	9.6	43.4

国家统计局关于开展统计援疆工作的通知

（2011年1月10日）

北京、天津、河北、山东、上海、安徽、江苏、江西、浙江、湖南、湖北、河南、福建、山西、辽宁、吉林、黑龙江、广东省（市）统计局，深圳市统计局：

中央新疆工作座谈会对推进新疆跨越式发展和长治久安作出了重大战略部署，为贯彻中央新疆工作座谈会精神，国家统计局决定，开展统计援疆工作。现将有关事宜通知如下：

一、充分认识统计援疆工作的重要性。开展统计援疆工作，是统计系统贯彻落实中央战略部署的重要举措，是推动统计事业全面协调发展的客观要求，对于进一步加强新疆维吾尔自治区及新疆生产建设兵团统计基础建设、业务建设和队伍建设具有重要作用。各省市统计局要从服务党和国家工作大局的高度，充分认识统计援疆工作的重要意义，把思想统一到中央的战略部署上来。

二、加强领导，落实责任。为领导协调统计援疆工作，国家统计局已设立由马建堂局长为组长、徐一帆副局长为副组长的统计援疆工作领导小组，并由国家统计局财务司负责相关日常工作。各省市统计局要加强对本局援疆工作的领导，指定专门人员负责本局的援疆工作。

三、“软硬”并举，注重成效。统计援疆工作应“软硬”并举，既注重资金、物资方面的支持，又注重人才、技术方面的支持。考虑到统计系统的实际情况，各省市统计局可以将工作重点放在人才、技术方面的支持上，放在帮助新疆维吾尔自治区及新疆生产建设兵团统计系统实现“三个提高”、建设四大工程上。

四、积极争取地方对口援疆项目中体现对统计工作的支持。

按照中央的有关部署，有关省市正在开展对口援疆工作。各省市统计局要充分利用地方政府对口援疆的契机，争取在对口援疆项目中体现对新疆维吾尔自治区及新疆生产建设兵团统计工作的支持。

各省市统计局对统计援疆工作的建议、要求以及援疆的措施、项目等有关情况，请及时与国家统计局联系。

中组部　郑京平同志任职

（2011 年 2 月 16 日）

中共国家统计局党组：

经研究，同意郑京平同志任国家统计局党组成员。

国家统计局关于进行工资统计制度改革试点的通知

（2011 年 2 月 16 日）

山西省统计局：

根据《国家统计局关于进一步推进工资统计制度改革工作的意见》（国统字〔2009〕114 号）的精神，为进一步完善工资统计年报制度积累经验，稳妥推进工资统计制度改革，国家统计局决定于 2011 年在你省朔州市进行工资构成的调查试点。现将有关事项通知如下：

一、试点主要目的

试点主要目的是检验方案、探索方法、发现问题、总结经验，为进一步改革和完善工资统计年报制度奠定基础。

这次以工资构成为重点的工资统计改革试点，主要在中、小企业中进行，通过典型调查和重点调查，为进一步完善工资统计年报制度积累经验。与同时进行的“企业一套表”试点进行相关数据的比较，防止工资统计调查制度的改变而产生较大的数据波动。

二、试点主要内容

《企业从业人员工资结构调查试点方案》主要有两项重点内容，一是在 2010 年国家统计局三省工资统计制度改革试点报表内容的基础上，对反映工资构成的指标进行了简化、合并，调整为：基本工资、绩效工资、福利工资和其他工资；二是将劳务派遣人员正式纳入到工资统计的范畴中，从业人员划分为：在岗职工、劳务派遣人员、其他从业人员，三者合计的从业人员就是企业实际的用工人数。

三、试点时间安排

(一)2011年一季度，从采矿业、制造业两个行业中按企业人员规模，中、小企业各选20家，进行典型调查。通过企业填报《企业用工及工资总额调查表》，主要了解企业对报表各项指标的理解和掌握程度；在此基础上，深入了解企业的人员和工资管理制度等情况以及能否准确、及时填报调查表。

(二)2011年二季度，对朔州市一个完整区的采矿业、制造业(包括私营企业)进行调查，重点对基层统计局完成这项调查的组织工作进行试点，总结基层统计部门开展这项调查的经验。

(三)2011年三季度，对企业填报的报表进行分析、研究，对试点情况进行总结，撰写试点报告。并根据试点得到的有关资料和试点地区企业、统计局的意见，进一步修改完善工资统计报表制度。

四、试点要求和工作总结

试点要严格按照试点方案，本着发现问题，记录问题，分析问题，解决问题的原则，对试点工作的各个环节和方面进行全面的实践和尝试。在试点中针对《企业从业人员工资结构调查试点方案》的内容，主要是表式的设计；从业人员、工资总额的界定以及对主要指标解释的理解；调查阶段质量控制工作等进行全面的实践检验。

国家统计局人口司将在2011年劳动工资统计报表布置会议前，召开工资统计制度改革试点专题研讨会，总结工作、完善方案。

请按照本通知的要求，认真组织好试点的各项工作。

附件：企业从业人员工资结构调查试点方案（略）

国家发展改革委　民政部　财政部　人力资源社会保障部　国家统计局关于建立社会救助和保障标准与物价上涨挂钩的联动机制的通知

（2011 年 3 月 2 日）

各省、自治区、直辖市人民政府办公厅、发展改革委（物价局）、民政厅（局）、财政厅（局）、人力资源和社会保障厅（局）、统计局，新疆生产建设兵团办公厅、发展改革委、民政局、财务局、人力资源和社会保障局、统计局，国家统计局各调查总队：

党中央、国务院高度重视稳定物价和保障民生工作，党的十七届五中全会提出了“努力实现居民收入增长和经济发展同步、劳动报酬增长和劳动生产率提高同步，低收入者收入明显增加”的目标。国务院《关于稳定消费价格总水平保障群众基本生活的通知》（国发〔2010〕40 号）对建立社会救助和保障标准与物价上涨挂钩的联动机制提出了明确要求。为做好低收入群众的生活保障工作，现就建立社会救助和保障标准与物价上涨挂钩的联动机制有关事项通知如下：

一、思路和原则

按照“明确责任、改善民生；短期波动、发放补贴；持续上涨、调整标准”的要求，建立社会救助和保障标准与物价上涨挂钩的联动机制。

（一）总体思路。发展经济的根本目的，在于满足人民群众日益增长的物质文化生活需求，在于不断提高广大人民群众的生活水平。建立联动机制，目的是要完善社会救助和保障体系，保障低收入群体生活不因物价上涨而降低，并逐步得到改善。

（二）基本原则。建立联动机制要与完善社会救助和保障标准正常调整机制相结合。在建立联动机制的同时，按照中央保障和改善民生的要求，完善正常调整机制，逐步实现各项社会救助和保障标准提高幅度与经济发展速度、居民收入增长水平基本同步的目标。

二、主要内容

（一）保障对象。联动机制保障对象主要包括优抚对象、城乡低保对象、农村五保供养对象和领取失业保险金人员。各地可以根据实际情况，扩大保障范围，但不得缩小保障范围。

（二）启动条件。以居民基本生活费用价格指数月度涨幅作为依据，确定联动机制启动和中止临界条件。尚未编制居民基本生活费用价格指数的地方，先以居民消费价格指数月度涨幅为依据；正式编制后，均要以居民基本生活费用价格指数月度涨幅为依据。启动联动机制的临界条件可参考各地政府每年提出的预期价格调控目标自行确定。

（三）联动措施。当居民基本生活费用价格指数（或居民消费价格指数）月度涨幅达到临界条件时，启动联动机制，发放价格临时补贴；连续一定时期回落至临界条件以下时，停止发放价格临时补贴。连续发放价格临时补贴一定时期以上时，要按照正常程序，提高城乡低保标准，自提高城乡低保标准之日起，停止发放价格临时补贴。具体时限由各地自行决定。各统筹地区要按照国发〔2010〕40号文件和《失业保险条例》规定，抓紧建立和完善失业保险金标准与物价上涨挂钩的联动机制。根据实际情况启动失业保险金标准调整程序，适当提高失业保险金标准。

（四）补贴标准。价格临时补贴按月发放。人均标准为：城市低保对象、优抚对象，按当地同期月均城市低保标准的一定比例发放；农村低保对象、农村五保供养对象，按当地同期月均农村低保标准的一定比例发放。当居民基本生活费用价格指数（或居民消费价格指数）月度涨幅大幅超过临界条件时，由各地有关部门研究提出补贴额增加标准。具体标准要保证不低于物价上涨对低收入群体生活的实际影响，由各地自行决定。

三、工作要求

（一）加强领导。各地要按照国发〔2010〕40 号文件建立的市场价格调控部门联席会议工作机制的要求，建立相应工作机制，由价格主管部门牵头，民政、财政、人力资源社会保障、统计部门参加，明确职能分工，做好建立联动机制的相关工作，确保在 2011 年底前全部建立起来，并及时报国务院办公厅和市场价格调控部际联席会议办公室（国家发展改革委价格司）备案。联席会议办公室按月度通报各地联动机制建立和价格临时补贴发放情况，并通过媒体、社会舆论等进行监督落实。

（二）分工合作。价格主管部门要密切关注、准确测算价格上涨对当地低收入群体生活的影响，及时提出启动和中止联动机制的建议，并组织好实施。民政部门要密切关注低收入群体生活状况，加强基本数据的收集、整理和分析，组织好价格临时补贴资金的发放。民政、人力资源社会保障和财政部门要做好调整最低生活保障和失业保险金标准的工作。财政部门要按相关规定积极安排补助资金，中央财政按现行渠道和有关政策规定对地方给予适当补助。统计部门要抓紧编制当地居民基本生活费用价格指数，并及时将指数数据提供相关部门，财政部门要按现行财政体制和预算程序给予经费保障。

各地要组织好宣传工作，大力宣传当地联动机制建设、实施的情况，及时解释相关政策。已经建立联动机制的省市，要按本通知要求进行完善。

以上，请按照执行。

国家统计局关于开展运输业价格指数编制试点工作的通知

（2011 年 3 月 10 日）

国家统计局北京、上海调查总队，国家统计局青岛、武汉调查队：

运输业价格是国民经济价格体系的重要组成部分。为建立和完善价格统计指标体系，满足国民经济核算的需要，国家统计局决定 2011 年继续开展运输业价格指数编制试点工作。现将《运输业价格统计调查试点方案》印发给你们，请按照方案要求，认真组织实施试点工作。

根据试点工作安排，北京调查总队负责道路运输、航空运输价格统计试点工作，上海调查总队负责远洋及沿海运输、航空运输价格统计试点工作，武汉调查队负责内河运输价格统计试点工作，青岛调查队负责远洋及沿海运输价格统计试点工作。各试点城市要高度重视，统筹安排，统一、协调组织开展好试点工作。试点工作中如有问题，请及时与国家统计局联系。

运输业价格统计调查试点方案（略）

国家统计局关于做好新形势下统计新闻宣传工作的意见

（2011 年 3 月 10 日）

各省、自治区、直辖市统计局，新疆生产建设兵团统计局，国家统计局各调查总队：

统计新闻宣传是政府统计工作的重要组成部分，是统计生产流程必不可少的环节，是统计系统沟通内外、媒介社会、内聚合力、外树形象的有效手段，对推动统计工作科学发展、充分发挥统计职能具有十分重要的作用，各级统计机构必须高度重视，把统计新闻宣传工作摆上重要议事日程，抓紧抓好、抓出成效。

一、充分认识新时期统计新闻宣传工作的重大意义

（一）提高统计数据质量要求高度重视统计新闻宣传工作。随着工业化、信息化、城镇化、市场化、国际化深入发展，经济快速转轨，社会深刻转型，经济主体成倍增加，经济关系日趋复杂，调查对象自我保护意识不断增强，统计工作难度不断加大，迫切需要通过统计新闻宣传使广大社会公众、各类经济主体和社会组织及时充分了解统计法律政策，了解统计在政府管理、商业决策、科学研究、公民参政议政中的重要作用，了解统计工作的艰巨性和复杂性，了解统计机构、统计人员依法统计、科学统计、真实统计的职业精神和统计工作的核心价值，争取调查对象的理解、支持与配合，提高数据的真实性、准确性、完整性和及时性。

（二）提高统计能力要求高度重视统计新闻宣传工作。当前统计科学发展正进入攻坚克难的关键时期，迫切需要通过新闻宣传统一思想、振奋精神、凝聚力量、坚定信心，以"三个提高"为统领，以改革创新、规范统一、公开透明为主线，以推进"四大工程"为抓手，切实提高统计能力。

（三）提高政府统计公信力要求高度重视统计新闻宣传工作。统计新闻宣传工作肩负着宣传党和国家的各项方针政策、发布国民经济状况、展现经济社会发展成就、报道统计改革和发展动态、传播统计知识的重要职责。统计新闻宣传工作的好坏，不仅关系到统计成果能否正确传播和使用，更关系到政府统计的公信力和政府形象。

（四）互联网技术的迅猛发展要求高度重视统计新闻宣传工作。我们已进入互联网技术为支撑的新媒体时代，数据传播方式和舆论环境已发生深刻变化，迫切要求统计新闻宣传工作顺应时代需求，转变思想观念，创新工作机制，及时公开数据生产过程，及时解疑释惑，及时引导社会舆论，及时应对突发事件，为统计工作创造宽松的环境。

（五）进一步增强做好统计新闻宣传工作的责任感和紧迫感。各级统计机构必须充分认清当前形势，紧紧围绕提高统计能力、提高统计数据质量、提高政府统计公信力，借助成功举办"中国统计开放日"和"世界统计日"相关活动之势，采取有力措施，进一步增强统计新闻宣传工作和统计知识推广普及工作的主动性、针对性和有效性，不断提高统计新闻宣传能力，不断加强统计科普工作力度，奋力开创统计新闻宣传工作的新局面。

二、牢牢把握统计新闻宣传工作的主动权

（六）必须坚持正确的舆论导向。统计新闻宣传工作必须以邓小平理论、"三个代表"重要思想和科学发展观为指导，全面贯彻落

实党和国家有关新闻宣传方针政策，紧密围绕统计中心工作，坚持实事求是和正确的舆论导向，树立统计形象，维护统计权威，弘扬统计文化，推广统计知识，为提高统计能力、提高统计数据质量和提高政府统计公信力服务，为统计发展和改革大局服务。

（七）必须遵循统计新闻宣传特点和规律。统计新闻宣传要立足统计工作，既要体现统计特点和规律性，也要遵循新闻宣传的特点和规律性。统计新闻宣传的生命力在于真实性，同时也要讲究时效性和艺术性，要把统计新闻宣传的思想性、理论性、知识性有机结合起来，增强统计新闻宣传的趣味性、可读性，做到语言表达清晰、通俗易懂，不断提高统计新闻宣传的亲和力、吸引力和感染力。

（八）必须坚定不移地推动统计公开透明。公开透明是现代统计的客观要求，是贯彻落实“三个提高”的重要途径。只有坚持公开透明，才能推动统计方法制度的规范统一；只有坚持公开透明，才能推动统计改革创新；只有坚持公开透明，才能让社会公众全面认识统计工作的科学性和严谨性，争取社会各界理解和支持。因此，各级统计机构必须坚持公开透明原则，指导和推进统计新闻宣传和统计科普工作。

三、着力提高统计新闻宣传策划能力

（九）紧紧围绕促进统计科学发展开展宣传策划。统计新闻宣传策划的目标是促进统计现代化，充分发挥统计在服务经济社会发展中的作用。因此，策划方案既要着眼于统计事业长远发展，更要紧密结合当前统计中心工作和各项改革建设。

（十）坚持“事前有策划，事中有协调，事后有跟踪”的原则。策划方案要将统计业务工作与新闻宣传工作有机结合，实行“三同步”：即业务工作计划与新闻宣传策划同步，业务工作实施与新闻宣传报道同步，业务工作总结与舆情分析同步，做到统计业务与宣传工作同步策划、同步实施、同步总结。

（十一）不断提高策划水平。必须深入研究统计新闻宣传面临的政治、经济、社会环境，充分认识统计新闻宣传的本质属性和变化规律，深入分析新闻宣传主客体、宣传媒介的特点和变化，不断提高策划的发现力、创新力、预见力和执行力，确保统计新闻宣传策划方案科学可行、优质高效。要在统计新闻宣传部门的统一领导下，集中策划，分头实施，加强协调，确保策划落到实处，达到预期效果。

四、进一步规范统计信息发布工作

（十二）必须坚持统计信息发布归口管理的原则。各级统计机构必须严格执行统计信息发布归口管理的要求，各类重要统计信息、重要数据更新等，原则上应统一由统计信息发布归口单位对外发布；以各类大型普查机构名义发布的信息，应在发布前向统计信息发布归口单位备案；避免统计信息多头发布、出口不一等问题。

（十三）规范统计信息发布形式。制订并公布统计数据发布计划，保证社会公众能够依据计划时间获取数据。各地方统计局、国家调查队应定期召开（或参加当地新闻主管部门举办的）新闻发布会，定期发布当地国民经济运行情况。发布统计信息时必须配发统计数据来源及质量状况的说明，内容主要包括指标涵义、调查方法、计算方法、数据质量可靠性及局限性等，以帮助用户正确理解和使用统计数据。

（十四）提高统计信息发布及时性。尽可能缩短数据生产到数据发布的时间，既要保证所发布数据与国家统计局核定数据的一致性，又要保证公众获取数据的公平性。

五、加大统计舆情研判力度

（十五）建立统计信息发布评估制度。统计信息发布前，相关单位要对信息发布后的效果进行评估，对可能出现的问题做出应对预案，提高统计舆情监测分析的前瞻性与预判力。

(十六)提高统计舆情监测分析水平。统计信息发布后，要及时跟踪监测。要不断扩大统计舆情监测范围，建立统计舆情监测定期报告制度和统计舆情评价体系。加强统计舆情分析工作力度，做到舆情监测、舆情分析与舆情应对无缝对接，以便及时发现问题、准确研判形势、尽早采取措施。

六、增强统计危机管理能力

(十七)增强统计危机管理意识和能力。充分认识统计危机管理的重要性，将危机管理摆到重要位置，使危机管理成为统计系统每个部门、每个成员的共同责任。要整合和利用现有资源，组建系统内网络评论员队伍，培育和建立一支系统外理解支持统计的专家队伍，共同应对可能出现的社会质疑，主动引导社会舆论。

(十八)建立健全统计危机管理机制。严格按照《国家统计系统应对突发事件管理办法(试行)》和《国家统计系统重大统计新闻舆论事件应急预案(试行)》的要求，加强危机预警，完善危机应对措施，做好危机处理工作，做到程序简捷、责权明晰、协调配合、应对及时，实现对统计危机管理的全过程控制。

七、提高统计公关水平

(十九)强化与媒体的沟通合作。建立与主流媒体良好的公共关系，加强对媒体的引导，以多种方式借用媒体力量开展统计宣传、普及统计知识，做到以理解满足需求，以公关化解危机。

(二十)增强为社会公众服务的意识。建立统计部门与社会公众畅通、有效的沟通渠道，及时了解、充分满足公众对统计信息的需求，以办好统计开放日为平台，主动设置议程，及时、准确解读数据，引导公众全面了解统计知识，正确使用统计信息，客观评价统计工作。

八、积极开展统计知识普及工作

(二十一)建立统计知识推广普及工作长效机制。各地区、各统计业务部门都有向社会各界普及统计知识的责任和义务，要建立健全统计科普工作责任制，建立统计知识普及工作长效机制，坚持不懈地开展统计科普工作。

(二十二)采取多种形式普及统计知识。通过编辑出版统计知识读物，在杂志、报纸、网络开设统计知识专栏，举办统计知识讲座，制作统计网络游戏和宣传片，开设统计博客、微博等多种形式传播统计知识，做到统计科普形式多样、通俗易懂、生动活泼。

九、切实加强对统计新闻宣传工作的组织领导

(二十三)加强领导。开创统计新闻宣传工作新局面，领导是关键。各级统计机构要将统计新闻宣传工作摆在更加突出的位置，列入重要议事日程。各级统计机构主要负责人作为统计新闻宣传的第一责任人，要切实担负起领导责任，在工作方向上加强领导，在政策措施上积极支持，经常听取汇报，及时分析舆情，协调解决问题，真正做到新闻宣传工作与统计业务工作一同研究部署、一同检查落实。

(二十四)完善工作机制。开创统计新闻宣传工作新局面，工作机制是基础。国家统计局已经成立了统计新闻宣传工作领导小组及其办公室(办公室设在综合司)，对统计新闻宣传进行统一管理和规划，具体负责组织协调全系统新闻宣传工作。各地统计机构也要建立健全统计新闻宣传工作机制，整合新闻宣传资源，明确责任人员。要充分发挥统计系统整体优势，形成统一领导、上下联

动、左右互动、协调高效的统计新闻宣传工作机制，建立包括国家、省、市、县四级的统计新闻宣传网络，实现统计新闻宣传“全国一盘棋”。统计网站、杂志、报纸等统计新闻宣传载体，要加强协作、相互促进、优势互补、共同发展。

（二十五）提高队伍素质。开创统计新闻宣传工作新局面，人才是根本。要精心选人，把那些思想政治坚定，组织能力突出，既熟悉统计工作又了解统计新闻宣传、富有改革创新精神的优秀人才，选拔到统计新闻宣传岗位上。要扎实育人，加大培训力度，通过定期组织学习培训和交流研讨，不断提高统计新闻宣传人员的政治理论素养和统计业务水平，提高统计新闻写作、编辑的知识和技能。广大统计新闻宣传工作者要加强自身建设，刻苦学习，提高修养，恪守职业道德，积极奉献拼搏，争做统计新闻宣传的策划行家、宣传干将、写作高手。

（二十六）强化保障。开创统计新闻宣传工作新局面，经费是保障。在现代信息技术条件下，做好统计新闻宣传工作，必须投入一定的资源。各级统计机构要加大对统计新闻宣传工作的支持力度，加大经费投入，配备必要的设施和装备，努力提高统计新闻宣传的现代化水平和能力。

国家统计局关于进行 2011 年工业企业生产经营状况及趋势判断专项调查的通知

（2011 年 3 月 18 日）

各省、自治区、直辖市统计局，各联网直报工业企业：

为深入了解工业经济运行状况及存在的问题，研究未来发展趋势，评估产业政策效果，及时为国务院和宏观经济管理部门判断宏观经济形势、做好经济运行调节工作提供决策依据，国家统计局决定对全国联网直报工业企业按季度进行 2011 年工业企业生产经营状况及趋势判断专项调查。请各联网直报工业企业有关负责人（或责成有关部门）认真按时填写问卷，并于每季度最后一月月底前通过国家统计局工业企业联网直报系统报送。各地区统计局要积极督促、检查和指导企业按要求完成调查任务，并利用调查结果，为各地政府和有关部门做好资料分析和信息服务工作。

附件：2011 年工业企业生产经营状况及趋势判断专项调查制度

附件：

2011年工业企业生产经营状况及趋势判断专项调查制度

一、说明

（一）调查目的。

为深入了解和掌握工业经济运行状况、变化趋势、影响因素及存在问题，研究和把握未来发展趋势，配合现有常规统计调查资料，及时为国务院和宏观经济管理部门判断宏观经济形势、做好经济运行调节工作提供决策依据。

（二）调查范围。

全部实行联网直报的规模以上法人工业企业。因特殊原因暂时无法上网或按有关规定不能与互联网相联的企业，填写纸介质报表，报送至当地统计局，由统计局将数据录入到联网直报系统。

（三）调查内容。

包括生产经营预计及订货、产能利用、资金面情况、用工情况、生产经营问题等。

（四）调查频率和时间。

本调查为季度调查。企业上报数据截止时间为当季最后一日。

（五）资料来源。

资料来源于联网直报法人工业企业现有相关资料以及对相关问题科学的分析、推算和判断。调查表由企业统计人员填写，企业有关负责人协助。

（六）组织实施。

本调查由各省、自治区、直辖市统计局负责组织实施，企业通过国家统计局工业企业联网直报系统上报数据，各级统计局在线对本地所属企业数据进行在线审核和汇总。

二、调查表式（略）

国家统计局关于印发非公有制企业(单位)人才资源状况抽样调查方案的通知

（2011 年 3 月 30 日）

各省、自治区、直辖市统计局，新疆生产建设兵团统计局：

根据中共中央组织部、人力资源和社会保障部、国家统计局联合印发的《关于开展 2010 年度全国人才资源统计的通知》(组通字〔2011〕11 号)，国家统计局决定开展非公有制企业人才调查工作。现将《非公有制企业(单位)人才资源状况抽样调查方案》印发给你们，请遵照执行。

此次调查要求高、难度大，各地要切实加强领导与协调，认真组织实施，确保调查任务按时完成。

非公有制企业(单位)人才资源状况抽样调查方案

一、总说明

(一)为满足编制国家人才规划数据需要，为有关部门制定相关人才政策提供依据，特制定本方案。

(二)调查范围：全国 31 个省、自治区、直辖市。

(三)调查单位：非公有制企业，包括内资企业中非国有和集体经济绝对或相对控股的其他联营企业、其他有限责任公司、股份有限公司，私营企业，其他(内资)企业；港澳台商投资企业；外商投资企业；民办非企业单位。

(四)调查内容：从业人员、经营管理人员、专业技术人员、技能人员及相关分组情况等。

（五）报告期及报送时间：报告期为2010年，填报单位上报时间为2011年4月底前；各省、自治区、直辖市统计局上报时间为2011年5月20日前。

（六）调查方法：采用目录抽样，即直接从抽样框中抽取样本单位。具体抽样方法采用分层随机抽样，即首先将抽样框中所有单位按行业和规模分层，再从各最终层中通过简单随机抽样抽取指定数量的样本。

（七）组织实施方式：国家统计局服务业司负责抽样框的搜集整理、样本抽取、录入程序的编写、全国培训、数据推算汇总和质量评估等工作，各地区统计局负责样本企业的核实、地方培训、组织实施调查、数据录入和上报、数据抽查等工作。

二、非公有制企业（单位）人才资源状况调查表（略）

三、指标解释（略）

四、抽样设计（略）

五、各地区各行业样本分配一览表（略）

关于印发国家统计局人才发展规划(2011—2020年)的通知

国家统计局

(2011年3月31日)

各省、自治区、直辖市统计局,新疆生产建设兵团统计局,国家统计局各调查总队,各司级行政单位、在京直属事业单位:

《国家统计局人才发展规划(2011—2020年)》已经2011年3月10日国家统计局党组扩大会议讨论通过。现印发给你们,请结合本地区实际,制定本单位、本系统人才发展规划,并报国家统计局人事司。规划中的有关项目,请认真配合执行,如在执行中遇到问题,请及时与我们联系。

国家统计局人才发展规划(2011—2020年)

为贯彻落实党的十七大提出的更好实施人才强国战略的总体要求,按照《国家中长期人才发展规划纲要(2010—2020年)》的具体部署,着眼于为实现全面建设小康社会奋斗目标提供统计保障,立足于为统计事业科学发展提供坚强有力的人才支撑和智力支持,特制定本规划。

一、序言

人才是指具有一定的专业知识或专门技能,进行创造性劳动并对社会做出贡献的人，是人力资源中能力和素质较高的劳动者，是我国经济社会发展的第一资源。统计人才是指从事统计工作或为统计工作服务的人才，是党和国家人才队伍的重要组成部分，也是统计事业不断发展的智力基础。

统计承担着全面反映国情国力状况，客观描述经济社会发展状态，准确揭示经济运行规律的重任，是党和政府实行科学决策和现代化管理、社会公众参与经济社会活动的基础性工作。随着全面建设小康社会进程的不断加快，我国经济高速发展，社会不断进步，党和政府高度重视统计工作，社会各界高度关注统计信息，统计需求持续高涨，统计作用日益增大，统计事业迎来难得的发展机遇。同时，经济转轨、社会转型使统计环境越来越复杂，统计难度越来越大，统计事业面临巨大的挑战。

国家统计局历来高度重视人才工作，始终把建设一支高素质的统计人才队伍摆在首要位置。近年来，通过贯彻实施《国家统计局人才工作规划(2005—2010)》，全国统计系统在大规模培训干部、大幅度提高干部队伍素质方面取得了可喜的成绩，统计人才工作成效显著，统计人才队伍建设得到有力的推动。同时应该看到，与提高统计能力、统计数据质量和政府统计公信力的总体要求相比，统计人才队伍建设仍然面临着一些亟待解决的问题，主要表现在：统计专业人才总量不足，特别是高层次专业人才、复合型人才、创新型人才紧缺；人才结构和布局不够合理，表现为人员老化、中青年比例偏小、出现年龄断层等现象；人才流失较为严重，偏远地区人才引进困难，人才流动机制尚未健全；人才工作的有关体制机制有待完善；人才工作经费不足等。

未来十年，是我国统计事业发展的重要战略机遇期，也是统计人才发展的关键时期。全国统计系统必须进一步增强责任感、使命感和危机感，主动适应我国经济社会发展需要，积极应对日趋高涨、复杂多样的统计需求，坚定不移地走人才兴统、人才强统之路，科学规划，深化改革，重点突破，整体推进，不断开创人才辈出、人尽其才的新局面。

二、指导方针、总体目标和部署

(一)指导方针

高举中国特色社会主义伟大旗帜,以邓小平理论和“三个代表”重要思想为指导,深入贯彻落实科学发展观,尊重劳动、尊重知识、尊重人才、尊重创造,坚持党管人才原则,以提供坚强有力的统计保障为根本目标,以努力提高统计能力、统计数据质量和政府统计公信力为总体要求,规划统计人才队伍建设。

当前和今后一个时期,统计人才发展的指导方针是:服务发展、人才优先、以用为本、创新机制、高端引领、整体开发。

服务发展。把服务统计事业科学发展作为人才工作的根本出发点和落脚点,围绕统计事业科学发展目标确定人才队伍建设任务,根据统计事业科学发展需要制定人才政策措施,用统计事业科学发展成果检验人才工作成效。

人才优先。确立在统计事业改革和发展中人才优先发展的战略布局,充分发挥人才的基础性、战略性作用,做到人才资源优先开发、人才结构优先调整、人才投资优先保证、人才制度优先创新,促进统计事业发展方式向主要依靠技术进步、素质提升、管理创新转变。

以用为本。把充分发挥各类人才的作用作为人才工作的根本任务,围绕用好用活人才来培养人才、吸引人才,积极为各类人才干事创业和实现价值提供机会和条件,使全系统创新智慧竞相迸发。

创新机制。把深化改革作为推动人才发展的根本动力,坚决破除束缚人才发展的思想观念和制度障碍,构建有利于统计事业科学发展的人才发展体制机制,最大限度地激发人才的创新能力和创造活力。

高端引领。培养造就一批善于管理的领导人才，一批勇于创新的领军人才，一批精于统计的专业技术人才，充分发挥高层次人才在统计事业发展和人才队伍建设中的引领作用。

整体开发。加强对人才的全方位培养，注重理想信念教育、职业道德建设和业务能力提升，努力培育实事求是、锐意进取、业务精通、法纪严明、作风扎实、执行力强的统计人才队伍。关心人才成长，鼓励和支持人人作贡献、人人都成才，实现各类人才队伍协调发展。

（二）总体目标

到 2020 年，统计人才发展的总体目标是：培养和造就素质优良、作风扎实、结构优化、布局合理的统计人才队伍，不断提高统计人才对统计事业发展的贡献，为推动统计事业发展奠定坚实的人才基础。

统计人才素质显著提高。大力提升各类人才的思想道德素质、科学文化水平和实际业务能力。到 2020 年，具有大学本科及以上学历（学位）的人才比例从现在的 54.7%上升到 70.5%；专业技术人才比例从现在的 52.6%提高到 66.6%。

统计人才结构日趋优化。统计人才结构与统计事业要求基本适应，人才队伍的层次结构、专业结构、类型结构、年龄结构等进一步优化。人才资源在不同地域之间的布局趋于合理。复合型、创新型和应用型人才的数量和质量有较大幅度提升。

统计人才环境逐步优化。拓宽人才发展渠道，创新人才发展体制机制，营造良好风气和工作环境。使人才使用效能明显提高，促进人才健康发展，人才辈出、人尽其才的环境基本形成。

（三）总体部署

以创新体制机制为动力，营造统计人才成长的制度环境；以培养创新精神和创新能力为核心，促进统计人才队伍整体实力提升；以统计领军人才培养为龙头，推进高层次统计人才工作；以高层次统计人才队伍建设为契机，引领统计人才队伍整体发展；以加强统计人才队伍建设为基础，推动统计事业科学发展。

推进人才发展，要统筹兼顾，分步实施。到2015年，重点在制度建设、机制创新上有较大突破。到2020年，全面落实各项任务，确保人才发展战略目标的实现。

专栏　全国政府统计系统人员总量、人才结构现状及发展目标

<table>
<tr><th colspan="4" rowspan="2">指　　标</th><th colspan="4">2009年</th><th colspan="4">2020年</th></tr>
<tr><th colspan="2">总量(万人)</th><th colspan="2">比例(%)</th><th colspan="2">总量(万人)</th><th colspan="2">比例(%)</th></tr>
<tr><td colspan="4">人　员　总　量</td><td colspan="2">9.5</td><td colspan="2">——</td><td colspan="2">10.5(*)</td><td colspan="2">——</td></tr>
<tr><td rowspan="7">结构</td><td rowspan="4">学力</td><td colspan="2">大学专科及以下</td><td colspan="2">4.3</td><td colspan="2">45.3</td><td colspan="2">3.1</td><td colspan="2">29.5</td></tr>
<tr><td rowspan="3">大学本科及以上</td><td>大学本科</td><td rowspan="3">5.2</td><td>4.7</td><td rowspan="3">54.7</td><td>49.5</td><td colspan="2" rowspan="3">7.4</td><td colspan="2" rowspan="3">70.5</td></tr>
<tr><td>双学士、研究生班毕业</td><td>0.2</td><td>2.1</td></tr>
<tr><td>硕士、博士研究生或同等学力</td><td>0.3</td><td>3.1</td></tr>
<tr><td rowspan="3">专业技术资格</td><td rowspan="3">总计</td><td>初级</td><td rowspan="3">5</td><td>1.9</td><td rowspan="3">52.6</td><td>20.0</td><td rowspan="3">7</td><td>2.1</td><td rowspan="3">66.6</td><td>20.0</td></tr>
<tr><td>中级</td><td>2.6</td><td>27.3</td><td>3.7</td><td>35.2</td></tr>
<tr><td>高级</td><td>0.5</td><td>5.3</td><td>1.2</td><td>11.4</td></tr>
</table>

(*)代表编制规模内

三、主要任务和措施

(一)突出造就高层次人才队伍

主要任务：围绕提高统计能力、统计数据质量和政府统计公信力的总体要求，以统计领军人才为重点，突出造就一批品德优良、学养深厚、业务精湛、善于管理、勇于创新的高层次统计人才。到2020年，造就享有国内外声誉、具有业内一流水平的统计领军人才100人左右，高层次统计人才达到1000人左右，全国政府统计系统具有高级专业技术资格的人数从现在的 0.5 万人增加到 1.2 万人。

措施:制定加强高层次统计人才队伍建设的相关政策和规定,出台高层次统计人才选拔条件和使用办法。创新人才培养模式,建立院校教育和实践锻炼相结合,国内培养和国际合作相衔接的开放式培养体系。继续推进高级统计师资格考评结合工作,逐步扩大高级统计师队伍。进一步研究开发使用统计专家信息库、实施统计专家联系制度、重大决策专家咨询制度。组织国内同行专家、学者到各级政府统计部门挂职。组织高层次统计专家到相关部门和大型企事业单位短期工作或调研,全面了解统计工作情况。加强国际交流与合作,加大国际专家型统计人才培养力度,有计划地邀请国内外专家学者讲学、举办论坛或工作交流;选派高层次统计人才出国访问、开展业务交流和技术合作;选派统计领军人才到联合国统计部门及其分支机构、相关国际组织、外国政府统计机构工作,了解国际统计专业前沿发展状况,扩大中国统计工作的国际影响。加大海外高层次、创新型统计人才的引进力度。探索建立首席统计专家制度,注重首席统计专家称号的精神激励作用。研究设立"国家统计人才奖",激励统计人才成长。

(二)大力培养重点领域人才队伍

主要任务:适应统计事业科学发展的需要,以统计重点领域人才为重点,大力培养一支数量稳定、业务扎实、能力突出、作风优良的重点领域人才队伍。到 2020 年,在统计制度方法、国民经济核算、统计分析、统计执法、统计信息化等重点领域的人才数量稳步提升,人才数量基本满足工作需要,统计重点领域专业人才整体素质显著提升。

措施:依托高等院校的优秀师资和科研资源,积极开展对重点领域人才的开发培养工作。力争与开设统计专业的著名高等院校合作,定向培养统计制度方法、国民经济核算和统计分析等专门人才;组织重点领域业务骨干到知名院校的统计学院(系)进行理论学习。制定重点领域人才培训计划,有针对性地在全系统开展相关业务培训，选拔重点领域业务骨干集中学习研讨。鼓励各重点领域的青年业务骨干参与各项重点工作，在经济形势分析、统计制度方法改革、重要文件起草、重大专项调查等工作中，锻炼其综合业务能力。优先支持重点领域业务骨干参加国际合作项目、学术交流等活动。加强统计执法队伍建设，为确保统计数据真实可信提供法制人才保证。开展统计执法业务培训，提高统计执法人员的综合素质；认真总结交流执法检查经验，提高统计执法人员的业务能力。以加快建设全国统计系统基本单位名录库、企业一套表制度、数据采集处理软件系统和联网直报系统为契机，积极培养一批既精通统计又掌握信息技术的复合型人才。

（三）加快建设急需专门人才队伍

主要任务：适应统计事业发展的新情况和新问题，以急需专门人才为重点，加快建设一支综合素质高、视野思维新、创新能力强的急需专门人才队伍。到2020年，统计科学研究、统计新闻宣传等急需专门人才数量明显增加，基本满足新形势下的工作需要，大幅度提高统计科研水平和对外宣传能力。

措施：加强与高等院校、科研院所的联系，继续推进科研基地建设，组织开展科学研究、项目开发、学术研讨活动。力争建立博士后科研工作站，发挥其在吸引和培养高层次人才中的载体作用。在条件成熟时，积极申请筹建国家统计局统计研究院。加大对“全国统计科研计划项目”的支持和资助力度，加大对“全国统计科研优秀成果”的奖励力度。鼓励高等院校进行统计科研，将统计理论转化为先进的统计生产力。加强统计新闻宣传工作，加大公开透明力度。通过各类培训提升全系统干部特别是领导干部统计新闻宣传的水平和应对能力。创新宣传形式，充分利用网络等现代信息手段，引进和传播国际先进统计经验，对外宣传中国统计工作。适当引进专业新闻人才，有计划地组织统计新闻宣传人员进行专业学习，培养开放意识、主动意识和系统反应意识。加大处理突发事件的培训力度，提高统计新闻宣传的应急管理能力；完善统计突发事件处理机制，加强与新闻媒体的沟通协作，积极妥善应对各种统计舆情突发事件。组织开展好“统计开放日”、“世界统计日”等大型活动，提高宣传水平，丰富宣传手段，积极普及统计知识，增加社会公众对统计工作的认知度和配合度。

（四）全面推进人才队伍建设

1. 综合管理人才队伍

主要任务：按照加强党的执政能力建设和先进性建设的要求，以提高领导水平和执政能力为核心，以司局级、处级领导干部为重点，造就一批精于统计、善于管理的领导人才，建设一支政治坚定、勇于创新、勤政廉洁、求真务实、奋发有为、善于推动统计事业科学发展的高素质综合管理人才队伍。加强青年领导干部、女性领导干部、少数民族领导干部的培养选拔工作。到 2020 年，国家统计局机关干部中具有大学本科及以上学历（学位）的人才比例从目前的 82％增加到 95％以上，90％的司级单位配有女性司级领导干部，女性司级干部的比例达到 20％以上。全国各级政府统计系统专业化水平明显提高，人员结构更加合理。

措施：坚持德才兼备、以德为先的用人标准，建立以岗位职责要求为基础，以品德、能力和业绩为导向，科学化、社会化的人才评价发现机制。完善领导干部考核评价机制，完善公开选拔、竞争上岗制度。建立以岗位绩效考核为基础的事业单位人员考核评价制度。健全事业单位领导人员委任、聘任、选任等任用方式，全面推行事业单位公开招聘、竞聘上岗和合同管理制度。执行和完善事业单位岗位绩效工资制度。进一步完善干部交流制度，促进和深化综合管理人才定期轮岗交流工作，增长管理人才的实践经验。加大国家统计局机关和事业单位内部、机关和事业单位之间、省级统计机构内部、国家统计局与省级统计机构之间的人才交流力度。加大各类综合管理人才的培养开发力度。继续加强统计系统领导干部培训，有计划选送国家统计局机关局、司级干部、调查总队领导班子成员到中共中央党校、国家行政学院、浦东干部学院、井冈山干部学院、延安干部学院学习深造；组织调查队系统厅局级干部任职培训，举办省级统计机构负责人研究班，地市级统计机构负责人培训班和县级统计机构主要负责人培训班；继续组织新任司、处级领导干部任职培训；继续举办国家调查队业务骨干培训、专业基础知识培训和计算机应用技术培训班。进一步加强国家统计局机关党校培训力度，适当改善党校办学条件。积极开展各类国(境)外培训，拓宽领导干部的视野，提高组织管理能力。建立和完善干部教育培训学习效果验收制度和档案登记制度，并将参加教育培训的情况作为年度考核和职务晋升的依据之一。大胆提拔使用优秀青年干部、女干部。解决好少数民族地区调查队领导班子民族干部配备问题。

2. 专业技术人才队伍

主要任务：适应统计事业科学发展需要，以提高专业水平和创新能力为核心，以各级统计业务工作人员为重点，打造一支规模宏大的高素质统计专业技术人才队伍。到2020年，取得专业技术任职资格的人才总量达到7万人，比重从现在的52.6%增长到66.6%，初级、中级、高级专业技术人才比例从现在的4∶5∶1调整为3∶5∶2。

措施：进一步扩大统计专业技术人才队伍规模，完善专业技术人才培养模式，采取岗位实践、在职进修、交流培养等多种方式，促进统计专业技术人才加快知识更新、改善知识结构、提高专业技能、增强创新能力。面向各级统计专业技术人员，构建分层分类的专业技术人才继续教育体系，制定统计专业技术人才轮训计划。结合岗位职责和不同层次、不同类别的具体要求，采取专题讲座、研讨等多种形式开展各种统计业务培训。建立健全激励政策，鼓励统计专业技术人才提高外语水平，加强国际交流与合作，积极参与国际会议和国际项目，借鉴先进国际统计实践。加强统计专业技术人员的交流力度，选派优秀的业务骨干到国内外著名院校学习，制定双向挂职、短期工作、项目合作等多种人才流动政策，促进统计专业技术人才的合理分布。继续推进统计专业技术资格考试工作和高级统计师资格考评结合工作。提高和规范省级高级统计师资格评审委员会的评审水平,对各省级高评委进行评审业务培训。加快推进统计职称制度改革,力争将现有的高级统计师分档,设立正高级统计师(教授、研究员级),副高级统计师(副教授、副研究员级)。完善统计专业技术职务任职评价办法,广泛调研各行业取得统计专业技术资格人员的聘任情况,力争落实用人单位在专业技术职务(岗位)聘任中的自主权。继续做好政府特殊津贴专家选拔推荐工作。加强部门统计培训工作,定期举办国务院各部委统计人员参加的统计业务培训班。改善基层统计专业技术人才工作、生活条件,拓展职业发展空间。加强统计专业技术人才为基层服务的工作。注重发挥离退休统计专业技术人才的作用。

四、重大人才工程

(一)领导班子建设工程

开展各级统计机构领导班子建设工程,打造团结和谐、奋发有为、朝气蓬勃、锐意进取的领导班子,不断增强推动统计工作“三个提高”的能力。坚持服务科学发展用人导向,选优配强“一把手”,择优选配领导班子成员,优化结构、科学组合,大胆选拔优秀年轻干部,改善领导班子年龄结构。加强领导班子思想政治建设,增强凝聚力、战斗力,加强廉洁从政的监督管理。坚持和完善民主集中制,进一步完善领导班子议事规则和决策程序,重大事项要按照规则程序,在班子充分酝酿的基础上做出决定。加强班子团结,认真开展班子成员的批评与自我批评,培养大局观念。强化对各级领导班子的考核力度,重点考核落实国家统计法规政策、国家统计调查制度、重大统计改革建设事项、确保统计数据质量等内容,充分发挥考核结果的激励作用。加强领导班子成员统计业务培训和管理能力培训,提高领导班子成员的整体素质和领导水平。

(二)“十百千”高级人才工程

着眼于建立一支素质优良、结构合理、贡献突出、数量充足的高端统计人才团队,推动统计队伍整体素质的全面提升。到2020年,在全国统计工作者中培养、造就一支1000人的高层次统计人才队伍;从高层次统计人才队伍中重点培养、选拔100人的领军人才;从百人领军人才中遴选出具有国际影响力、做出卓越建树的10人,授予国家级首席统计专家称号。各省级统计机构根据实际需要,可设立省级首席统计专家。探讨论证在国家统计局机关的司级业务部门设立首席统计师岗位。

(三)知识技能更新工程

围绕经济社会发展和统计改革需要,面向统计系统干部,组织各类在职和脱产培训。采取专题讲座、研讨等多种形式,以统计、经济、金融、法律、管理、信息技术、新闻宣传、文字写作、外语和时事政治为主要内容,开展业务知识和技能培训。着力发展现代远程教育,适应个性化培训需求。制定相关制度,落实中共中央组织部提出的在职干部轮训要求。国家统计局机关副处级以上干部每人每年参加各类培训时间不少于110学时,在京单位处以上领导干部每人每年不少于5天的政治理论脱产培训。加强与全国170多所设有统计学院(系)或专业的高等院校的联系,依托高校教育资源,提升现有人才的知识水平和业务能力。建设一批国家级统计人才继续教育基地。

(四)学力提升工程

采取多种措施,鼓励干部参加在职学历、学位教育,提高学力层次。全面增强统计人才队伍的整体素质,不断优化统计人才队伍的知识结构,不断提高统计人才队伍的学术水平、创新能力。通过自学考试方式,组织全国统计系统特别是调查队系统干部参加“调查与分析”专业独立本科段的学历教育,提升调查队系统干部的学历层次。制定相关政策,选派并鼓励各级政府统计系统干部参加在职学历、学位教育。定期选派部分特别优秀的青年干部赴国外著名大学深造，攻读硕士、博士学位。

(五)青年英才开发工程

着眼于人才基础性培养和战略性开发，对青年统计人才进行重点培养和扶持。不拘一格选拔人才，制定适合青年成长和使用的相关政策，注意在各级领导班子中配备年轻干部，建立和完善后备干部队伍，积极帮助指导，及时跟踪管理，采取多种方式培养选拔后备干部。继续加强初任培训，局党校适时开展青年干部培训班，抓好政治理论培训。选派优秀青年干部到重点部门和相关单位学习实践、到国外交流考察、参与国际合作项目。组织青年业务骨干参与统计科研和专题调研活动，在项目、课题、经费等方面给予支持和帮助。选派有培养前途、缺乏领导经验和基层工作经历的副处级青年干部到地市级统计机构挂职、科级青年干部到县级统计机构挂职，挂职期间综合表现特别优秀的予以破格提拔使用。选拔优秀年轻干部参加中共中央组织部统一安排的挂职锻炼。根据工作需要，选拔基层青年业务骨干到国家统计局机关挂职。建立优秀年轻干部专项档案，建立年轻干部状况定期分析制度，健全领导与年轻干部定期谈话制度。继续办好《年轻》杂志，青年论坛等活动。组织开展“青年统计科学优秀成果奖”评选，挖掘和培养青年学术带头人。在国家统计人才奖项中设置“青年人才奖”，激发青年干部争当人才的内驱力。

(六)创新人才推进工程

加强创新人才培养，依托一批国家重大科研项目、国家重点工程和重大建设项目，提升科研能力和创新能力。继续开展全国统计建模大赛，培养创新精神，发现创新人才，计划每年在全国范围内举办一届。加大创新人才引进力度，出台优惠政策，积极引进高层次、创新型人才，积极创造环境，激励和支持其在工作实践中做出实绩。以创新和质量为导向改进统计科研成果的评奖办法。加大对基础研究、前沿技术的投入力度。对高水平创新人才和团队给予长期稳定支持，各种激励机制向创新型人才倾斜。发展创新

文化,倡导创新精神,营造创新氛围。

五、规划实施

(一)加强组织领导

坚持党管人才原则,完善党组负责、组织人事部门牵头的人才工作格局,强化各职能部门人才工作职责,形成人才工作整体合力。国家统计局成立人才工作领导小组,由局长任组长,其他局领导任副组长,小组成员由办公室、国际合作司、政策法规司、统计设计管理司、国民经济综合统计司、人事司、财务司、机关党委、纪检监察局、统计教育培训中心(中国国际统计培训中心)、统计科学研究所等单位的主要负责人组成。人才工作领导小组的主要职责是审议人才规划的分年度落实计划、听取规划执行情况的检查汇报;协调规划执行过程中的问题;审定落实规划的补充建议;监督规划的执行情况。人才工作领导小组办公室设在人事司,负责协调、落实、检查、评估人才工作规划的执行情况,适时对人才规划实施提出修改意见。

(二)健全规划体系

各省、自治区、直辖市及新疆生产建设兵团统计局,国家统计局各调查总队党组建立省级统计系统人才工作领导机构;以本规划为指导,根据实际,制定本单位、本系统人才发展规划。形成统分结合、上下联动、协调高效、整体推进的全国统计人才工作运行机制。建立人才工作目标责任制,提高统计系统各级领导班子综合考核指标体系中人才工作专项考核的权重。建立各级党组听取人才工作专项报告制度。

(三)营造良好环境

大力宣传党和国家人才工作的重大战略思想和方针政策,宣传实施本规划的重要意义、指导方针、目标任务、主要举措,宣传规划实施中的典型经验、做法和成效，在整个统计系统形成关心支持人才发展的良好风气。建立激励机制，鼓励统计人才甘于奉献、追求真理、安心学习研究，构建全系统向上、和谐、宽松的学习环境，形成学术交锋、观点争鸣、宽容个性、善待失败的学术氛围，营造学习型、智力型统计人才大团队。

（四）保证人才投资

各级统计机构优先保证对人才发展的投入，并确保投入逐年增长。较大幅度增加人力资本投资比重，提高投资效益。进一步加大人才发展资金投入力度，保障人才发展重大项目的实施。在重大建设和科研项目经费中，应安排专项经费用于人才培训。鼓励和引导用人单位投资人才资源开发。加大对中西部地区人才投入的支持和资助力度。

（五）强化基础建设

深入开展人才理论研究，积极探索人才资源开发规律和人才成长规律。推进人才工作信息化建设，建立人才信息网络和数据库。加快统计人才培养基地建设。加强人才工作队伍建设，加大培训力度，提高人才工作队伍的政治素质和业务水平。

国家统计局关于印发生活垃圾处理厂(场)环保支出试点调查方案的通知

(2011 年 4 月 2 日)

北京、吉林、广东、重庆等省(市)统计局:

根据国家统计局和加拿大统计局环境统计项目合作协议及《国家统计局关于开展环保支出统计试点调查的通知》(国统字〔2009〕10 号)精神,我局制定了《生活垃圾处理厂(场)环保支出试点调查方案》,现印发给你们,请遵照执行。执行中的有关具体事宜请与我局社会和科技统计司联系。

生活垃圾处理厂(场)环保支出试点调查方案(略)

季度地区生产总值核算方案

国家统计局

（2011 年 4 月 2 日）

说　明

为了统一和规范地区季度 GDP 核算方法，增强季度地区 GDP 核算方法科学性，提高季度地区 GDP 数据质量和可比性，根据 2010 年 3 月国家统计局印发的《季度地区生产总值核算方案》（国统字〔2010〕15 号），结合有关统计制度方法的变化，制定本《季度地区生产总值核算方案》。

新修订的《季度地区生产总值核算方案》主要有以下变化：

一、改进了服务行业速度换算系数

为保证地区与国家、地区与地区之间服务行业增加值数据的可比性，保证服务行业增加值与相关指标增长趋势的一致性，在本方案中，各地区服务行业增加值核算使用的速度换算系数，由原来的发展速度换算系数改为增长速度换算系数。

如果某行业相关指标为负增长，速度换算系数采用 1 核算。

服务行业增长速度换算系数，由核算司根据国家服务行业增加值核算数据与相关专业和部门统计资料统一计算，并于第一季度反馈各地区。计算方法为：

服务行业增长速度换算系数＝上年年度服务行业增加值增长

速度÷上年年度相关指标增长速度

原则上，服务行业增长速度换算系数用于当年各季度服务行业增加值核算。当相关指标增长速度出现异常值时，对应行业增长速度换算系数要进行适当调整。

二、修订了季度工业增加值增长速度的核算方法

根据工业统计报表制度，从 2011 年定报开始，规模以上工业划分标准，由年主营业务收入 500 万元及以上提高到 2000 万元及以上，规模以下工业取消个体工业调查表(季报)。为此，在本方案中，对季度工业增加值增长速度的核算方法进行了修订。

规模以上工业增加值增长速度，采用工业统计中年主营业务收入 2000 万元及以上工业企业增加值增长速度。规模以下工业增加值增长速度，采用规模以下工业企业抽样调查资料中规模以下工业企业增加值增长速度。规模以上工业和规模以下工业现价增加值比重，根据上年度核算口径的规模以上工业和规模以下工业现价增加值比重和工业统计中年主营业务收入 2000 万元及以上工业企业现价增加值占 500 万元及以上工业企业现价增加值的比重调整计算。

各地区调整后的规模以上工业和规模以下工业现价增加值比重，由核算司统一搜集并反馈，用于各地区 GDP 核算。

从 2012 年上半年开始，各地区规模以上工业和规模以下工业现价增加值比重采用本地区上年年度地区 GDP 年报核算的比重(即核算口径)。

三、完善了有关行业核算方法

(一)交通运输、仓储和邮政业。交通运输、仓储和邮政业增加值增长速度的核算方法，由原来的“先加权后换算”，改为“先换算

后加权”。

（二）金融业。金融业不变价增加值核算使用的价格指数，由原来的固定资产投资价格指数和居民消费价格指数的加权平均指数改为简单平均指数。

（三）公共管理和社会组织。计算公共管理和社会组织不变价增加值使用的价格指数，由原来的服务项目价格指数改为居民消费价格指数。

（四）其他非营利性服务业。计算其他非营利性服务业现价增加值使用的价格指数，由原来的服务项目价格指数改为居民消费价格指数。

四、规范了公共管理和社会组织核算基础资料

从2011年第一季度开始，各地区公共管理和社会组织核算使用的“一般公共服务支出增长速度”数据，由核算司从国家财政部门统一搜集并反馈。

基本核算方法及分类（略）

季度地区生产总值核算行业分类表

第一级分类	第二级分类	第二级分类中包括的行业	行业门类代码
第一产业	农林牧渔业		A
第二产业	工业		B C D
	建筑业		E
第三产业	交通运输、仓储和邮政业		F
	批发和零售业 批发业 零售业		H
	住宿和餐饮业 住宿业 餐饮业		I
	金融业		J
	房地产业 房地产业(K 门类) 居民自有住房服务		K
	营利性服务业 信息传输、计算机服务及软件业 其他营利性服务业	1. 租赁和商务服务业 2. 居民服务和其他服务业 3. 文化、体育和娱乐业	G L O R
	非营利性服务业 公共管理和社会组织 其他非营利性服务业	1. 科学研究、技术服务和地质勘查业 2. 水利、环境和公共设施管理业 3. 教育 4. 卫生、社会保障和社会福利业	S M N P Q

各行业增加值核算方法(略)

国家统计局关于开展农作物对地调查省级试点工作的通知

（2011 年 4 月 6 日）

国家统计局辽宁、江苏、河南调查总队：

为改革农作物播种面积及产量调查方法，进一步提高粮、棉、油等重要农产品统计调查数据质量。在 2009 年县级试点的基础上，国家统计局决定 2011 年在辽宁、江苏、河南开展农作物对地调查省级试点工作。现将有关事项通知如下：

一、试点的主要内容

（一）通过利用第二次全国土地调查资料和第二次全国农业普查资料，编制对地调查用的行政村和耕地单位区抽样框。

（二）采用对地抽样方法，抽选样本村和耕地样本单位区。

（三）采用对地调查方法，在抽中的样本村和耕地样本单位区开展农作物种植面积、单位面积产量及其他相关调查。

（四）针对调查过程和数据结果，对样本代表性、调查工作质量等进行分析，对抽样设计和调查方法作出评价。

二、试点的组织要求

（一）为确保此项工作顺利进行，各总队应成立由有关领导和专业处人员共同组成的试点工作领导小组，并从人力、物力、财力等方面给予充分保障,试点经费专款专用。

(二)要结合本地实际制定各地的实施方案,并组织好试点调查的培训工作。

(三)要严格执行试点方案,按照试点方案和《农林牧渔业统计调查制度(2010 年统计年报和 2011 年定期报表)》的要求,做好试点调查工作。

(四)试点工作结束后,应按试点方案要求进行认真总结,以书面形式上报国家统计局。

附件:农作物对地调查省级试点方案(略)

统计系统对外科研合作保密规定

国家统计局

（2011 年 4 月 7 日）

第一条 为保证统计系统对外科研合作在保障国家利益、确保统计信息国家秘密安全、平等互利的前提下进行，根据《中华人民共和国保守国家秘密法》、《中华人民共和国统计法》、《国家统计局保密工作规定》、《统计工作国家秘密范围的规定》、《对外经济合作提供资料保密暂行规定》、《科学技术保密规定》、《对外科技交流保密提醒制度》等相关法律法规，制定本规定。

第二条 本规定所称对外科研合作，是指由统计系统所属单位立项组织或参加的有国（境）外机构、组织、人员参与的合作研究、合作设计、学术交流、合作调查等科研合作活动。

本规定所称“重要敏感信息”，是指统计调查和统计工作中产生的工作秘密、商业秘密、个人信息和能够识别或推断单个调查对象身份的资料。

第三条 统计系统参加对外科研合作的单位和工作人员，应遵守保密工作有关法律法规，切实增强保密意识，严格履行保密义务，自觉维护国家安全和利益。

第四条 对外科研合作中的保密工作，立项组织单位和参加单位主要领导是第一责任人，在项目的组织实施过程中，按照“谁主管、谁负责”的原则，实行保密工作责任制。

由统计系统所属单位立项组织的，立项组织单位承担该项目的保密责任；由其他部门立项组织、统计系统所属单位参加的，参加单位承担与本单位有关部分的保密责任。

第五条 对外科研合作项目立项前，立项组织或参加单位应当了解核实国(境)外合作方背景，对项目内容是否涉及统计工作国家秘密以及重要敏感信息进行研究判断，并做出书面报告。

第六条 单位保密委员会或保密工作领导小组应当依据统计工作国家秘密范围的规定和涉及统计工作国家秘密的其他相关规定，对项目涉密等有关情况进行核实。

第七条 对外科研合作项目禁止涉及绝密级国家秘密，原则上也不得涉及其他密级的国家秘密或重要敏感信息；确需开展合作研究的，由立项组织或参与单位以书面形式报批。

第八条 涉及机密级国家秘密和全国性秘密级国家秘密的项目，报国家统计局保密委员会审批；

涉及非全国性秘密级国家秘密的项目和涉及重要敏感信息的项目，报省级统计机构保密委员会或保密工作领导小组审批，必要时也可报国家统计局保密委员会审批。

第九条 对外科研合作项目报批时，应提交下列资料：

(一)对外科研合作项目保密审批表(见附表)；

(二)项目立项报告，包括项目涉及的领域、范围；

(三)项目技术方案、调查方案；

(四)项目涉密情况报告，包括涉及的统计工作国家秘密和重要敏感信息的具体事项、密级及范围；

(五)项目涉及的数据、资料和研究成果的使用范围；

(六)参与项目的国(境)外机构、组织、人员背景材料；

(七)项目保密制度和管理措施。

第十条 经审查，对能够保证国家秘密和重要敏感信息安全、符合国家安全和利益的项目，予以批准。对不能确保国家秘密及重要敏感信息安全的项目，不予批准。

第十一条 经审查批准的涉及国家秘密或重要敏感信息的对外科研合作项目，批准机关应当向同级保密行政管理部门备案。

第十二条 经审查批准提供的国家秘密资料或重要敏感信息，能够作技术处理且经技术处理后能够满足项目实际需要的，应对其进行技术处理。

第十三条 经审查批准的涉及国家秘密或重要敏感信息的对外科研合作项目，应当与参与方签订保密协议，明确规定资料、数据及成果的使用范围。必要时由主管部门签订政府间保密协定。

第十四条 经审查批准的对外科研合作项目，立项组织和参加单位应当严格按照保密审查批准的范围、内容、方式和有关规定实施，不得变动。

第十五条 经审查批准的对外科研合作项目完成并通过验收后，基于该项目成果进一步开展统计对外科研合作，应当重新立项并报请保密审查。

第十六条 未经批准，任何单位和个人不得向参与合作的国(境)外机构、组织和人员提供国家秘密和重要敏感信息。

第十七条 涉密岗位工作人员原则上不得参加对外科研合作。因工作需要必须参加的，应向所在单位保密委员会或保密工作领导小组书面报告，经批准后方可参加。

第十八条 对外科研合作项目实施前，项目参加单位要组织专题保密教育，并负责项目实施过程中有关保密制度的落实。

参加对外科研合作项目的工作人员应当与所在单位签订保密协议，明确保密责任。

第十九条 对外科研合作中发生失泄密事故的，应当及时采取补救措施减少损失，并依法追究有关人员的责任。

第二十条 统计系统各级保密委员会或保密工作领导小组应对本单位开展对外科研合作的保密工作进行监督检查，发现可能导致泄密的苗头要及时提醒，并采取措施加以防范，消除泄密隐患。

第二十一条 本规定由国家统计局保密委员会负责解释。

第二十二条 本规定自颁布之日起实施。1998 年 11 月 4 日国家统计局保密委员会制定的《国家统计局关于贯彻国家保密局〈对外经济合作提供资料保密暂行规定〉的实施办法》中与本规定有关提供资料方面内容不一致的,以本规定为准。

附表:统计系统对外科研合作项目保密审批表(略)

“十二五”时期统计发展和改革规划纲要

国家统计局

（2011 年 4 月 7 日）

为全面提高统计能力、统计数据质量和政府统计公信力，充分发挥统计在国家宏观调控和经济社会管理中的基础性作用，根据《中华人民共和国国民经济和社会发展第十二个五年规划纲要》和党中央、国务院关于加强和改进统计工作的要求，制定本规划纲要。

一、努力开创统计科学发展新局面

改革开放以来，在党中央、国务院的正确领导下，各级统计机构和广大统计人员解放思想，开拓创新，锐意进取，统计改革和建设取得巨大成就，统计事业得到长足发展。建立了比较完整科学的国民经济核算体系、统计制度方法体系和统计法律制度，建成了具有一定规模和水平的统计信息化系统，拥有一支素质较高的统计队伍，圆满完成各项重大国情国力普查和常规统计调查，为党和政府以及社会各界提供了大量统计信息和咨询建议，统计在经济社会发展中发挥着重要作用。

“十二五”时期是全面建设小康社会的关键时期，是深化改革开放、加快转变经济发展方式的攻坚时期。统计工作既面临良好发展机遇，也面临巨大挑战。党和政府高度重视统计工作，社会各界广泛关注统计数据，统计在促进改革开放、经济发展和社会进步中的基础性作用更加凸显。同时,统计客体规模巨大、结构复杂、变动频繁,统计需求总量急剧增加、多样性显著增强,统计工作难度越来越大,任务越来越艰巨。统计调查体系还不够健全,统计管理体制机制还不够完善,统计信息化建设还相对滞后,统计基层基础还比较薄弱,统计能力与统计需求之间的矛盾还比较突出,源头数据质量还有待进一步提高,一些宏观数据匹配性还有待进一步增强。各级统计机构和广大统计人员必须充分认识自己肩负的职责和使命,牢牢抓住机遇,积极应对挑战,奋力推进统计发展和改革。

(一)指导思想。

“十二五”时期,统计发展和改革必须高举中国特色社会主义伟大旗帜,以邓小平理论和“三个代表”重要思想为指导,深入贯彻落实科学发展观,紧紧围绕提高统计能力、提高统计数据质量、提高政府统计公信力,坚持规范统一、改革创新、公开透明,奋力夯实统计基础,着力改革统计调查体系,积极创新统计体制机制,全力推进统计信息化建设,实现统计生产方式和统计管理方式的重大变革,全面开创统计科学发展新局面。

(二)基本要求。

坚持把提高统计能力、提高统计数据质量、提高政府统计公信力作为统计科学发展的中心任务。各项统计改革和建设都必须有利于提高统计生产能力、统计管理能力、统计保障能力,有利于提高统计数据的真实性、准确性、完整性、及时性,有利于增进全社会对统计工作的理解、信任和支持。

坚持把规范统一作为统计科学发展的基本要求。加强统计工作集中统一领导,完善统计法律制度,健全统计标准,统一基本统计调查制度,规范统计业务流程和操作规程,建立统计数据质量控制体系,推进统计工作法治化、规范化、标准化。

坚持把改革创新作为统计科学发展的强大动力。进一步解放思想,坚决冲破传统思维定势,坚定不移地针对统计生产方式、统计管理体制机制等关键问题和服务业统计、民生统计、资源环境统计等薄弱环节，深化改革，奋勇创新，以改革促发展，以创新求进步。

坚持把公开透明作为统计科学发展的重要着力点。及时公开统计调查制度和重大统计改革事项，不断提高统计数据生产全过程的透明度，及时公布统计资料，科学解读统计数据，广泛普及统计知识，切实强化统计宣传，努力体现责任统计、服务统计、科学统计。

坚持把现代信息技术作为统计科学发展的强有力支撑。进一步推动现代信息技术与统计工作的融合，进一步加大统计信息化投入力度，切实提高统计信息化科学规划水平，充分利用现代信息技术变革统计生产方式和管理方式，实现制度设计、任务布置和数据采集、传输、汇总、存储、发布等主要环节的信息化和网络化。

坚持把基层基础作为统计科学发展的重要根基。把加强统计基层基础建设摆到更加突出的战略位置，健全基层统计机构，充实县乡两级统计力量，完善基层统计工作机制，改善基层统计工作条件，努力提高基层统计工作水平。

(三)发展目标。

统计发展和改革的总体目标是：基本建成与社会主义现代化进程相适应，符合国际通行规则，调查制度科学、调查行为规范、调查方法透明、组织体系完善、技术手段先进、法制保障有力、队伍素质优良、服务水平一流的现代统计体系，基本实现统计现代化。本规划期内，要在以下几个方面取得突破：

——建立能够准确反映国情国力，客观描述经济社会发展过程，正确引导科学发展，深入揭示经济社会运行规律，理念先进，标准完备，指标完善，方法科学的统计制度方法体系。

——建立以调查单位一套表为载体，以单位电子报表和调查员电子终端为依托，以联网直报为主渠道，能够准确及时完整获取调查对象原始数据，调查行为规范，汇总过程简约，加工过程可控的统计数据采集与处理体系。

——建立能够高效实施国家统计调查、部门统计调查、地方统计调查，保障统计工作统一性和独立性，机构健全，职能互补，分工合理，执行顺畅的统计组织体系。

——建立能够有效推动统计业务顺利开展，法律制度健全，技术支撑有力，基层基础扎实，经费供给到位，科研力量雄厚的统计保障体系。

——建立能够满足党和政府、企事业单位、社会公众需求和对外开放需要，信息可靠，内容丰富，方式多样，获取便捷的统计服务体系。

——建立能够为统计发展和改革提供智力保障，为高质量完成统计调查任务提供人才支持，政治过硬，业务精通，作风扎实，结构合理的专业化统计队伍。

二、完善统计调查内容，创新统计调查制度

以有效满足加快转变经济发展方式、构建和谐社会、促进可持续发展对统计工作的需要为目标，整体设计统计调查制度，统筹安排统计调查项目，优化统计指标体系，加大抽样调查力度，充分利用部门行政记录，不断提高统计调查的科学性、适用性和权威性。

(一)健全统计标准体系。

依据我国经济社会发展情况，适应国家管理和国民经济核算需要，借鉴国际通行统计标准，加快建立以国民经济行业分类、产品分类、地域分类、统计单位分类为基础，涵盖指标涵义、计算方法、分类目录、调查表式和统计编码，统一、完整、适用的统计标准体系。健全基本单位统计标准。建立国家统计调查项目元数据库。加强对统计区划代码和城乡分类代码库的管理和维护。完善统计标准管理机制。

(二)健全统计指标体系。

优化统计指标结构，填补统计指标缺口，合理控制统计指标数

量，建立和完善统计指标调整机制。增加反映经济发展质量、结构、效益的统计指标，健全能源和环境统计指标，完善满足建设创新型国家需要的科技统计指标，强化民生统计指标，健全各类统计环比指标，建立国家科学发展指标体系框架。按照易于获得、便于调查对象理解和抗干扰性强的原则，科学设置基层填报的统计报表。面向企业的统计调查应当尽量利用企业已有的记录。地方和部门增设的补充性统计指标，应与国家统计指标体系相衔接。

（三）完善统计调查方法体系。

进一步完善以周期性普查为基础，以经常性抽样调查为主体，综合运用全面调查、重点调查等方法，并充分利用行政记录，搜集、整理统计资料的统计调查方法体系。逐步减少全面统计报表调查，大力推广抽样调查，加大行政记录在统计工作中的应用，强化部门行政记录信息的整合，促进行政记录向统计数据的有效转换。合理使用重点调查、科学推算等方法，使之成为搜集、整理统计资料的必要补充。

（四）强化统计调查的统一性。

整合和完善人口普查、农业普查、经济普查制度，调整普查项目和频次，统筹普查内容，科学设置普查指标，规范普查区划，确保普查能够真实反映国情国力状况，能够为各类常规统计调查提供基础数据和基本抽样框。尽快提高各类普查运用互联网技术、电子信息技术和行政记录的水平。整体设计周期性普查制度与常规统计调查制度，实现常规年报与普查在统计原则、统计标准、统计指标、统计单位、数据处理等方面的衔接。强化常规统计调查制度的一体化设计，逐步实现以企业、住户为基本统计调查对象统一设计常规统计调查制度。满足国家需求为主，兼顾地方管理需要，在继续以国家和省（区、市）为总体设计国家统计调查制度基础上，抓紧研究建立全国统一的居民收入、农产量、规模以下经济等重要抽样调查制度，加强对分市、县相关统计数据的审核与管理，确保地方统计数据与国家统计数据相衔接。

(五)建立健全统计数据质量控制体系。

严格规范统计调查行为,健全各主要专业全国统一的统计业务操作规程,完善主要统计指标数据质量全过程控制办法。完善统计数据质量核查机制,健全对统计数据生产关键环节层层核实制度,建立对工业调查单位、固定资产投资项目、建筑业企业等定期抽查制度,完善重大国情国力调查事后质量抽查制度。建立健全统计调查制度、统计数据质量评估机制,加大利用行政记录对相关统计数据进行评估的力度,将统计数据质量抽查结果作为评估统计数据质量的重要参照依据。

(六)提高国民经济核算水平。

积极稳妥推进地区生产总值统一核算,完善农业、建筑业增加值统一核算制度,分步实现工业增加值的统一核算,健全服务业增加值统一核算办法,提高地区与国家核算所需基础数据质量,科学核算各地区分行业增加值,逐步实现地区生产总值总量及增长速度与国家数据基本衔接。积极采纳 2008 年版国民账户体系的基本核算原则、内容和方法,研究建立生产法国内生产总值分季核算制度,建立季度支出法国内生产总值核算制度。完善投入产出和资金流量核算。建立健全资源环境核算体系。

(七)完善产业统计。

加强服务业统计。认真实施《服务业统计基本规范与职责分工》,建立以国家统计调查制度和有关部门统计报表制度为主体,普查资料和行政记录为基础,全面反映服务业发展状况,满足国民经济核算、宏观决策和部门管理需要,全国统一的服务业统计调查制度和信息共享制度。建立服务业全行业统计调查。完善部分服务业抽样调查制度。建立交通运输业等服务业价格调查制度。健全房地产业统计。健全批发零售住宿餐饮业统计,深化社会消费品零售总额统计改革,研究建立反映市场流通状况的指数体系。完善农业农村统计。建立全面反映现代农业和社会主义新农村建设的统计指标体系。完善统一的主要农产品统计调查制度,进一步提高粮食、棉花等主要农产品产量调查的科学性、规范性。逐步建立农作物对地调查体系,积极推动遥感技术在农作物调查中的应用。改进农产品价格调查方法。完善不同调查主题的经常性样本轮换机制。改进工业统计。探索工业发展速度计算的新方法。研究建立全面反映工业生产、销售、库存等状况的工业指数体系。研究建立战略性新兴工业和生产能力利用统计调查方法和制度。完善工业企业成本费用调查制度。完善工业生产者价格调查制度。逐步实现工业地方数据与国家数据的衔接。继续完善工业数据质量评估体系。改革建筑业统计。实现由注册地统计转为经营地统计。建立资质内建筑业企业成本费用调查制度。开展资质外建筑业企业抽样调查。改进投资统计。完善投资统计范围。研究改进固定资产投资额计算方法。完善固定资产投资价格调查制度。

(八)创新民生统计。

加快建立收入分配统计监测系统。加强居民收入和消费调查。完成城乡住户调查一体化任务,按照“城乡可比、国际对接、平稳过渡、统一管理”的原则,实现城乡住户调查统一标准、统一方法、统一指标、统一抽样、统一组织。加强贫困监测调查。建立保障性住房统计制度。完善劳动力调查制度,逐步建立能够满足国家需要的就业统计制度,正式对外公布调查失业率。改进劳动工资统计调查制度,增加反映劳动报酬结构和差异的统计指标,实现统计范围全覆盖。完善房地产价格调查制度。加强居民消费价格调查,改进城镇居民基本生活费用价格调查制度。

(九)加强人口、社会和资源环境统计。

完善人口统计。充分开发第六次全国人口普查资料,建立以自然人为调查对象的全新的抽样框。认真组织实施好1%人口抽样调查。改进年度人口变动抽样调查制度。加强社会统计。推动有关部门建立和完善财务统计。提高社会统计资料的收集和传播水平。完善文化及相关产业统计。改进妇女发展纲要和儿童发展纲要监测工作。改进科技统计。逐步形成以科学研究与试验发展资源清查为基础，经济普查、企业创新调查与年度重点调查相结合的科技统计周期性调查体系。强化资源环境统计。研究建立主要资源消耗量和非化石能源消耗量统计制度。加快建立可满足测算温室气体排放量需要的统计制度。加强能耗监测工作。完善环境综合统计制度，实施环保支出综合统计。

三、实施四大工程，变革统计调查流程

按照统筹规划、整体推进和规范统一的原则，以基本单位名录库为基础，以单位电子报表和调查员电子终端为依托，以统一的统计业务应用软件系统为平台，以联网直报系统为手段，创新统计调查流程，变革统计生产方式，实现由分散设计为统一设计，由分散布置为统一布置，由间接采集为直接采集，由层层上报为同步共享，切实提高统计调查过程的可控性和源头数据的真实性，全面提升统计能力。

（一）建成真实完整、及时更新的基本单位名录库。

坚持“全国统一管理、专业分工协作、地方分级负责、各方共同参与、信息资料共享”的原则，按照“统一标准、一库在线、分级维护、及时更新”的模式，遵循“各项统计调查必须使用统一的名录库作为调查单位库或抽样框，不在名录库中的单位不得列入专业统计调查范围”的要求，以经济普查资料为基础，充分利用编制、民政、税务、工商、质检等部门行政记录和专业统计信息，及时更新核实基本单位名录，建成覆盖全部法人单位和产业活动单位基本信息，统一完整、不重不漏、及时更新的基本单位名录库，为各类以基本单位为对象的常规统计调查提供科学完备的调查单位库和抽样框。优先建好规模以上工业、资质内建筑业、限额以上批发零售住宿餐饮业和房地产开发经营企业调查单位库，在此基础上建好其他企业和非企业单位名录库。同时，加强住户、人口、农作物用地

等抽样框的建设、维护和更新工作。

(二)建立统一规范、方便填报的企业(单位)一套表制度。

如期完成企业一套表试点任务，将一套表推广到全国。按照"统一设计、统一标准、统一调查单位、统一布置"的原则，将对企业分散实施的各项调查整合统一到一起，统一布置报表，统一采集原生性指标数据，统一不同专业报表中相同指标的涵义、计算方法、分类标准和统计编码，建立既能有效满足各级党委政府、企事业单位和社会公众统计需求，又能满足专业统计和国民经济核算需要，便于企业填报、减轻企业负担的统一规范的企业一套表制度。涉及企业调查的专业统计改革要与企业一套表制度相衔接。探索建立以自然人、住户为调查对象的一套表制度。

(三)建成功能完善、统一兼容的业务应用软件系统。

按照"功能完善、方便使用、标准统一、友好兼容"的总体要求，以规范的统计业务流程为依托，以解决现有数据采集处理软件多乱为重点，以满足各项统计调查数据采集处理、实现不同专业数据共享为目标，建成能够对统计调查制度进行统一电子化设计和布置，具备数据统一管理、录入、审核、编辑、汇总等功能，性能优良、便于操作、安全可靠的数据采集处理软件系统。在此基础上，建成能够支持统计设计和数据采集、处理、存储和发布以及统计分析等业务，满足各级统计机构进行普查、常规统计调查和专项调查需要，规范统一，稳定易用，功能强大的统计业务应用软件系统。

(四)建成安全畅通、便捷高效的联网直报系统。

在信息化硬件设施、数据采集处理软件系统和原始数据库建设的基础上，基本实现调查对象和调查人员通过互联网直接向全国数据中心报送原始数据、各级统计机构在线同步共享的工作模式，转变基层统计队伍工作重点，从过去繁重的数据收集汇总、报表填报转向对原始数据的核查和企业基础统计工作的督导，有效消除可能存在的中间环节对统计数据的干扰，提高数据汇总效率和生产过程的透明度与可控性。按照满足 300 万家左右企业通过网络向全国数据中心直接报送数据的规模，设计和建成国家统计数据联网直报系统，并确保其安全顺畅运行。在价格调查、农产量调查、住户调查、劳动力调查、人口普查等需要调查员直接采集数据的工作中，普遍应用手持电子终端设备采集原始数据，并通过网络向全国数据中心实时报送原始数据。

四、创新统计体制机制，健全统计组织体系

以加强集中统一领导、增强统计独立性为核心，完善统计管理体制，创新统计运行机制，努力构建推动统计工作科学发展、确保统计数据真实可靠的统计组织体系。

（一）加强国家统计局对全国统计工作的统一领导。

依照《统计法》等法律法规，以建立有助于提高统计数据质量的统计管理体制为目标，加强统计系统的集中统一，强化国家统计局组织领导和协调全国统计工作的能力。加强国家统计局统一规划全国统计工作，拟定国家统计方针政策，制定国家统计标准和基本统计调查制度，审定部门统计标准和地方、部门统计调查项目，组织实施国家统计调查，统一组织实施国民经济核算，统一审核、管理、公布全国性基本统计资料，领导全国统计信息化建设，促进部门间信息共享，组织管理全国统计工作监督检查的职能。

（二）稳步推进政府综合统计系统管理体制改革。

按照增强统计工作统一性、独立性的原则，加强集中领导，推进垂直管理，强化统计权威，提高统计抗干扰能力，努力构建既能满足中央决策需要、又能满足地方管理需要的政府综合统计系统管理体制。加强上级统计机构对下级统计机构的领导职能，认真总结地方统计机构垂直管理的经验，探索省级统计局对省以下统计局实行垂直管理的体制，鼓励支持各地县级统计机构对乡镇统计实行派出管理。不断完善国家调查队管理体制，强化国家调查队履行国家调查的职责，提高直接调查、独立调查、独立报告的能

力。加强国家统计局对各调查总队的管理能力，提高各调查总队对市县调查队的管理水平。进一步明确国家调查队与地方统计局的职能分工，完善统计调查组织实施机制，加强国家统计局对重大统计调查项目的统一领导。适应统计需求的发展变化和统计调查流程的变革，调整、优化各级统计机构内设机构。

（三）切实理顺部门统计管理体制。

按照统一管理、协调有力、分工合理、优势互补的原则，科学界定政府综合统计与部门统计的职能，加强和完善政府综合统计对部门统计的业务指导，积极构建既能满足国家宏观调控和国民经济核算需要、又能满足部门管理需要的部门统计管理体制。积极推动成立全国统计协调委员会，主要负责协调部门统计工作，审议并推广国家统计标准，促进部门统计数据衔接。进一步明确政府综合统计与部门统计的分工，政府综合统计以满足中央宏观调控和政策制定、满足地方各级政府管理需要为主要目的，部门统计以满足国务院有关部门管理需要为主要目的，努力实现政府综合统计与部门统计既覆盖全面又不交叉重复。积极推动部门加强自身统计机构建设，充实统计力量，提高对本部门统计工作的组织协调能力，完善调查制度，疏通资料搜集渠道，建立面向全行业的部门统计。

（四）积极稳妥发展民间统计。

积极利用民间统计的力量和成果，探索政府统计调查委托民间统计机构组织实施的工作模式，稳步推进由民间统计机构加工和采集部分政府统计数据。积极鼓励小型企事业单位通过民间统计机构依法报送统计资料的代理制度。支持探索建立形式多样的民间统计机构，加大扶持民间统计机构发展的政策研究力度，逐步建立健全对民间统计机构的监督管理制度。通过促进民间统计的发展，使之成为政府统计的有益补充。

五、加强各项统计建设，夯实统计保障体系

以维护统计工作有序运转、提高统计效能为重点，加强依法统计，大力推进现代信息技术应用，着力强化统计基层基础，加大统计工作投入，努力提升统计科学研究水平，为确保各项统计调查的顺利实施提供坚强保障。

（一）健全统计法律体系和执法监督制度。

积极配合出台《统计法实施条例》，拟定《民间统计调查管理办法》，抓紧制定其他配套性法规、规章，积极推动新一轮地方统计立法，进一步完善统计调查项目管理、统计调查组织实施、统计资料管理和公布、统计监督检查等方面的法律规范。制定并实施好统计“六五”普法规划，完善统计普法工作机制，加强领导，加大投入，深入开展统计法制宣传教育，努力营造依法统计的良好社会氛围。初步建立以市级以上专门统计执法机构和县级专职统计执法人员为主体的统计执法体系，充实执法力量，加强执法培训，拓展执法领域，创新执法方式，完善监督检查机制，充分发挥统计执法检查对统计工作的保障作用。

（二）强化统计信息化基础设施建设。

按照国家电子政务总体规划，以满足统计业务和办公自动化需要为目的，依托政务网络、公共服务网络和通信网络，建立完整、统一、高速、适用的国家统计信息网络系统，进一步提升各级统计局和国家调查队的信息化应用水平。按照分级建设、分级负担的原则，积极争取中央财政和地方财政对统计信息化的投入。完善国家统计信息广域网，使网络覆盖全部县级统计机构，推进网络延伸至乡镇（街道），初步实现企事业单位和住户通过互联网与国家统计信息应用系统的安全连接。改进国家统计信息广域网基础条件，提升网络运行速度，提高系统存储和运算能力。基本建成基础支撑数据库、专业原始数据库、专业工作数据库、综合应用数据库

及主题发布数据库、分析数据库和统计地理信息系统。健全国家统计信息安全保障体系，建立统计数据灾难备份系统。推广应用遥感技术、地理信息系统和全球定位系统。

（三）加强基层基础建设。

加强县级统计机构建设，确保县级以上地方各级政府依法设立独立的统计机构，充实专业统计人员力量。强化乡镇（街道）统计，确保乡镇政府依法设置统计工作岗位，推动设立乡镇（街道）统计机构、配备专职统计人员。完善基层统计调查网络，认真培育辅助调查员队伍，研究建立政府统计临时调查员登记备案制度，抓紧建立在社会主义市场经济条件下与辅助调查员和城乡记账户付出相适应的劳动报酬制度、补贴制度和激励制度。改善基层统计工作条件，坚持统计业务经费向基层倾斜的原则，加强基层统计机构以信息化为重点的基础设施建设，推动基层政府改善基层统计办公用房和基本办公设施。提高基层统计工作水平，加快推进基层统计工作的制度化、规范化和标准化。加大对国家、部门和地方统计调查项目必要性、可行性、科学性的审查力度，切实减轻基层负担。推动国家机关、企事业单位依法设置原始记录、统计台账，依法配备具有统计从业资格的人员。

（四）完善统计经费保障机制。

进一步明确中央和地方政府统计调查经费分担原则和标准，确保重大国情国力调查所需必要经费列入各级政府相应年度的财政预算并按时足额拨付。建立完善大型普查、常规统计调查和专项调查经费供给制度。围绕科学化、精细化目标，优化项目结构，细化预算编制，严格按照预算规定拨付和使用统计业务经费。探索按经济发展水平、调查内容繁简、调查对象数量多少、基础资料搜集难易、调查持续时间长短、资料加工程度等确定经费定额、编制资金预算。推动建立各级财政根据统计工作任务和成本的增加相应提高统计经费保障的制度。

（五）加强统计科学研究。

完善统计科研体制机制，强化统计科研和统计工作的结合，加强对统计工作中难点、重点问题的研究，为统计改革和建设提供智力支撑和理论保障。改革科研成果评价和奖励机制，充分调动统计科研人员的积极性和创造性，切实提高统计科研水平。建立统计专家信息库，完善专家联系、论证和评估制度，广泛借助科研院所、大专院校和专家团队的力量开展统计科学研究。

六、全面提升服务水平，着力推进公开透明

以最大程度发挥统计的功能和社会效益为目标，不断丰富统计服务内容，积极创新统计服务手段，着力公开统计制度方法，努力开放统计生产过程，广泛传播统计数据，增进社会公众对统计的了解和支持，有效满足各类统计用户的多层次统计需求。

(一)强化对经济社会运行情况的统计分析和监测。

提高对宏观经济形势的研判力，努力揭示经济运行中的主要矛盾和影响因素，增强对经济运行中苗头性、趋势性问题的敏感度，适时提出操作性、针对性强的政策建议。加强对统计数据的挖掘，深入分析统计指标之间的关系，积极利用部门行政记录，提高分析的准确性和灵敏度。建立并完善宏观经济运行监测预警指标体系，加强经济景气的监测，加强对经济社会运行状况的监测，加强对事关国计民生重要事项的监测。完善统计系统快速应急机制，认真组织实施重大专项调查，推动社情民意调查健康发展。加大对国际统计信息的收集和编辑力度，积极开展国际经济热点问题分析和国际对比分析，研究世界经济对我国经济发展的影响。

(二)提高统计工作透明度。

认真贯彻《统计法》关于统计资料以公开为原则、保密属例外的立法精神，切实落实《政府信息公开条例》相关规定。及时公布重大统计改革的主要内容、相关背景，认真倾听、积极吸收社会各界的意见和建议。不断提高统计数据生产过程的透明度，主动公开统计标准、统计调查项目、统计调查方法和操作规程，增强社会

公众对统计数据质量的认同感。认真做好统计数据诠释和解疑释惑工作，对统计数据修订作出必要的说明，使社会各界正确理解和使用统计数据。

（三）促进统计信息的广泛传播。

建立健全统计信息定期公布和对外提供机制，扩大政府统计信息公开的范围和内容。丰富政府统计门户网站内容，增强公布时效，努力打造以统计数据库系统为依托，高速广域网、互联网为支撑的现代政府统计网络服务平台。创新公布方式，拓宽公布渠道，丰富公布载体，进一步发挥电视、广播、移动通讯、咨询电话、报刊、出版物、统计资料馆的作用，努力实现对统计资料全方位、立体式的传播。及时编辑出版适合不同群体、不同层次需要的统计资料和统计科普读物。认真履行国际统计报表填报义务，扩大与国际组织及世界主要国家的统计信息交流。

（四）加强统计新闻宣传。

坚持正确政治方向，强化宣传舆论引导，大力宣传经济社会发展成就，及时报道重大统计活动，深入解读重要统计数据，努力传播统计知识，提高公民统计素养。加强组织领导，增强统计新闻宣传部门与统计业务部门的协作，强化统计新闻宣传资源整合，不断增强统计宣传的预见性、主动性、针对性和时效性。健全统计新闻宣传机制，适时召开新闻通气会，及时进行舆情汇集和分析，不断提高新闻宣传策划和舆情应对能力，完善宣传效果评价制度和统计评论员制度。

七、实施人才兴统战略，打造高素质统计队伍

牢固树立人才是统计发展和改革最可宝贵财富的意识，大力实施按需选才、精心育才、放手用才的人才兴统战略，努力打造一支满足统计事业发展需要、德才兼备的高素质统计队伍。

（一）优化人才队伍结构。

统筹各类统计队伍发展，努力建设理念先进、掌握国情、追求

科学的统计设计队伍，善于沟通、执行有力、追求真实的统计数据采集队伍，坚持原则、技术过硬、追求准确的统计数据处理队伍，心系用户、善于分析、追求精品的统计服务队伍，忠于法律、刚直不阿、追求公正的统计法制队伍，纪律严明、保障有力、追求效能的统计行政管理队伍，服务大局、善于统筹、追求卓越的统计领导队伍。细化统计部门的公务员职位分类，积极推进在统计系统增设专业技术类职位和行政执法类职位。建立各级各类统计人员能力规范和评价标准。

（二）完善选人用人机制。

加大竞争性选拔工作力度，完善竞争上岗办法，坚持按岗位需求选拔人才。加大干部交流力度，推动统计干部到系统外挂职锻炼，健全统计机构上下级干部交流制度，推进干部横向交流，健全机关工作人员定期轮岗制度。加大从基层选拔干部力度，鼓励青年干部去基层锻炼。

（三）加强领导班子建设。

加强思想建设，坚定理想信念，增强大局意识，坚持改革创新。加强组织建设，强化对领导班子成员特别是一把手的监督管理，进一步优化各级领导班子年龄结构和专业构成。加强学习，深入调研，不断提高驾驭复杂局面、处理复杂问题的能力。加强作风建设，把工作的着力点真正放到研究解决统计发展和改革中的重大问题上。加强制度建设，积极推动用制度管权、管人、管事。加强廉政建设，充实纪检监察力量，严格执行反腐倡廉的各项规定。

（四）加强统计教育培训。

认真贯彻执行中共中央《干部教育培训工作条例》，形成培养多类型、多层次人才的教育培训架构，形成规范化、标准化的教育培训产品系列，不断增强教育培训的普遍性和适用性。提高教育培训的针对性，重点加强对统计政策法规、统计制度方法、统计调查技能和信息技术的教育培训。创新教育培训形式，加强教育培训资源建设，加强智力引进工作，提高教育培训质量，完善学习效果考核制度，将参加教育培训作为年度考核等次、选拔干部的参考条件。努力将中国国际统计培训中心办成亚洲一流的统计培训机构。选拔优秀业务技术骨干参加硕士、博士学历学位教育，赴国内外著名大学和国际统计机构深造，精心培养复合型、具有国际视野的高端人才。深化统计专业技术职称制度改革，大力加强统计人员继续教育。认真开展统计从业资格认定工作。

（五）加强统计文化建设。

开展形式多样、内容丰富的统计文化建设活动，使广大统计人员牢固树立数据质量第一的意识，恪遵“不出假数、真实可信、准确完整”的职业操守。牢固树立用户至上的意识，坚持以需求为导向，构建与用户沟通的良好机制，努力满足统计用户的需要。牢固树立尊重调查对象的意识，切实减轻调查对象负担，严守调查对象的个人隐私和商业秘密，积极争取调查对象的支持与配合。牢固树立科学统计的理念，用科学的精神、科学的态度认识统计工作、从事统计工作。牢固树立公共统计的理念，努力实现政府、企事业单位和社会公众平等获得政府统计信息，使统计成果惠及全社会。牢固树立依法统计的理念，以统计法的各项原则和规定作为行动指南，真正做到依法理顺统计关系、依法规范统计行为、依法维护统计秩序。大力弘扬“求实、创新、严谨、奉献”的统计行风，严格落实行风建设工作责任制，真正做到热爱统计、忠诚统计、真实统计、服务人民。

本规划纲要明确了未来五年统计发展和改革的方向、目标和主要任务。国家统计局成立规划纲要实施领导小组和工作机构，加强对规划纲要实施的组织领导和监督检查。各地区、各部门、各专业要高度重视，按照规划纲要的总体要求制定具体工作方案，确保规划纲要切实得到贯彻落实。

中央编办关于国家统计局政策法规司加挂统计执法检查牌子的批复

（2011 年 5 月 6 日）

国家统计局：

《关于在政策法规司加挂统计执法检查司牌子的请示》（国统字〔2009〕86 号）收悉。经研究并报国务院和中央编委领导同志批准，同意在政策法规司加挂统计执法检查室牌子，增加 1 名司领导职数。

此复

国家发展改革委办公厅　农业部办公厅国家统计局办公室关于开展农村沼气工程调查工作的通知

（2011 年 5 月 13 日）

有关省、自治区、直辖市及计划单列市、新疆生产建设兵团发展改革委、农业（农牧、农林）厅（委、局）、统计局，广西自治区林业厅，湖南省人民政府农村工作办公室，黑龙江省农垦总局：

为全面掌握农村沼气工程建设使用情况，研究解决存在问题，推动沼气事业又好又快发展，根据国务院领导批示精神，国家发展改革委、农业部、国家统计局决定组织开展农村沼气工程调查工作。现将有关要求通知如下：

一、调查目的

通过全面深入调查，摸清农村沼气工程建设和使用情况，准确掌握农村沼气发展面临的困难和存在的主要问题，分析问题的原因，研究提出有针对性的改进措施，推动农村沼气事业持续健康发展。

二、调查范围

重点调查 2003 至 2010 年中央预算内投资安排的农村沼气项目，兼顾巩固退耕还林成果资金、扶贫资金以及地方资金安排的沼气项目；以户用沼气项目为重点，兼顾小型沼气、大中型沼气、乡村服务网点等项目。

三、调查内容

户用沼气：重点调查分季节使用情况，力争全面掌握沼气正常使用率，系统了解沼气池停用情况，详细分析停用原因。同时，调查沼气池、改厨、改圈、改厕、保温措施等的建设情况，农户养殖情况、沼渣沼液利用情况以及农户建池需求等。

沼气工程（包括养殖小区和联户沼气工程、大中型沼气工程）：重点调查项目完成情况和供气情况，同时调查工程运行情况和“三沼”综合利用情况。

乡村服务网点：重点调查运行和服务情况，同时调查建设情况和服务机制。

四、调查形式

本次调查按县级自查、省级抽查和国家核查三种形式进行，各级调查的调查过程和调查结果，要建立责任制，特别是要落实调查人和相关领导签名负责的制度。

（一）县级自查。所有项目县都要组织开展户用沼气项目建设和使用情况自查，原则上应按不低于本县项目村 5%的比例（最少不少于 5 个村）随机抽查项目村，以村为单位逐一入户调查。各地可根据实际，自行确定沼气工程和乡村服务网点的调查规模。通过调查，切实摸清本县农村沼气项目建设和使用情况，了解存在问题，提出解决办法，并于自查结束时提交调查报告。

（二）省级抽查。在县级自查的基础上，由省发展改革部门、农业部门和统计部门组织开展省级抽查。对于户用沼气，要随机抽查项目县，并对各县自查过的项目村进行复查。每省抽查的县数应不低于本省项目县数的5%(最少不少于5个县),每县复查的项目村应不少于2个,对复查的项目村要逐一入户调查。原则上要求2003年以来中央支持建设户用沼气80万户以上的沼气大省(河北、河南、湖北、湖南、广西、重庆、四川、贵州、云南、甘肃)和山西省调查户数不得少于3000户;中央支持建设户用沼气50—80万户的省份(内蒙古、安徽、江西、陕西、新疆)调查户数不得少于1000户;中央支持建设户用沼气20—50万户的省份(辽宁、吉林、黑龙江、江苏、山东、海南、西藏、宁夏)调查户数不得少于500户,户用沼气较少的省份(天津、大连、浙江、宁波、福建、青岛、广东、青海、新疆兵团、黑龙江农垦)可根据实际确定抽查任务。对于沼气工程和乡村服务网点,各地可根据实际自行确定调查规模。各省抽查结束后要提交调查报告。

(三)国家核查。在省级抽查的基础上,国家发展改革委、农业部、国家统计局将组织6—7个联合核查组,每组随机抽查1—2个省进行核查。一是检查各省的调查工作,重点检查各省制定的调查方案和调查过程中的责任制,原始调查数据是否详实等。二是实地调查,国家将对省级调查过的项目县、项目村进行复核。每省将复核2—3个项目县,每县复核2—3个项目村,开展入户调查。核查结束后提交调查报告。

五、时间安排

5月25日前完成县级自查,并将县级调查结果送省里汇总;6月15日前完成省级抽查,并将省级调查结果送国家发展改革委和农业部计划司、科教司和国家统计局住户办处理,国家对有关省的核查将于6月底前完成。

六、有关要求

(一)高度重视。发展改革部门负责牵头组织此次调查,农业部门负责做好调查的具体组织工作，统计部门负责从调查的科学性上对样本抽样和调查方案进行审核把关。各省对此次调查要高度重视，主要领导要亲自抓，亲自调查。各省都要制定调查方案，明确调查内容和调查方式，并组织专门力量开展调查工作。

（二）认真负责。所有调查人员都要严格按照调查方案进行调查，随机抽样，入户调查，不走过场，确保取得真实的第一手资料。

（三）实事求是。正确面对调查所发现的问题，不隐瞒、不避讳，如实上报，认真分析农村沼气建设中存在的新情况、新问题，有针对性地提出解决问题的意见和建议。

（四）按时完成调查报告。各省要确保按时保质保量完成调查任务，及时提交调查报告，并附《农村沼气项目调查情况汇总表》。调查报告主要应包括：一是农村沼气项目建设情况、使用情况和效益发挥情况，其中重点分析户用沼气正常使用率、停用率、停用原因和解决对策；二是农村沼气建设需求情况；三是当前农村沼气建设中存在的主要困难和问题；四是推进农村沼气发展的思路和政策措施等意见建议。在报送调查报告纸质版的同时，发送电子版至国家发展改革委农经司（通过纵向网）、农业部科教司（kjsnyc@126.com）和国家统计局住户办（zhbzxc@stats.gov.cn）。

国家统计局关于开展2012年全国投入产出调查试点工作的通知

（2011年5月13日）

山西、浙江、重庆、四川等省市统计局：

为了制定科学、可行的2012年全国投入产出调查方案，国家统计局决定于2011年在山西、浙江、重庆、四川开展2012年全国投入产出调查试点工作。现将有关事项通知如下：

一、试点的主要内容

2012年全国投入产出调查试点工作的重点是：在2007年全国投入产出调查方案基础上，结合现行的统计、会计、物资等核算制度，改进和完善投入产出调查表，并通过试点工作进行检验，形成2012年全国投入产出调查方案。具体改进和完善的主要内容如下：

（一）改进工业调查。搜集企业和主产品制造成本构成和费用构成；了解水、电、气和石油等集团化管理行业、加工企业的管理特点和成本费用核算情况；摸清工业企业自产自耗核算状况，废品废料的处理方式和记账方法；完善工业材料使用目录。

（二）完善建筑业调查。了解建筑业的调查组织方式；完善建筑材料使用目录。

（三）细化服务业调查。根据现行会计制度和行业特点，确定需要增设独立调查问卷的服务行业并设计调查表；完善已有的服务业调查表。

(四)梳理典型调查。确定需要增减的典型调查项目;完善典型调查表;改进典型调查的组织方式。

二、试点的组织方式

(一)试点省、直辖市统计局应成立试点工作领导小组,并从人力、物力、财力等方面给予支持,国家拨付的试点经费要专款专用。

(二)结合本地实际细化国家试点方案,制定本地区试点工作实施方案。

(三)做好试点企业的培训和指导工作。

(四)试点工作结束后,按试点方案要求进行认真总结,并书面上报国家统计局。

附件:2012 年全国投入产出调查试点方案(略)

县级统计机构工作规范

（试行）

国家统计局

（2011 年 5 月 24 日）

第一章　总　则

第一条　为进一步加强和规范基层统计基础工作，保证源头统计数据质量，依据《中华人民共和国统计法》以及相关的法规和规定，制定本规范。

第二条　本规范所指县级统计机构包括县级（包括县、市、区、旗，下同）统计局和国家统计局各县级调查队。地方调查队可参照执行。

第三条　本规范是对县级统计机构建设和开展统计工作的基本要求。县级统计机构应按照本规范的要求，以提高统计数据质量为中心，加强队伍建设，健全各项制度，强化内部管理，推进统计管理制度化、统计流程规范化、统计调查法制化、统计人员专业化、统计手段现代化。

第二章　统计机构和统计人员

第四条　县级统计局依照《中华人民共和国统计法》独立设置。国家统计局各县级调查队按中央编办的批复设立。

第五条　各地区应根据工作需要，为县级统计局配备必要的工作人员。其中，业务人员和行政人员应保持合理比例，业务人员比例不应少于70%。

县级统计局负责人的任免应征求上一级统计局的意见，其中主要负责人的任免应当征得上一级统计局的同意。国家统计局县级调查队领导干部由调查总队党组研究决定，并征求同级地方党委意见后任免。

县级统计机构要有计划地开展对统计人员的业务培训，加强法制和职业道德教育，不断提高统计人员的基本素质和工作能力。

统计人员应当恪守统计职业道德，做到：忠诚统计，乐于奉献；实事求是，不出假数；依法统计，严守秘密；公正透明，服务社会。

第六条 县级统计机构应具备开展正常行政管理、业务工作所需的基本条件：专门的办公场所、工作所需的办公和信息技术设备、必要的交通工具等。

各地区要争取建立统计工作经费保障的长效机制，从制度上保障统计改革、建设和发展的资金需要。县级统计局的行政经费、业务经费、基本建设投资、按规定应由县级政府承担的周期性普查和大型调查以及专项调查经费要列入本级政府年度财政预算；统计经费采取上划下拨方式的地区，要确保县级统计经费的落实；国家统计局各县级调查队承担为地方服务的统计调查任务，地方政府应给予必要的经费保障。

县级统计机构财务管理应贯彻执行国家有关法律、法规和财务规章制度，建立、健全内部财务管理和内控制度，坚持量入为出、勤俭节约的原则，提高资金使用效益。

第七条 县级统计机构要依据上级统计机构的相关文件、规定，制定、完善符合本地区实际的各项工作制度，以规范工作程序，提高管理水平，确保统计工作正常开展。具体包括：

管理工作制度：包括决策规则和制度、人事管理制度、财务管理制度、档案管理制度、固定资产管理制度、保密工作制度、会议制度、廉洁从政制度、突发事件应急预案制度等。

业务工作制度:包括统计调查工作制度、统计数据质量管理和责任追究制度、统计数据使用和发布工作制度、统计资料管理工作制度、统计执法责任制和普法工作制度、信息化建设工作制度、业务和技术培训工作制度等。

县级统计机构要逐步建立健全各项工作制度,并装订成册;要公开对外窗口部门人员职责、办事程序等;要定期检查各项制度的贯彻执行情况;要根据工作需要,对各项工作制度不断加以完善。

第三章　统计调查

第八条　县级统计机构必须认真贯彻执行国家统计调查制度和经批准的地方统计调查制度,严格按统计业务工作流程开展统计调查,保证数据质量。

第九条　调查基础工作

1. 做好基本单位名录库维护更新工作。按照上级统计机构的要求,收集、整理同级编办、民政、工商、质检、税务等管理部门行政登记资料,实地调查、核实基本单位信息,经上级统计机构审批后更新名录库信息。开展名录库数据质量检查,确保名录库基础信息地域覆盖完整、行业统计全面、单位鉴定标准、基础信息正确。

2. 严格按照统计调查制度的规定做好调查网点的维护、管理。不得随意更换调查网点,调查网点确需更换必须报上级统计机构同意。

3. 根据企业一套表和联网直报工作要求,在上级统计机构已赋予的管理权限范围内,对本级专业部门和业务人员,以及调查对象分配基层表和汇总表专业处理权限和系统管理权限。

4. 建立调查工作网络并实施动态管理。由调查对象直接报送报表的,要建立填报单位统计人员名录;由部门或乡镇街道统计人员报送报表的,要建立部门和乡镇街道统计人员名录;聘用辅助调查人员采集数据的,要建立辅助调查人员名录。

第十条　接受、布置统计调查任务

1. 按照上级统计机构的要求，接受统计调查任务。认真参加上级统计机构工作会议和业务培训，正确理解和掌握统计调查制度的内容和要求，掌握数据处理程序。

2. 认真贯彻执行统计调查制度要求，结合实际制定本地区的实施方案，依法组织开展统计调查。

3. 针对不同调查对象，召开有关会议或下发文件，组织开展针对调查对象的业务培训，布置调查工作。使调查对象明确法定填报义务，理解和掌握报表填报方法、指标含义等，达到准确填报报表的要求。

4. 按照统计调查制度规定的范围向调查对象布置调查，保证调查单位不重、不漏。发放统计报表及相关资料要进行登记。

第十一条　数据采集

1. 按照统计调查制度规定的时间、范围、要求采集数据。做好催报工作，督促调查对象按要求填报统计报表；现场调查工作要认真、细致，调查中遇到不能确定的问题应及时向上级汇报；要加强对现场调查工作的指导、督促、检查。

2. 做好报表或数据接收登记记录，保证调查单位不重、不漏，数据上报真实、准确、完整、及时。

3. 规范基层原始报表。基层原始报表必须完整、规范。使用纸介质上报的报表，要求填写工整、清晰，使用墨水笔、签字笔或圆珠笔填写，有单位负责人及填表人签字，注明填报日期，加盖单位公章。统计人员现场采集的报表要有调查对象名称(姓名)、经营地点(地址)、统计人员签字、填报日期。以磁介质、光存储介质或网络方式上报的统计报表，要求文件名规范、格式正确、无病毒、有密码和身份控制。

4. 统计报表应由法定调查对象填报，不得编造、伪造统计报表。

第十二条　数据录入、审核

1. 接收统计资料，对数据进行录入或加载，代不能实现网上直报的调查对象录入基层表。

2. 对报表和指标进行审核，并依据审核结果对有疑问的数据进行核查，做好核查记录。

3. 经核查确认错误的数据，应要求填报单位及时修正，并在规定时间内重报原始报表。

4. 对修正后的数据进行再审核，直至无误。做到录入数据和填报单位报送的原始报表一致，单位不重、不漏，无逻辑性、趋势性差错，数据结构合理、正确。

5. 按照上级统计机构的要求做好联网直报单位的审核、查询工作。

第十三条 数据上报

1. 数据上报应明确责任，规范报送流程，做好报送记录。报送记录基本内容包括：专业(报表)名称，主要数据、情况说明，统计业务人员、部门负责人、主管局(队)领导签字等。

2. 以纸介质上报的统计报表内容完整、字迹清晰，签字、公章等齐全；以磁介质、光存储介质或网络方式上报的统计报表文件名规范、格式正确、无病毒、有密码和身份控制。同时，要按要求报送数据处理及有关情况的说明等。

3. 对上级统计机构查询的问题，应在规定时限内核查、答复，做好查询记录。

第十四条 质量控制

1. 严格按照统计调查制度规定，规范操作，从规模总量、增长速度、比例结构、内在数量关系等方面着手，对数据进行审核、把关，保证数据质量。

2. 根据统计调查制度规定和专业特点，制定数据质量检查方案，定期选择一定数量的调查对象进行检查。检查中要认真做好相关记录，发现统计违法行为要及时向统计执法检查机构进行移交。

3. 统计人员应当依法履行职责，如实搜集、报送统计资料，不得伪造、篡改统计资料，不得以任何方式要求任何单位和个人提供不真实的统计资料，不得有其他违反统计法律法规的行为。

第四章　统计服务

第十五条　统计资料发布

1. 建立和完善统计资料发布制度，依据统计法律法规规定的权限，按照《国家统计局政府信息公开指南》和地方政府部门的有关规定，及时、准确对外发布和提供非涉密的统计资料。

2. 做好统计资料解释说明工作，在发布统计信息的同时，公布主要统计指标含义、调查范围、调查方法、计算方法等信息。

3. 对外发布或提供统计资料不能越权、越级；不能违反规定擅自公布统计资料，不能对外提供、泄露调查对象的商业秘密和能够识别或者推断单个调查对象身份的资料。

第十六条　统计网站建设

1. 县级统计机构要因地制宜，采取自建、依托政府或上级统计机构网络平台等方式，加强统计网站建设，要充分利用统计网站，公开统计政务，发布统计数据，宣传统计工作，将其作为推动统计工作、提升统计服务水平的重要手段。

2. 及时更新网站信息。

3. 加强对网站系统的开发、管理和维护。

第十七条　统计分析

1. 县级统计机构要深入开展调查研究，跟踪了解党和国家重大政策的贯彻落实情况，及时了解并反映当地经济运行及社会发展中的苗头性问题和热点问题，对经济运行和社会发展情况开展分析研究。

2. 开展统计分析要做到选题准确、实事求是、观点明确、论证充分、用词严谨、对策和建议可行。

第五章　统计信息化建设

第十八条　县级统计机构要根据统计工作发展的需要，推进统计信息化建设，逐步实现数据处理计算机化、数据传输网络化、数据储存电子化和办公自动化。

1．争取将统计信息化建设纳入本地区政府信息化建设规划或电子政务建设项目之中。根据统计信息化总体规划，认真制定每年的实施方案。

2．建立、完善统计信息化建设和计算机使用管理的有关规章制度，确保硬件、软件系统的正常运行。

3．配备与工作需要相适应的计算机人员和设备，统计业务人员要达到“人手一机”，并能熟练使用，计算机及网络设备应保持良好状态。

4．按照国家信息安全有关法律法规和技术标准的要求，做好网络安全、病毒防护、身份管理、信息安全保密等系统建设和管理工作。

5．加强统计信息网络建设与维护，实现与乡镇街道通畅的网络连接，积极推行网络报送系统。

6．加强对统计人员的信息化技术培训，努力提高统计人员计算机应用水平和信息化及电子政务的知识技能，培养既熟悉统计业务又精通计算机技术的专业人才。

第六章　统计法制建设

第十九条　县级统计机构要高度重视统计普法教育，紧紧围绕统计中心工作，开展多种形式的宣传教育工作，普及统计法律、法规知识，增强统计人员和调查对象的法律意识，提高依法行政的能力和水平。

第二十条 县级统计机构作为统计执法检查机关，负责监督检查统计法律法规和统计制度在本行政区域的实施，依法查处违反统计法和统计制度的行为。

1. 要建立行政执法责任制，配备统计执法人员，提供必要的执法设备和条件。从事统计执法工作的人员，应当具备必要的法律知识和统计业务知识，参加统计执法培训，并取得统计执法检查证。

2. 统计执法检查要贯彻有法必依、执法必严、违法必究的方针，做到预防、查处和整改相结合，教育与处罚相结合，合法、公正、公开、高效地开展统计执法工作。

3. 规范统计执法的程序和执法工作流程，将统计部门的职责范围、执法依据、执法程序等相关事项向社会公布。在组织实施统计执法检查前应当拟定检查计划，检查计划包括检查的依据、时间、对象、内容和组织形式等。

4. 要建立行政处罚等行政执法的案卷，建立健全统计执法案卷评查制度。对公民、法人和其他组织的有关监督检查记录、证据材料、执法文书等应当立卷归档。

第七章 统计管理工作

第二十一条 县级部门统计管理

1. 县级统计局要依法对县级政府部门统计调查项目进行管理：制定并公布本地部门统计调查项目管理办法和办事程序；依据相关法律、规定对申请单位拟订的统计调查项目进行严格审批；定期公布经审批的县级部门统计调查项目目录，加强检查和监督。通过统计调查项目管理，合理界定统计工作分工，整合统计资源，提高统计服务能力，减轻调查对象负担。

2. 加强县级部门统计资料发布的管理，明确其数据使用和发布范围。建立县级部门统计与政府综合统计信息共享机制，充分发挥县级部门统计资源的作用。

第二十二条 乡镇街道统计管理

县级统计局要积极争取地方政府支持，加强乡镇街道统计机构建设，要求乡镇街道设置统计工作岗位，配备专职或兼职统计人员。有条件的地区可根据工作需要，在乡镇街道设立派出机构，实行对乡镇街道统计工作的垂直领导。

县级统计机构要认真履行对乡镇街道统计业务管理的职责，指导乡镇街道加强统计制度建设，完善各项工作制度。加强对乡镇街道统计人员的业务培训。指导乡镇街道加强统计信息化建设，配备适应统计工作需要的计算机设备，逐步将统计信息网络延伸到乡镇街道。

加强对乡镇街道统计数据的检查、监督，保证源头统计数据质量。

第二十三条 辅助调查员的管理

县级统计机构要严格按照劳动人事管理的相关规定选聘辅助调查员，落实辅助调查员的经费补贴，加强对辅助调查员的管理。要按照先培训、后上岗的原则，做好业务培训。要建立考核制度，定期检查和督促辅助调查员的工作。

第二十四条 调查对象的管理

县级统计机构要加强对调查对象的管理。定期开展统计业务培训和统计监督检查，指导调查对象建立健全统计台账，做好原始记录，逐步实现统计台账的电子化管理。

第二十五条 统计从业资格认定工作管理

县级统计局是本行政区域内统计从业资格认定工作的承办机关，负责统计从业资格考试的具体事务；按照上级统计局的授权要求，审查申请材料，上报初步审查意见和全部申请材料；负责本行政区域内统计从业资格证书的送达工作；负责监督检查和查处统计从业资格认定工作中各种违法行为。

第二十六条 统计调查项目管理

县级统计机构要认真贯彻执行上级统计机构关于国家和地方统计调查管理的各项规定，规范自身统计调查行为。要严格执行国家统计调查制度和经批准的地方统计调查制度，不得随意调整、变更；确需调整或增加统计调查内容的，应充分考虑统计调查对象的承受能力，尽可能减少调查频率，缩小调查规模，降低调查成本，并按相关管理规定报省级统计机构审批。

第二十七条 统计资料管理

县级统计机构应当建立统计资料管理制度。统计资料管理要严格执行《国家统计局保密工作规定》，采取档案管理标准和方法，配备必要的设施，妥善保管统计调查中获得或者形成的统计资料，以真实记载、反映统计工作，便于开发使用统计资料。

1. 制定本单位统计资料管理办法，明确统计资料管理的具体要求及管理职责。指定专人对各类统计资料进行整理，确定密级，装订成册，妥善保管。如遇机构变动、人员调整，对所保管的统计资料要办理交接手续，防止丢失和损毁，确保统计档案资料的连续与完整。

2. 统计资料的保存时限：统计调查中取得的统计调查对象的原始资料、统计调查对象按照国家有关规定设置的原始记录和统计台账，应当至少保存两年；汇总性统计资料应当至少保存 10 年；各种磁介质、光存储介质资料要建立备份系统，并长期保存。法律法规另有规定的，从其规定。

第八章 附 则

第二十八条 国家统计局依据本规范内容，制定考核办法，各省、自治区、直辖市统计局和国家统计局各调查总队具体实施。县级地方调查队参照执行。

第二十九条 本规范由国家统计局负责解释。

第三十条 本规范自印发之日起实施。

县级统计局考核办法

（试行）

国家统计局

（2011 年 5 月 24 日）

为进一步加强统计基础工作，提高统计工作规范化水平，保证源头数据质量，根据《县级统计机构工作规范》（试行），制定本考核办法。

一、考核对象

县级（包括县、市、区、旗，下同）统计局。

二、考核组织

国家统计局制定考核办法，统一领导考核工作。各省、自治区、直辖市统计局负责组织辖区内县级统计局的具体考核工作。

三、考核周期

考核工作每三年开展一次，首次考核时间为 2012 年。

四、考核内容及赋分标准

（一）考核内容。

考核内容包括统计机构和统计人员、统计调查、统计服务、统计信息化建设、统计法制建设、统计管理、加分项等 7 个部分、26 个方面的内容或指标。

(二)评分标准。

各项工作或指标的评分标准见附表。

(三)计分方法。

计分采用百分制,各考核项目加权汇总后得出总分。

考核内容各部分权重如下:

考核内容	权重(%)
1. 统计机构和统计人员	10
2. 统计调查	40
3. 统计服务	10
4. 统计信息化建设	5
5. 统计法制建设	5
6. 统计管理	20
7. 加分项	10
总计	100

“统计调查”部分考核范围包括国家统计局布置的常规统计调查、当年开展的普查以及重要的专项调查。各省、自治区、直辖市统计局可根据本地实际确定具体专业,也可将相关调查合并为一个专业进行评分。具体评分方法是:按每个专业 100 分制评分,对该专业考核年度年、定报工作等进行综合考评,得出该专业的得分,各专业得分平均后得出该项的考核得分。

五、报送要求

各省、自治区、直辖市统计局要按要求认真做好考核工作,并于考核期结束后次年 3 月底前将考核情况说明和《县级统计局考核评分综合表》(见附件 2,EXCEL 文件形式)上报国家统计局。

六、其他

（一）各省、自治区、直辖市统计局可根据本办法制定本地区实施细则。

（二）本办法由国家统计局负责解释。

附件：1. 县级统计局考核评分参考标准

2. 县级统计局考核评分综合表（略）

附件1：

县级统计局考核评分参考标准

考评内容	分值	考评方法	基础分	得分
一、统计机构和统计人员	100			
1. 统计机构	20	①没有设立统计机构的，扣20分；有独立的办公场所，对外使用统计局公章、经费相对独立、有人员编制的非独立的统计机构，扣10分。 ②县级统计局负责人的任免未征求上一级统计局的意见，扣5分；县级统计局主要负责人的任免未征求上一级统计局同意，扣5分。	20	
2. 统计人员	20	①统计业务人员（45岁及以下）要求具备大专及以上学历，学历未达到标准，扣2分/人。 ②正式编制中统计业务人员（不包括司机、办公室勤杂人员等）比例少于70%，扣10分。	20	

续表 1

考评内容	分值	考评方法	基础分	得分
3. 工作条件	15	①办公用房人均使用面积不足 10 平方米，扣 5 分。 ②统计业务人员计算机不足一人一台，扣 5 分。 ③没有配备公务用车，扣 5 分(实施车改的地区不扣分)。	15	
4. 业务培训	15	未制定年度业务及技能培训计划，扣 10 分；未按计划实施培训，扣 15 分；培训未达标，酌情扣分。	15	
5. 管理工作制度	15	决策规则和制度、人事管理制度、财务管理制度、档案管理制度、固定资产管理制度、保密工作制度、会议制度、廉洁从政制度、突发事件应急预案制度等各类制度，缺一类扣 2 分。	15	
6. 业务工作制度	15	统计调查工作制度、统计数据质量管理和责任追究制度、统计数据使用和发布工作制度、统计资料管理工作制度、统计执法责任制和普法工作制度、信息化建设工作制度、业务和技术培训工作制度等各类制度，缺一类扣 2 分。	15	
二、统计调查	100	注：本项按每个专业 100 分制评分，各专业得分平均后得出本项的考核得分。		
1. 组织实施	20	①未对基本单位名录库及时进行维护、更新，扣 10 分。 ②未建立调查工作网络，扣 2 分；未对调查工作网络进行动态维护和管理，扣 1 分。 ③未按要求参加上级统计机构业务及技能培训，扣 1 分/人次。 ④未严格贯彻执行上级统计调查制度，扣 5 分。 ⑤未建立统计报表及报表填报说明发放登记及领取人签名制度，扣 1 分；未建立基层单位统计报表报送接收情况记录，扣 1 分。	20	

续表 2

考评内容	分值	考评方法	基础分	得分
2. 数据采集与上报	20	①报表收集 10 分。未按制度要求做好应报单位催报工作,报表收集率每少一个百分点扣 1 分。 ②报表报送 10 分。未按制度规定时间上报,每迟报一天扣 1 分;未按要求报送数据处理及有关情况说明,一次扣 2 分;直接责任人对上级统计机构数据查询未能及时、准确答复,一次扣 1 分。 ③统计报表未由法定调查对象填报,擅自代填、代改统计报表的,本项得分为 0。	20	
3. 数据质量	60	①报表规范性 10 分。以纸介质上报的统计报表内容不完整、不规范,以磁介质、光存储介质或网络方式上报的统计报表文件名不规范、格式不正确、有病毒、无密码和身份控制,每发现一例扣 2 分。 ②报表完整性 10 分。单张报表调查范围不全、调查单位遗漏、采集的基层表不完整、指标填报不全,有漏项,每发现一笔扣 1 分。 ③报表准确性 20 分。数据有差错、计量单位不正确、逻辑关系有差错,每发现一笔扣 1 分。 ④数据质量评估 10 分。建立重要数据质量评估办法,开展评估工作,对数据进行审核、把关,得基本分 10 分;未建立不得分。 ⑤数据质量检查 10 分。建立分专业的定期检查制度,定期(一年至少二次)选择一定数量的调查对象进行检查,得基本分 10 分。未开展检查工作,扣 5 分;未建立定期检查制度,但开展检查工作,扣 3 分;既未建定期检查制度,也未开展检查工作,扣 10 分。	0	
三、统计服务	100			

续表 3

考评内容	分值	考评方法	基础分	得分
1. 统计资料发布	30	①未建立统计资料发布制度，扣 10 分。 ②未及时对外发布和提供统计资料，扣 10 分。 ③越权、越级对外发布或提供统计资料；违反规定擅自公布统计资料，扣 10 分。	30	
2. 统计网站建设	20	①建立统计网站，得基本分 20 分；未建立，不得分。 ②网站信息更新不及时，扣 10 分。	0	
3. 统计分析	50	①按时编印统计年鉴或年度数据手册等综合数据资料，得基本分 10 分；未印发，不得分。 ②按时提供定期经济社会发展情况统计资料，得基本分 10 分；未开展，不得分。 ③定期发布经济社会发展情况信息，全年提供统计分析报告、统计信息（上报当地党委政府或上级统计机构）30 篇及以上，得基本分 20 分；少一篇，扣 1 分。 ④按时发表统计公报，得基本分 10 分；未发表，不得分。	0	
四、统计信息化建设	100			
1. 信息网络建设	40	①未与上级统计机构联通统计信息网，扣 30 分。 ②每年至少开展 1 次内部计算机及网络技术培训，未开展扣 10 分。	40	
2. 信息安全管理	40	①未明确信息安全管理机构或未明确专（兼）职人员，扣 10 分。 ②信息系统场地不具备空调、消防设施、不间断电源等三项，扣 9 分；不具备两项，扣 6 分；不具备一项，扣 3 分。 ③不具有网络安全接入、客户端安全管理、病毒防范、防火墙等安全系统中任何三项，扣 9 分；不具备任何两项，扣 6 分；不具备任何一项，扣 3 分。 ④每年至少开展 1 次信息安全保密相关的技术或管理培训，得基本分 10 分；未达到，不得分。	40	

续表 4

考评内容	分值	考评方法	基础分	得分
3. 配备专业人员	20	①未配备专(兼)职计算机技术管理人员,扣 10 分。 ②专业人员不能熟练使用计算机、解决一般技术问题,扣 10 分。	20	
五、统计法制建设	100			
1. 统计法制基础建设	20	未按照规定配备统计执法检查员,缺乏必要的执法设备和条件,扣 20 分。	20	
2. 统计法制宣传教育	30	①未开展面向领导干部的统计法制宣传教育,扣 5 分。 ②未开展面向本单位统计人员和乡镇街道统计员的法制宣传教育,扣 15 分。 ③未开展面向广大统计调查对象的统计法制宣传教育,扣 5 分。 ④未以街头、报刊、媒体等形式开展面向社会公众的统计法制宣传教育,扣 5 分。	30	
3. 统计执法检查	30	①未依法开展统计执法检查活动,扣 10 分。 ②未完成上级统计机构布置的执法任务,扣 10 分。 ③“三上”单位依法开展统计执法检查活动面低于 0.5%,扣 8 分;未开展,扣 5 分。 ④发现统计违法行为未依法进行查处,扣 5 分。	30	
4. 统计执法监督	20	①统计执法人员未按照法定权限、程序和要求执行公务的,扣 8 分。 ②对查处的统计违法案件,未按规定制作统计执法案卷,扣 6 分。 ③对查处的统计违法案件,未按规定向上一级统计执法检查机关报告或备案,扣 6 分。	20	
六、统计管理	100			

续表 5

考评内容	分值	考评方法	基础分	得分
1. 县级部门统计管理	10	①未按规定对县级部门统计调查项目进行审批管理,扣 10 分。 ②未制定并公布本地区统计调查项目管理办法和办事程序,扣 8 分。 ③未定期公布经审批的县级部门统计调查项目,扣 2 分。	10	
2. 乡镇街道统计管理	20	①未按要求指导乡镇街道统计机构建设,扣 10 分。 ②未按要求对乡镇街道开展业务培训,扣 5 分。 ③乡镇街道统计人员未持证上岗,扣 5 分。	20	
3. 调查对象管理	20	①未按照制度规定指导或督促调查对象建立健全原始记录或统计台账,扣 10 分。 ②未按照制度规定定期对调查对象开展统计业务培训,扣 10 分。	20	
4. 统计从业资格认定工作管理	10	①违反统计从业资格考试规则,扣 5 分。 ②未规范开展统计从业人员后期管理工作,扣 5 分。	10	
5. 统计调查项目管理	10	①未建立局内统计调查项目管理制度,扣 5 分。 ②自行组织建立或与有关部门共同建立的统计调查项目、对上级布置的统计调查制度进行了调整未报省统计局审批,扣 10 分。	10	
6. 统计资料管理	30	①未严格执行统计资料管理办法,收集、整理和归档各种类型文件材料(包括纸质文件材料、照片、音像资料、电子文件等),相关文件材料不齐全不完整,扣 10 分。 ②规范化整理当年非网报基层报表资料,装订成册,有缺漏和间断,扣 1 分/表。 ③要求保留纸质档案的,纸质档案和电子档案要并存,纸质档案和电子档案不能一一对应,扣 1 分/表。 ④统计资料保存时限没有严格按照有关规定执行的,发现一例扣 1 分。 ⑤资料管理没有专人负责,扣 2 分;机构变动、人员调整未办理资料交接,扣 2 分。	30	

续表 6

考评内容	分值	考评方法	基础分	得分
七、加分项	100			
	100	①统计业务人员全部达到本科及以上学历,加 10 分。 ②考评期内开展的评比(包括普查及各项工作)中,评为国家级先进单位的加 5 分;评为省级先进单位,加 3 分。同项评比加分不重复计算,最高得 20 分。	0	
	100	③统计分析报告或统计科研成果在省级评比活动中获得一等奖,加 3 分/篇,最高得 30 分。 ④统计执法案卷评查中被国家统计局评为优秀案卷,加 10 分;评为省优秀案卷,加 5 分。(同项评比加分不重复计算) ⑤与乡镇街道统计机构实现内部联网,加 20 分。 ⑥县级统计局档案工作通过国家级、省级验收,加 10 分;通过地市、县级验收,加 5 分。	0	

注:加分的项目得分最高加至该项目所赋分值;减分项目得分最低减至 0 分,不计负数。

国家统计局县级调查队考核办法

（试行）

国家统计局

（2011年5月24日）

为进一步加强统计基础工作，提高统计工作规范化水平，保证源头数据质量，根据《县级统计机构工作规范》（试行），制定本考核办法。

一、考核对象

国家统计局各县级调查队。

二、考核组织

国家统计局制定考核办法，统一领导考核工作。国家统计局各调查总队负责组织所属县级调查队的具体考核工作。

三、考核周期

考核工作每三年开展一次，首次考核时间为2012年。

四、考核内容及赋分标准

（一）考核内容。

考核内容包括统计机构和统计人员、统计调查、统计服务、统计信息化建设、统计法制工作、统计管理、加分项等 7 个部分、22 项内容或指标。

(二)评分标准。

各项工作或指标的评分标准见附表。

(三)计分方法。

计分采用百分制,各考核项目加权汇总后得出总分。

考核内容各部分权重如下:

考核内容	权重(%)
1. 统计机构和统计人员	5
2. 统计调查	60
3. 统计服务	10
4. 统计信息化建设	5
5. 统计法制建设	5
6. 统计管理	10
7. 加分项	5
总计	100

"统计调查"部分考核范围包括国家统计局布置的常规统计调查、当年开展的普查以及重要的专项调查。各调查总队可根据本地实际确定具体专业,也可将相关调查合并为一个专业进行评分。具体评分方法是:按每个专业 100 分制评分,对该专业考核年度年、定报工作等进行综合考评,得出该专业的得分,各专业得分平均后得出该项的考核得分。

五、报送要求

各调查总队要按要求认真做好考核工作,并于考核期结束后次年3月底前将考核情况说明和《国家统计局县级调查队考核评分综合表》(见附件2,EXCEL文件形式)上报国家统计局。

六、其他

(一)国家统计局各调查总队可根据本办法制定本地区实施细则。

(二)本办法由国家统计局负责解释。

附件:1. 国家统计局县级调查队考核评分参考标准

2. 国家统计局县级调查队考核评分综合表(略)

附件1:

国家统计局县级调查队考核评分参考标准

考评内容	分值	考评方法	基础分	得分
一、统计机构和统计人员	100			
1. 统计人员	30	①统计业务人员(45岁及以下)要求具备大专以上学历,学历未达到标准,扣2分/人。 ②正式编制中统计业务人员(不包括司机、办公室勤杂人员等)比例少于70%,扣10分。	30	
2. 业务培训	30	未制定年度内统计人员业务及技能培训计划,扣10分;未实施培训,扣20分;培训未达标,酌情扣分。	30	

续表 1

考评内容	分值	考评方法	基础分	得分
3. 管理工作制度	20	决策规则和制度、人事管理制度、财务管理制度、档案管理制度、固定资产管理制度、保密工作制度、会议制度、廉洁从政制度、突发事件应急预案制度等各类制度,缺一类扣 2 分。	20	
4. 业务工作制度	20	统计调查工作制度、统计数据质量管理和责任追究制度、统计数据使用和发布工作制度、统计资料管理工作制度、统计执法责任制和普法工作制度、信息化建设工作制度、业务和技术培训工作制度等各类制度,缺一类扣 2 分。	20	
二、统计调查	100			
1. 组织实施	20	①未建立调查工作网络的扣 3 分,未对调查工作网络进行动态维护和管理,扣 2 分。 ②未按要求参加上级统计机构业务及技能培训,扣 1 分/人次。 ③未严格贯彻执行上级统计调查制度,扣 5 分。 ④未建立统计报表及报表填报说明发放登记及领取人签名制度,扣 2 分;未建立基层单位统计报表报送接收情况记录,扣 3 分。	20	
2. 数据采集与上报	20	①报表收集 10 分。未按制度要求做好应报单位催报工作,报表收集率每少一个百分点扣 1 分。 ②报表报送 10 分。未按制度规定时间上报,每迟报一天扣 1 分;未按要求报送数据处理及有关情况说明,一次扣 2 分;直接责任人对上级统计机构对数据的查询未能及时、准确答复,一次扣 1 分。	20	
2. 数据采集与上报	20	③统计报表未由法定调查对象填报,擅自代填、代改统计报表行为的,本项得分为 0。	20	

续表 2

考评内容	分值	考评方法	基础分	得分
3. 数据质量	60	①报表规范性 10 分。以纸介质上报的统计报表内容不完整、不规范，以磁介质、光存储介质或网络方式上报的统计报表文件名不规范、格式不正确、有病毒、无密码和身份控制，每发现一例扣 2 分。 ②报表完整性 10 分。单张报表调查范围不全、调查单位遗漏、采集的基层表不完整、指标填报不全、有漏项，每发现一笔扣 1 分。 ③报表准确性 20 分。数据有差错、计量单位不正确、逻辑关系有差错，每发现一笔扣 1 分。 ④数据质量评估 10 分。建立重要数据质量评估办法，开展评估工作，对数据进行审核、把关，得基本分 10 分；未建立不得分。 ⑤数据质量检查 10 分。建立分专业的定期检查制度，定期(一年至少二次)选择一定数量的调查对象进行检查，得基本分 10 分。未开展检查工作，扣 5 分；未建立定期检查制度，但开展检查工作，扣 3 分；既未建定期检查制度，也未开展检查工作，扣 10 分。	60	
三、统计服务	100			
1. 统计网站建设	40	①建立统计外部网站，得基本分 40 分；未建立，不得分。 ②网站信息更新不及时，扣 20 分。	0	
2. 统计分析	60	定期发布经济社会发展情况信息，全年提供统计分析报告、统计信息(上报当地党委政府或上级统计机构)20 篇及以上，得基本分 60 分；少一篇，扣 3 分。	0	
四、统计信息化建设	100			

续表 3

考评内容	分值	考评方法	基础分	得分
1. 统计信息网络建设	30	①未与上级统计机构联通统计信息网，扣20分。 ②每年至少开展1次内部计算机及网络技术培训，未开展扣10分。	30	
2. 信息安全管理	40	①未明确信息安全管理机构或未明确专(兼)职人员，扣10分。 ②信息系统场地不具备空调、消防设施、不间断电源等三项，扣9分；不具备两项，扣6分；不具备一项，扣3分。 ③不具有网络安全接入、客户端安全管理、病毒防范、防火墙等安全系统中任何三项，扣9分；不具备任何两项，扣6分；不具备任何一项，扣3分。 ④每年至少开展1次信息安全保密相关的技术或管理培训，得基本分10分；未达到，不得分。	40	
3. 配备专业人员	30	①未配备专(兼)职计算机技术管理人员，扣15分。 ②专业人员不能熟练使用计算机、解决一般技术问题，扣15分。	30	
五、统计法制建设	100			
1. 统计法制基础建设	20	未按照规定配备统计执法检查员，缺乏必要的执法设备和条件，扣20分。	20	
2. 统计法制宣传教育	30	①未开展针对本单位统计人员和辅助统计员的法制宣传教育，扣15分。 ②未开展面向广大统计调查对象及其统计人员的统计法制宣传教育，扣15分。	30	

续表 4

考评内容	分值	考评方法	基础分	得分
3. 统计执法检查	30	①未依法开展统计执法检查活动，扣 10 分。 ②未完成上级统计机构布置的执法任务，扣 10 分。 ③发现统计违法行为未依法进行查处，扣 10 分。	30	
4. 统计执法监督	20	①统计执法人员未按照法定权限、程序和要求执行公务，扣 8 分。 ②对查处的统计违法案件，未按规定制作统计执法案卷，扣 6 分。 ③对查处的统计违法案件，未按规定向上一级统计执法检查机关报告或备案，扣 6 分。	20	
六、统计管理	100			
1. 调查对象的管理	20	①未按照制度规定指导或督促调查对象建立健全原始记录或统计台账，扣 10 分。 ②未按照制度规定定期对调查对象开展统计业务培训，扣 10 分。	20	
2. 调查网点的管理	20	①未按上级统计机构要求建立调查网点，做好调查网点维护、管理，扣 10 分。 ②未按上级统计机构统一规定的样本轮换方案更换样本，扣 5 分。 ③未经批准增加调查网点和样本，发现一例扣 2 分。	20	
3. 辅助调查员的管理	20	①未按照制度规定配备辅助调查员，扣 10 分。 ②每年对辅助调查员业务培训少于 2 次/人，扣 5 分。 ③未按照制度规定对辅助调查员的工作进行定期检查和考核，扣 5 分。	20	

续表 5

考评内容	分值	考评方法	基础分	得分
4. 统计调查项目管理	20	①未建立队内统计调查项目管理制度，扣 10 分。 ②自行组织建立或与有关部门共同建立的统计调查项目、对上级布置的统计调查制度进行了调整未报国家统计局调查总队审批，扣 10 分。	20	
5. 统计资料管理	20	①未严格执行统计资料管理办法，收集、整理和归档各种类型文件材料（包括纸质文件材料、照片、音像资料、电子文件等），并确保相关文件材料的齐全完整，扣 10 分。 ②规范化整理当年非网报基层报表资料，装订成册，有缺漏和间断，扣 1 分/表。 ③要求保留纸质档案的，纸质档案和电子档案要并存，纸质档案和电子档案不能一一对应，扣 1 分/表。 ④统计资料保存时限没有严格按照有关规定执行，发现一例扣 1 分。 ⑤资料管理没有专人负责，扣 2 分；机构变动、人员调整未办理资料交接，扣 2 分。	20	
七、加分项	100			
	100	①统计业务人员全部达到本科及以上学历，加 15 分。 ②考评期内开展的评比（包括普查及各项工作）中，评为国家级先进单位的加 5 分；评为省级先进单位，加 3 分。同项评比加分不重复计算，最高得 30 分。 ③统计分析报告或统计科研成果在省级评比活动中获得一等奖，加 5 分/篇，最高得 30 分。 ④统计执法案卷评查中被国家统计局评为优秀案卷，加 15 分；评为省优秀案卷的加 10 分。（同项评比加分不重复计算） ⑤县级调查队档案工作通过省级验收，加 10 分；通过地市、县级验收，加 5 分。	0	

注：加分的项目得分最高加至该项目所赋分值；减分项目得分最低减至 0 分，不计负数。

国家统计局网络视频直播技术保障规范

（试行）

国家统计局办公室

（2011 年 5 月 25 日）

为保障国家统计系统网络视频直播系统的正常运行，保证转播及收视效果，特制定本规范。

一、视频直播系统组成

国家统计局网络视频直播系统由"国家—省"两级组成，并可根据需要向地市级统计机构及县级统计机构延伸。直播系统采用 Windows Media 流媒体技术，在主干网中采用网络单播协议，进行网络视频流的分发和传输；在局域网内启用网络组播协议，实现网络视频流的复制和分发，为统计系统内的个人计算机用户提供会议或活动的视频直播服务。

二、职责分工

国家统计局会议主办单位负责起草视频直播通知及相关准备工作，并通过国家统计局内网和电话等方式通知各省级参会单位。

国家统计局统计教育中心负责为视频直播提供视频技术支持，包括图像采集、摄录，视频资料的制作及提供等。

国家统计局数据管理中心负责本级视频直播系统的运行和管

理，负责向国家统计局机关用户提供视频流信号及技术支持，负责向各省级统计机构提供网络视频流信号。

各省（区、市）统计局数据管理中心（计算中心、计算处）、新疆生产建设兵团统计局经济信息统计处，负责本级视频直播系统的运行和管理，负责接收来自国家统计局的视频流信号，负责向本级局域网内的用户提供视频流信号及技术支持，根据需要向各地市级统计局提供网络视频流信号。有条件的地市级统计局可参照向区县级统计局延伸。

国家统计局各调查总队信息技术应用处或相关职能部门负责本级视频直播系统的运行和管理，负责接收来自国家统计局的视频流信号（或根据网络连接情况接收本地省级统计局的视频流信号），负责向本级局域网内的用户提供视频流信号及技术支持，根据需要向各地市级调查队提供网络视频流信号。有条件的地市级调查队可参照向县级调查队延伸。

各省级单位指定技术人员（至少 1 名）具体负责视频直播系统技术支持保障工作。

三、设备配备及要求

网络视频直播系统所需的服务器和操作系统等软硬件设备，由各地自行配备、维护及管理。

各省级统计机构应配备至少一台高性能服务器作为网络视频直播专用服务器，安装 Windows Server 2003 及以上版本的中文企业版操作系统，并安装 Windows Media Service 系统组件。该服务器应具备满足本地局域网用户以及下级网络视频直播服务器同时访问的能力，并具备可升级扩展的能力。

个人计算机应安装 Windows Media Player 9 及以上版本的媒体播放器，用于接收和播放网络视频直播服务器分发的网络视频流信号。

四、会前事项

（一）会议通知。国家统计局会议主办单位通过国家统计局内网和电话等方式，提前2个以上工作日向参会单位发出会议通知，通知中包括视频直播联调时间和要求。

国家统计局数据管理中心根据会议通知的要求，通过电子邮件和电话等方式，提前1个以上工作日向各参会单位的技术人员发出会前联调的具体技术要求。

（二）设备调试。国家统计局数据管理中心在接到会议通知后，组织局内相关单位及各地参会单位的技术人员进行视频直播联调。各地参会单位应按照会议通知中的联调时间及有关要求，按时参加联调。联调时，各地技术人员应逐项检查系统状况。

国家统计局数据管理中心提前1天时间进行视频直播信号的调试，提供视频流信号便于各地的调试，确保图像及声音传输正常。各地技术人员应按时参加调试。在会议召开前1小时确保各项准备工作就绪。

（三）紧急直播的准备。如果需要进行紧急视频直播工作，各相关单位在接到通知后，应迅速组织技术人员严格按照通知要求参加联调，保证系统尽快进入正常运行状态，并应在联调后立即开始值机。

五、会间事项

网络直播过程中，各地技术人员应坚守岗位，确保1部以上固定电话联络畅通，确保技术支持人员手机畅通，对设备出现的各类问题做好记录。相关技术人员应随时监控音视频信号的接收和播放流畅度，保障网络传输正常，并做好设备出现故障的应急处理工作：

（一）对某一个机构发生中断的，技术人员应当立即向上一级机构的技术人员报告，在不影响其他单位收看的情况下予以解决或要求上一级机构的技术人员协助解决。

（二）对多个省级机构同时发生中断的，国家局技术人员要根据故障原因，及时做出应急处理。

（三）对影响会议召开而又一时无法判断故障原因的情况，技术人员应立即向国家统计局数据管理中心主要负责人和会议主办单位报告相关情况，由会议主办单位报主管局领导，做出会议是否继续、推迟或改期等决定。

六、会后事项

（一）主会场主持人宣布会议结束后，国家统计局统一停止提供视频直播信号。

（二）会议结束当天，各地参会单位技术人员应及时将视频直播情况报国家统计局数据管理中心，以便及时解决一些地方音频、视频转播质量问题，加强直播工作的管理和改进。

七、视频直播设备的日常管理和维护

（一）国家统计局数据管理中心对主会场视频直播设备进行定期检查和维护，做好应对突发事件的软硬件准备。

（二）各省（区、市）统计局、新疆生产建设兵团统计局、国家统计局各调查总队应对本地视频直播设备进行定期检查和维护，做好应对突发事件的软硬件准备。

（三）各地区要将视频直播管理部门的负责人和技术人员的姓名及其联系方式（包括办公电话、移动电话、电子邮箱等）告知国家统计局数据管理中心。如有变更，应及时通知。

本规范自印发之日起执行，由国家统计局数据管理中心负责解释。

省级统计机构视频会议室建设指导意见

（试行）

国家统计局办公室

（2011 年 5 月 25 日）

为保障国家统计系统视频会议的正常进行，保证和提升各地视频会议会场的转播和收视效果，现对省级统计机构的视频会议室建设提出以下指导性意见。

一、视频会议室设置

各省级统计机构应建设专用视频会议室，保证视频会议的召开和收看效果。会议室面积建议按照可容纳 20 人以上、每人 3 至 5 平方米使用面积来考虑。

二、视频会议室布局

会议室布局应根据房间形状、视频采集效果、图像显示效果综合考虑，会议桌布置不宜采用圆桌布置方式，建议采用排式布置。

建议在紧邻视频会议室的位置部署控制室，用于安放控制台、监控器等控制设备，控制室与视频会议室之间设置隔音观察窗，供导播人员进行会场实时播控。

三、视频会议室装修

（一）材料。室内装饰应选用气密性好、不起尘、易清洁，在温、湿度变化作用下变形小的材料。

1. 墙壁和天花板表面应平整，宜用平光以及哑光材质。

2. 地面宜为木质地板并铺设地毯，用平光以及哑光材质，减少室内声反射。

3. 天花板吊顶宜选用吸声材料。

4. 桌椅宜选用漫反射材质。

5. 窗帘宜用厚布窗帘以防止阳光直射。

（二）色调。室内色调应淡雅柔和。背景墙宜采用均匀的浅颜色，不宜使用画幅。四周墙壁和桌椅宜采用浅色调，避免悬挂颜色复杂的饰物。忌用“白色”、“黑色”等易产生“反光”及“夺光”等不良效应的色调。

（三）环境。为保证会场空气清新、适宜的温湿度和较低的噪音干扰，应安装可调节新风和温湿度的低噪声、低振动空调系统。

四、视频会议室灯光系统

室内应保证足够的亮度，控制不同位置的亮度不均现象，避免产生图像色彩不均、忽明忽暗的现象。

（一）光源要求。视频会议室宜采用人工冷光源，如“三基色灯”。避免使用高照度的碘钨灯等热光源，避免采用自然光源。所有窗户都应用深色窗帘遮挡。

（二）照度要求。照度即为照射强度，单位为勒克司（LUX）。人的脸部等摄像区域，照度应为 500LUX，并保证脸部光线均匀。显示系统如监视器、投影电视等设备附近，照度不能高于 80LUX，宜在 50～80LUX 之间，并应避免直射光。文件图表区照度应不大于700LUX。

宜采用色温一致的灯泡，保证视频会议室背后和侧面墙的灯光亮度与照射在参会者身上的亮度基本一致。

（三）灯光方向。宜为灯光安装漫射透镜，以使光照充分漫射，使与会者脸上有均匀柔和的光照。

（四）安装位置。三基色灯一般安装在会议室天花板上，并使灯光依靠天花板对灯光的反射、散射照亮会议室，避免直接照射物体、与会者、背景及镜头。

五、视频会议室声学

为保证声绝源与吸声效果，窗户宜采用双层玻璃，进出口处可安装双门。室内宜铺设地毯，天花板、四周墙壁应采用吸音材料。会议室的环境噪声应低于40分贝（dB）。

六、视频会议室供电

视频会议设备和控制室设备宜采用UPS供电。应为视频会议设备提供专用电源插座，严禁和其他外围设备，特别是空调、功放等大功率设备共用。

七、视频采集系统

视频会议室应配备2台或2台以上专用高清摄像设备，及相应的视频切换设备，用于会场多角度拍摄及切换，保证从各个角度摄取会场全景或局部特写镜头。

摄像机的摆放位置高度应控制在1.8米左右，应正对主要参会人员或全场，根据每个摄像机的不同作用具体分配摄像机所在位置。

八、会议室音响系统

视频会议室应配备高保真音响系统，用于会议室音频采集、处理和播放，为视频会议系统提供高质量的音频信号。配备高保真有线/无线麦克风若干和配套话筒主机，用于会场音频采集；配备音频处理设备一套，包括调音台、音频均衡器、自动反馈抑制器和音频切换器等设备，对会场音频信号进行处理和切换；配备高保真扬声器 4 个（大型视频会议室可酌情增加扬声器数量），以及专业功率放大器，用于会场音频信号的播放；配备监听耳机和录音设备，用于会场音频信号实时监听和实况录制。

九、显示系统

视频会议室的显示系统对于会议效果的呈现非常关键，应至少部署 2 个显示单元，分别用于显示本地会场和远程会场的实况。显示单元的选择可综合考虑会议室布局、安装空间、显示效果、控制能力、维护成本等因素，选择使用高清液晶或等离子电视或者投影仪等设备。

显示系统宜放置在相对于与会者中心并便于观看的位置，距地高度 1 米左右，与会者与显示设备的距离约为 4 至 6 倍屏幕高度，与会者到显示系统的水平视角宜不大于 60 度。

十、网络连接

视频会议室至少具备 4 个百兆以上速率的网络接口，用于视频会议终端及其他有关设备的网络接入。

要求将省级统计局的视频会议终端无中继直连省级本地主干网路由器，调查总队的视频会议终端无中继直连调查总队主干路由器。两端设备网口均配置为“双工”模式且端口速率相同。网络线缆规格为超五类以上。线缆就位后必须通过已校准的 FLUKE 或同等级别的标准测试仪检验。

十一、视频会议室标识

视频会议室应在背景墙上及参会人员坐席前设置本地单位名称标识,便于区分不同分会场。标志应便于远端与会者识别,可参照《中国政府统计标识手册》进行设置。

十二、会议监控及调度

建议在控制室配装一部长途电话机和一部 IP 电话机,用于网络视频会议远程调度。建议配备音视频播放设备(如 DVD 机等),作为辅助音视频源设备。

本指导意见由国家统计局数据管理中心负责解释。

国家发展改革委　国家统计局关于印发2005—2009年全国社会发展水平综合评价报告的通知

（2011年5月30日）

各省、自治区、直辖市及计划单列市、副省级省会城市、新疆生产建设兵团发展改革委、统计局，黑龙江农垦总局：

按照2007年修订的《社会发展水平综合评价方案》（发改社会〔2007〕3437号），最近，国家发展改革委和国家统计局联合对2005—2009年全国及各地区的社会发展水平进行综合评价。在此基础上，撰写了2005—2009年全国社会发展水平综合评价报告，现印发给你们，供研究工作参考。

社会发展水平综合评价，既是我们改善社会发展领域宏观调控的重要手段，也是我们加强和创新社会管理的有效机制。发布社会发展水平综合评价报告，不是对各地区进行排序或评比，而是要通过对全国及各地区社会发展水平进行客观分析，使各级政府能够全面、准确、及时地掌握社会发展相关领域的实际情况，提高对社会发展形势的分析、监测、研判和预警能力，从而为宏观调控和社会管理提供重要的决策参考。

各地区发展改革部门和统计部门要加强与相关部门的协调配合，结合本评价报告的分析结果，进一步找准本地区加快社会建设和改善民生的着力点，逐步健全相关制度安排，不断提高本地区的社会发展水平。

附：2005—2009年全国社会发展水平综合评价报告（略）

全面实施企业(单位)一套表工作总体规划

国家统计局

(2011 年 6 月 13 日)

改革开放以来,我国统计工作快速发展,不断完善,基本形成了以国民经济核算为核心,以国民经济行业统计和经济社会发展重点领域统计为支撑的较为完善的国家统计调查体系。但在统计数据生产方式上,目前实行的各专业相对独立地采集原始数据、自成体系地完成各环节统计业务的工作模式,客观上导致各统计专业之间互补性不强,统计制度方法标准化程度不高,不仅制约了现代信息技术在统计中的应用,也影响了统计工作整体效率和统计数据的一致性,增加了基层统计部门和调查对象的负担。

为深化统计改革,提高统计能力、统计数据质量和政府统计公信力,国家统计局决定从 2011 年统计调查年报和 2012 年统计调查定报起实施企业(单位)一套表制度(以下简称"一套表")。根据全国统计工作会议的具体部署,特制订本规划。

一、指导思想与基本原则

(一)指导思想。

以邓小平理论和"三个代表"重要思想为指导,深入贯彻落实科学发展观,顺应统计用户需求和统计发展趋势,立足中国国情,充分吸纳国外先进统计经验,改革传统的统计生产方式,统一设计统计制度方法，采用现代先进信息技术手段，提高统计工作和统计数据的一体化程度，减轻基层统计机构和统计调查对象负担，促进统计工作“三个提高”。

（二）基本原则。

1. 着眼长远，整体设计。

着眼于统计工作的长远发展，贯彻《“十二五”时期统计发展和改革规划纲要》，以一体化的统计理念进行一套表制度的整体设计，为逐步建立指标统一、方法科学、标准严格、管理规范、技术先进的现代统计体系奠定基础。

2. 规范统一，统筹安排。

强化统计调查的统一性和系统性，规范统一指标的名称、解释、计算方法、计量单位和口径范围，统筹安排各行业（专业）统计调查项目的相关内容，科学设计统计业务工作流程，创新统计业务工作管理模式，逐步推进制度设计、数据采集、数据处理、统计分析等工作环节的集成管理。

3. 创新技术，跨越发展。

借助于现代先进信息技术手段，加强统计工作各个环节与信息技术的融合，重点解决目前数据采集处理软件多乱的问题，抓紧建设能够对统计调查制度进行统一电子化设计和布置，具备数据采集、录入、审核、编辑、汇总和管理等功能，性能优良、便于操作的数据采集处理软件系统，实现统计信息技术的跨越式发展。

4. 整体推进，分步实施。

一套表涉及到各级统计机构、各行业（专业）统计当前的工作和未来的发展，涉及到计算机硬件、软件和网络技术在统计生产过程中的广泛应用。因此，需要全系统的共同努力，在整体推进一套表改革的同时，又要因地制宜、分步实施，确保工作不乱，数据不断。

二、总体目标

“十二五”时期，在全国实施一套表，建立既能有效满足各级党委政府、各类经济体和社会公众需求，又能满足国民经济核算需要，便于调查单位填报、减轻基层统计机构和调查对象负担的统一规范的统计调查制度。根据整体推进、分步实施的原则，一套表工作采取分阶段实施的办法。

第一阶段(2011—2012 年)：在工业、建筑业、批发和零售业、住宿和餐饮业、房地产开发经营业等国民经济行业，以及科技、能源等主要专业的全面调查企业范围内实施一套表。

在此阶段，要建立健全相关统计标准和工作规范；初步建立企业统计调查核心指标体系及相配套的企业统计调查一套表制度和元数据标准；初步建立以基本单位名录库为基础，统一认定年、定报统计调查单位的工作机制；初步建成数据采集处理软件系统，实现全面调查企业原始数据联网直报。

第二阶段(2013 年)：将一套表的实施范围扩大到工业、建筑业、批发和零售业、住宿和餐饮业等国民经济行业的抽样调查企业，并将劳动工资等专业统计纳入一套表范围。

在此阶段，着手研究国家核心统计指标体系和基于元数据标准的统计调查报表管理体系。与第一阶段相比，一套表实施范围有所扩大，统一的年、定报统计调查单位认定机制，数据采集处理软件系统趋于成熟。

第三阶段(2014—2015 年)：全面实施一套表。将生产价格、服务业统计等抽样或重点调查内容纳入一套表范围；初步建立国家核心统计指标体系和基于元数据标准的统计调查报表管理体系。

在此阶段，要研究合理划分国家、地方和部门统计业务职责分工，改进和完善各行业(专业)统计协调合作机制，探索将部门统计内容纳入一套表工作范围，努力实现政府统计调查业务的一体化。

三、主要任务

按照整合资源，统筹规划，协同运作的一体化理念，改革统计生产方式，将对企业（单位）分散实施的各项调查整合统一到一起，统一布置报表，统一采集原生性指标数据，统一不同专业报表中相同指标的涵义、计算方法、分类标准和统计编码，推进统计调查业务一体化。实现由各专业独立设计转变为统一设计，由各专业分散布置转变为统一布置，由各专业自行确定调查单位转变为统一确定调查单位，由间接采集转变为直接采集，由层层上报转变为同步共享。

（一）统一设计调查制度。

认真梳理各行业（专业）统计针对企业的经常性和普遍性信息需求，研究制定一套表统计调查核心指标体系以及与之相配套的元数据标准，规范统一以企业（单位）为对象的统计调查指标名称、涵义、计算方法、分类标准、统计编码和使用要求。在此基础上，统一设计企业（单位）调查表式、统计范围、调查方法、调查频率和报送时间，形成体系完整、方便填报的统计调查制度。

（二）统一规范业务流程。

对现行各专业统计业务工作流程进行再设计，由以往全过程的分专业实施转变为依托信息化技术及现代管理手段，实现统计制度设计、数据采集、数据处理、统计分析等环节的统筹管理，规范统计业务流程和操作规程，确保各业务环节有效对接、相关数据自动流转，工作流程环环相扣。

（三）统一认定调查单位。

按照“先进库，再报数”的要求，以基本单位名录库为基础，确定一套表的统计调查单位。由国家统计局统一组织各省级统计部门定期认定年、定报统计调查单位，保证各行业（专业）统计数据的一致性和可比性。

(四)统一实施联网直报。

利用安全畅通、便捷高效的联网直报系统,统一组织采集企业数据,实现企业通过互联网直接向统计机构报送原始数据,强化对源头统计数据的集中管理,有效消除可能存在的中间环节对统计数据的干扰,提高数据处理效率和数据生产过程的透明度与可控性。

(五)统一编制处理软件。

以规范的统计业务流程为依托,以解决现有数据处理软件多乱为重点,以实现各级统计机构数据共享为目标,开发建设一套表数据处理软件系统,统一规范数据加工过程,提高统计数据的准确性、及时性和共享性。

四、保障措施

实施一套表是统计调查流程的系统再造,是一项复杂的系统工程,覆盖制度方法设计、业务流程管理、工作机制完善、信息技术应用、基础基层建设等各个方面,涉及面广、协调难度大。必须着重从以下几个方面采取措施,保障一套表的顺利实施。

(一)加强领导,统一认识。

国家统计局成立实施一套表领导小组和工作机构,加强对此项工作的组织领导和监督检查。地方各级统计机构要高度重视,成立由主要领导挂帅的实施一套表领导小组和工作机构,严格按照国家的统一部署,积极认真落实各项改革方案,扎实做好各项工作。

各级统计机构要认真学习全国统计会议精神,进一步提高对实施一套表必要性和重要性的认识,明确发展方向、奋斗目标和重点任务,把思想统一到全国统计工作会议确定的工作思路和各项部署上来,统一到"三个提高"上来,充分激发和调动广大统计人员的积极性、主动性和创造性,努力形成推动统计科学发展的强大合力。

（二）完善方案，健全机制。

国家统计局要在深入研究充分论证的基础上研究制定实施一套表的业务方案和相关文件。主要包括一套表各阶段实施方案、一套表统计制度、企业统计调查核心指标体系、主要元数据标准、统计单位标准及使用规定、统计业务流程及职责分工、应用软件基本业务功能需求框架、数据审核规则和汇总要求、数据处理工作方案、网络和硬件环境的基本要求等。各省级统计部门要根据国家方案和文件的统一要求，研究制定本地区实施一套表的实施方案。

各级统计机构要根据国家统计局的统一部署，建立健全实施一套表的相关工作机制。一是建立统计调查单位认定机制，以基本单位名录库为基础，统一认定和更新年、定报调查单位，确保“先进库，后有数”。二是建立专业分工协作机制，规范和细化业务工作流程，做到任务到人、责任到人。三是建立重大工作事项督查制度，对实施一套表的进展情况进行重点督查，及时掌握各项工作的进展情况。

（三）统一软件、建设平台。

在建设功能完善、统一兼容的数据采集处理软件系统的工程中，要以规范的统计业务流程为依托，以解决现有数据采集处理软件多乱为重点，着重解决一套表的数据采集处理软件需求。对于参加一套表试点的省（区、市），只在省级集中部署一套软件系统；已建成的保留过渡；新建的，在国家统计局推荐的软件中选择一套进行部署。

要加快构建标准统一、兼容友好、覆盖全面的统计业务应用平台，有效支持制度设计、任务布置、数据录入、网上报送、编辑审核、汇总制表、数据管理等统计业务流程，充分满足国家、省、市、县四级统计机构进行普查、常规统计调查和专项调查的需要。

（四）强化基层，夯实基础。

实施一套表对基层统计人员的专业知识、业务技能和计算机水平提出了更高的要求，各级统计部门要加大对基层统计人员的培训力度，将重点放在对市县统计机构主要负责人和业务骨干的培训上。要结合一套表工作加强对县级统计机构工作的指导和考核，努力提升基层统计工作的规范化水平；建立健全向基层倾斜的经费分配机制，切实提高基层经费保障水平。

各级统计部门要督促纳入一套表统计调查范围的企业（单位），配备具有与统计工作相适应的统计人员，提供网上报送统计报表的工作条件，支持统计人员按照统计部门的统一部署，参加相关业务培训，及时、规范地完成一套表数据填报工作。

国家统计局关于
开展 2011 年企业一套表试点工作的通知

(2011 年 6 月 14 日)

各有关省、自治区、直辖市统计局，新疆生产建设兵团统计局，国家统计局山西调查总队：

根据全国统计工作会议的精神，为全面检验企业一套表实施方案及配套文件的科学性和可行性，确保 2011 年年报和 2012 年定报企业一套表的全面实施，定于 2011 年定报期间组织开展企业一套表试点工作。试点工作安排及要求如下：

一、试点的重点内容

(一)对企业一套表工作进行全过程、全方位试点。本次试点以《2011－2012 年企业一套表实施方案(试点用)》(见附件)为依据，按照“统一设计报表制度、统一管理调查单位、统一数据采集处理方式、规范统计工作流程、统一布置与分专业实施相结合”的要求开展试点工作。

(二)对企业一套表制度分行业定报进行试点。2011 年年报和 2012 年定报制度修订工作，原则上在试点制度基础上不做大的变动，以确保统计工作的连续性。

(三)本次试点使用国家推荐的两个软件。试点地区选择其中一个软件，在全省或试点范围内统一使用；国家统计局各专业司按推荐的软件分别接收试点数据，并进行数据审核、汇总。

二、试点地区

选择13个省(区、市)在全省范围进行试点,选择11个省(区、市)的部分地市或县进行试点。具体试点地区如下:

全省试点:北京市、河北省、山西省、黑龙江省、江苏省、山东省、河南省、湖北省、湖南省、四川省、陕西省、青海省、新疆自治区(包括新疆生产建设兵团);

部分地区试点:天津市北辰区,内蒙古自治区巴彦淖尔市,辽宁省盘锦市,浙江省杭州市、宁波市、温州市和嘉兴市,广东省惠州市和佛山市南海区,广西壮族自治区南宁市和柳州市,海南省三亚市和澄迈县,贵州省贵阳市和遵义市,云南省昆明市和曲靖市,甘肃省兰州市、庆阳市和酒泉市,宁夏回族自治区中卫市。

国家统计局山西调查总队研究调查队系统实施企业一套表的组织机制和方法。

三、试点时间

6月初召开全国企业一套表试点工作布置暨综合培训会议,8月上报试点数据,9月进行试点总结。

四、试点工作要求

(一)试点工作组织保障。

各试点地区要成立企业一套表领导小组及工作小组,统一领导和负责试点期间的各项具体事务。各相关单位要按照职责分工,各负其责,互相配合,共同完成"企业一套表"各环节的试点工作。集中解决并处理试点中出现的问题,确保试点工作的顺利进行。

（二）试点设备和环境准备。

为了保证8月份报送试点数据，各试点地区应制定本地区企业一套表试点工作方案，做好联网直报的设备及环境准备，做好试点数据采集上报的各项准备工作。

（三）试点工作布置及培训。

全国企业一套表试点工作布置暨综合培训会议之后，6月下旬开始，各级统计机构逐级分专业进行业务培训，其中包括国家统计局各相关单位对本系统分专业进行业务培训。7月底前，县级统计机构（或其他直接接受基层表的统计机构）完成分专业对调查单位的业务培训。国家统计局数管中心负责编制试点用软件的操作手册。

（四）试点数据报送及处理。

8月份，试点地区按照国家推荐的一个数据采集软件，通过网络形式同时采集试点数据。月报上报6月和7月份的数据，季报上报第一、二季度的数据。具体要求如下：

1. 试点数据的具体报送时间，详见企业一套表制度分行业报表规定的报表上报时间。

2. 试点地区要按照国家统一定制的调查单位报送数据。全省试点地区报送全省数据；部分地区试点，直接报送试点地区的数据。

3. 试点期间，调查单位采用网上直报方式填报数据，各级统计机构负责在线审核、验收和催报等工作。在省设节点的试点地区，由省统计局负责将全省或试点地区的数据报国家统计局虚拟数据处理办公室。国家统计局各专业司使用推荐的软件分别接收、审核、合并试点数据，并进行汇总和评估（详见《2011年企业一套表试点数据处理方案》）。

（五）严格落实方案，认真总结经验。

试点期间，各试点地区、各相关专业要严格执行试点用企业一套表实施方案。针对试点的难点和重点，结合本地区、本专业试点数据的上报、审核、汇总以及数据采集平台使用情况，及时了解并解决试点工作出现的问题，保证试点工作顺利完成。9月底前，各试点地区、各相关专业要对企业一套表试点工作进行认真总结，为完善方案设计，改进工作的组织模式，优化完善数据采集处理软件提出切实可行的改进建议，为全面推行企业一套表工作打下坚实的基础。

附件：2011—2012年企业一套表实施方案（试点用）（略）

工业和信息化部　国家统计局
国家发展改革委　财政部关于印发
中小企业划型标准规定的通知

（2011 年 6 月 18 日）

各省、自治区、直辖市人民政府，国务院各部委、各直属机构及有关单位：

为贯彻落实《中华人民共和国中小企业促进法》和《国务院关于进一步促进中小企业发展的若干意见》（国发〔2009〕36 号），工业和信息化部、国家统计局、发展改革委、财政部研究制定了《中小企业划型标准规定》。经国务院同意，现印发给你们，请遵照执行。

中小企业划型标准规定

一、根据《中华人民共和国中小企业促进法》和《国务院关于进一步促进中小企业发展的若干意见》（国发〔2009〕36 号），制定本规定。

二、中小企业划分为中型、小型、微型三种类型，具体标准根据企业从业人员、营业收入、资产总额等指标，结合行业特点制定。

三、本规定适用的行业包括：农、林、牧、渔业，工业（包括采矿业，制造业，电力、热力、燃气及水生产和供应业），建筑业，批发业，零售业，交通运输业（不含铁路运输业），仓储业，邮政业，住宿业，餐饮业，信息传输业（包括电信、互联网和相关服务），软件和信息技术服务业，房地产开发经营，物业管理，租赁和商务服务业，其他未列明行业(包括科学研究和技术服务业，水利、环境和公共设施管理业，居民服务、修理和其他服务业，社会工作，文化、体育和娱乐业等)。

四、各行业划型标准为：

(一)农、林、牧、渔业。营业收入 20000 万元以下的为中小微型企业。其中，营业收入 500 万元及以上的为中型企业，营业收入 50 万元及以上的为小型企业，营业收入 50 万元以下的为微型企业。

(二)工业。从业人员 1000 人以下或营业收入 40000 万元以下的为中小微型企业。其中，从业人员 300 人及以上，且营业收入 2000 万元及以上的为中型企业；从业人员 20 人及以上，且营业收入 300 万元及以上的为小型企业；从业人员 20 人以下或营业收入 300 万元以下的为微型企业。

(三)建筑业。营业收入 80000 万元以下或资产总额 80000 万元以下的为中小微型企业。其中，营业收入 6000 万元及以上，且资产总额 5000 万元及以上的为中型企业；营业收入 300 万元及以上，且资产总额 300 万元及以上的为小型企业；营业收入 300 万元以下或资产总额 300 万元以下的为微型企业。

(四)批发业。从业人员 200 人以下或营业收入 40000 万元以下的为中小微型企业。其中，从业人员 20 人及以上，且营业收入 5000 万元及以上的为中型企业；从业人员 5 人及以上，且营业收入 1000 万元及以上的为小型企业；从业人员 5 人以下或营业收入 1000 万元以下的为微型企业。

(五)零售业。从业人员 300 人以下或营业收入 20000 万元以下的为中小微型企业。其中，从业人员 50 人及以上，且营业收入 500 万元及以上的为中型企业；从业人员 10 人及以上，且营业收入 100 万元及以上的为小型企业；从业人员 10 人以下或营业收入 100 万元以下的为微型企业。

（六）交通运输业。从业人员1000人以下或营业收入30000万元以下的为中小微型企业。其中，从业人员300人及以上，且营业收入3000万元及以上的为中型企业；从业人员20人及以上，且营业收入200万元及以上的为小型企业；从业人员20人以下或营业收入200万元以下的为微型企业。

（七）仓储业。从业人员200人以下或营业收入30000万元以下的为中小微型企业。其中，从业人员100人及以上，且营业收入1000万元及以上的为中型企业；从业人员20人及以上，且营业收入100万元及以上的为小型企业；从业人员20人以下或营业收入100万元以下的为微型企业。

（八）邮政业。从业人员1000人以下或营业收入30000万元以下的为中小微型企业。其中，从业人员300人及以上，且营业收入2000万元及以上的为中型企业；从业人员20人及以上，且营业收入100万元及以上的为小型企业；从业人员20人以下或营业收入100万元以下的为微型企业。

（九）住宿业。从业人员300人以下或营业收入10000万元以下的为中小微型企业。其中，从业人员100人及以上，且营业收入2000万元及以上的为中型企业；从业人员10人及以上，且营业收入100万元及以上的为小型企业；从业人员10人以下或营业收入100万元以下的为微型企业。

（十）餐饮业。从业人员300人以下或营业收入10000万元以下的为中小微型企业。其中，从业人员100人及以上，且营业收入2000万元及以上的为中型企业；从业人员10人及以上，且营业收入100万元及以上的为小型企业；从业人员10人以下或营业收入100万元以下的为微型企业。

（十一）信息传输业。从业人员2000人以下或营业收入100000万元以下的为中小微型企业。其中，从业人员100人及以上，且营业收入1000万元及以上的为中型企业；从业人员10人及以上，且营业收入100万元及以上的为小型企业；从业人员10人以下或营业收入100万元以下的为微型企业。

(十二)软件和信息技术服务业。从业人员300人以下或营业收入10000万元以下的为中小微型企业。其中,从业人员100人及以上,且营业收入1000万元及以上的为中型企业;从业人员10人及以上,且营业收入50万元及以上的为小型企业;从业人员10人以下或营业收入50万元以下的为微型企业。

(十三)房地产开发经营。营业收入200000万元以下或资产总额10000万元以下的为中小微型企业。其中,营业收入1000万元及以上,且资产总额5000万元及以上的为中型企业;营业收入100万元及以上,且资产总额2000万元及以上的为小型企业;营业收入100万元以下或资产总额2000万元以下的为微型企业。

(十四)物业管理。从业人员1000人以下或营业收入5000万元以下的为中小微型企业。其中,从业人员300人及以上,且营业收入1000万元及以上的为中型企业;从业人员100人及以上,且营业收入500万元及以上的为小型企业;从业人员100人以下或营业收入500万元以下的为微型企业。

(十五)租赁和商务服务业。从业人员300人以下或资产总额120000万元以下的为中小微型企业。其中,从业人员100人及以上,且资产总额8000万元及以上的为中型企业;从业人员10人及以上,且资产总额100万元及以上的为小型企业;从业人员10人以下或资产总额100万元以下的为微型企业。

(十六)其他未列明行业。从业人员300人以下的为中小微型企业。其中,从业人员100人及以上的为中型企业;从业人员10人及以上的为小型企业;从业人员10人以下的为微型企业。

五、企业类型的划分以统计部门的统计数据为依据。

六、本规定适用于在中华人民共和国境内依法设立的各类所有制和各种组织形式的企业。个体工商户和本规定以外的行业,参照本规定进行划型。

七、本规定的中型企业标准上限即为大型企业标准的下限,国家统计部门据此制定大中小微型企业的统计分类。国务院有关部门据此进行相关数据分析，不得制定与本规定不一致的企业划型标准。

八、本规定由工业和信息化部、国家统计局会同有关部门根据《国民经济行业分类》修订情况和企业发展变化情况适时修订。

九、本规定由工业和信息化部、国家统计局会同有关部门负责解释。

十、本规定自发布之日起执行，原国家经贸委、原国家计委、财政部和国家统计局 2003 年颁布的《中小企业标准暂行规定》同时废止。

国家统计局关于开展全国主要畜禽监测调查样本轮换工作的通知

（2011 年 6 月 20 日）

国家统计局各调查总队：

为客观反映我国畜牧业生产形势，确保畜禽监测调查数据质量，依照国家统计局农村抽样调查定期进行样本轮换工作的要求和全国农村抽样调查样本轮换工作方案的规定，2011 年 6 月份开始将在全国范围内开展主要畜禽监测抽样调查样本轮换工作。现将有关事项通知如下：

一、工作内容

本次样本轮换以满足省级推算猪牛羊禽数据和生猪调出大县分县数据为目标，以第二次全国农业普查资料为抽样框，采取与农户户数规模成比例的抽样方法，在国家调查县及生猪大县内，对规模以下散养户实行小区整群抽样调查。

二、工作要求

（一）主要畜禽监测抽样调查的样本轮换工作由国家统计局各调查总队负责组织实施，各总队要高度重视并认真组织。为确保此项工作顺利进行，各总队应成立由有关领导和专业处人员共同组成的样本轮换工作领导小组，并从人力、物力、交通、经费等方面给予充分保障。

（二）主要畜禽监测抽样调查的样本轮换工作涉及面广、工作量大，请各地统计局给予积极支持与配合。

（三）严格按照主要畜禽监测抽样调查样本轮换实施细则的要求开展样本轮换工作。各地应结合本地实际制定各地的样本轮换实施细则，并报国家统计局农村司审批备案。

（四）样本轮换过程中，各地遇到的新情况、新问题应及时与国家统计局农村司联系，共同研究解决。

（五）样本轮换工作结束后，各调查总队对本次样本轮换工作进行认真总结，并书面上报国家统计局。

三、工作进度安排

（一）2011 年 6 月，非试点省开展抽样框资料核实准备工作。

（二）2011 年 7 月，召开全国主要畜禽监测样本轮换工作布置及培训会议，对各调查总队业务人员进行实施细则、抽样方法和抽样程序等方面培训。

（三）2011 年 7－10 月，各省开展样本抽选及摸底调查工作。抽出三套样本，在技术层面和操作层面进行核实比较，优选一套上报国家统计局。

（四）2011 年 11 月，国家统计局根据抽选方案要求及代表性检验情况审批各省上报的抽选结果，确定新调查网点。

（五）2011 年 12 月，选聘培训新调查网点辅调员，完成畜禽监测数据处理程序定制，做好各项准备工作。

附件：主要畜禽监测调查样本轮换实施细则（略）

国家统计局关于在调查队系统开展“结对”援疆工作的通知

（2011年6月20日）

国家统计局各调查总队，深圳、厦门调查队：

为贯彻落实全国统计系统援疆工作座谈会精神，支援帮助新疆维吾尔自治区各县级国家统计局调查队实现“三个提高”，国家统计局决定，在调查队系统开展“结对”援疆工作。现将有关事项通知如上：

一、关于“结对”援疆工作。在“十二五”期间，国家统计局各调查总队（不包括新疆、兵团及西藏调查总队）以及深圳、厦门调查队（以下简称责任调查队）各负责援助新疆维吾尔自治区一个县级国家统计局调查队（以下简称受援调查队，“结对”安排见附件），以支持帮助受援调查队提高调查能力和工作水平。

二、充分认识“结对”援疆工作的重要性。开展“结对”援疆工作，是在调查队系统贯彻落实中央战略部署的重要举措，是推动统计调查事业全面协调发展的客观要求。各有关调查队要深入学习、领会、贯彻马建堂局长在全国统计系统援疆工作座谈会上的讲话，充分认识做好“结对”援疆工作的重要意义，增强做好“结对”援疆工作的自觉性和使命感。

三、加强领导，落实责任。为保证“结对”援疆工作的有序开展，各责任调查队要加强对本队“结对”援疆工作的领导，指定专人负责“结对”援疆工作；国家统计局新疆调查总队要设立“结对”援疆工作协调小组，组织协调相相关工作。

四、围绕“五个一”开展人才智力交流活动。人才智力交流是“结对”援疆工作的主要内容，各责任调查队要根据受援调查队的实际情况，围绕“五个一”开展交流活动。一是组织一次业务交流。各责任调查队、受援调查队要通过深入的业务交流进一步明确“结对”援疆工作的主要目标和具体措施，并在此基础上形成工作计划和年度安排。二是培养一名业务骨干。各责任调查队要通过挂职锻炼等方式帮助受援调查队培养至少一名调查业务骨干。三是选派一名业务干部。各责任调查队应选派一名业务干部到受援调查队短期工作，发挥传帮带作用，帮助受援调查队提升调查能力。四是组织一次业务培训。各责任调查队要结合本队的培训计划为受援调查队开办调查业务培训，帮助受援调查队提高人员素质。五是组织一次专题调研。各责任调查队要在受援调查队的支持参与下组织受援调查队调查能力专题调研，帮助受援调查队查找实现“三个提高”的薄弱环节，提出解决方案，形成调研报告，并提交国家统计局援疆工作领导小组办公室、国家统计局新疆调查总队以及受援调查队。

五、建立工作机制，注重工作效果。为保证“结对”援疆工作的效果，各责任调查队、国家统计局新疆调查总队要建立相关工作机制。一是建立工作沟通机制。各责任调查队要加强与国家统计局援疆工作领导小组办公室、国家统计局新疆调查总队以及受援调查队的沟通交流，互相通报情况，及时研究解决“结对”援疆工作中出现的新情况、新问题。二是建立工作报告机制。每年底，各责任调查队、国家统计局新疆调查总队要向国家统计局援疆工作领导小组办公室专题报告“结对”援疆工作进展。三是建立舆论宣传机制。各责任调查队、国家统计局新疆调查总队要积极协调新闻媒体传播“结对”援疆工作的重要意义和重要成果，宣扬“结对”援疆工作的典型人物和典型经验。四是建立工作考评机制。国家统计局将对每年的“结对”援疆工作进行检查和考核，国家统计局新疆调查总队也要加强对“结对”援疆工作的评估和总结。

各责任调查队、国家统计局新疆调查总队对“结对”援疆工作的建议、要求等有关情况，请及时与国家统计局援疆工作领导小组办公室联系。

附件：“结对”援疆工作“结对”安排

附件：

“结对”援疆工作“结对”安排

序号	援助单位	受援调查队
1	北京调查总队	墨玉调查队
2	天津调查总队	洛浦调查队
3	河北调查总队	轮台调查队
4	山西调查总队	奇台调查队
5	内蒙古调查总队	莎车调查队
6	辽宁调查总队	额敏调查队
7	吉林调查总队	布尔津调查队
8	黑龙江调查总队	青河调查队
9	上海调查总队	叶城调查队
10	江苏调查总队	阿图什调查队
11	浙江调查总队	乌什调查队
12	安徽调查总队	和田县调查队
13	福建调查总队	玛纳斯调查队
14	江西调查总队	阿克陶调查队
15	山东调查总队	英吉沙调查队
16	河南调查总队	巴楚调查队
17	湖北调查总队	温泉调查队
18	湖南调查总队	吐鲁番市调查队
19	广东调查总队	疏附调查队
20	广西调查总队	库车调查队
21	海南调查总队	伊宁县调查队
22	重庆调查总队	福海调查队
23	四川调查总队	沙雅调查队
24	贵州调查总队	霍城调查队
25	云南调查总队	察布查尔调查队
26	陕西调查总队	温宿调查队
27	甘肃调查总队	沙湾调查队
28	青海调查总队	新源调查队
29	宁夏调查总队	焉耆调查队
30	深圳调查队	疏勒调查队
31	厦门调查队	麦盖提调查队

国家统计局　国家发展改革委　财政部　国土资源部　住房城乡建设部　农业部　中国人民银行　国家林业局关于建立保障性安居工程统计制度的通知

（2011年6月23日）

各省（自治区、直辖市）统计局、发展改革委、财政厅、国土资源厅、住房城乡建设厅（建委、住房保障和房屋管理局）、农业（农垦）厅（局）、人民银行分行（营业管理部）、林业局：

根据《国务院办公厅关于进一步做好房地产市场调控工作有关问题的通知》（国办发〔2011〕1号）精神，为及时掌握全国保障性安居工程建设完成情况，加强和规范保障性安居工程统计和信息发布工作，国家统计局、国家发展改革委、财政部、国土资源部、住房城乡建设部、农业部、中国人民银行、国家林业局决定联合建立保障性安居工程统计制度。现将《保障性安居工程统计制度》印发给你们，并将有关问题通知如下：

一、统计目的

通过建立保障性安居工程统计制度，进一步规范和明确保障性安居工程的涵义和范围，及时收集各类保障性安居工程建设信息，准确反映保障性安居工程的规模、结构、进展等情况，为党中央、国务院制定保障性安居工程政策，为地方党委、政府和各有关部门加强保障性安居工程建设管理提供科学依据，为社会各界提供保障性安居工程统计信息服务。

二、统计范围

保障性安居工程的统计范围是指列入当地政府住房保障规划和年度计划的保障性安居工程。包括所有建设单位开发建设的各类保障性安居工程项目；购买、长期租赁的各类保障性安居工程；货币补贴的户数等。建设单位开发建设的保障性安居工程包括城镇廉租住房、公共租赁住房、各类棚户区改造（包括城市棚户区改造、国有工矿棚户区改造、国有林区棚户区改造及国有林场危旧房改造、国有垦区危房改造、中央下放地方煤矿棚户区改造等）、经济适用住房、限价商品住房、农村危房改造、游牧民定居工程等。

三、统计内容

保障性安居工程统计内容包括土地供应、年度建设计划、年度资金安排和使用、工程建设等情况。调查表式分为一张基层表和两张综合表，基层表数据直接由保障性安居工程项目建设单位填报，综合表除保障性安居工程新开工数据由基层表汇总外，其他指标均来自各级主管部门的行政记录。统计频率为季报。

四、组织实施

保障性安居工程统计制度由国家统计局、国家发展改革委、财政部、国土资源部、住房城乡建设部、农业部、中国人民银行和国家林业局共同组织实施。

国家统计局负责保障性安居工程统计制度的制定，组织各级统计部门完成新建保障性安居工程的建设完成情况统计，收集并审核部门统计数据，做好数据的汇总、分析与发布工作。

国家发展改革委负责保障性安居工程计划及资金情况统计，组织各级发展改革部门在规定时间内向同级统计部门提供中央下放地方煤矿棚户区改造、国有工矿棚户区改造、游牧民定居工程计划与完成情况等相关数据。

财政部负责保障性安居工程资金情况统计，组织各级财政部门在规定时间内向同级统计部门提供财政预算资金安排与使用情况等相关数据。

国土资源部负责保障性安居工程供地情况统计，组织各级国土部门在规定时间内向同级统计部门提供保障性安居工程本年实际供地情况等相关数据。

住房城乡建设部负责保障性安居工程项目计划及筹集情况统计，组织各级住房城乡建设部门在规定时间内向同级统计部门提供廉租住房、公共租赁住房、经济适用住房、限价商品住房、城市棚户区改造、国有工矿棚户区改造和农村危房改造计划与筹集情况等相关数据。

农业部负责国有垦区危房改造情况统计，并组织各级农业部门在规定时间内向同级统计部门提供相关数据。

中国人民银行负责保障性安居工程银行贷款情况统计，并组织各级银行部门在规定时间内向同级统计部门提供相关数据。

国家林业局负责国有林区棚户区改造及国有林场危旧房改造情况统计，并组织各级林业部门在规定时间内向同级统计部门提供相关数据。

各级主管部门要会同同级统计部门对下级统计部门上报的保障性安居工程统计数据进行审核。

五、信息发布

为保证保障性安居工程统计数据的客观、真实、准确，成立由国家统计局牵头，国家发展改革委、财政部、国土资源部、住房城乡建设部、农业部、中国人民银行和国家林业局参加的全国保障性安居工程统计信息分析与发布协调工作小组，按季度对保障性安居工程统计数据进行审核、评估，并由国家统计局统一对外发布有关信息。各地保障性安居工程统计数据的评估和发布工作参照八部委的模式开展。

六、工作要求

（一）高度重视。建立保障性安居工程统计制度是科学反映保障性安居工程这一重要民生工程进展的重要手段，是加强和完善房地产市场宏观调控的重要举措。各级主管部门要高度重视保障性安居工程统计制度的贯彻实施，积极主动地开展工作，并要在人员和经费等方面予以支持。

（二）密切配合。保障性安居工程统计工作需要各相关部门通力合作，各级业务主管部门要与同级统计部门建立规范的沟通和交流机制，要及时准确地向统计部门提供反映保障性安居工程计划与建设情况的数据。统计部门在汇总各部门及基层统计数据之后，要将通过审核评估的保障性安居工程数据向相关部门进行反馈。

（三）加强培训。各地要严格按照保障性安居工程统计制度的要求，加强业务与程序的培训，逐步提高基层部门和企业统计人员的业务素质，不断提高统计数据的质量。

（四）实施日期。《保障性安居工程统计制度》自 2011 年 7 月 1 日起实施。

附件：保障性安居工程统计制度

附件：

保障性安居工程统计报表制度
（2011年定期报表）

本报表制度根据《中华人民共和国统计法》的有关规定制定

《中华人民共和国统计法》第七条规定：国家机关、企业事业单位和其他组织以及个体工商户和个人等统计调查对象，必须依照本法和国家有关规定，真实、准确、完整、及时地提供统计调查所需的资料，不得提供不真实或者不完整的统计资料，不得迟报、拒报统计资料。

《中华人民共和国统计法》第九条规定：统计机构和统计人员对在统计工作中知悉的国家秘密、商业秘密和个人信息，应当予以保密。

本制度由国家统计局负责解释。

一、总说明

一、为了解全国保障性安居工程建设情况，依照《中华人民共和国统计法》的规定，制定本报表制度。

二、本报表制度属于国家统计制度，调查内容主要是保障性安居工程建设和完成情况。地方政府和各级主管部门特殊需要的统计资料可在此基础上增加指标，但要避免与国家统计调查相重复。

三、统计范围

保障性安居工程统计范围：是指列入当地政府住房保障规划和年度计划的各类保障性安居工程。包括所有建设单位开发建设的各类保障性安居工程项目；购买、长期租赁的各类保障性安居工程；货币补贴的户数等。建设单位开发建设的保障性安居工程包括城镇廉租住房、公共租赁住房、各类棚户区改造（包括城市棚户区改造、国有工矿棚户区改造、国有林区棚户区改造及国有林场危旧房改造、国有垦区危房改造、中央下放地方煤矿棚户区改造等)、经济适用住房、限价商品住房、农村危房改造、游牧民定居工程等。

四、填报具体规定

1. 综合表由县级统计部门根据相应管理部门提供的数据逐级汇总上报。基层表由保障性安居工程项目的建设(含新建、改建、扩建和翻建)单位或房地产开发企业直接填报,县级统计部门汇总审核后逐级上报。

2. 保障性安居工程建设情况按项目所在地原则统计。

3. 配套建设的保障性安居工程项目,在填报投资、资金、施工面积、竣工面积和土地面积等指标时,如无法区分保障性安居工程部分,可根据保障性安居工程的规划建筑面积所占比重进行分摊。

4. 保障性安居工程建设项目的认定标准,要以是否列入当地住房保障规划和年度计划为依据。

5. 如果保障性安居工程分组存在交叉,在实际统计过程中由统计部门按照不重不漏的原则,确认为一种分组进行统计。

五、报送要求

1. 本报表制度报告期别为季报。各省、自治区、直辖市统计局汇总辖区内全部保障性安居工程统计资料(含综合表和基层表),并于季后 15 日 12 时前报送国家统计局。

2. 保障性安居工程统计制度由国家统计局、国家发展改革委、财政部、国土资源部、住房城乡建设部、农业部、中国人民银行和国家林业局共同组织实施。

国家统计局负责保障性安居工程统计制度的制定,组织各级统计部门完成新建保障性安居工程的建设完成情况统计,收集并审核部门统计数据,做好数据的汇总、分析与发布工作。

国家发展改革委负责保障性安居工程计划及资金情况统计,组织各级发展改革部门在规定时间内向同级统计部门提供中央下放地方煤矿棚户区改造、国有工矿区棚户区改造、游牧民定居工程计划与完成情况等相关数据。

财政部负责保障性安居工程资金情况统计，组织各级财政部门在规定时间内向同级统计部门提供财政预算资金安排与使用情况等相关数据。

国土资源部负责保障性安居工程供地情况统计，组织各级国土部门在规定时间内向同级统计部门提供保障性安居工程本年实际供地情况等相关数据。

住房和城乡建设部负责保障性安居工程项目计划及筹集情况统计，组织各级住房城乡建设部门在规定时间内向同级统计部门提供廉租住房、公共租赁住房、经济适用住房、限价商品住房、城市棚户区改造、国有工矿区棚户区改造和农村危房改造计划和筹集情况等相关数据。

农业部负责国有垦区危房改造情况统计，并组织各级农业部门在规定时间内向同级统计部门提供相关数据。

中国人民银行负责保障性安居工程银行贷款情况统计，并组织各级银行部门在规定时间内向同级统计部门提供相关数据。

国家林业局负责国有林区棚户区改造及国有林场危旧房改造情况统计，并组织各级林业部门在规定时间内向同级统计部门提供相关数据。

各级主管部门要会同统计部门对下级统计部门上报的保障性安居工程统计数据进行审核。

3. 各填报单位必须按规定及时、准确、全面地填报各项指标，不得虚报、瞒报、拒报、迟报，其他单位和部门不得代报、伪造、篡改。

六、本报表制度实行全国统一编码，各保障性安居工程建设单位、各级统计部门和各级业务主管部门必须严格贯彻执行。各省、自治区、直辖市统计局可在本报表制度中增加个别指标，但不得打乱指标的排列顺序或改变统一编码。

七、各表金额、面积、套(户)数指标一律不取小数。

八、本报表制度由国家统计局负责解释。

二、报表目录(略)

三、调查表式(略)

四、统计指标解释及填写说明(略)

国家统计局关于开展城镇低收入居民基本生活费用价格调查的通知

（2011 年 6 月 27 日）

国家统计局各调查总队：

为贯彻落实《国务院关于稳定消费价格总水平保障群众基本生活的通知》（国发〔2010〕40 号）文件精神，按照《关于建立社会救助和保障标准与物价上涨挂钩的联动机制的通知》（发改价格〔2011〕431 号）文件要求，国家统计局决定，从 2011 年 7 月份起在全国地级以上城市以及地区、州、盟人民政府所在地开展城镇低收入居民基本生活费用价格调查，编制城镇低收入居民基本生活费用价格指数。为切实做好做实这项工作，现将有关事项通知如下：

一、充分认识做好此项调查的重要意义

党中央、国务院高度重视稳定物价和保障民生工作，2011 年的政府工作报告明确提出要完善补贴制度，建立健全社会救助和保障标准与物价上涨挂钩的联动机制，绝不能让物价上涨影响低收入群众的正常生活。开展城镇低收入居民基本生活费用价格调查、编制价格指数，是各地制定社会救助和保障标准的基础性工作和重要参考依据，月度涨幅还是确定联动机制启动和中止的临界条件，与低收入群众的切身利益密切相关。“群众利益无小事”，各地必须要充分认识做好做实这项调查工作的重要意义，高度重视，全力以赴，认真组织实施，确保调查工作顺利开展。

二、切实组织实施好调查工作

城镇低收入居民基本生活费用价格调查，是价格统计报表制度的重要组成部分。按照《国家统计局关于部分国家统计调查项目分工调整的通知》(国统字〔2009〕129 号)文件要求，价格统计报表制度为国家调查队负责的统计调查项目，因此，国家统计局各调查总队负责统一组织实施本省(区、市)的城镇低收入居民基本生活费用价格调查工作，各省(区、市)统计局予以配合与支持。

目前未开展常规性居民消费价格调查工作的城市(包括地区、州、盟人民政府所在地)，城镇低收入居民基本生活费用价格调查工作由国家统计局有关调查总队负责与相关方面协商处理。

三、经费安排

按照现行财政管理体制，中央财政安排配套经费用于国家调查城市和省级开展调查工作，各地必须严格按照预算安排和财务制度要求，专款专用，合理使用。为满足地方政府需要，各地自行增加调查任务所需要的经费由地方政府负责解决。

四、工作要求

(一)各地必须严格按照全国统一的《城镇低收入居民基本生活费用价格调查方案》(见附件)组织实施。

(二)各调查总队对本地区的调查数据质量负责，必须坚持实事求是，加强对调查城市数据质量的监控与管理，确保调查数据真实可信，严禁弄虚作假和篡改调查数据。篡改调查数据的，一经发现，将严格按照《中华人民共和国统计法》和《统计违法违纪行为处分规定》中的相关规定追究有关人员的责任。

（三）这项工作涉及面广，技术性强，难度较高，责任重大，各地要进一步加强与当地发展和改革委员会（物价局）、民政、财政、人力资源和社会保障等部门的沟通与协作，密切联系，努力实现数据资源共享、信息资源共用。

附件：城镇低收入居民基本生活费用价格调查方案

附件：

城镇低收入居民基本生活费用价格调查方案

一、调查目的

开展城镇低收入居民基本生活费用价格调查，目的是及时准确地反映主要生活消费品和服务价格变动对城镇低收入居民基本生活的影响，为建立健全社会救助和保障标准与物价上涨挂钩的联动机制，保障低收入群众基本生活，提供科学适用的统计数据。

本项调查涉及的城镇低收入居民是指目前城镇住户常规调查中按收入排序最低收入5%的群体，涵盖享受城镇最低生活保障待遇条件的家庭成员。

城镇低收入居民基本生活费用，是指在一定的经济社会发展水平下，城镇低收入居民维持社会普遍认可的日常生活消费所需要的基本费用。

城镇低收入居民基本生活费用价格是指城镇低收入居民基本生活费用涵盖的主要生活消费品和服务的价格。

二、调查范围

全国地级以上城市，以及地区、州、盟人民政府所在地。

三、调查对象

（一）城镇低收入居民家庭，包括享受城镇最低生活保障待遇条件的居民家庭。

（二）百货店、超市、便利店等商业业态，农贸市场以及提供服务消费的单位等。

四、调查内容

（一）城镇低收入居民家庭购买的日常生活消费商品和服务价格，包括生存资料和少量发展资料价格，不包括高档消费品和各种享受资料的价格。

调查内容采用统一分类标准，根据用途划分为八大类 60 个基本分类，包括食品、烟酒、衣着、家庭设备用品及维修服务、医疗保健和个人用品、交通和通信、娱乐教育文化用品及服务、居住等项目。详细调查内容见附 2。

（二）城镇低收入居民家庭的消费构成、消费时间和消费场所。详细调查内容见附 1。

五、价格调查网点的抽选方法

根据城镇低收入居民家庭基本情况调查资料，抽选部分消费频率较高的百货店、超市、农贸市场等场所作为价格调查网点。调查网点的确定还必须充分考虑城镇低收入居民家庭的数量及其分布等因素，以保证调查网点的代表性及其分布的合理性。

六、代表规格品的选择原则

各城市必须遵循以下原则，根据当地实际情况自行选择代表规格品，有关调查总队审定。

（一）代表规格品的选择必须与当地城镇低收入居民家庭的消费档次相适应。代表规格品缺失或代表性不足时必须及时更换。

（二）代表规格品的数量必须达到要求的最低数量。数量要求见附 2。

（三）相邻两个月的代表规格品必须保持同质可比。

七、调查频率

（一）基本情况调查。城镇低收入居民家庭基本情况调查每年开展 1 次，并于 12 月底前完成。首次调查于 2011 年 7 月底前完成。

(二)价格调查。粮食、肉蛋菜等与城镇低收入居民生活密切相关、价格变动比较频繁的商品,每5日调查1次价格;一般性商品(服务)每月调查2—3次价格;由国家或地方政府统一定价的商品(服务),每月调查1次价格。

各种商品(服务)价格的调查日期和调查次数规定见附2。

八、价格调查方法与原则

(一)价格调查按照定人、定点、定时直接派人调查的规定执行。

(二)采集的价格必须是实际成交价。当商品(服务)的挂牌价格与实际成交价格不一致时,必须采集实际成交价格。

九、基期基本生活费用的确定

城镇低收入居民基本生活费用价格指数的首轮对比基期固定为2010年,报告期为自然月度。

各城市的基期城镇低收入居民基本生活费用,主要根据当地2008—2010年城镇住户常规调查中按收入排序最低5%收入家庭的消费支出数据,结合2011年城镇低收入居民家庭基本情况调查资料综合计算,国家统计局各调查总队和城市社会经济调查司审定。

(一)2008—2010年3年的城镇住户常规调查消费支出数据,分别按2∶3∶5的比例计算基期城镇低收入居民基本生活费用。数据详细来源参照附4。

(二)2011年城镇低收入居民家庭基本情况调查内容见附1,调查户抽选方法见附3。

十、价格指数的计算方法(略)

十一、组织实施

国家统计局统一组织实施全国城镇低收入居民基本生活费用价格调查工作,编制国家级价格指数。

国家统计局各调查总队负责组织实施本地区城镇低收入居民基本生活费用价格调查工作,并编制省级价格指数。

地级城市和地区、州、盟人民政府所在地统计部门，按照统一要求，组织实施本地城镇低收入居民基本生活费用价格调查工作，编制市级价格指数。

十二、上报时间及方式

（一）各市（地区、州、盟人民政府所在地）月报数据在报告月后7日前上报调查总队；各省（区、市）月报数据在报告月后10日前报国家统计局城市司（节假日顺延）。

（二）上报方式为网络传输，具体内容与格式见附5。

附：1. 城镇低收入居民家庭基本情况调查表（略）
2. 城镇低收入居民基本生活费用价格调查项目目录（略）
3. 城镇低收入居民家庭调查户抽选方法（略）
4. 消费数量、消费金额参考对照表（略）
5. 调查表式（略）

国家统计局　国务院第六次全国人口普查领导小组办公室关于表彰第六次全国人口普查先进集体和先进个人的决定

（2011 年 6 月 29 日）

各省（自治区、直辖市）统计局、第六次全国人口普查办公室：

在党中央、国务院的统一领导下，在地方各级人民政府的大力支持下，在有关部门的密切协作下，在全国各族人民的积极配合下，全国各级普查机构和近 800 万普查员、普查指导员克服重重困难，扎实努力工作，圆满完成了第六次全国人口普查登记工作，取得了丰富、翔实的国情数据，为我国经济社会的科学发展做出了积极贡献。

三年多来，全国各级人口普查机构和广大普查工作人员，牢记使命、科学谋划、求真务实、艰苦奋斗、无私奉献，按时、高效完成了人口普查各项工作任务，涌现出一大批工作成绩突出、精神风貌高尚的先进集体和先进个人，为第六次全国人口普查做出了突出贡献，为统计工作树立了楷模。为弘扬普查人忠于职守、开拓创新、为国奉献的崇高精神，根据《全国人口普查条例》和国家评比表彰工作的有关规定，经各地人口普查机构认真评选、层层推荐和全国公示，国家统计局、国务院第六次全国人口普查领导小组办公室决定对在第六次全国人口普查工作中做出突出成就的集体和个人给予表彰，授予北京市东城区东华门街道人口普查办公室等 202 个单位“第六次全国人口普查先进集体”荣誉称号，授予崔京民等 797 人“第六次全国人口普查先进个人”荣誉称号。

这次受表彰的先进集体和先进个人是全国普查队伍的优秀代表，是新时期统计工作者的表率。全国各级人口普查机构、统计部门和广大普查和统计工作人员，要以先进集体和先进个人为榜样，学习他们不畏艰难、甘于奉献的崇高品质，弘扬他们恪尽职守、依法普查的工作作风。希望受到表彰的先进集体和先进个人要珍惜荣誉、再接再厉，继续为我国的普查和统计事业做出新贡献。

附件：1. 第六次全国人口普查先进集体名单（略）

2. 第六次全国人口普查先进个人名单（略）

建设领域统计数据质量评估办法

（试行）

国家统计局办公室

（2011 年 8 月 2 日）

为进一步提高建设领域统计数据质量，进一步提高统计数据审核、评估的科学性、规范性和统一性，正确反映固定资产投资、房地产开发和建筑业规模、结构及变化的趋势，特制定本办法。

一、建立的依据和原则

本办法以《中华人民共和国统计法》、《中华人民共和国统计法实施细则》和现行国家统计制度为依据，遵循“突出重点、内外结合、先内后外、以外为主”的原则。

突出重点是指重点对建设领域各专业统计中的主要统计指标进行评估。

内外结合是指既要对专业统计内部各指标之间的协调性进行评估，也要对被评估指标与专业统计指标之外的相关数据的匹配性进行评估。

先内后外是指首先对专业统计数据的内部协调性进行评估，然后再对专业统计数据的外部匹配性进行评估，以保证专业统计数据内部的协调性和连续性。

以外为主是指对专业统计数据质量的评判要以相关的外部数据为主要依据，尤其是在内、外部协调性评估结果不一致时，坚持以外部数据作为专业统计数据质量评估的最终依据。

二、评估的主要方法

（一）平衡法。是通过对同一指标在不同时期的逻辑平衡关系来评估该指标数据质量的方法。主要用于对基本统计单位（项目和企业）及其平均规模的相邻时期连续性进行评估。

（二）差异波动法。是利用评估指标确定的标准值来判断该指标波动程度的一种方法。评估标准根据指标的性质和不同地区的特点分别确定，部分指标采取以全国均值为标准，部分指标采取以地方均值为标准。

三、评估的指标体系

建设领域统计数据质量评估指标体系包括专业评估核心指标、内部评估指标和外部评估指标三类。

（一）固定资产投资评估指标体系

1. 专业评估核心指标：固定资产投资（不含农户）总量及增速。

2. 内部评估指标：

（1）亿元以上项目投资占 500 万元以上项目投资的比重。以报告期全国亿元以上项目投资占 500 万元以上项目投资的比重为标准，按照各地区该指标所占比重与全国标准值的差异程度进行评估。

（2）亿元以上项目投资增速与 500 万元以上项目投资增速的协调性。以全国亿元以上项目投资增速与 500 万元以上项目投资增速差作为标准值，按照各地区增速差与标准值差值的绝对值的大小，对各地区的数据质量进行评估。

（3）固定资产投资（不含农户）增速的波动情况。计算各地区相邻两期该指标的增速差，按照差异程度评估该指标的波动情况。

3. 外部评估指标：

(1)用营业税推算的建筑业营业收入占建安工程投资的比重。以报告期全国的比重为标准，按照各地区与标准值的差异程度进行评估。

(2)建筑业营业税增速与建安工程投资增速的协调性。分别计算两个指标同一报告期的增速差，按照差异程度对各地区的统计数据质量进行评估。

(3)建筑业营业税占营业税的比重。以2004年以来各年同期建筑业营业税占营业税比重的均值为标准，按照各地区与标准值的差异程度进行评估。

(4)固定资产投资(不含农户)占GDP比重。以报告期全国比重为标准，按照各地区与标准值的差异程度进行评估。同时，以固定资产投资(不含农户)增量占GDP增量的比重作为评估各地统计数据质量的辅助指标。

(5)金融机构中长期贷款余额占固定资产投资(不含农户)的比重。以报告期全国比重为标准，对各地区数据按照差异程度进行评估。

(6)金融机构中长期贷款余额增速与固定资产投资(不含农户)增速的协调性。计算两个指标增速差，按照各地区增速差与全国增速差的差异程度对各地区进行评估。

(二)房地产开发评估指标体系

1. 专业评估核心指标：房地产开发投资额总量及增速、商品房销售额总量及增速。

2. 内部评估指标：

(1)房地产企业个数的连续性。根据各地区两个相邻时期房地产企业个数的变动率，判断各地当期统计数据的质量。

(2)房地产开发投资的增速波动情况。以报告期全国房地产开发投资增速差为标准值，将各地区相邻两期该指标的增速差与之相比较，按照差异程度评估该指标的波动情况。

3．外部评估指标：

(1)房地产企业营业税与商品房销售额的比值。以报告期全国比值为标准值，将各地区两个指标的比值与之相比较，按照差异程度进行评估。

(2)商品房销售额与房地产企业营业税的增速差。以报告期全国商品房销售额与全国房地产企业营业税的增速差为标准值，将各地区两个指标的增速差与之相比较，按照差异程度进行评估。

(三)建筑业评估指标体系

1．专业评估核心指标：建筑业总产值总量及增速。

2．内部评估指标：

(1)建筑业企业个数的连续性。根据各地区两个相邻时期统计单位的变动率判断各地当期统计数据的质量。

(2)建筑业总产值的增速波动情况。计算各地区相邻两期该指标的增速差，按照差异程度评估该指标的波动情况。

(3)建筑业在外省完成产值占建筑业总产值比重。以各地区当季与上季建筑业在外省完成产值占建筑业总产值的比重差为依据，计算并评估该指标的波动情况。

3．外部评估指标：

(1)用营业税推算的建筑业营业收入与建筑业总产值的比值。以各地区当季与上季用营业税推算的建筑业营业收入与建筑业总产值的比率差为依据，计算并评估该指标的波动情况。

(2)营业税增速与建筑业总产值增速的协调性。以各地区本季与上季营业税与建筑业总产值的增速差为依据，计算并评估该指标的波动情况。

(3)部门抄送信息中施工许可合同额与建筑业总产值的比值。以各地区本季与上季比值的差为依据，计算并评估该指标的波动情况。

四、综合评价计分方法

按照数据评估方法，可以得到每个专业的综合得分。测评指标的计分方法分为两种：

（一）采用平衡法评估指标的计分方法。根据评估指标变动率的大小确定得分，分别计 5 分、4 分、3 分、2 分和 1 分。

（二）采用差异波动法评估指标的计分方法。根据评估指标的性质，确定不同的得分标准区间，按照差异程度分别计 5 分、4 分、3 分、2 分和 1 分。

用各指标的得分乘以其相应的权重并相加，可以得到该专业评估结果的综合分数，并依此对各地区各专业数据质量情况进行排序。

五、评估结果的发布和使用

根据本评估办法，按季度（月度参照执行）对各地固定资产投资、房地产开发和建筑业的主要统计指标进行评估，并将评估结果及时反馈。

（一）评估结果的发布形式。每个季度发布各地区投资、房地产开发和建筑业三个专业综合得分情况以及各评估指标的具体得分情况。

（二）评估结果的使用方法。在各个指标得分的基础上，得出各地区专业数据的综合得分并进行基本评价。评价的等次分为好、较好、一般、较差、差。

对于评价等次为“较好”以上的数据，说明数据质量较好，与外部指标协调性较高，可以正常使用；对于评价等次为“一般”的数据，说明该数据能够反映基本趋势，与外部指标基本协调，解决存在的问题后数据可以使用；对于评价等次为“较差”的数据，说明数据质量存在较大问题，与外部指标明显不协调，需对数据进行认真审核，提高协调性后数据才可使用；对于评价结果为“差”的数据，说明数据质量存在严重问题，与外部指标严重不协调，必须严格核查，找出存在问题的原因并予以解决，否则，全国发布该地区的当期数据以上期或用评估后的数据代替。

六、其他事项

（一）本办法自印发之日起实施。

（二）本办法由国家统计局投资司负责解释。

附件：1. 各专业评估指标权重表（略）

2. 各评估指标评估标准（略）

全国统计系统基本单位名录库建设维护与使用管理暂行办法实施细则

国家统计局办公室

（2011年8月9日）

第一章　总　则

第一条　根据《全国统计系统基本单位名录库建设维护与使用管理暂行办法》，制定本细则。

第二条　全国统计系统基本单位名录库（以下简称名录库）按照统一单位标准、统一单位管理、统一工作流程、统一软件平台的原则，进行建设、维护、使用与管理。

统一单位标准，是指严格按照国家制定的统计单位划分有关规定界定单位性质及类别；统一单位管理，是指按照“先进库，后有数”的原则，由名录库主管机构统一管理统计调查单位。涉及单位进入、退出和规定事项的变更，以及向各级统计机构有关专业和部门提供单位名录等调查单位管理工作，由名录库主管机构统一办理；统一工作流程，是指名录库维护更新工作按照规定的工作流程进行；统一软件平台，是指各级名录库主管机构统一使用国家统计局设计的名录库管理系统软件，“一库在线”、适时维护更新、适时监管。

第三条　法人单位、产业活动单位和个体经营户原则上按其经营地进行统计。一个法人单位有两个或两个以上经营地，则在其主要经营地进行统计。

第四条　名录库的范围包括我国境内所有法人单位、产业活动单位以及纳入专业年(定)报统计调查范围的个体经营户。名录库主管机构根据统计调查工作需要提供各项统计调查单位名录，主要分为“三上”企业和房地产开发经营企业调查单位库、“三下”企业和非企业单位名录库以及专业年(定)报个体经营户名录库等。

(一)“三上”企业和房地产开发经营企业调查单位库

“三上”企业包括规模以上工业法人企业，资质内建筑业法人企业，限额以上批发和零售业、限额以上住宿和餐饮业法人企业，非批发和零售业法人单位附营的限额以上批发和零售业产业活动单位，非住宿和餐饮业法人单位附营的限额以上住宿和餐饮业产业活动单位。

房地产开发经营企业包括全部以房地产开发经营为主营活动的企业。

(二)“三下”企业和非企业单位名录库

“三下”企业包括规模以下工业法人企业，无资质的建筑业法人企业，限额以下批发和零售业、限额以下住宿和餐饮业法人企业，及上述行业和房地产开发经营业之外的其他行业法人企业；除限额以上批发和零售业、限额以上住宿和餐饮业产业活动单位以外的其他生产经营性产业活动单位。

非企业单位包括事业单位、机关、社会团体和民办非企业等法人和产业活动单位。

(三)专业年(定)报个体经营户名录库

专业年(定)报个体经营户包括纳入有关专业年(定)报统计调查范围的个体经营户。

第五条　“三上”企业和房地产开发经营企业调查单位库以及专业年(定)报个体经营户名录库为各项专业统计调查提供年度和定期调查单位名录。“三上”企业和房地产开发经营企业以及专业年(定)报个体经营户的增减变动由国家名录库主管机构最终认定,并统一生成全国“三上”企业和房地产开发经营企业调查单位库以及专业年(定)报个体经营户名录库,通过标准数据接口交换到统一数据处理平台,供专业年(定)报统计调查使用。

第二章　职责分工

第六条　国家统计局成立全国基本单位名录库工作领导小组及其办公室。领导小组办公室设在普查中心,具体负责协调和组织实施,各相关专业司(中心)为办公室成员单位,共同做好名录库建设维护与使用管理工作。各级统计机构(含调查队,下同)应参照国家统计局职责分工,成立相应领导机构和工作机构。

第七条　地县两级(含地级区、市和县级区、市)名录库主管机构的主要职责:

(一)以同级编制、民政、工商、税务、质监等行政管理部门提供及上级名录库主管机构反馈的行政登记资料为依据,对单位发表调查后,利用取得的单位资料和本级统计机构开展的各项统计调查信息,对名录库进行维护更新。

(二)对本级统计机构内相关专业处(科、室等)调查整理后提供的“三上”企业和房地产开发经营企业以及专业年(定)报个体经营户增减变动审批材料进行审核,解决辖区内跨地区、跨专业的重复单位问题后,形成本级审批材料上报上级名录库主管机构。

(三)向本级统计机构内相关专业处(科、室等)提供各项年度和定期统计调查单位库,以及其依法开展抽样调查和专项调查所需的单位样本框。

(四)负责管理本级名录库系统,对本级统计机构内名录库用户进行授权管理,明确用户对名录库数据的使用范围和期限。

(五)负责名录库的数据审核、质量评估及检查工作。

第八条　省级名录库主管机构的主要职责:

(一)将从同级编制、民政、工商、税务、质监等行政管理部门获取和国家名录库主管机构反馈的行政登记资料，整理后反馈至地级名录库主管机构。

（二）对地级名录库主管机构上报的“三上”企业和房地产开发经营企业以及专业年（定）报个体经营户增减变动审批材料进行审核；解决辖区内跨地区、跨专业的重复单位问题，提交省级专业处审核后形成本级审批材料，并报国家名录库主管机构予以认定。

（三）协调解决在“三上”企业和房地产开发经营企业以及专业年（定）报个体经营户增减变动审批过程中存在的争议问题。

（四）向本级统计机构内相关专业处提供各项年度和定期统计调查单位库，以及其依法开展抽样调查和专项调查所需的单位样本框。

（五）利用本级统计机构内相关专业处反馈的“三上”企业和房地产开发经营企业以及专业年（定）报个体经营户基本信息及主要数据（包括从业人员、资产总计、营业收入和主营业务收入等，下同）更新名录库。统一数据处理平台建立并投入使用后，自行在统一平台上获取专业调查信息。

（六）负责管理本级名录库系统，对本级统计机构内用户进行授权管理，明确用户对名录库数据的使用范围和期限。

（七）负责名录库的数据审核、质量评估及检查工作。

第九条 国家名录库主管机构的主要职责：

（一）将同级编制、民政、工商、税务、质监等行政管理部门获取的行政登记资料，整理后反馈至省级名录库主管机构。

（二）对省级名录库主管机构上报的“三上”企业和房地产开发经营企业以及专业年（定）报个体经营户增减变动审批材料进行审核；解决跨省、跨专业的重复单位问题，组织各专业司进行最终认定，并将认定结果以及有关问题的处理意见及时反馈给省级名录库主管机构。

（三）协调解决在“三上”企业和房地产开发经营企业以及专业年（定）报个体经营户增减变动审批过程中存在的争议问题。

（四）定期生成全国“三上”企业和房地产开发经营企业调查单位库以及专业年（定）报个体经营户名录库，通过标准数据接口交换到统一数据处理平台，供统计机构内相关专业年（定）报统计调查使用。

（五）组织专业司对省级名录库主管机构上报的“三上”企业和房地产开发经营企业以及专业年（定）报个体经营户增减变动审批材料进行抽查复核。

（六）向国家统计局内各相关专业司提供其依法开展抽样调查和专项调查所需的单位样本框。

（七）利用国家统计局内各相关专业司反馈的调查信息更新名录库。统一数据处理平台建立并投入使用后，自行在统一平台上获取专业调查信息。

（八）负责管理本级名录库系统，对国家名录库用户进行授权管理，明确用户对名录库数据的使用范围和期限。

（九）负责名录库的数据审核、质量评估及检查工作。

第十条 地县两级（含地级区、市和县级区、市）相关专业处（科、室等）的主要职责：

（一）确认名录库中本专业范围内所有调查单位的专业报表类别和行业类别。

（二）对本专业“三上”企业和房地产开发经营企业以及专业年（定）报个体经营户增减变动情况进行实地核查，确认专业报表类别和行业类别，收集整理相关审批材料提交本级名录库主管机构。

（三）在统一数据处理平台建成之前，将本专业各项统计调查获得的单位基本信息以及主要数据反馈给本级名录库主管机构。

第十一条 省级相关专业处的主要职责：

（一）对地级名录库主管机构上报的本专业“三上”企业和房地产开发经营企业以及专业年（定）报个体经营户增减变动审批材料进行审核，对有疑问的单位实地核查，并将审核意见提交省级名录库主管机构。

（二）在统一数据处理平台建成之前，将本专业各项统计调查获得的单位基本信息以及主要数据反馈给本级名录库主管机构。

（三）参与名录库数据质量的检查工作。

第十二条 国家相关专业司的主要职责：

（一）协同国家名录库主管机构对省级报送的“三上”企业和房地产开发经营企业以及专业年（定）报个体经营户增减变动进行最终认定、对省级上报的审批材料抽查复核，并将相关意见提交国家名录库主管机构。

（二）在统一数据处理平台建成之前，将本专业各项统计调查获得的单位基本信息以及主要数据反馈给本级名录库主管机构。

（三）参与名录库数据质量的检查工作。

第十三条 省及省以下各级数据管理中心（或计算中心、站）的主要职责：

（一）部署本级名录库管理系统运行环境，保障系统正常运行。

（二）对名录库管理系统及数据进行常规备份和存储。

（三）做好系统的安全保障工作，确保名录库数据存储、报送、接收、加工和备份的信息安全。

第十四条 国家数据管理中心的主要职责：

（一）根据名录库主管机构的需求，设计、开发和维护名录库系统软件。

（二）部署国家名录库管理系统运行环境，保障系统正常运行。

（三）对名录库管理系统及数据进行常规备份和存储。

（四）做好系统的安全保障工作，要确保名录库数据存储、报送、接收、加工和备份的信息安全。

（五）实现名录库与其他数据处理平台的及时对接。

第十五条 各级统计局监察、法规与设计管理等机构要配合本级名录库主管机构开展名录库检查工作。

第十六条 各级统计局要建立健全名录库管理岗位责任制，根据工作需要配备熟悉名录库工作且责任心和业务能力强的人员，特别要加强县级名录库工作人员的队伍建设，注重业务培训工作并保持人员相对稳定。

第十七条 各级统计局要建立健全名录库考核评比工作机制，由名录库主管机构负责组织对下级名录库建设、维护与使用管理工作进行考核评比，对先进单位和先进个人进行年度表彰。

第三章 名录库建设

第十八条 名录库建设的总体目标是以经济普查资料为基础，充分利用部门行政登记资料和各项统计调查信息，严格执行统一的单位划分标准，逐步完善基本单位名录库维护更新流程，最终建成一个全国统一完整、不重不漏、真实准确、及时更新的基本单位名录库。

第十九条 国家名录库主管机构按照“一库在线、分级维护”的模式建设全国名录库分布式数据管理系统，国家服务器与各省服务器每天利用夜间自动交换数据，有条件的省份可在地市、区县级设中间服务器，以提高名录库数据资料的时效性和共享性。

第二十条 按照各项统计调查必须使用统一的名录库作为调查单位库和抽样框、不在名录库中的单位不得纳入专业统计调查范围的要求，各级统计局要分步建好“三上”企业和房地产开发经营企业调查单位库、“三下”企业和非企业单位名录库以及专业年(定)报个体经营户名录库：

第一步，建立“三上”企业和房地产开发经营企业调查单位库。由名录库主管机构和专业统计机构将相关专业年(定)报调查单位与名录库单位进行比对、核实，共同确认专业调查单位库。

第二步，逐步完善“三下”企业和非企业单位名录库。在建好“三上”企业和房地产开发经营企业调查单位库基础上，全面开展对“三下”企业和非企业单位的核查确认工作，删除现有名录库中的不实单位，补入遗漏单位，纠正审核错误，为各级统计机构内相关专业开展的“三下”企业和非企业单位调查提供名录资料。

第三步，根据国家统计局制订的相关规定，对有关专业纳入年(定)报统计调查范围的个体经营户进行统一管理并建立专业年(定)报个体经营户名录库。

第四章　维护更新

第二十一条　名录库维护更新工作分为全面维护更新和部分维护更新。全面维护更新，是指在经济普查年份利用单位清查资料更新名录库单位基本信息，并在普查结束后利用普查资料全面更新名录库主要数据。部分维护更新，是指利用基本单位统计调查资料、相关专业常规统计调查资料和相关部门的行政登记资料对名录库的相关信息进行维护更新。

第二十二条　通过基本单位统计调查更新名录库的主要流程如下：

第一步，各级名录库主管机构按制度要求从同级编制、民政、工商、税务、质监等行政管理部门收集单位注册登记基本信息，地(市)级以上名录库主管机构自上而下将上级和本级报告期内部门行政登记资料逐级反馈至县级名录库主管机构。

第二步，县级统计机构内相关专业科(室)将各项统计调查获得的“三上”企业和房地产开发经营企业以及专业年(定)报个体经营户单位变动情况反馈县级名录库主管机构。

第三步，县级名录库主管机构根据本级收集及上级反馈的行政登记资料以及相关专业科(室)提供的单位变动情况，对新增单位发放基本单位情况表进行调查，对变更和注销单位进行实地核实。

根据调查核实结果，对其中新增、变更和注销的“三下”企业和非企业单位在名录库管理系统软件平台上录入、更新或剔除。对其中“三上”企业和房地产开发经营企业以及专业年(定)报个体经营户，将调查资料提交相关专业科（室）的同时，在名录库管理系统软件平台上录入新开业，或因合并、拆分等形成的新增单位信息，更新除组织机构代码、单位名称、专业报表类别和统计调查机构外的其他变更单位信息。

第四步，县级统计机构内相关专业科（室）根据名录库主管机构提供的新增、变更及注销“三上”企业和房地产开发经营企业以及专业年（定）报个体经营户名单进行实地核查，收集整理审批材料，确认报表类别和行业类别，并将审批材料提交县级名录库主管机构，由县级名录库主管机构统一上报地级名录库主管机构。

第五步，地级名录库主管机构对本级名录库进行审核，解决辖区内跨地区、跨专业的重复单位问题后，将县级名录库主管机构上报的审批材料提交相关专业处。由专业人员进行实地核查，确认报表类别和行业类别，补充本级直接管理的“三上”企业和房地产开发经营企业以及专业年（定）报个体经营户增减变动审批材料。同时，专业人员将审批材料和确认意见一并反馈地级名录库主管机构，由地级名录库主管机构统一上报省级名录库主管机构。

第六步，省级名录库主管机构对本级名录库进行审核，解决辖区内跨地区、跨专业的重复单位问题，将地级名录库主管机构上报的审批材料提交相关专业处进行审核后，形成本级审批材料报国家名录库主管机构予以认定。

第七步，国家名录库主管机构对全国名录库进行审核，解决跨省、跨专业的重复单位问题，组织各专业司对省级上报的“三上”企业和房地产开发经营企业以及专业年（定）报个体经营户增减变动进行最终认定，并将有关问题的处理意见及时反馈给省级名录库主管机构。

第八步，省级名录库主管机构根据国家最终认定结果以及有关问题处理意见，在名录库管理系统软件平台上调整专业年（定）报标识，更新组织机构代码、单位名称、专业报表类别和统计调查机构发生变更的“三上”企业和房地产开发经营企业以及专业年

(定)报个体经营户相关信息。

第九步,国家名录库主管机构生成全国“三上”企业和房地产开发经营企业调查单位库以及专业年(定)报个体经营户名录库,并通过标准数据接口交换到统一数据处理平台。

第二十三条 “三上”企业和房地产开发经营企业以及专业年(定)报个体经营户增减变动的季度审批范围、时间和上报材料:

(一)季度审批范围包括新开业并达到统计标准的“三上”企业和房地产开发经营企业、新开业纳入专业年(定)报统计调查范围的个体经营户,以及因改制、重新注册、合并或拆分等原因产生的新“三上”企业和需要退出的原“三上”企业。

(二)季度审批时间为每年2、5、8、11月的25日前,由省级名录库主管机构将审批材料上报国家名录库主管机构,在当月30日前,国家名录库主管机构将最终认定结果以及有关问题处理意见反馈省级名录库主管机构,并统一生成全国“三上”企业和房地产开发经营企业调查单位库以及专业年(定)报个体经营户名录库供专业使用。

(三)各级名录库主管机构上报的审批材料:

1. 县级名录库主管机构报送地级的审批材料包括:经县级统计机构内相关专业科(室)和名录库主管机构及主管领导签字确认的《“三上”企业和房地产开发经营企业以及专业年(定)报个体经营户季度审批登记表》(以下称《季度审批登记表》)(附表1)以及企业(个体经营户)相关材料。

(1)新开业的“三上”企业和房地产开发经营企业以及专业年(定)报个体经营户提供的相关材料包括:企业(个体经营户)营业执照、税务登记证、组织机构代码证等证件复印件,企业相关财务报表复印件(审批期前三个月的报表),以及能够证明企业达到“三上”统计标准或个体经营户纳入专业年(定)报统计的有关材料。如:新建投产工业企业的开工月份、主要产品及其设计能力相关信息资料,发展改革委(或经委)对建设项目的批复(或备案)文件中带批复(或备案)“文号”页面的复印件、或其他能够证明为新建投产企业的行政文件的复印件;建筑业、房地产开发经营企业资质证书复印件;以及其他能够反映单位规模和主营业务活动的材料。

(2)因改制、重新注册、合并或拆分等造成企业发生变动的“三上”企业和房地产开发经营企业提供的相关材料包括:能证明企业变动的有关文件复印件,需要退出的原企业基本情况、新企业与原企业的对应关系、变动原因以及变动后对主要数据影响的电子文档说明材料。

2. 地级名录库主管机构报送省级的审批材料包括:各县(市)报送的《季度审批登记表》,企业(个体经营户)相关材料,以及经地级各专业处和名录库主管机构及主管领导签字确认的《“三上”企业和房地产开发经营企业以及专业年(定)报个体经营户增减变动一览表》(以下称《一览表》)(附表4)。

3. 省级名录库主管机构报送国家的审批材料包括:各地(市)报送的《季度审批登记表》,企业(个体经营户)相关材料,以及经省级各专业处和名录库主管机构及主管领导签字确认的《一览表》。

第二十四条 “三上”企业和房地产开发经营企业以及专业年(定)报个体经营户增减变动的年度审批范围、时间和上报材料:

(一)年度审批范围包括原“三下”企业成长达到“三上”统计标准的企业,已不符合“三上”统计标准需要退出的“三上”企业,退出专业年(定)报统计的个体经营户,以及变更组织机构代码、单位名称,专业报表类别和辖区(由于单位迁移使经营地址发生跨区县的变更)等主要事项的“三上”企业和房地产开发经营企业以及专业年(定)报个体经营户。

(二)年度审批时间为每年的11月15日前,由省级名录库主管机构将审批材料上报国家名录库主管机构,在11月25日前,国家名录库主管机构将最终认定结果以及有关问题处理意见反馈省级名录库主管机构,并统一生成全国“三上”企业和房地产开发经营企业调查单位库以及专业年(定)报个体经营户名录库供专业使用。

（三）各级名录库主管机构上报的审批材料：

1. 县级名录库主管机构报送地级的审批材料包括：经县级统计局各专业科（室）和名录库主管机构及主管领导签字确认的《“三上”企业和房地产开发经营企业以及专业年（定）报个体经营户年度审批登记表》（以下称《年度审批登记表》）（附表 2、3），以及企业（个体经营户）相关材料。

（1）原“三下”企业成长达到“三上”统计标准的企业，已不符合“三上”统计标准需要退出的“三上”企业和退出专业年（定）报统计的个体经营户提供的相关材料包括：企业相关财务报表复印件，以及其他能够证明企业达到或已不符合“三上”统计标准的材料，能够证明个体经营户退出专业年（定）报统计的材料。如：破产企业要提供相关法律文件复印件；吊销或注销企业（个体经营户）要提供吊销处罚决定书或工商部门在报纸上登载的吊销企业公告，准予注销登记通知书等复印件。

（2）变更组织机构代码、单位名称，专业报表类别和辖区（由于单位迁移使经营地址发生跨区县的变更）等主要事项的“三上”企业和房地产开发经营企业以及专业年（定）报个体经营户提供的相关材料包括：企业（个体经营户）营业执照、税务登记证、组织机构代码证等证件复印件，企业相关财务报表复印件；建筑业、房地产开发经营企业资质证书复印件；以及其他能够反映单位规模和主营业务活动的材料。

2. 地级名录库主管机构报送省级的审批材料包括：各县（市）报送的《年度审批登记表》，企业（个体经营户）相关材料，以及经地级各专业处和名录库主管机构及主管领导签字确认的《一览表》。

3. 省级名录库主管机构报送国家的审批材料包括：各地（市）报送的《年度审批登记表》，企业（个体经营户）相关材料，以及经省级各专业处和名录库主管机构及主管领导签字确认的《一览表》。

第二十五条　通过各项专业统计调查更新“三上”企业和房地

产开发经营企业以及专业年(定)报个体经营户的主要流程是:省级相关专业将调查获得的法人单位和产业活动单位以及专业年(定)报个体经营户的基本信息及主要数据在报告期后15日内反馈名录库主管机构,省级名录库人员根据专业统计调查取得的“三上”企业和房地产开发经营企业以及专业年(定)报个体经营户资料对名录库进行更新,在报告期后20天内完成。

第二十六条 通过各项专业统计调查维护更新“三下”企业和非企业单位的主要流程:各级统计机构内相关专业将统计调查所获得的单位变动情况、基本信息及主要数据反馈本级统计机构名录库主管机构,省、市两级名录库主管机构将资料下发县级名录库主管机构,县级名录库主管机构组织相关专业根据反馈资料对新增单位发表调查,对变更和消亡单位进行实地核实后更新名录库。

第五章 质量控制

第二十七条 各级名录库主管机构要跟踪各专业“三上”企业和房地产开发经营企业、“三下”企业调查单位库和抽样框以及专业年(定)报个体经营户名录库的使用情况,整理名录库用户反馈的信息,不断提高调查单位库和抽样框的质量。

第二十八条 各级名录库主管机构要建立名录库数据质量审核评估制度,按季度对所在辖区内的名录库数据质量进行审核、评估。

第二十九条 各级统计机构要充分利用互联网等先进技术手段加强对名录库维护更新工作的监督、检查,建立名录库质量抽查、全面核查制度。

国家统计局不定期地开展名录库数据质量抽查工作,每年组织一次对“三上”企业和房地产开发经营企业以及专业年(定)报个体经营户的全面核查工作,通过抽查和全面核查评估名录库数据质量,解决名录库建设、维护更新和管理与使用存在的问题。对

“三下”企业中的重点行业、重点企业抽取一定比例进行实地核查，提高“三下”企业名录库的质量。

省及省以下各级统计机构，要针对重点问题采用实地核查、电话抽查、交叉检查、第三方调查等多种方式，检查核实名录库数据质量，确保单位真实唯一、指标完整、数据准确。

第三十条 各级统计局要把名录库工作纳入统计执法检查内容，鼓励对名录库工作中弄虚作假行为的举报，严肃查处弄虚作假案件。

第六章 使用管理

第三十一条 各级统计机构要严格按照统计法律法规和国家有关规定，加强名录库信息管理和保密工作。名录库中涉及的调查单位信息特别是数据信息原则上不得对外提供，不得编印出版。有关专业或部门因工作需要确需使用名录库中调查单位信息的，要严格依照法定权限审批。要规范审批流程，严格限定用户对名录库信息的使用目的、使用范围和使用期限，明确用户承担的保密义务和相关责任，坚决防止有关信息泄露或不当使用。

第三十二条 各级名录库主管机构和从事名录库维护更新的人员要严格遵守《统计法》和相关保密规定，认真履行保密义务，保守在名录库工作中知悉的国家秘密和企业信息。使用名录库的机构和人员未经批准，不得向第三方提供任何有关名录库的资料。

第七章 附 则

第三十三条 本细则由国家名录库主管机构负责解释。

第三十四条 本细则自发布之日起施行。

附表（略）

国家统计局关于开展以县为总体的粮食产量抽样调查试点工作的通知

（2011年8月11日）

国家统计局河北、内蒙古、吉林、黑龙江、安徽、江西、山东、湖北、湖南、四川调查总队：

为改进县级粮食产量调查统计工作，适应国家对省以下粮食生产分级管理的需要，国家统计局决定在全国10个粮食主产省（区）开展以县为总体的粮食产量抽样调查试点工作，现将有关事项通知如下。

一、高度重视，精心组织

粮食产量是国计民生和国民经济最重要的基础数据，对国家粮食安全和国民经济平稳发展具有重要影响。准确的县级粮食产量数据是国家粮食产量数据准确的基础，对国家分类指导粮食生产具有重要意义。各有关调查总队和试点县、市、区（名单参见试点方案）要高度重视，主要领导要亲自抓，直接领导和参与试点工作；各试点县、市、区要组成专门的工作组，切实按照方案要求按时高质量完成调查工作。

二、试点工作的几点要求

（一）已经完成夏粮和早稻收获的县（市、区），要对新抽选的调查网点开展夏粮和早稻播种面积和单位面积产量回忆调查，科学推算和评估夏粮和早稻产量，并在秋粮调查完成后，评估、上报全年粮食产量。

（二）秋粮调查要按《以县为总体的粮食产量抽样调查试点方案》（见附件）要求，建立完整的基本情况、播种面积和单位面积产量调查台账，并妥善保管调查样本。

（三）全年调查完成后，各有关调查总队于12月15前上报试点推算结果和每个试点县的基础调查资料，同时报送本省（区）和县（市、区）试点总结报告。总结报告内容包括调查的组织、方案的科学性与可行性、调查结果评估意见、调查经费的执行情况以及改进调查的建议。

三、试点经费

国家统计局安排专项试点调查经费，各地务必专款专用，确保调查工作的顺利完成。

附件：以县为总体的粮食产量抽样调查试点方案（略）

国家统计局关于执行新国民经济行业分类国家标准的通知

（2011 年 8 月 16 日）

各省、自治区、直辖市统计局，新疆生产建设兵团统计局，国家统计局各调查总队，国务院有关部门，各司级行政单位、在京直属事业单位：

新国家标准《国民经济行业分类》（GB/T 4754－2011）已经国家质量监督检验检疫总局和国家标准化管理委员会批准发布，并于今年 11 月 1 日起实施。根据统计工作的实际情况，经研究决定，新《国民经济行业分类》从 2012 年定报统一开始使用。

各部门、各地区要结合自身工作实际，认真学习、宣传新《国民经济行业分类》，做好从 2012 年定报起使用新标准的各项准备和历史资料调整工作。

为配合新标准的实施，我局组织编写了《国民经济行业分类注释》，将于近期发给你们。同时，我局正在开发“国民经济行业分类查询系统”，以便在实际工作中进行查询。

附件：1. 国民经济行业分类（GB/T 4754－2011）

2. 国民经济行业分类新旧类目对照表（略）

附件 1：

国民经济行业分类
（GB/T 4754—2011）

1　范围

本标准规定了全社会经济活动的分类与代码。

本标准适用于在统计、计划、财政、税收、工商等国家宏观管理中，对经济活动的分类，并用于信息处理和信息交换。

2　术语和定义

下列术语和定义适用于本文件。

2.1　行业 industry

行业（或产业）是指从事相同性质的经济活动的所有单位的集合。

2.2　主要活动 principal activity

当一个单位对外从事两种以上的经济活动时，占其单位增加值份额最大的一种活动称为主要活动。如果无法用增加值确定单位的主要活动，可依据销售收入、营业收入或从业人员确定主要活动。

与主要活动相对应的是次要活动和辅助活动。次要活动是指一个单位对外从事的所有经济活动中，除主要活动以外的经济活动。辅助活动是指一个单位的全部活动中，不对外提供产品和劳务的活动。辅助活动是为保证本单位主要活动和次要活动正常运转而进行的一种内部活动。

2.3　单位 unit

本标准中的单位是指有效地开展各种经济活动的实体，是划分国民经济行业的载体。

2.4　产业活动单位 establishment

产业活动单位是法人单位的附属单位。产业活动单位应具备下列条件：

——在一个场所从事一种或主要从事一种经济活动；

——相对独立地组织生产、经营或业务活动；

——能够掌握收入和支出等资料。

2.5 法人单位 corporate unit

具备下列条件的单位为法人单位：

——依法成立，有自己的名称、组织机构和场所，能够独立承担民事责任；

——独立拥有和使用（或授权使用）资产，承担负债，有权与其他单位签定合同；

——会计上独立核算，能够编制资产负债表。

3 分类的原则和规定

3.1 划分行业的原则

本标准采用经济活动的同质性原则划分国民经济行业。即每一个行业类别按照同一种经济活动的性质划分，而不是依据编制、会计制度或部门管理等划分。

3.2 行业分类的基本单位

根据联合国《所有经济活动的国际标准产业分类》（ISIC Rev. 4），本标准主要以产业活动单位和法人单位作为划分行业的单位。采用产业活动单位划分行业，适合生产统计和其他不以资产负债、财务状况为对象的统计调查；采用法人单位划分行业，适合以资产负债、财务状况为对象的统计调查。

在以法人单位划分行业时，应将由多法人组成的企业集团、集团公司等联合性企业中的每个法人单位区分开，按单个法人单位划分行业。

3.3 确定单位行业归属的原则

本标准按照单位的主要经济活动确定其行业性质。当单位从事一种经济活动时，则按照该经济活动确定单位的行业；当单位从事两种以上的经济活动时，则按照主要活动确定单位的行业。

4 编码方法和代码结构

4.1 本标准采用线分类法和分层次编码方法，将国民经济行业划分为门类、大类、中类和小类四级。代码由一位拉丁字母和四位阿拉伯数字组成。

门类代码用一位拉丁字母表示，即用字母 A、B、C……依次代表不同门类；大类代码用两位阿拉伯数字表示，打破门类界限，从01 开始按顺序编码；中类代码用三位阿拉伯数字表示，前两位为大类代码，第三位为中类顺序代码；小类代码用四位阿拉伯数字表示，前三位为中类代码，第四位为小类顺序代码。

4.2 本标准的中类和小类，根据需要设立带有“其他”字样的收容项。为了便于识别，原则上规定收容项的代码尾数为“9”。

4.3 当本标准大类、中类不再细分时，代码补“0”直至第四位。

4.4 本标准的代码结构图如下：

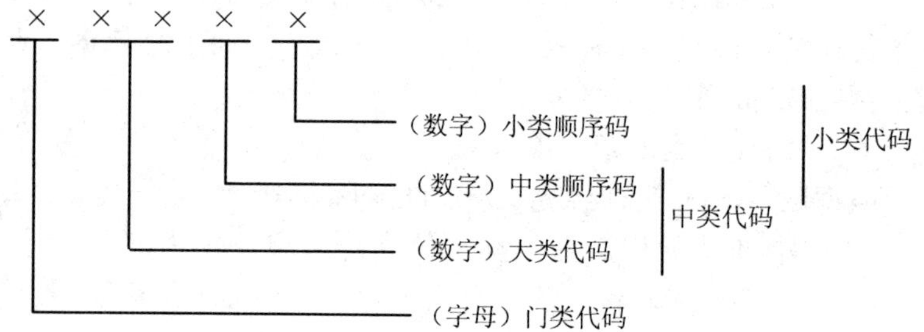

5 国民经济行业分类和代码表(略)

人力资源社会保障部　国家统计局关于印发高级统计师资格评价办法(试行)的通知

(2011年8月22日)

各省、自治区、直辖市人力资源社会保障厅(局)、统计局,福建省公务员局,国务院各部委、各直属机构人事部门,中央管理企业人事部门:

为规范高级统计师资格评价标准和评价程序,现将《高级统计师资格评价办法(试行)》印发给你们,请在高级统计师资格评价工作中试行。试行中遇到的问题请及时反映给我们,以便修订完善。

高级统计师资格评价办法

(试行)

第一章　总　　则

第一条　为加强统计专业技术人才队伍建设,提高统计人员的整体素质,科学、客观、公正地评价统计人员的学识水平和业务能力,健全和完善统计专业技术人才选拔机制,根据《中华人民共和国统计法》及其实施条例、《统计专业职务试行条例》和国家关于专业技术职务聘任制度有关规定,制定本办法。

第二条　本办法适用于从事统计专业工作的人员。

第三条　高级统计师资格实行考试与评审相结合的评价办法。参加考试合格并通过评审,方可取得高级统计师资格。

第四条　各省、自治区、直辖市(以下简称地区)和中央、国务院各部门及其直属机构、中央管理的企业(以下简称中央单位)应当按照本办法要求,试行高级统计师资格考试与评审相结合的评价办法。

第五条 高级统计师资格评价工作在人力资源社会保障部、国家统计局的统一领导下进行。人力资源社会保障部、国家统计局联合组成的统计专业技术资格考试办公室(以下简称全国统计考试办),负责研究高级统计师资格评价相关政策和评价标准,指导、监督和检查高级统计师资格评价的实施工作。

各地区高级统计师资格评价工作,由本地区人力资源社会保障部门(福建省为公务员局,下同)、统计局共同组织实施。

第二章 考 试

第六条 高级统计师资格的考试实行全国统一大纲、统一命题,原则上每年举行一次。

第七条 考试设《高级统计实务与案例分析》科目。主要考察应试者运用统计方法和数据信息,分析、判断、处理统计业务和解决统计工作实际问题的综合能力。

考试时间为180分钟,采取开卷笔答的方式进行。

第八条 凡遵守国家法律法规,严格执行统计工作各项规章制度,热爱统计业务工作,具有良好的职业道德和统计行业操守,并符合下列一项条件的人员,均可申请参加考试:

(一)获得统计学或者相近专业(数学与应用数学、信息与计算科学,下同)博士学位后,担任统计师专业职务满2年;

(二)获得统计学或者相近专业硕士学位,担任统计师专业职务后,或者通过全国统一考试取得统计师、会计师、审计师或者经济师资格(以下简称中级资格)后,从事统计专业工作满3年;

(三)获得统计学或者相近专业本科学历或者学士学位,取得中级资格后,从事统计专业工作满4年;

(四)获得非统计学或者相近专业上述学历、学位,取得中级资格后，其从事统计专业工作的年限相应增加1年。

第九条 申请参加考试的人员，携带相关证件和证明材料到当地统计专业技术资格考试管理机构报名，或者通过网络报名。经考试管理机构审核合格后，核发准考证。应试人员凭准考证和身份证明在规定的日期、地点和时间参加考试。

中央单位的统计人员，按照属地原则报名参加考试。

第十条 考点原则上设在省会城市和直辖市的大中专院校，或者高考定点学校，确需在其他城市设置考点的，须报全国统计考试办批准。

第十一条 全国统计考试办确定每年度高级统计师资格考试国家统一的合格标准。

各地区人力资源社会保障、统计部门可根据本地区统计人才需求状况，确定本地区本年度参加评审的使用标准，并报全国统计考试办备案。

第十二条 对达到国家确定的合格标准人员，由全国统计考试办核发高级统计师资格考试成绩合格证，该合格证自考试通过之日起，在全国范围3年内有效。

各地区高级统计师资格评价机构，负责核发符合本地区参加评审的使用标准的考试成绩证明。该证明只在辖区范围内本年度的评审工作中使用。

第三章 评 审

第十三条 高级统计师资格的评审工作，由经人力资源社会保障部备案、具备组建高级统计师资格评审委员会（以下简称高评委）条件的地区或者中央单位组织进行。

第十四条 不具备组建统计专业高评委条件的中央单位的评审工作，应当委托具有高评委的其他中央单位或者所在地省级高评委代为进行。

第十五条 评审工作原则上每年组织一次。各地区和中央单位，应在考试成绩公布6个月内完成评审工作。

评审程序一般应当包括考核、答辩、评议等环节。

第十六条 高级统计师应具备的职业能力：

（一）较强的统计分析和数据诠释能力；

（二）主持或者作为主要参加者，拟定较大型统计调查的方案，进行较高级别科研课题的研究；

（三）组织实施较大规模的统计项目，编辑统计资料；

（四）解决本专业领域重要技术问题，或者独立解决本专业领域复杂疑难问题；

（五）组织、指导下级统计专业人员完成各项统计任务。

第十七条 申请参加评审的人员须同时具备下列基本条件：

（一）具备"高级统计师资格评审条件"（见附件）规定的统计专业工作项目、业绩成果与研究成果；

（二）具有在有效期限内的高级统计师资格考试成绩合格证，或者本地区一次性有效的成绩证明；

（三）年度考核或者任职期满的综合考核均为"合格"以上等次；

（四）符合高级统计师所需的职称外语和计算机应用能力要求。

第十八条 各地区高级统计师资格的评审结果，应经同级人力资源社会保障部门审核确认；各中央单位高级统计师资格的评审结果，应经同级人事部门审核确认。其评审结果应当在本地区或者本单位一定范围内进行公示。公示期应不少于7个工作日。

经公示无异议后，将评审结果报全国统计考试办备案，并颁发由本地区人力资源社会保障部门用印，或者中央单位人事部门用印的高级统计师资格证书。该证书原则上在本地区或者本单位管辖的范围内有效。

第四章 评价工作要求

第十九条 各地区、各单位应当不断完善高级统计师资格评价工作规章制度，确保评价结果的客观、公平、公正。

第二十条 考务实施机构和评审机构及其工作人员，应当严格执行考试、评审工作纪律和回避制度。

第二十一条 坚持考试与培训分开的原则。凡参与考试工作的机构和人员，不得举办或者参与举办与考试相关的培训，不得强迫应试人员参加与考试相关的培训。

第二十二条 高级统计师资格评价的收费标准，应当经当地价格主管部门核准，并向社会公布，接受群众监督。

第二十三条 对违反考试工作纪律和有关规定的人员，按照《专业技术人员资格考试违纪违规行为处理规定》（人力资源社会保障部令第12号）处理。

第五章 附 则

第二十四条 在内地工作的香港、澳门地区居民，申请参加高级统计师资格评价，应当符合本办法规定的各项条件，并提供相关证明材料，由所在工作单位按规定向当地高级统计师资格评价管理部门提出申请。

第二十五条 本办法第八条有关"从事统计专业工作"年限的截止日期为考试日前。

第二十六条 按照本办法取得高级统计师资格的人员，表明其已具备承担高级统计师岗位工作的水平能力，用人单位应在具备高级统计师资格的人员中择优聘任高级统计师专业职务。

第二十七条 本办法自2011年12月1日起试行。

附件：高级统计师资格评审条件

附件：

高级统计师资格评审条件

申请参加高级统计师资格评审的人员，在担任统计师专业职务或者通过全国统一考试取得统计师、会计师、审计师或者经济师资格（以下简称中级资格）后，应当具备本条件一、二、三项中的各1项条件。

一、主持或者作为主要参加者，完成统计业务工作项目

（一）设计1项国家级、省部级或者2项地市级综合性、常规性的统计调查方案。

（二）组织实施1项国家级、2项省部级或者3项地市级较大规模的统计调查项目；或者在县级机构、企事业单位，组织实施5项国家、上级下达或者自行设计的统计调查项目。

（三）组织编辑3本（年）全国、全行业（部门）、省级统计资料，或者4本（年）地市级统计资料；或者5本（年）县级、企事业单位统计资料。

（四）完成1项国家级、省部级或者2项地市级科研课题研究项目。

二、主持或者作为主要参加者，取得统计工作业绩成果

（一）在本单位、本专业工作期间，2次获得国家级、省部级三等以上奖项，或者3次获得地市级二等以上奖项，或者4次获得行业主管部门的专项奖励。

（二）设计的1项统计调查方案被国家级或者省部级主管部门采纳；或者设计的2项统计调查方案被地市级主管部门采纳。

（三）编辑的统计资料2次获得省部级二等以上奖项；或者3次获得省部级三等以上奖项。

（四）完成的科研课题研究成果或者撰写的统计分析报告，1次获得国家级、省部级二等以上奖项，或者2次获得国家级或者省部级三等以上奖项；或者研究成果、政策建议3次被主管部门采纳，取得较好的社会效益和经济效益。

三、经两位以上高级统计师鉴定，具有国内先进水平及应用价值的统计或者相近专业研究成果

（一）在正式出版社出版了有统一书号（ISBN）的统计或者相近专业著作（译著），本人独立撰写不少于5万字；或者参加编写已投入使用的统计或者相关专业书籍，本人独立撰写不少于8万字（对未注明作者撰写章节的书籍、著作，不能作为研究成果）。

（二）在有国内统一刊号（CN）的核心类报纸、期刊上，或者在有国际统一刊号（ISSN）的国外报纸、期刊上发表独立完成的统计或者相关专业论文、统计分析报告不少于2篇（每篇不少于2000字，下同）。

（三）在有国内统一刊号（CN）的非核心类报纸、期刊上发表独立完成的统计或者相近专业论文、统计分析报告不少于3篇。

（四）在省部级内部刊物上发表的独立完成的统计分析报告、课题研究报告不少于5篇；或者在地市级综合刊物上发表独立完成的统计分析报告、课题研究不少于7篇。

注：本条件中有关国家级、省部级、地市级奖项的要求，是指颁布奖项或者作出奖励决定单位的级别。

中央编办关于国家统计局增设社会科技和文化产业统计司的批复

（2011年9月1日）

国家统计局：

《关于加强文化产业统计工作力量的请示》（国统函〔2011〕115号）收悉。经研究并报中央编委同意，现批复如下：

一、同意你局增设社会科技和文化产业统计司，主要职责是：组织实施社会、科技和文化产业发展基本情况、环境基本状况等统计调查，收集、整理和提供有关调查的统计数据；组织实施对妇女儿童两个发展纲要执行情况的统计监测；综合整理和提供教育、卫生等统计数据；对有关统计数据质量进行检查和评估；组织指导有关专业统计基础工作；进行统计分析。相应核增正副司长职数2名；所需行政编制由你局机关内部调剂，不另行增加。

二、人口和就业统计司不再保留“社会和科技统计司”牌子。

此复

国家统计局关于印发统计上大中小微型企业划分办法的通知

（2011 年 9 月 2 日）

各省、自治区、直辖市统计局，新疆生产建设兵团统计局，国家统计局各调查总队，国务院有关部门：

为贯彻落实工业和信息化部、国家统计局、国家发展改革委、财政部《关于印发中小企业划型标准规定的通知》（工信部联企业〔2011〕300 号），结合统计工作的实际情况，我们制定了《统计上大中小微型企业划分办法》。现印发给你们，请遵照执行。

统计上大中小微型企业划分办法

一、根据工业和信息化部、国家统计局、国家发展改革委、财政部《关于印发中小企业划型标准规定的通知》（工信部联企业〔2011〕300 号），结合统计工作的实际情况，特制定本办法。

二、本办法适用对象为在中华人民共和国境内依法设立的各种组织形式的法人企业或单位。个体工商户参照本办法进行划分。

三、本办法适用范围包括：农、林、牧、渔业，采矿业，制造业，电力、热力、燃气及水生产和供应业，建筑业，批发和零售业，交通运输、仓储和邮政业，住宿和餐饮业，信息传输、软件和信息技术服务业，房地产业，租赁和商务服务业，科学研究和技术服务业，水利、环境和公共设施管理业，居民服务、修理和其他服务业，文化、体育和娱乐业等 15 个行业门类以及社会工作行业大类。

四、本办法按照行业门类、大类、中类和组合类别，依据从业人员、营业收入、资产总额等指标或替代指标，将我国的企业划分为大型、中型、小型、微型等四种类型。具体划分标准见附表。

五、企业划分由政府综合统计部门根据统计年报每年确定一次，定报统计原则上不进行调整。

六、本办法自印发之日起执行，国家统计局2003年印发的《统计上大中小型企业划分办法（暂行）》（国统字〔2003〕17号）同时废止。

附表：

统计上大中小微型企业划分标准

行业名称	指标名称	计量单位	大型	中型	小型	微型
农、林、牧、渔业	营业收入（Y）	万元	Y≥20000	500≤Y<20000	50≤Y<500	Y<50
工业*	从业人员（X）	人	X≥1000	300≤X<1000	20≤X<300	X<20
	营业收入（Y）	万元	Y≥40000	2000≤Y<40000	300≤Y<2000	Y<300
建筑业	营业收入（Y）	万元	Y≥80000	6000≤Y<80000	300≤Y<6000	Y<300
	资产总额（Z）	万元	Z≥80000	5000≤Z<80000	300≤Z<5000	Z<300
批发业	从业人员（X）	人	X≥200	20≤X<200	5≤X<20	X<5
	营业收入（Y）	万元	Y≥40000	5000≤Y<40000	1000≤Y<5000	Y<1000
零售业	从业人员（X）	人	X≥300	50≤X<300	10≤X<50	X<10
	营业收入（Y）	万元	Y≥20000	500≤Y<20000	100≤Y<500	Y<100
交通运输业*	从业人员（X）	人	X≥1000	300≤X<1000	20≤X<300	X<20
	营业收入（Y）	万元	Y≥30000	3000≤Y<30000	200≤Y<3000	Y<200
仓储业	从业人员（X）	人	X≥200	100≤X<200	20≤X<100	X<20
	营业收入（Y）	万元	Y≥30000	1000≤Y<30000	100≤Y<1000	Y<100
邮政业	从业人员（X）	人	X≥1000	300≤X<1000	20≤X<300	X<20
	营业收入（Y）	万元	Y≥30000	2000≤Y<30000	100≤Y<2000	Y<100
住宿业	从业人员（X）	人	X≥300	100≤X<300	10≤X<100	X<10
	营业收入（Y）	万元	Y≥10000	2000≤Y<10000	100≤Y<2000	Y<100
餐饮业	从业人员（X）	人	X≥300	100≤X<300	10≤X<100	X<10
	营业收入（Y）	万元	Y≥10000	2000≤Y<10000	100≤Y<2000	Y<100

续表

行业名称	指标名称	计量单位	大型	中型	小型	微型
信息传输业*	从业人员(X)	人	X≥2000	100≤X<2000	10≤X<100	X<10
	营业收入(Y)	万元	Y≥100000	1000≤Y<100000	100≤Y<1000	Y<100
软件和信息技术服务务业	从业人员(X)	人	X≥300	100≤X<300	10≤X<100	X<10
	营业收入(Y)	万元	Y≥10000	1000≤Y<10000	50≤Y<1000	Y<50
房地产开发经营	营业收入(Y)	万元	Y≥200000	1000≤Y<200000	100≤Y<1000	Y<100
	资产总额(Z)	万元	Z≥10000	5000≤Z<10000	2000≤Z<5000	Z<2000
物业管理	从业人员(X)	人	X≥1000	300≤X<1000	100≤X<300	X<100
	营业收入(Y)	万元	Y≥5000	1000≤Y<5000	500≤Y<1000	Y<500
租赁和商务服务业	从业人员(X)	人	X≥300	100≤X<300	10≤X<100	X<10
	资产总额(Z)	万元	Z≥120000	8000≤Z<120000	100≤Z<8000	Z<100
其他未列明行业*	从业人员(X)	人	X≥300	100≤X<300	10≤X<100	X<10

说明：1. 大型、中型和小型企业须同时满足所列指标的下限，否则下划一档；微型企业只须满足所列指标中的一项即可。

2. 附表中各行业的范围以《国民经济行业分类》(GB/T 4754－2011)为准。带*的项为行业组合类别，其中，工业包括采矿业，制造业，电力、热力、燃气及水生产和供应业；交通运输业包括道路运输业，水上运输业，航空运输业，管道运输业，装卸搬运和运输代理业，不包括铁路运输业；信息传输业包括电信、广播电视和卫星传输服务，互联网和相关服务；其他未列明行业包括科学研究和技术服务业，水利、环境和公共设施管理业，居民服务、修理和其他服务业，社会工作，文化、体育和娱乐业，以及房地产中介服务，其他房地产业等，不包括自有房地产经营活动。

3. 企业划分指标以现行统计制度为准。(1)从业人员，是指期末从业人员数，没有期末从业人员数的，采用全年平均人员数代替。(2)营业收入，工业、建筑业、限额以上批发和零售业、限额以上住宿和餐饮业以及其他设置主营业务收入指标的行业，采用主营业务收入；限额以下批发与零售业企业采用商品销售额代替；限额以下住宿与餐饮业企业采用营业额代替；农、林、牧、渔业企业采用营业总收入代替；其他未设置主营业务收入的行业，采用营业收入指标。(3)资产总额，采用资产总计代替。

国务院办公厅转发统计局关于加强和完善服务业统计工作意见的通知

（2011 年 9 月 17 日）

各省、自治区、直辖市人民政府，国务院各部委、各直属机构：

统计局《关于加强和完善服务业统计工作的意见》已经国务院同意，现转发给你们，请认真贯彻执行。

服务业是国民经济的重要组成部分。加快发展服务业，是推进经济结构调整、加快转变经济发展方式的必由之路。加强和完善服务业统计工作，对于准确反映服务业发展规模、效益、地区分布和行业分布情况，科学制定服务业发展战略规划，提高服务业管理水平，实现服务业又好又快发展，具有重要意义。

统计局要切实做好全国服务业统计的组织领导，加强对各地区、各有关部门服务业统计调查项目的管理协调，会同有关部门推进建立科学、统一、全面、协调的服务业统计调查制度和信息管理制度，抓好监督检查，确保工作落实。各地区、各有关部门要进一步统一思想，增强大局意识、责任意识，认真贯彻本通知要求，扎实做好本地区、本部门的服务业统计工作，不断提高服务业统计能力和统计数据质量。

关于加强和完善服务业统计工作的意见

统计局

为贯彻落实党中央、国务院关于加快发展服务业的部署和要求，尽快建立科学、统一、全面、协调的服务业统计调查制度和信息管理制度，进一步提高服务业统计工作水平，现就加强和完善服务业统计工作提出以下意见。

一、充分认识加强和完善服务业统计工作的重要性

服务业是国民经济的重要组成部分，服务业的发展水平是衡量现代社会经济发达程度的重要标志。加快发展服务业，提高服务业在三次产业结构中的比重，是推进经济结构调整、加快转变经济发展方式的必由之路。加强和完善服务业统计，对于准确反映服务业发展规模、效益、地区分布和行业分布情况，科学制定服务业发展战略规划，提高服务业管理水平，实现服务业又好又快发展，具有重要意义。

近年来，我国服务业统计工作取得了积极进展。通过第二次全国经济普查，基本摸清了我国服务业的总量、结构和变化情况，在此基础上制定了服务业统计相关的国家标准，并在重要的服务业领域陆续建立了比较健全规范的常规统计制度。但是，我国服务业统计工作起步较晚，仍存在一些不容忽视的问题，如统计基础比较薄弱，统计范围覆盖不全，统计调查制度有待完善，在资料报送、信息共享和数据发布等方面尚未建立起有效的部门间协调合作机制，与服务业快速发展的形势不相适应，与加强和改善宏观调控的要求不相适应。必须尽快采取切实措施，着力解决服务业统计的突出问题，进一步加强和完善服务业统计工作。

二、指导思想、主要原则和目标

(一)指导思想。

以邓小平理论、“三个代表”重要思想和科学发展观为指导，认真贯彻落实《国务院关于加快发展服务业的若干意见》(国发〔2007〕7 号)精神，针对服务业统计工作中存在的突出问题，按照整体设计、规范透明、统筹兼顾、突出重点、分步推进的要求，进一步加强服务业统计调查制度建设，全面提升服务业统计能力，不断提高服务业统计数据质量，努力适应科学发展和加快转变经济发展方式的需要。

(二)主要原则。

为保证服务业统计数据的完整性和系统性，保持与其他专业统计数据的协调和统一，服务业统计应贯彻国民经济核算体系的统一要求，坚持“在地统计”、“权责发生制”和“市场价格估价”等原则。

“在地统计”原则是指根据统计单位的常住地确定其统计归属地，即一个统计单位在我国境内设立生产经营场所，并长期(一年及以上)从事生产经营活动，按其生产经营活动发生地进行统计。

“权责发生制”原则是指根据交易活动发生时间确定统计的报告期。企业(单位)财务统计指标的报告期确定，原则上应与其执行的会计制度保持一致。

“市场价格估价”原则是指根据交易双方认定的成交价格进行统计。没有货币支付行为的交易，按市场上同类产品和服务的市场价格或按所发生的实际成本估价。

(三)目标。

通过不断加强和完善服务业统计工作，推动建立科学、统一、全面、协调的服务业统计调查制度和信息管理制度，统一规范服务业统计范围和基本内容，完善服务业统计调查方法和指标体系，明确部门职责分工，建立健全信息共享机制，加强数据质量控制与评估，不断提高统计数据的准确性和及时性，为国家实施宏观调控、制定发展规划和政策提供科学依据。

三、明确服务业统计范围和统计对象

(一)统计范围。

按照《国民经济行业分类》(GB/T4754—2002)和《统计用产品分类目录》(国家统计局令第 13 号)，对服务业统计范围从行业和产品两个层次进行界定。

1. 行业范围。

包括交通运输、仓储和邮政业，信息传输、计算机服务和软件业，批发和零售业，住宿和餐饮业，金融业，房地产业，租赁和商务服务业，科学研究、技术服务和地质勘查业，水利、环境和公共设施管理业，居民服务和其他服务业，教育，卫生、社会保障和社会福利业，文化、体育和娱乐业，公共管理和社会组织等。以上共 14 个国民经济行业门类，具体包括 46 个大类、179 个中类和 339 个小类。相关服务业行业的详细分类及代码参见《国民经济行业分类》。

2. 产品范围。

服务业各行业的活动成果主要体现为服务业产品，对服务业产品的统计依据产品分类进行。具体的产品范围包括 46 个大类(代码 51—96)、245 个中类和 477 个小类产品。相关服务业产品的详细分类及代码参见《统计用产品分类目录》。

关于高技术服务业、家庭服务业等特定服务业的统计范围，由国家统计局根据《国民经济行业分类》和《统计用产品分类目录》，商有关部门另行制定相关的分类标准，确定统计范围。

(二)统计对象。

服务业常规统计的基本单位，主要包括从事服务业活动的法人、产业活动单位和个体经营户等三个类别。

民航、银行、证券、保险、电信、邮政、石油等系统所属企事业法人的省、地级分支机构,视同法人单位参加服务业统计。

四、规范服务业统计基本内容

服务业统计的基本内容主要包括企业(单位)基本情况、财务指标、业务指标和服务业增加值等。

(一)企业(单位)基本情况。

主要包括开业(成立)时间、组织机构代码、企业(单位)详细名称、法定代表人(负责人)、联系方式、行业类别、登记注册类型、机构类型、控股情况、执行会计制度类型、从业人员等。

(二)财务指标。

企业财务指标主要包括资产总额、固定资产原价、折旧、营业收入、营业税金及附加、应交增值税、营业费用、管理费用、财务费用、营业利润、应付工资总额、应付福利费总额、保险费等。金融类企业的财务指标依据相关财务会计制度确定。

行政事业单位财务指标主要包括资产总额、固定资产原价、折旧、本年收入、财政拨款、上级补助收入、事业收入、经营收入、上年结余、本年支出、工资福利支出、商品和服务支出、对个人和家庭补助支出、经营支出、经营税金等。

民间非营利组织财务指标主要包括年末资产、固定资产原价、折旧、收入合计、捐赠收入、会费收入、提供服务收入、政府补助收入、费用合计、业务活动成本、人员费用、日常费用、税费、管理费用等。

(三)业务指标。

业务指标是指各服务业行业对外提供主要服务的数量或交易额,具体内容根据各有关部门建立的统计调查制度确定。

公共管理和社会组织类单位不设业务指标。

(四)服务业增加值。

服务业增加值及其构成，主要包括劳动者报酬、固定资产折旧、生产税净额、营业盈余等指标。各服务业行业增加值的具体构成根据相关统计调查数据及行政记录核算。

五、完善服务业统计方法

服务业统计基础数据的采集应以周期性经济普查为基础，综合运用全面调查、抽样调查和行政记录等多种方法。在能够较好满足需要的情况下，应尽量通过抽样调查和利用行政记录等方法采集基础数据。为避免重复统计，各地区、各有关部门应积极探索一体化的统计调查工作模式，对涉及服务业企事业单位的统计调查，统一设计调查方案，统筹安排相关工作。

(一)充分发挥普查功能。

在经济普查年份，服务业统计基础数据的采集应结合普查进行，不重复开展服务业年度统计。在非经济普查年份，可利用通过普查得到的相关参数，对服务业常规统计数据进行推算和验证。及时做好普查名录库的更新与维护工作，为开展服务业常规统计提供基本单位信息。

(二)适当使用全面调查。

对大中型或规模以上的服务业企业(单位)，以及重要部门或行业的服务业企业(单位)，原则上使用全面调查的方法采集基础数据。其中，统计基础比较好的服务业企业(单位)应尽快建立联网报送数据制度。

(三)广泛采用抽样调查。

对小型或规模以下服务业企业(单位)应采用抽样调查的方法收集样本数据，科学推算总体数据。推算的营业收入和其他主要指标的最大相对误差应不超过10%，概率保证度须在90%以上。

有条件的地区和部门也可以采用抽样调查的方法取得个体经

营户的相关基础数据。

(四)积极利用行政记录。

铁路、民航、海关、教育、卫生、银行等系统的行政记录比较完善,可充分用于加工生成相应的服务业统计数据。

各级统计部门可利用财政部门的财政收支等数据,科学推算行政事业单位的增加值及其构成数据;利用工商行政管理部门和税务部门的相关行政记录资料,科学推算个体经营户营业收入和增加值等主要数据。

六、加强服务业统计数据质量控制与评估

各地区、各有关部门要加强数据质量管理和控制,针对服务业统计工作的关键阶段和主要环节,规范工作流程,采取有效措施,确保服务业统计数据的准确性和一致性。

(一)事前论证。

制定统计调查制度要根据《中华人民共和国统计法》的有关规定严格履行审批或备案手续。制定实施国家、地方和部门的各项服务业统计调查制度、调查方法和主要指标计算方法,要切实加强科学论证,重大服务业统计调查制度要进行试点,验证方案,积累经验。核心指标的设计误差要符合精度要求,并保证相应的样本量;采用的统计调查方法要科学合理,尽可能利用现有数据资源,提高统计整体效率;统计分类、统计单位、计量单位和数据格式等要符合国家标准。

(二)业务培训。

各地区、各有关部门应加强服务业统计制度方法的业务培训,建立和完善服务业统计业务培训机制。通过培训,使基层统计机构、服务业企业(单位)的统计人员掌握服务业统计的标准分类和统计调查方法,熟悉服务业统计调查指标的口径范围和计算方法,掌握现场调查技巧和数据处理程序等业务技能。

(三)督查指导。

为保证服务业统计数据质量,各地区、各有关部门要严格执行国家服务业统计调查制度,未经国家统计局批准,任何地方和部门不得进行调整或修改;要建立健全服务业统计调查制度执行情况检查和指导制度,及时发现和依法处理执行中出现的问题,维护国家统计制度方法的统一性和严肃性。各级统计部门负责指导、协调同级有关部门开展服务业统计检查工作。

(四)数据审核。

各级统计部门和服务业主管部门要加大对服务业统计基础数据的审核力度,确保基本单位不重不漏、基层调查表完整清晰、基础数据准确可靠。要通过指标间、报表间的逻辑审核,确保经济指标与相关会计、业务核算资料相一致,本期数据与上期、上年同期数据相协调,表与表之间关联指标相协调。

(五)全面评估。

各级统计部门和服务业主管部门要全面评估本地区、本部门的有关服务业统计数据,将本期数据与相关时期、地区、部门、行业以及国民经济总体数据进行对比分析,确保数据的逻辑性和一致性。要重点对营业收入、增加值等主要指标的平均值和总量数据进行比较,分析是否出现重大变化;要充分利用其他相关指标或参数,如从业人数、用电量、利润率、劳动生产率、增加值占国内生产总值比重等,进行比较、分析和评估。

七、做好服务业统计的组织实施工作

各地区、各有关部门要按照"规范制度方法、明确职责分工、分散收集数据、集中统一核算"的原则,采用条块结合的方式组织实施服务业统计调查工作。

(一)明确职责分工。

1. 国家统计局负责组织领导全国的服务业统计工作,管理协调各地区、各有关部门的服务业统计调查项目，制定国家服务业综合统计制度和统计分类标准，组织批发和零售业、住宿和餐饮业、房地产业、居民服务和其他服务业以及无主管部门的服务业统计调查工作，统一核算全国服务业增加值及分行业、分地区增加值。

2. 国务院各有关部门应按照服务业统计职责分工（具体职责分工见附件），建立健全部门服务业统计调查制度，报经国家统计局批准后组织实施，并及时向国家统计局提供其职责范围内的分省（区、市）服务业统计数据。

3. 地方各级统计部门和服务业主管部门应参照国务院有关部门服务业统计职责分工，协商确定本地区服务业统计职责分工，进一步完善统计调查制度，加强协调配合，不断提高服务业统计工作能力。

（二）加强组织实施。

1. 各地区、各有关部门要于 2011 年年底前建立健全服务业统计调查制度，确保每个服务业行业都有统计责任部门。统计基础薄弱、单独制定统计制度和开展统计调查确有困难的部门，可与统计部门协商采取多种方式完成统计调查任务。

2. 各有关部门负责的服务业统计，原则上应是全行业统计，统计范围既要包括系统内企业（单位），也应包括系统外特别是非公有制企业（单位）和个体经营户。部门服务业统计调查制度要严格执行国家统一的服务业统计标准和分类要求，规范设置统计调查指标，合理选择调查方法。

3. 各级统计部门要进一步加强对统计调查项目的管理，努力解决重复统计和指标设计不统一、不规范等问题，进一步完善统计调查方法和指标体系，优化配置统计资源，不断提高工作效能和服务业统计数据质量。

4. 各地区、各有关部门要积极推进服务业统计信息共享机制建设。各级服务业主管部门要及时向统计部门提供服务业企业（单位）和个体经营户的基本信息，以及国民经济核算所需的业务、财务和行政记录资料；统计部门要加强统计基本单位名录库的维护与更新，及时主动为其他部门开展服务业统计调查提供全面准确的基本单位名录。

5. 各地区、各有关部门要切实依照《中华人民共和国统计法》和《中华人民共和国政府信息公开条例》规定，及时公布服务业统计数据。各有关部门按照权限公布的统计数据应与统计部门保持一致。

附件：服务业统计职责分工

附件：

服务业统计职责分工

部门名称	统计范围
教育部	教育（不含职业技能培训）
科技部	研究与试验发展 科技交流和推广服务业
工业和信息化部	信息传输、计算机服务和软件业（不含广播电视传输服务）
民政部	婚姻服务 殡葬服务 社会福利业 烈士陵园、纪念馆 社会团体 基层群众自治组织
财政部	中国共产党机关 国家机构 人民政协和民主党派 群众团体
人力资源社会保障部	社会保障业 职业技能培训

续表1

部门名称	统计范围
国土资源部	地质勘查业
环境保护部	环境管理业(不含野生动植物保护、城市市容管理、城市环境卫生管理)
住房城乡建设部	工程技术与规划管理 城市市容管理 城市环境卫生管理 公共设施管理业
交通运输部	道路运输业、城市公共交通业、水上运输业
铁道部	铁路运输业
水利部	水利管理业
商务部	会议及展览服务 典当 拍卖活动
文化部	文化艺术业(不含档案馆) 娱乐业 动漫、游戏设计等其他专业技术服务
卫生部	卫生(不含计划生育技术服务活动)
人口计生委	计划生育技术服务活动
人民银行、银监会、证监会、保监会	金融业(不含典当)
工商总局	广告业
质检总局	技术检测
广电总局	广播电视传输服务 广播、电视、电影和音像业
新闻出版总署	出版业
体育总局	体育

续表 2

部门名称	统计范围
统计局	批发和零售业 住宿和餐饮业 房地产业 居民服务和其他服务业 装卸搬运和其他运输服务业、仓储业 其他无主管部门的服务业
林业局	林业自然保护区管理和野生动植物保护
知识产权局	知识产权服务
旅游局	旅行社、相关活动
宗教局	宗教组织
新华社	新闻业
地震局	地震服务
气象局	气象服务
档案局	档案馆
海洋局	海洋服务
测绘地信局	测绘服务
民航局	航空运输业
邮政局	邮政业
中国石油天然气集团公司 中国石油化工集团公司 中国海洋石油总公司	管道运输业

国家统计局关于开展以全国为总体的批发零售住宿餐饮行业抽样调查的通知

（2011 年 9 月 26 日）

国家统计局各调查总队：

国家统计局决定在全国范围内开展一次批发和零售业、住宿和餐饮业行业抽样调查工作，现将《以全国为总体的批发零售住宿餐饮行业抽样调查方案》印发给你们，请按照调查方案要求认真组织实施。

附件：以全国为总体的批发零售住宿餐饮行业抽样调查方案

附件：

以全国为总体的批发零售住宿餐饮行业抽样调查方案

一、总说明

（一）调查目的

为研究和探索建立健全批发和零售业、住宿和餐饮业行业统计的调查方法、组织方式和数据收集方法，同时获取比较可靠的基层样本单位数据，为推估、评价全国分行业统计数据提供依据。

（二）调查范围

限额以下批发和零售业、住宿和餐饮业样本单位，包括从抽中的样本村(社区居)委会中抽选出来的限额以下批发和零售业、住宿和餐饮业法人企业和个体户。

(三)调查内容

样本单位的基本情况与经营情况,详见《批发和零售业样本单位调查问卷》和《住宿和餐饮业样本单位调查问卷》。

(四)基本抽样方法

以全国为总体,采用二阶段目录抽样方法,抽取共计 1.2 万个左右的限额以下批发和零售业、住宿和餐饮业法人企业和个体户作为样本单位。详见“三、抽样设计”。

(五)调查报告期及报送时间

本调查报告期为 2011 年 1—9 月,报送时间为 2011 年 10 月 31 日前。

(六)组织实施

国家统计局贸易外经司负责抽样调查方案的制定、样本群和样本单位的抽选、数据处理和总体推算。国家统计局各调查总队负责组织实施样本单位数据的采集、录入和上报。

二、调查表式(略)

三、抽样设计(略)

四、国民经济行业分类(GB/T4754—2002)(略)

环境保护活动分类

国家统计局

（2011 年 9 月 26 日）

一、环境保护活动分类目的和作用

为完善我国环境统计工作，规范环境保护活动和支出统计，实现我国环境统计标准与国际标准衔接，特制定本分类。

二、环境保护活动分类范围

环境保护活动是指那些以保护环境为主要目的开展的活动。本分类的范围主要包括：（一）水环境保护；（二）大气环境保护；（三）固体废物防治；（四）噪声和振动防治；（五）辐射污染防治；（六）土壤保护；（七）生物多样性和自然景观保护；（八）其他环境保护活动。

三、环境保护活动分类原则

（一）借鉴国际规范，保持国际可比。

本分类参考了欧盟《环境保护活动和支出分类（CEPA2000）》以及国际环保支出统计的经验和做法，在统计口径和分类标准上与国际规范相衔接，以满足国际比较的需要。

(二)与《国民经济行业分类》和《统计用产品分类目录》相衔接。

本分类根据我国《国民经济行业分类》和《统计用产品分类目录》,将涉及环境保护的行业以及相关活动进行了归类,以便进行资料收集整理。

(三)适应宏观管理需要,兼顾部门统计实际。

本分类在满足相关管理需要的同时,充分考虑了各部门环境统计的现状,以提高可操作性。

四、环境保护活动分类方法

本分类是一个通用的环境保护功能分类,它不仅可用作环境保护活动分类,还可用于相关产品分类。可以按保护对象(大气、水等)和措施(预防、治理)类型,将活动归入相应环境领域。

本分类依据相关分类原则,将环境保护活动划分为三层:

第一层根据环境领域的特点,将环境保护活动分为 8 个大类。前 7 类分别对应 7 个环境领域(水、大气、固体废物、噪声和振动、辐射、土壤、生物多样性和自然景观),最后一类(其他环境保护活动)除归集研发活动和各种一般性环境管理活动外,还用于归集那些无法确定具体服务领域但又与环境保护有关的活动。上述大类分别用阿拉伯数字 1、2、3……表示。

第二层和第三层根据管理需要,并依照《国民经济行业分类》和《统计用产品分类目录》,将环境保护活动大类划分为中类和小类,分别用阿拉伯数字 1.1、1.2…和 1.1.1、1.1.2…表示。

五、环境保护活动分类表

类别名称	国民经济行业代码
1. 水环境保护	
1.1 污水与废水防治	
1.1.1 排水管网建设与管理	7810
1.1.2 污水与废水处理	4620 *
1.2 地表水体和地下水体污染防治	7721
1.3 海水污染防治	7430
1.4 水环境监测	7461
1.5 其他水环境保护活动	7721、7430
2. 大气环境保护	
2.1 大气污染防治	7722
2.2 大气环境监测	7410、7461
2.3 其他大气环境保护活动	7722
3. 固体废物防治	
3.1 非危险固体废物处理和处置	7723、7820 *
3.2 危险固体废物处理和处置	7724 *
3.3 固体废物监测	7461
3.4 其他固体废物污染防治活动	7723
4. 噪声和振动防治	7729
4.1 噪声和振动源治理	4890、4990
4.2 防噪声和振动设施建设	7461
4.3 噪声和振动监测	7729
4.4 其他噪声和振动防治活动	
5. 辐射污染防治	4890、4990
5.1 辐射防护	7725
5.2 放射性废物处理和处置	7461
5.3 辐射监测	7725
5.4 其他辐射污染防治活动	
6. 土壤保护	0220、7690
6.1 土壤侵蚀及其他物理退化防治	0512、0519
6.2 土壤盐碱化防治	0519、7729
6.3 土壤污染防治	7461、7462
6.4 土壤监测	0519、7690
6.5 其他土壤保护活动	

续表

类别名称	国民经济行业代码
7. 生物多样性和自然景观保护	7711＊
7.1　自然保护区管理	7712＊、7713＊
7.2　野生动植物保护	7462
7.3　生物多样性和自然景观监测	7719＊
7.4　其他生物多样性和自然景观保护活动	
8. 其他环境保护活动	7310、7320
8.1　环境保护研发	7239、7450、7461、7519、8291、9124、9125、9126
8.2　一般环境管理	
8.3　环境应急管理	7430、9124、9125
8.4　其他未分类活动	7729

注:国民经济行业代码栏带“＊”的代码,表示与该行业全部对应,其他为部分对应。

六、环境保护活动分类注释(略)

国家统计局　工商总局关于划分企业登记注册类型的规定调整的通知

（2011 年 9 月 30 日）

各省（区、市）统计局、工商行政管理局，新疆生产建设兵团统计局，国家统计局各调查总队：

根据国务院《外国企业或者个人在中国境内设立合伙企业管理办法》（国务院令第 567 号）和国家工商总局《外商投资合伙企业登记管理规定》（工商总局令第 47 号），现对 1998 年发布的《关于划分企业登记注册类型的规定》（国统字〔1998〕200 号）做如下调整：

一、在第二条的“港、澳、台商投资企业”下增加“其他港、澳、台商投资企业”；在《企业登记注册类型与代码》的“200 港、澳、台商投资企业”下，增加“290 其他港、澳、台商投资企业”；增加相关的解释。

二、在第二条的“外商投资企业”下增加“其他外商投资企业”；在《企业登记注册类型与代码》的“300 外商投资企业”下，增加“390 其他外商投资企业”；增加相关的解释。

附件：关于划分企业登记注册类型的规定（略）

国家统计局办公室关于印发
全国统计联网直报系统建设技术方案的通知

（2011 年 10 月 9 日）

各省、自治区、直辖市统计局，新疆生产建设兵团统计局：

全国统计联网直报系统建设是“四大工程”的重要内容，也是统计系统具有战略性和全局性的重要建设任务。按照“统筹考虑、统一规划、顶层设计、系统建设”的总体思路，国家统计局制定了《全国统计联网直报系统建设技术方案》，现印发给你们，请认真贯彻执行。

全国统计联网直报系统建设技术方案

联网直报体系及建设是四大工程建设重中之重的工作目标，也是统计系统具有战略性和全局性的重大任务。2011 年，企业一套表试点工作已在全国展开，联网直报系统建设已全面启动，为了保证联网直报系统建设的先进性、安全性和可靠性，特制定《全国统计联网直报系统建设技术方案》，以统一指导各地联网直报系统建设。

一、项目工作目标规划

（一）近期目标（2011—2012 年）。

2011 年底前，实现工业、能源、投资、贸易等主要专业规模以上企业的联网直报的环境准备工作，2012 年开始全面实施。

（二）远期目标（2013 年—2015 年）。

实现联网直报向劳动工资、服务业、工业品价格等其他专业的延伸，实现主要专业领域统计调查的联网直报。

二、项目建设目标

充分利用现代信息技术和高科技手段，改进统计生产方式，提高统计生产效率，提高统计生产过程的透明度和数据的可控制性，从根本上消除各环节对统计数据的人为干扰，切实达到全面提高统计能力，统计数据质量和提高政府统计公信力的目标。

整体布局：规划期内建设一个国家局主数据中心和数个省级报送节点构成的逻辑集中、应用统一、数据集中管理的全国统一联网直报系统。同时，完成同城备份中心和异地备份中心的建设。

三、技术架构及实现模式（略）

四、技术保障和要求（略）

五、工作部署

（一）国家级环境建设。

2011 年年底前，根据企业一套表试点情况，修改、完善软件系统，完成互联网带宽扩容，系统综合测试调优，基本完善统计联网直报国家节点的环境建设。为 2011 年年报和 2012 年定报“一套表”在全国的全面实施做好充分的技术和环境准备。

（二）省级环境建设。

还未建成省级节点的省、市，要抓紧省级软硬件环境建设。按照本方案要求，尽快进行相关设备采购，完成系统建设。选择软件，做好系统部署。年底前完成系统的性能测试与验收。统一上报国家节点的地区，重点做好各级统计人员及企业统计人员的培训工作。

（三）系统软件选择。

各省级节点要在国家推荐的两套软件系统中，自主做好软件选择，尽快完成系统的部署。认真做好各级统计局业务人员及企业统计人员的培训工作。

（四）网络环境建设。

各地区要尽快完成省以下网络配套建设的要求。省级互联网出口带宽及省以下广域网带宽要达到国家要求的标准以上。

（五）安全配套设施建设。

国家统计局已建设完成了国家、省两级的身份认证系统（PKI/CA），总体发证能力达百万用户以上。安全网关系统的并发处理峰值可达到每秒 5000 次。每个省级统计局节点证书及认证容量为 5000 张。自建节点的省市，需要增加省级数字证书发证和并发访问的认证能力扩容，以满足更多企业直报用户的使用。

附件：省级节点联网直报建议设备配备表（略）

国家统计局关于开展服务业重点企业调查试点工作的通知

（2011年10月10日）

天津、山西、江苏、安徽等省（市）统计局，南京市统计局：

为建立全国统一、规范的服务业统计调查制度，全面准确反映服务业的发展状况，国家统计局决定开展一次服务业重点企业调查试点工作。现将《服务业重点企业调查试点方案》印发给你们，请根据方案要求，认真组织试点工作。

各试点地区要高度重视此次试点工作，精心组织，有效协调，严格按照方案要求开展工作。各地区应针对试点中的难点和重点问题，认真总结经验，对服务业重点企业调查制度的建立提出切实可行的建议。

附件：服务业重点企业调查试点方案（略）

国家统计局关于实施企业一套表统计改革的通知

（2011 年 10 月 19 日）

各省、自治区、直辖市统计局，新疆生产建设兵团统计局，国家统计局各调查总队：

为进一步提高统计能力、统计数据质量和政府统计公信力，大力推进统计工作的规范统一，努力服务国家科学发展大局，国家统计局决定实施企业一套表改革，自 2011 年年报和 2012 年定报起，率先对全国所有“三上”企业和房地产开发经营企业的相关统计实施一套表制度；力争在“十二五”时期，对包括企业、事业、行政单位在内的所有统计单位全面实施一套表制度。现将有关事项通知如下：

一、企业一套表改革的目的和意义

企业一套表改革，就是将分散实施的各项企业统计调查整合起来，统一设计统计报表，统一确定调查单位，统一网上采集企业数据，统一软件系统加工处理数据。通过实施企业一套表改革，能够实现调查方案设计由各专业独立设计转变为统一设计，调查任务布置由各专业分散布置转变为统一布置，调查单位确定由各专业自行确定转变为统一确定，原始数据采集由国家间接采集、各级统计机构层层上报转变为国家直接采集、各级统计机构在线同步共享，面向企业的调查由专业分割转变为专业间高度融合、由统计过程难以控制转变为统计生产过程高度可控。

企业一套表改革是统计系统践行科学发展观的重大举措，对已经相对落后并在一定程度上制约统计科学发展的传统生产方式、管理体制和工作机制进行的重大变革，事关统计发展改革建设全局，事关统计规范统一、改革创新、公开透明，事关全面提高统计能力、统计数据质量和政府统计公信力，是解决当前统计工作难题、实现统计现代化的必由之路。

二、企业一套表改革的组织和实施

企业一套表改革是一项复杂的系统工程，涉及各级统计机构和各专业统计工作，涉及制度方法设计、业务流程管理、工作机制完善、信息技术应用、基层基础建设等各个方面。因此，需要全系统共同努力，按照统一设计、统一管理、统一部署、统一采集以及分级、分专业审核验收的方式开展各项工作。

(一)统一设计调查制度和组织软件开发。

国家统计局建立企业一套表统计调查核心指标体系和元数据标准，统一设计一套表制度，统一制定数据处理方案、软件技术标准、数据接口规范和历史数据格式，统一组织开发数据采集处理软件。省级统计局要在严格执行国家统计报表制度的基础上，统一确定省级和省以下增加的调查内容，报国家统计局批准后执行。

(二)统一确定和管理调查单位。

依照《全国统计系统基本单位名录库建设维护与使用管理暂行办法》及实施细则，国家统计局统一确定纳入企业一套表范围的调查单位。省级统计机构按照国家统计局的有关规定，负责组织开展年、定报调查单位增减变动和基本信息的更新维护，对符合条件的新建单位，每季度调整一次；对规模变动、破产、关闭等调查单位及基本信息的变更一年调整一次。调查单位的认定、调整与维护及基本信息的更新，均以基本单位名录库为基础进行。凡没有进入基本单位名录库的企业不作为企业一套表的年、定报调查单位。

(三)统一部署软件系统和调查任务。

国家统计局统一部署数据采集处理软件系统。为规范统一企业一套表应用软件,逐步建立统一的软件应用平台,国家统计局统一确定推荐软件并统一组织软件的功能改进和优化。在国家集中部署软件系统的基础上,设立独立节点的北京、河北、辽宁、上海、江苏、浙江、安徽、福建、山东、河南、湖北、湖南、广东、四川等 14 个省市,在省级部署企业一套表软件系统。

国家、省级数管中心负责分配普查中心和专业部门的业务管理权限。国家统计局各专业司负责定制本专业统计报表、数据审核规则和数据处理要求。省级统计局设管处负责按元数据标准对增加内容进行统一规范,各专业处负责定制本地区本专业增加的相关内容。

(四)统一组织数据采集、审核验收和加工汇总。

纳入企业一套表范围的调查单位采取联网直报的方式向国家或省级数据中心上报数据。调查单位按统计机构的统一要求,及时报送基础数据,接受数据查询,核实修改数据。按规定不允许网报数据的调查单位仍按原报送方式提交基层表。

企业一套表采取分级分专业的数据审核方式。各级统计机构相关专业按职责权限对接收数据进行审核和验收,对审核未通过的数据逐级退回下级统计机构核查。各级统计机构相关专业借助统一的软件平台及其节点,按照各自的权限分配,分级汇总处理相关专业数据,完成综合表和汇总表。

(五)分级分专业组织业务培训。

企业一套表业务培训采取分级分专业培训的方式进行。各级统计机构统一组织编写培训手册,并对下级统计机构进行统一培训;各专业统计和名录库管理部门负责对本系统相关业务进行培训。对调查单位的培训,可采取统一组织、分专业讲解方式进行。

三、工作要求

各级统计机构和广大统计工作者必须全力以赴、奋力拼搏，以只争朝夕的姿态，务求必胜的决心，出实招，鼓实劲，办实事，求实效，确保改革的顺利推进和圆满成功。

（一）高度重视，精心组织。

各级统计机构领导班子特别是主要负责同志，要把企业一套表改革作为统计工作的头等大事，采取有力措施，保证工作所需的人、财、物及时到位。要建立健全实施企业一套表工作领导小组及其办公室，抽调高素质的业务骨干参加，明确各个领导成员、各个办公室成员的具体分工和职责，确保指挥有力，协调到位。要按照国家统计局实施方案的统一要求，抓紧制定本地区实施企业一套表工作方案，做好制度、名录库、操作规范、软硬件系统等相关准备和业务培训工作。要积极协调新闻媒体，广泛向社会各界特别是企业宣传讲解实施企业一套表的目的意义，取得各方支持，为企业一套表实施创造良好的外部工作环境。

（二）严格执行企业一套表相关制度。

各地区、各专业要严格按照制度规定的组织方式实施企业一套表，严格按照制度规定的标准、指标、口径、范围、表式、计算方法、统计编码开展调查。要严格按照确定的调查单位和报表类型布置调查表、采集企业数据，确保企业及时如实填报报表。要严格按照制度要求在同一平台上进行数据的审核验收、加工处理工作。

（三）认真做好调查单位库的更新维护。

各省级统计机构要严格按照国家局的有关规定，切实组织好本地区年、定报统计调查单位增减变动和基本信息的更新维护。基层统计机构要及时做好对新增、破产、关闭等调查单位和调查单位基本信息变更的调查核实工作，按规定程序上报上级统计机构。要严格按照调查单位划分和若干问题处理办法，重点解决好跨地区、跨专业的重复单位问题，确保一个调查单位只归一个地区、一级统计机构、一个专业管理。要加大审核检查力度，强化对调查单位标准的执行，坚决杜绝虚设企业单位、未达标企业入库、打捆上报等现象。

（四）严格按照联网直报方式采集数据。

所有实施企业一套表的“三上”企业和房地产开发经营企业，必须使用联网直报方式提交基层表，通过网络直报国家数据中心或者国家局批准的省级数据中心。报表要由企业填报，杜绝任何形式的代填代报。要切实加强调查单位密码和 IP 地址的管理，坚决杜绝中间环节对统计数据的篡改，坚决杜绝虚假直报。各级统计机构在数据处理时要保留调查单位数据填报、审核、修正和提交基层表等操作痕迹，保留统计机构验收、退回、修改基层和汇总数据、数据导入和导出等处理痕迹。

（五）严格使用选定的软件系统进行数据采集加工处理。

各省（区、市）要从国家局确定推荐的数据采集处理软件中，选择一种软件在全省范围内统一使用。还没有选定的要抓紧选定，已选定的要抓紧熟悉。要严格使用选定的统一软件进行数据的采集、审核、汇总、上报。各专业要使用国家局选定的统一软件对各省（区、市）上报数据进行处理。软件开发管理部门必须按照专业的需要和企业一套表数据采集处理的要求，不断改进完善软件系统。

统计单位划分及具体处理办法

国家统计局

（2011 年 10 月 20 日）

第一章　总　则

第一条　为了科学有效地开展统计调查，统一和规范统计单位，避免统计单位的重复和遗漏，提高统计数据质量，根据《中华人民共和国统计法》等相关国家法律、法规和部门规章，特制定本办法。

本办法参考联合国有关统计单位的标准和规定。

第二条　本办法适用于各项普查、常规统计调查和专项统计调查。

第二章　统计单位类型

第三条　本办法中的统计单位包括法人单位、产业活动单位、个体经营户。

第四条　法人单位是指有权拥有资产、承担负债，并独立从事社会经济活动（或与其他单位进行交易）的组织。法人单位应同时具备以下条件：

（一）依法成立，有自己的名称、组织机构和场所，能够独立承担民事责任；

（二）独立拥有（或授权使用）资产或者经费，承担负债，有权与其他单位签订合同；

（三）具有包括资产负债表在内的账户，或者能够根据需要编制账户。

第五条 法人单位包括五种类型：企业法人、事业单位法人、机关法人、社会团体和其他成员组织法人、其他法人。

（一）企业法人是指依据《中华人民共和国公司登记管理条例》、《中华人民共和国企业法人登记管理条例》等国家法律和法规，经各级工商行政管理机关登记注册，领取《企业法人营业执照》的企业。包括：

1. 公司制企业法人；

2. 非公司制企业法人；

3. 依据《中华人民共和国个人独资企业法》、《中华人民共和国合伙企业法》，经各级工商行政管理机关登记注册，领取《营业执照》的个人独资企业、合伙企业。

（二）事业单位法人是指经国务院或地方县级以上机构编制管理部门批准，经国家或地方县级以上事业单位登记管理部门登记或备案，领取《事业单位法人证书》，取得法人资格的事业单位。包括：

1. 各级党委、政府直属事业单位；

2. 中共中央、国务院直属事业单位举办的事业单位；

3. 各级人大、政协机关，人民法院、人民检察院和各民主党派机关举办的事业单位；

4. 各级党委部门和政府部门举办的事业单位；

5. 使用财政性经费的群众团体举办的事业单位；

6. 国有企业及其他组织利用国有资产举办的事业单位；

7. 依照法律或有关规定，应当由各级登记管理机关登记的其他事业单位。

（三）机关法人是指各级政党机关和国家机关。包括：

1. 县级以上各级中国共产党委员会及其所属各工作部门；

2. 县级以上各级人民代表大会机关；

3. 县级以上各级人民政府及其所属各工作部门，以及地区行政行署；

4. 县级以上各级政治协商会议机关；

5. 县级以上各级人民法院、检察院机关；

6. 县级以上各民主党派机关；

7. 乡、镇中国共产党委员会和人民政府。

（四）社会团体和其他成员组织法人是指依据《社会团体登记管理条例》，经国家或县级以上民政部门登记注册或备案、领取《社会团体法人登记证书》的各类社会团体，以及由机构编制管理部门管理其编制的群众团体。包括：

1. 社会团体法人；

2. 群众团体法人；

3. 其他成员组织法人。

（五）其他法人是指除上述类型以外的法人，是依据《中华人民共和国居民委员会组织法》、《中华人民共和国村民委员会组织法》、《基金会管理条例》、《农民专业合作社登记管理条例》及其他法律、法规，依法成立，具备法人条件的单位。包括：

1. 居民委员会和村民委员会；

2. 基金会；

3. 领取《民办非企业单位（法人）登记证书》的民办非企业单位；

4. 宗教组织和活动场所；

5. 农民专业合作社；

6. 其他未列明法人单位。

第六条　产业活动单位是指位于一个地点，从事一种或主要从事一种社会经济活动的组织或组织的一部分。产业活动单位应同时具备以下条件：

（一）在一个场所从事一种或主要从事一种社会经济活动；

（二）相对独立地组织生产活动或经营活动；

（三）能提供收入、支出等相关资料。

产业活动单位是法人单位的组成部分。仅包含一个产业活动单位的法人单位，称为单产业法人单位，该法人单位同时也是一个产业活动单位；由两个及以上产业活动单位组成的法人单位，称为多产业法人单位，这些产业活动单位接受法人单位的管理和控制。

第七条 个体经营户是指生产资料归劳动者个人所有，以个体劳动为基础，劳动成果归劳动者个人占有和支配的一种经营组织。个体经营户包括：

（一）按照《中华人民共和国民法通则》和《城乡个体工商户管理暂行条例》规定，经各级工商行政管理机关登记注册、领取《营业执照》的个体工商户；

（二）依据《民办非企业单位登记管理暂行条例》，经国务院民政部门和县级以上地方各级人民政府民政部门核准登记，并领取《民办非企业单位（合伙）登记证书》或《民办非企业单位（个人）登记证书》的民办非企业单位。

第三章 统计单位的统计原则

第八条 对统计单位按照在地原则进行统计，即统计单位按照以下情况归入所在区域的统计范围：

（一）经营地与行政登记住所在同一县级行政区域的统计单位，归入该县级区域的统计范围；

（二）经营地与行政登记住所不在同一县级行政区域的统计单位，原则上归入经营地所在的县级区域的统计范围；

（三）有两处或两处以上经营地的统计单位，归入主要经营地所在的县级区域的统计范围。

第九条 在对法人单位开展统计调查时，按照本办法第八条确定法人单位所属的县级行政区域。含有多个法人单位的多法人联合体，应分别对每个法人单位开展统计调查，不能将多个法人单位作为一个统计单位。

在对产业活动单位开展统计调查时，按其经营地确定所属的县级行政区域。对多产业法人单位，应按照各产业活动单位的经营地分别对每个产业活动单位开展统计调查。

第十条 法人单位下属跨省的分支机构，符合以下条件的，经与分支机构上级法人单位协商一致，并经国家统计局认可，可视同法人单位处理：

（一）在当地工商行政管理机关领取《营业执照》，并有独立的场所；

（二）以该分支机构的名义独立开展生产经营活动一年或一年以上；

（三）该分支机构的生产经营活动依法向当地纳税；

（四）具有包括资产负债表在内的账户，或者能够根据统计调查的需要提供财务资料。

按照不重不漏的原则，凡视同法人单位独立报送统计数据的分支机构，其上级法人单位（总部）的统计数据不再包括该分支机构的统计数据。

第四章　统计单位的具体处理办法

第十一条 工业企业的法人单位，如经营地与工商登记住所不在同一县级行政区域，且经营地不能报送法人单位完整统计数据，按企业管理机构所在地统计。

第十二条 建筑企业的法人单位按照注册地统计。

第十三条 以下垂直管理单位的跨地区分支机构，视同法人单位处理：

（一）各商业银行省级（省、自治区、直辖市）、地级（地区、地级市、州、盟）分支机构，以及其他金融机构（如农村信用合作社等）的省、地级分支机构视同法人单位；县级支行及所属的分理处、储蓄所作为产业活动单位。

（二）保险公司垂直管理的省、地级保险机构视同法人单位；县级及以下分支机构作为产业活动单位。

（三）中国电信、中国移动、中国联通、中国卫星通信等通信公司的省、地级分支机构视同法人单位；县级分支机构及营业网点作为产业活动单位。为电信公司提供分销服务且不隶属于电信系统的经营代办网点，根据证照确定单位类型。

（四）中国石油天然气集团公司、中国石油天然气股份公司、中国石油化工集团公司、中国石油化工股份公司、中国海洋石油总公司的省、地级分支机构（分公司）视同法人单位；省、地级石油销售公司视同法人单位，县级及以下的石油销售单位作为产业活动单位。中国石油天然气集团公司、中国石油天然气股份公司、中国石油化工集团公司、中国石油化工股份公司、中国海洋石油总公司下属的加油站作为产业活动单位；不隶属于上述公司的加油站根据证照确定单位类型。

（五）铁路系统的铁路局一级单位，以及隶属于铁路系统的检察院、法院、公安局、疾病控制所、防疫站视同法人单位；铁路局下属的站段、铁路办事处一级单位为产业活动单位。

（六）隶属于国家邮政集团公司的省、地级邮政机构视同法人单位；县级及以下分支机构作为产业活动单位。

（七）隶属于国家烟草专卖局（中国烟草总公司）的地级及以上烟草专卖机构视同法人单位。

（八）国家电网公司、区域电网公司下属的非法人省级分公司视同法人单位；发电公司、供电公司下属的非独立核算电力生产企业视同法人单位；非独立核算的地、县级供电公司作为产业活动单位。

（九）其他另外规定的单位。

第十四条 领取多个法人执照的一户多证（照）机构，如果是相同的人员、在相同的场地、从事同种活动，则作为一个法人单位；如果从事多种活动，并分别核算收入和支出等业务，则分别作为不同的法人单位。

第十五条 统计单位的派出机构按照以下方法确定统计单位类型：

（一）企业法人和事业单位法人派驻各地的派出机构（办事处、联络处、办公室、销售部、售后服务部等），按照以下情况处理：

1. 对外从事经营活动的派出机构（如销售部、售后服务部等），在工商部门登记注册并具有法人资格的，作为法人单位，否则作为产业活动单位；

2. 不直接从事经营活动的派出机构（如办事处、联络处、办公室等），不单独作为统计单位。

（二）机关法人的派出机构，按照以下情况处理：

1. 机关法人驻外地的办事处和在乡（镇）设立的派出机构（如法庭、检察分院、公安派出所、财税所、工商所、国土所等），作为产业活动单位；

2. 城镇街道办事处视同法人单位；

3. 机关法人驻外地的办事处开办的经营性机构（宾馆、招待所、培训中心等），在工商部门登记注册并具有法人资格的，作为法人单位的，否则作为产业活动单位。

（三）外国企业和港澳台企业在中国境内常驻的从事与该企业业务有关的非营利性活动的办事处、代表处等机构，不具有法人资格的，作为产业活动单位。

第十六条 统计单位的内设机构按照以下方法确定统计单位类型：

（一）住宿业单位（宾馆、饭店）的内设机构，如从事餐饮、娱乐、健身、洗浴、商务服务等活动，符合产业活动单位条件的，作为产业活动单位；否则不单独作为统计单位。住宿业单位（宾馆、饭店）将内设机构承包给外单位（含个人），从事餐饮、娱乐、健身、洗浴、商务服务等活动，作为承包方的产业活动单位处理。

（二）企事业单位、机关下属不具备法人单位条件，以为本单位提供住宿、餐饮、卫生、洗浴、托儿所、运输、建筑、农业（农场、牧场）等服务为主的机构，符合产业活动单位条件的，作为产业活动单位；否则不单独作为统计单位。

（三）购物中心（百货商场、超市、仓储会员店等）内经营单位的划分，按照以下情况处理：

1.购物中心自营的商品销售或餐饮经营活动，符合产业活动单位条件的，作为产业活动单位，否则不单独作为统计单位。

2.购物中心对外出租的店面或柜台，如果由购物中心统一核算收支，不单独作为统计单位；如果不由购物中心统一核算收支的，分三种情况处理：承租单位在工商部门登记注册且具有法人资格的，作为法人单位；承租单位符合本办法第七条规定的，作为个体经营户；否则不单独作为统计单位。

百货商场、超市、仓储会员店以及其他商品零售门店或场所对外出租店面或柜台，参照上述情况处理。

（四）商品交易市场（集贸市场）内的经营单位，经工商部门登记注册且具有法人资格的，作为法人单位；符合本办法第七条规定的，作为个体经营户；不符合上述规定，但有固定摊位，实际从事经营活动三个月以上的商户，视为个体经营户。

第五章　附　则

第十七条　本办法由国家统计局负责解释。

第十八条　本办法自印发之日起实施。

国家统计局关于印发
统计调查单位临时代码管理办法的通知

（2011 年 10 月 28 日）

各省、自治区、直辖市统计局，新疆生产建设兵团统计局：

为满足全国统计系统基本单位名录库建设维护与使用管理工作的需要，规范统计调查单位临时代码的管理，国家统计局制定了《统计调查单位临时代码管理办法》。现印发给你们，请结合本地实际，按照“先三上后三下”的原则，对辖区内各类统计调查单位使用临时代码的情况进行清理和确认，并按此办法规范统计调查单位临时代码的赋码及管理工作。

统计调查单位临时代码管理办法（略）

2011—2012年企业一套表实施方案

国家统计局

（2011年11月2日）

为进一步强化统计调查的规范性和统一性，努力推进统计数据采集、传输、汇总、加工环节的科学化和现代化，切实提高基础数据质量和统计调查工作整体效率，国家统计局决定自2011年统计年报和2012年定期报表起实施企业一套表（以下简称“一套表”）。根据全国统计工作会议精神和全面实施一套表工作总体规划的安排，制定本方案。

一、实施范围

自2011年年报和2012年定期报表起，在工业、建筑业、批发和零售业、住宿和餐饮业、房地产开发经营业等国民经济行业，以及劳动工资、科技、能源等主要专业的全面调查企业范围内实施一套表。具体包括：

年主营业务收入2000万元及以上的工业法人单位；

有总承包、专业承包和劳务分包资质的建筑业法人单位；

年主营业务收入2000万元及以上的批发业、年主营业务收入500万元及以上的零售业法人单位；

年主营业务收入200万元及以上住宿和餐饮业法人单位；

全部房地产开发经营业法人单位；

上述法人单位外，年综合能源消费量1万吨标准煤及以上的部分第三产业法人单位。

二、调查内容

一套表指标设计以满足行业(专业)统计和国民经济核算需求为目标,以企业统计调查核心指标体系为基础,按照元数据标准统一设置指标名称、口径范围和计算方法,以提高统计调查的规范性、系统性和一致性。调查表分年报和定期报表,涉及调查单位基本情况、从业人员及工资总额、固定资产支出、财务状况、生产经营情况、能源和水消费、科技活动、信息化情况等方面内容。

(一)调查单位基本情况。

年定报表式 1 张。

调查指标分为通用指标和行业指标两部分内容。通用指标包括调查单位详细地址、登记注册类型、控股情况等指标。行业指标包括建筑业、房地产开发经营业企业资质等级、批发和零售业企业经营形式、零售业态等指标。

(二)从业人员及工资总额。

年定报表式 1 张。

调查指标包括从业人员数及构成、工资总额及构成等指标。

(三)财务状况。

年定报表式 1 张。

调查指标包括存货、资产负债、营业收入、营业成本、费用、利润、税金等指标。增加固定资产支出及构成等指标。

(四)生产经营情况。

按国民经济行业分设年定报统一表式 6 张,涉及工业、建筑业、批发和零售业、住宿和餐饮业、房地产开发经营业等行业。

调查指标包括产值(量)、购进额(量)、销售额(量)、库存额(量)、订货、房屋建筑施工(竣工)面积、商品房销售额(面积)等价值量和实物量指标。

（五）能源和水消费。

年定报表式1张。

调查指标包括能源购进量、消费量、库存量、加工转换产出、回收利用、取水量、外供水量等指标。

（六）科技活动。

年报表式1张。

调查指标包括科技活动人员、费用、项目、企业办科技机构情况等指标。

（七）信息化情况。

年报表式1张。

调查指标包括计算机数、网站数、电子商务采购金额、电子商务销售金额等指标。

三、组织实施

实施一套表是一项复杂的系统工程，涉及到各级统计机构和各行业（专业）统计工作，覆盖制度方法设计、业务流程管理、工作机制完善、信息技术应用、基层基础建设等各个方面。因此，需要全系统共同努力，按照统一设计、统一管理、统一部署、统一采集以及分级、分专业培训的方式开展各项工作。

（一）统一设计调查制度和组织软件开发。

国家统计局建立一套表统计调查核心指标体系和元数据标准，并根据专业调查需求，结合制度修订工作，统一设计一套表制度和分行业统计报表，统一制定数据处理方案、软件技术标准、数据接口规范和历史数据格式，统一组织开发数据采集处理软件。

省级统计局在严格执行国家分行业统计报表的基础上，统一确定省级和省以下增加的调查内容，报国家统计局批准后执行。

（二）统一确定和管理调查单位。

按照国家统计局制定的《全国统计系统基本单位名录库建设

维护与使用管理暂行办法实施细则》的相关规定，统一确定纳入企业一套表范围的调查单位。普查中心负责组织相关专业司共同确认分地区、分专业的调查单位；在国家级基本单位名录库中统一生成全国调查单位库、报告期调查单位基本情况表数据；提供给国家级数管中心统一加载到一套表数据采集处理软件中（其中 14 个部署独立节点的省市，由省级普查中心将国家统一生成的本省调查单位库提供给省级数管中心加载到一套表数据采集处理软件中）。

纳入企业一套表的调查单位实行分级管理，自上而下逐级确定管理级别，一个调查单位只能属于一个统计机构管理，不可跨级、跨机构管理。

按照“先进库，再有数”的要求，凡没有进入基本单位名录库的企业不作为一套表的年、定报统计调查单位。统计调查单位的认定、调整与维护及基本信息的更新，均以基本单位名录库为基础进行。

（三）统一部署软件系统和调查任务。

国家统计局统一部署数据采集处理软件系统。为规范统一企业一套表应用软件，逐步建立统一的软件应用平台，国家统计局在对现有软件综合测评的基础上，推荐并统一组织软件的功能改进和优化完善。在国家集中部署软件系统的同时，原则上以企业数较多的北京、河北、辽宁、上海、江苏、浙江、安徽、福建、山东、河南、湖北、湖南、广东、四川 14 个省市分别为独立节点，在省级部署一套表软件系统。

国家、省级数管中心负责分配普查中心和专业司、处业务人员的业务管理权限。国家统计局各专业司负责定制本专业统计报表、数据审核规则和数据处理要求（包括跨表、跨专业和跨报告期复制、摘抄和计算生成新的指标数据等）。省局设管处负责按元数据标准对增加内容进行统一规范，专业处负责定制本地区本专业增加的相关内容。

（四）统一组织数据采集、审核验收和加工汇总。

纳入一套表范围的调查单位统一采取联网直报方式向国家或

省级数据中心上报数据。调查单位按统计部门的统一要求，及时填报基层表、审核和上报数据、接受数据查询，进行修改数据等工作。按规定不允许网报数据的调查单位仍按原报送方式提交基层表。

在统一组织的前提下，采取分级分专业的数据审核方式，各级统计机构相关专业按职责权限对接收数据进行审核和验收，对审核未通过的数据逐级退回下级统计机构查实；企业按照"退回修改通知书"的要求对有关数据进行核实、修改，重新上报，直至验收通过。

各级统计机构相关专业借助统一的软件平台及其节点，按照各自的权限分配，分级汇总处理相关专业数据，完成综合表和汇总表。

（五）分级分专业组织业务培训。

一套表业务培训采取分级、分专业培训的方式进行。各级统计机构统一组织编写培训手册，并对下一级统计机构进行统一培训；各专业统计和名录库管理部门负责对本系统相关业务进行逐级培训。对调查单位的培训，可由统计部门采取统一组织、分专业讲解方式进行。

四、工作要求

实施一套表是统计理念的重大革新，是统计业务流程的系统再造，是统计数据生产方式的深刻变革，是推动统计工作规范统一、改革创新、公开透明的重大举措。实施一套表是"四大工程"的核心内容，涉及面广，协调难度大。为切实保障一套表的顺利实施，必须着重从以下几个方面采取措施。

（一）加强一套表工作的组织领导。

国家统计局成立全面实施一套表领导小组，组长由马建堂同志担任。其他局领导和总师为领导小组成员。领导小组下设工作小组，由设管司、核算司、工业司、能源司、投资司、贸经司、人口司、社科司、普查中心、数管中心等单位组成。

地方各级统计机构要按照国家统计局的统一部署，成立由主要领导挂帅的领导小组和工作机构，加强对此项工作的组织领导和监督检查，明确内部各机构及不同岗位人员的分工及职责，通力配合，相互协作，形成合力。认真落实各项任务，扎实做好各项工作。

（二）严格管理统计报表制度。

国家统计局统一制定《企业一套表统计调查制度》和分行业报表，各级统计机构在执行过程中，不得改变指标名称、编码、口径范围。省、地级统计机构可根据当地党政部门的需要，适当补充调查指标、扩大调查范围、增加调查频率，但应由省级统计机构统一修订一套表制度报国家统计局审批后执行。

国家、省两级统计部门要严格管理各类统计调查项目，特别要加强对涉及企业的统计调查项目的管理，严格控制新建统计调查项目。要制定统计调查项目检查监督办法，通过社会监督、统计巡查、定期检查等多种方式对统计调查项目执行情况进行检查监督。

（三）抓紧抓好软件相关工作。

国家统计局负责制定一套表数据采集处理工作方案，确定设备、技术、数据标准和环境要求；组织开展一套表应用软件测评工作，推荐技术成熟、性能稳定的软件供各省（区、市）选择使用；编写国家推荐软件的用户操作使用手册，组织数据采集处理软件操作使用培训；对应用系统进行日常管理和维护。

各省（区、市）在国家统计局推荐软件的范围内，选择一种软件在全省范围内统一使用，并按照国家统计局的统一要求，按时完成数据采集处理软件应用设备和环境的部署工作。各省（区、市）不管采用哪种软件，必须保证国家统计局各专业司对企业原始数据的实时抓取与全过程有效管控。

（四）强化全过程数据质量控制。

各级统计部门要把数据质量控制贯穿于一套表工作的全过程，要建立统计数据质量管理责任制，明确统计数据质量管理责任领导、责任人及其职责分工。事前要科学论证方案，精心组织实施，抓好业务培训；事中要加强检查和指导，确保国家统计调查制度的严格执行；事后要科学评估和及时改进。

县、乡两级统计机构和人员要配合做好调查单位数据的催报工作，检查、督促调查单位配备相应统计人员和网上报送统计报表的工作条件。

（五）广泛开展社会宣传。

各级统计机构要及时向政府分管领导报告一套表的改革和进展情况，主动向相关部门通报一套表的工作规划和实施方案，广泛向社会各界特别是调查单位宣传讲解实施一套表的目的意义。要通过宣传培训工作，取得各方支持，特别是调查单位的理解和配合，为一套表实施创造良好的外部工作环境。

（六）确保统计数据不断不乱。

为维护统计工作秩序，确保统计数据不断不乱，对一套表范围内的 2011 年年报和 2012 年定报可在联网直报的同时，仍按原报送方式报送数据。对已进行全省（区、市）试点且具备条件的省（区、市），只通过联网直报方式直接向国家统计局或省级统计局数据中心报送数据；其他省（区、市）在实施企业一套表制度的基础上，各专业同时按两种报送方式上报数据。各省（区、市）要根据本地区联网直报运行情况与各专业司协商，积极创造条件尽快并轨运行。并轨时间原则上不迟于 2012 年 6 月底前。没有进行过试点或只进行了部分试点的省（区、市），必须在 2011 年底前组织进行全程试点。

附件：1. 企业一套表统计调查制度

2. 企业一套表业务工作流程

3. 企业一套表业务分工

4. 企业一套表数据采集处理软件基本业务需求框架

5. 企业一套表数据处理方案

6. 企业一套表统计调查核心指标体系

7. 企业一套表主要元数据标准

（注：上述附件另行印发）

国家统计局关于印发退耕还林(草)监测调查方案的通知

(2011年11月9日)

国家统计局各调查总队:

根据国家统计局等七部委(局)《关于开展退耕还林(草)监测调查工作的通知》(国统字〔2007〕45号)的精神,2012年将继续开展退耕还林(草)监测调查。现将修订后的《退耕还林(草)监测调查方案》印发你们,请认真执行。

一、方案修订的内容

(一)2011年年报包括退耕还林(草)县级监测调查表、退耕户生活状况调查问卷和退耕户收入与生产支出情况调查表。报表调查内容、表式、数据上报时间不变。

年度退耕还林(草)县级监测调查表表号改为:"Ⅷ530";年度退耕户生活状况调查问卷表号改为:"Ⅷ531";年度退耕户收入与生产支出情况调查表表号改为:"Ⅷ532"。

(二)2012年定期报表包括退耕户现金收入与生产支出情况调查表、退耕户现金收入与生产支出日记账、退耕户实物收入与生产支出台账。报表调查内容、表式、数据上报时间不变。

定期退耕户现金收入与生产支出情况调查表表号改为:"Ⅷ533";定期退耕户现金收入与生产支出日记账表号改为:"Ⅷ534";定期退耕户实物收入与生产支出台账表号改为:"Ⅷ535"。

填报须知及指标解释见附件《退耕还林(草)监测调查方案》(2011 年年报和 2012 年定期报表)。数据处理程序及相关参数文件随后下发。

二、认真做好退耕监测调查工作

退耕还林监测调查已经纳入财政部绩效考评,各级领导务必要高度重视,按照新修订的《退耕还林(草)监测调查方案》(2011 年年报和 2012 年定期报表)的要求,高质量地完成 2011 年年报和 2012 年定期监测调查工作。

(一)认真组织。要严格执行调查方案,深入农户开展调查,确保退耕还林监测调查数据的真实性和及时性。

(二)加强数据的审核评估。要加强退耕还林(草)监测调查与其他各专业数据协调性的评估分析。

(三)深入开展退耕工程问题分析研究。要根据监测调查结果,认真开展退耕工程的年度分析,深入研究退耕工程的成果巩固情况,客观真实地反映退耕工程中存在的问题,为开展退耕还林(草)工程后续政策研究提供可靠依据。

退耕还林(草)监测调查方案
(2011 年年报和 2012 年定期报表)

一、总说明

(一)监测目的

全面了解退耕还林(草)工程的实际运行情况,掌握退耕农户生产生活状况,为不断完善退耕还林(草)政策措施,促进退耕还林(草)工程的健康发展提供科学依据,2007 年国家统计局、国家发展和改革委员会、国务院西部地区开发领导小组办公室、国家林业局、农业部、财政部、监察部决定联合开展全国退耕还林(草)监测调查。为了满足退耕还林(草)工程对数据的需求,国家统计局决定继续开展此项调查工作。

(二)监测范围

监测范围包括北京、河北、山西、内蒙古、辽宁、吉林、黑龙江、安徽、江西、河南、湖北、湖南、广西、海南、重庆、四川、贵州、云南、西藏、陕西、甘肃、青海、宁夏、新疆等 24 个省(区、市)。

全国抽选 372 个县级调查单位(占总体 16.3%)、2935 个调查村(占总体 1.1%)、29500 个调查户(占总体 0.09%)。

(三)监测内容

对实施退耕还林工程县的经济、社会发展、退耕工程运行及巩固退耕还林成果项目实施情况进行监测调查。

对实施退耕还林(草)的农户退耕还林工程完成情况及生产、生活状况进行监测调查。

(四)监测工作的组织与实施

1. 组织实施职责

(1)退耕还林(草)监测工作由国家统计局发文布置、组织实施。

(2)各省(区、市)国家统计局调查总队主要负责组织退耕还林(草)监测调查工作中样本抽选和调查工作实施,各省(区、市)统计局应积极协助配合。抽中的监测调查县中设有国家调查队的,由国家调查队负责监测调查工作;其他没有设国家调查队的监测调查县,由县统计局按照国家统计局调查总队的布置和要求负责组织实施。

2. 调查人员组成及培训

国家统计局定期布置和培训退耕还林(草)监测调查工作。要求退耕各省(区、市)对县级监测调查员依据国家统计局布置退耕还林(草)监测调查方案的要求统一布置和组织培训;要求退耕监测县对村级调查人员依据监测调查方案的要求统一布置和组织培训。培训内容包括监测调查方案、调查方法、调查表(问卷)填写等。

3. 数据采集与上报

(1)2011 年综合年报表

①退耕还林(草)县级监测调查表于 2012 年 5 月 31 日前报送。

②退耕户生活状况调查问卷在年底一次入户调查完成，于 2012 年 1 月 31 日前报送。

③退耕户收入与生产支出情况调查表于 2012 年 1 月 31 日前报送。

(2)2012 年定期报表

退耕户收入和生产费用支出情况采用记账调查的方式(生活消费支出不用记账)，上半年于 2012 年 7 月 31 日前上报。

4. 调查数据的质量保证与管理

(1)各省(区、市)建立监测数据质量控制制度，包括入户调查员培训、现场调查管理与监督、数据录入与处理质量管理、数据审核与复核等，做到谁调查、谁负责，逐级管理，从各方面保证调查数据的质量。

(2)调查员应具备的条件:初中以上文化，责任心强，熟悉当地情况。调查员在调查时必须细心、耐心，力争减少被调查人的记忆差错，帮助被调查人尽可能详细、准确地回忆所有的指标内容。

(3)在调查数据收集完成后，要求各调查总队开展事后抽查工作，保证调查数据质量。

(4)各级调查人员要做好调查数据审核。各县收齐调查资料后，首先由调查员进行初审签字，然后交县级单位负责人审核无误后方可进行数据录入和上报;国家统计局各调查总队收到各县上报的数据后，要进行复核，复核无误后签字验收。各级调查人员在审核过程中发现有差错或疑问的，据实查证后方可修改。

(5)退耕调查户问卷和监测调查结果受法律保护，不得随意公开或人为修改。为保证调查的真实性、可靠性，各级统计部门和调查人员要排除来自各方面的人为干扰，据实上报调查数据。

(6)监测调查数据处理完成后，由国家统计局会同各部门联合发布调查结果，并实行数据共享。各地区的监测调查资料，未经国家统计局许可，不得向联合调查单位以外的部门和单位提供。

(五)抽样方法及总体推算方法(略)

二、报表目录(略)

三、调查表式(略)

四、指标解释(略)

国家统计局关于进行重点房地产开发企业经营情况问卷调查的通知

（2011年11月28日）

各省、自治区、直辖市统计局，新疆生产建设兵团统计局：

为准确把握房地产市场的全年走势，了解房地产开发投资与销售发展趋势，决定对重点房地产开发企业开展本次调查。现将有关事项通知如下：

一、调查内容

调查的具体内容是重点房地产企业四季度经营情况、今年全年走势、对明年的预测以及政策建议等。主要包括：四季度投资情况，新建商品房销售面积、销售价格情况，企业土地储备情况，企业资金状况，对全年房地产市场形势的判断和对当前宏观调控政策的效果评价、政策建议等。

二、调查范围

调查的范围是全国重点房地产开发企业联网直报名录库中全部房地产开发企业。

三、调查对象与调查方式

调查对象为重点房地产开发企业负责人或企业相关部门的负

责人。调查方式是由直报企业通过重点房地产开发企业直报网填报调查问卷。国家统计局近期会将调查问卷在房地产开发企业直报网上进行发布。

四、上报时间及上报方式

调查问卷的上报时间为2011年12月25日前。直报企业在规定时间内通过网络直接上报调查数据;采用自行开发联网直报软件的城市统计局在完成调查任务后,要及时按照规定的数据格式,直接向国家直报数据库导入本地区的调查数据。

五、工作要求

(一)各地统计部门要高度重视、认真组织实施,保证调查质量,按时完成调查任务。

(二)各企业负责人或相关部门负责人要如实填报企业情况,确保所反映的情况真实准确。

附件:重点房地产开发企业经营情况调查方案(略)

企业一套表问题解答(一)

(2011年年报和2012年定期统计)

国家统计局办公室

(2011年12月1日)

一、企业一套表报表表号是如何编制的?

答:企业一套表报表分为基层表、综合表和汇总表三种表式。根据统一设计、规范管理《企业一套表统计调查制度》的要求,国家统计局统一制定企业一套表报表编码规则,省级统计机构可参照编码规则,编制地方增加的报表表号(具体编制方法详见附件1)。

二、调查单位基本情况表中如何设置专业标识?

答:按照《企业一套表统计调查制度》专业基层表统计范围的规定,国家统计局在"法人单位基本情况"(101－1表、201－1表)和"产业活动单位基本情况"(101－2表)数据结构中设置了专业标识,作为分配有特殊规定的专业基层表的依据。省级统计机构对国家统计局已设置的专业标识不得修改、删除,但可以自行增加本地区使用的专业标识(具体专业标识内容详见附件2)。

三、如何编制"统计管理机构名称及代码"?

答:根据实施企业一套表统计机构管理调查单位的需要,在国家统计局企业一套表数据采集处理应用环境中设置"统计管理机构名称及代码",以此分配统计机构管理调查单位的权限,解决各地对"直管单位"、"开发区"和"农垦(兵团)"等特殊管理的需要。"统计管理机构名称及代码"实行分级管理,具体工作由省及省以下统计机构名录库管理部门负责组织实施(具体编码办法详见附件3)。

四、调查单位及历史数据如何确定?

答:第一,由国家统计局普查中心和专业司共同确定各报告期调查单位;第二,国家统计局专业司根据确定的调查单位整理确定各报告期的历史数据;第三,在调查开始前,由国家统计局将调查单位及历史数据统一导入数据采集处理应用环境中,提供各级统计机构使用;第四,分节点的省要将国家统计局下发的调查单位及历史数据,加载到本地区数据采集处理应用环境中。

五、"不允许网报单位"如何报送基层表?

答:第一,由省及省以下统计机构逐级确定"按规定不允许网报单位"名单,确定管理调查单位的统计机构及级别;第二,各级统计管理机构确定"不允许网报单位"上报基层表的方式、时间等,并通知相关调查单位;第三,各级统计机构关闭数据采集处理应用环境中"不允许网报单位"的账户;第四,由直接管理该类调查单位的统计机构中负责专业统计的业务人员登录统计机构数据采集处理应用环境,代调查单位录入、审核、提交基层表。

六、法人单位基本情况(101—1表)中的"191单位规模"、"192从业人员"和"193企业主要经济指标"数据如何摘抄、计算?由哪级部门负责?

答:首先摘抄数据。"192从业人员",摘抄"从业人员及工资总额"(102—1表)中的"从业人员期末人数(01)"和"其中:女性"(02);"193企业主要经济指标"摘抄各行业"财务状况"(103表)中的"营业收入(301)"、"其中:主营业务收入(302)"和"资产总计(213)";二是计算单位规模。根据《统计上大中小微型企业划分办法》中的具体规定,以及"192从业人员"和"193企业主要经济指标"数据计算"191单位规模"。

全部调查单位上述指标数据的摘抄和计算由国家统计局普查中心5月底前完成;分节点的省,待国家统计局确认上报的基层数据后,由省级名录库管理部门负责摘抄和计算。

七、“产业活动单位基本情况”(101－2 表)如何填报?

答:第一,由国家统计局将纳入企业一套表法人单位所属的产业活动单位基本情况数据导入“产业活动单位基本情况”(101－2表)中,所有指标设置为可编辑(包括“通用基本信息一”);第二,法人单位根据所属产业活动单位的具体情况,调整已导入的数据;第三,为了更准确的反映产业活动单位的增减变动情况,法人单位可以添加新增的产业活动单位,并填报数据;第四,法人单位可以删除已不存在的产业活动单位。

八、未执行 2006 年企业会计准则的企业如何填报财务状况表中的“非流动负债合计”指标?

答:未执行 2006 年企业会计准则的企业,非流动负债合计＝长期负债的期末余额＋“递延税款”科目的期末贷方余额。

附件:1. 企业一套表报表表号编码规则

2. 调查单位基本情况专业标识

3. 企业一套表“统计管理机构名称及代码”编码办法

附件 1:

企业一套表报表表号编码规则

企业一套表报表分为基层表、综合表和汇总表三种表式。基层表是指由调查单位向各级统计机构报送的报表;综合表是指专业统计报表制度中要求省级统计机构上报综合数据的报表;汇总表是指由本级统计机构自行汇总使用的,不需要向上级统计机构报送的报表。各类报表编码规则如下:

一、基层表

基层表表号由两部分组成,中间用“－”分隔。

(一)第一部分(“－”前)为 3 位阿拉伯数字。第一位表示基层表的报告期别，编码为："1"年报，"2"定报；第二、三位表示基层表的调查内容，编码为："01"调查单位基本情况、"02"从业人员及工资总额、"03"财务状况、"04"生产经营情况、"05"能源和水消费、"07"科技活动、"09"信息化。

（二）第二部分（"－"后）为1－2位阿拉伯数字。当同一调查内容设计为多张基层表时，与第一部分用"－"隔开，按基层表排列顺序编码。

（三）分行业管理的基层表表号，在按上述规则编制的编码前加1位大写英文字母，表示调查内容所属的国民经济行业类别。编码为："B"工业、"C"建筑业、"E"批发和零售业、"S"住宿和餐饮业"、"X"房地产开发经营业。分行业管理的基层表包括财务状况表、生产经营情况表和信息化情况表。

二、综合表

综合表表号由两部分组成。

（一）第一部分为1位大写英文字母，表示所属的统计专业，编码为："J"基本单位统计、"I"劳动统计、"B"工业统计、"C"建筑业统计、"E"批发和零售业统计、"S"住宿和餐饮业统计、"X"房地产开发统计、"P"能源统计、"K"科技统计。

（二）第二部分为3位阿拉伯数字。第一位表示报表的汇总期别，编码为："3"年报，"4"定报；第二、三位为综合表顺序码。

三、汇总表

汇总表表号由两部分组成。

（一）第一部分编码规则同综合表。

（二）第二部分为5位阿拉伯数字。第一位表示报表的汇总期别。编码为："3"年报，"4"定报；第二位至第五位为汇总表顺序码。

附件 2：

调查单位基本情况专业标识

按照《企业一套表统计调查制度》对基层表专业统计范围的规定，国家统计局在“法人单位基本情况”（101－1 表、201－1 表）和“产业活动单位基本情况”（101－2 表）数据结构中设置了专业标识，作为分配有特殊规定的专业基层表的依据。2011 年年报和 2012 年定期统计专业标识如下：

一、2011 年年报

（一）法人单位基本情况统计：“J91 产业活动单位历史数”（4 个字符）和“J92 法人单位流水号”（50 个字符）。国家统计局普查中心提供数据。

（二）产业活动单位基本情况统计：“J93 产业活动单位流水号”（50 个字符）。国家统计局普查中心提供数据。

（三）工业财务状况统计：“B91 是否为成本费用调查单位”，编码：1 国家级成本费用调查单位　2 省级成本费用调查单位　3 非成本费用调查单位。国家统计局工业司提供调查单位名单。

（四）工业信息化统计：“B92 是否为规模以上大中型工业法人单位”，编码：1 是　2 否。利用 2010 年年报数据确定调查单位，国家统计局工业司提供调查单位名单。

（五）建筑业生产经营统计：“C91 是否为劳务分包调查单位”，编码：1 是　2 否。利用“103 行业类别”的“行业代码”确定调查单位名单，国家统计局投资司负责确定调查单位。

（六）批发和零售业经营活动和信息化统计：“E91 是否为重点批发和零售业重点单位”，编码：1 是　2 否。国家统计局贸经司确定调查单位名单。

（七）住宿和餐饮业经营活动和信息化统计：“S91 是否为住宿和餐饮业重点调查单位”，编码：1 是　2 否。国家统计局贸经司确定调查单位名单。

二、2012 年定报

（一）法人单位基本情况统计："J92 法人单位流水号"（50 个字符）。国家统计局普查中心提供数据。

（二）建筑业生产经营统计："C91 是否为劳务分包调查单位"，编码：1 是　2 否。利用"103－1 行业类别"的"行业代码"确定调查单位名单，国家统计局投资司负责确定调查单位。

（三）批发和零售业经营活动统计："E91 是否为重点批发和零售业重点单位"，编码：1 是　2 否。国家统计局贸经司确定调查单位名单。

（四）住宿和餐饮业经营活动统计："S91 是否为住宿和餐饮业重点调查单位"，编码：1 是　2 否。国家统计局贸经司确定调查单位名单。

（五）工业能源统计："P91 是否为年综合能源消费量 1 万吨标准煤及以上的规模以上工业法人单位"，编码：1 是　2 否。国家统计局能源司提供调查单位名单。

（六）非工业能源统计："P92 是否为年综合能源消费量 1 万吨标准煤及以上的非工业重点耗能法人单位"，编码：1 是　2 否。国家统计局能源司提供调查单位名单。

附件 3：

企业一套表"统计管理机构名称及代码"编码办法

根据实施企业一套表统计机构管理调查单位的需要，在国家统计局企业一套表数据采集处理应用环境中设置"统计管理机构名称及代码"，据此分配统计机构管理调查单位的管理权限。为规范管理统计管理机构代码，国家统计局制定统一的编码办法，各地根据需要自行组织编制。

一、编码规则

(一)统计管理级别及代码结构。

1. 统计管理级别分为5级,代码由12位阿拉伯数字组成,分为5段。即第1、2位为省级,第3、4位为地级,第5、6位为县级,第7、8、9位为乡级,第10、11、12位为村级。

2. 省及省以下根据管理需要,可以增加地及地以下4级统计管理机构及代码。

(二)编制方法。

1. 设置统计管理机构名称及代码。

(1)在全国统一部署的数据采集处理应用环境中,以国家统计局"2011年度全国统计用区划名称及代码"为基础,同步设置"统计管理机构名称及代码"。

(2)省及省以下依据本地区统计机构管理调查单位的需要,在数据采集处理应用环境中增加下级统计管理机构,并依据编码规则编制代码。

2. 增加统计管理机构。

省及省以下增加4类特殊的统计管理机构。即"直管单位"、"开发区"、"农垦(兵团)"、"其他"。

(1)"直管单位"是指上级统计机构对调查单位实行直接(跨级)管理。如军工企业、上级垂直管理单位等。

(2)"开发区"是指省及省以下统计机构对各级政府批准的开发区实行单独管理。如国家级开发区由省级实行单独管理。

(3)"农垦(兵团)"是指对农垦农场、生产建设兵团等按系统实行单独管理。如黑龙江农垦总局、新疆生产建设兵团等。

(4)"其他"是指以上未包括的内容。

3. 统计管理机构级别代码取值范围。

增加的统计管理机构级别代码取值范围为,地级60—89(天津市40—89)、县级60—80(新疆兵团60—80、90－99)、乡级801—899、村级801—899。

4. 编制要求。

(1)本级增加统计管理机构需下设一级,并编制相应级别代码。即省级增加地级管理机构,编制地级代码;地级增加县级管理机构,编制县级代码;县级增加乡级管理机构,编制乡级代码;乡级增加村级管理机构,编制村级代码。

(2)增加的统计管理机构为一级管理的,按级别代码取值范围编制代码,其下级统计管理机构级别代码补零;增加的统计管理机构为多级管理的,逐级增加相应的统计管理机构,并按级别代码取值范围编制代码。

(3)各级增加的统计管理机构代码,要在规定的级别代码取值范围内顺序编制代码。

二、代码管理

(一)分级管理。

"统计管理机构名称及代码"实行分级管理。省及省以下根据数据采集、审核、汇总等业务管理权限的需要,增加统计管理机构,对国家统计局已设置的"统计管理机构名称及代码"不得修改、删除。

(二)职责分工。

省及省以下统计机构名录库管理部门组织专业部门确定增加的统计管理机构,负责编制代码,并在数据采集处理应用环境中增加"统计管理机构名称及代码",技术支持部门负责技术保障及服务。

国家统计局关于印发流通领域重要生产资料价格监测调查方案和50个城市主要食品价格监测旬报制度的通知

（2011年12月5日）

国家统计局各调查总队：

现将2012年《流通领域重要生产资料价格监测调查方案》和《50个城市主要食品价格监测旬报制度》印发给你们，请认真贯彻执行。

附件1：

流通领域重要生产资料价格监测调查方案

一、监测目的

科学、准确、及时地反映流通领域重要生产资料批发价格（大宗交易价格，下同）的变动趋势和幅度，为提高宏观经济分析和调控的及时性、预见性提供基础数据。

二、监测任务

调查部分地区重要生产资料的批发价格，及时反映流通领域中重要生产资料的市场价格变动趋势，及其新情况、新问题，为党政领导和管理部门宏观决策提供服务。

三、监测范围

调查6大类27种重要生产资料的批发价格。各地应选择1—

3 家当地规模最大的大型物流、批发和交易市场。对无法从这 3 个渠道获得批发价格的个别产品，可直接从生产企业（煤矿）采集价格。

四、调查时间、调查方式及调查价格

每旬价格的调查时间为 8 日、18 日、28 日，以 8 日代表上旬，18 日为中旬，28 日为下旬。采用报表调查方式，调查价格为时点价（即当日或最邻近日具有代表性的实际成交价格）。

五、调查资料的上报内容、上报时间和上报方式

上报内容为经过检查、审核的原始数据资料。上报时间为每旬调查日的次日。流通领域重要生产资料旬报资料由有关调查总队负责调查收集，采用 FTP 网络传输方式报国家统计局城市司。

流通领域重要生产资料监测产品及监测地区（略）

流通领域重要生产资料价格调查表（略）

附件 2：

50 个城市主要食品价格监测旬报制度

一、调查目的

及时掌握部分食品价格的变动情况，为国家宏观调控制定相关政策提供参考依据。

二、调查范围

直辖市、计划单列市、部分地级市，共 50 个城市。具体名单见附表 1。

三、调查对象

销售粮食、食用油、肉禽、蔬菜等食品的零售市场（摊位），包括超市、集贸市场等场所。每个城市必须选择 3 个以上农贸市场和 3 个以上综合性超市作为调查网点，并将调查网点的地址、联系电话于 2011 年 12 月 30 日前报国家统计局城市司流通消费价格处。

四、调查内容

与居民生活密切相关的粮食、食用油、肉禽、蔬菜等 27 种食品价格。具体品种及规格等级见附表 2。

五、调查方法与方式

采用重点调查方法，调查员直接到调查点采集价格。

六、采价要求

定人、定点、定时采价。

七、调查时间和上报时间

每 5 日采集 1 次价格，每月调查 6 次，每 10 日上报每旬 2 次价格的平均价。每月 1 日、11 日、21 日上报调查数据。已配备 CPI 手持数据采集器的城市，务必通过手持数据采集器即采即报。

八、上报方式

抽中调查市调查队通过网络传输至国家统计局城市司 FTP。如遇特殊情况，经同意并采取安全措施后，可发送至电子信箱 qxq@gj.stats.cn。

附表：1. 50 个调查城市名单（略）

2. 主要食品价格监测旬报调查表（略）

中国人民银行　国家统计局
关于继续实行银行家问卷调查制度的通知

（2011 年 12 月 6 日）

中国人民银行上海总部，各分行、营业管理部，省会（首府）城市中心支行；国家统计局服务业统计司，国家统计局设计管理司：

《银行家问卷调查制度》是中国人民银行与国家统计局于 2003 年联合建立的一项基本调查制度，自实施以来为宏观调控和货币政策制定提供了重要依据。此项调查制度有效期为 2 年，将于 2011 年 12 月 31 日到期。中国人民银行和国家统计局决定继续实行《银行家问卷调查制度》（见附件），有效期至 2013 年 12 月 31 日。本通知是合法开展调查的依据，请人民银行各分支机构及时将本通知转发至所辖调查行并认真组织落实。

附件：银行家问卷调查制度（略）

国家统计局关于
加强和改进分市县住户调查工作的通知

（2011 年 12 月 6 日）

各省、自治区、直辖市统计局，新疆生产建设兵团统计局，国家统计局各调查总队：

为加强城乡住户调查工作，提高分市县（市包括地、州、盟和其他地级行政单位，县包括县级市、旗和其他县级行政单位，下同）住户调查数据质量，更好地满足国家宏观调控和地方政府分级管理的需要，并为实现城乡住户调查一体化创造必要的条件，现就有关工作通知如下：

一、充分认识加强和改进分市县住户调查工作的重要意义

城乡住户调查提供城乡居民收入、支出及生活状况统计信息，关系国计民生，关系惠民政策的制定和实施。“十二五”国民经济和社会发展规划纲要明确提出，要加快城乡居民收入增长，努力实现居民收入增长和经济发展同步、劳动报酬增长和劳动生产率提高同步，同时明确要求加快收入信息监测系统建设。新形势下，加强城乡住户调查，提供真实准确的居民收支数据，是统计系统面临的重要任务。近年来，为适应国家宏观调控和地方分级管理的需要，各地依托各类统计力量，参照国家统计制度方法，相继开展分市县住户调查，为各级政府决策和管理提供了大量基础数据，为各地制定惠民富民政策提供了优质统计服务。同时要看到，目前分

市县住户调查中存在一些需要加强和改进的地方:有的调查制度不够科学,有的样本选取随意性较大,有的调查过程不够规范,影响了分市县收入数据质量。各级统计局、国家调查队必须以高度的政治责任感,从维护政府统计公信力的大局出发,高度重视并切实加强和改进分市县住户调查工作,努力提高收支数据质量,为中央和地方各级政府决策管理提供更加真实准确的依据和优质高效的服务。

二、加强和改进分市县住户调查的主要内容

确立国家统计局调查总队会同省级统计局统一设计、统一管理、统一组织实施分市县住户调查工作的模式。要根据调查队管理体制改革以来国家有关文件精神,按照协调统一、明确职责、共享数据、形成合力、改进服务的原则,充分发挥国家调查队和地方统计局两个积极性,有效整合统计资源,提高统计工作整体效能,确保分市县数据与省级抽样调查数据在人均水平和增长速度上总体衔接和基本协调。

加强分市县住户调查制度的整体设计。国家城乡住户调查制度,对住户调查的原则、方法和标准作了明确规定,是各地区设计分市县住户调查制度及方案的重要依据。为提高分市县住户调查方法的科学性、样本的代表性和调查工作的规范性,各省(区、市)的分市县住户调查制度及方案由调查总队会同省级统计局统一设计、联合申报,经国家统计局批准后实施。分市县住户调查的调查对象和原则,指标名称、分类标准和计算方法必须与全国住户调查方案保持一致。调查总队在抽选国家样本的基础上,使用统一的抽样框、按照国家规定的方法,补充抽选满足地方代表性需要的样本。方案要对组织实施者的职责职权、调查组织方式和数据的审核、评估、发布、使用等作出明确规定。

加强分市县住户调查的统一实施。分市县住户调查工作由调

查总队会同省级统计局联合发文、共同布置、共同培训。数据采集工作由市县级国家调查队和市县级统计局(地方调查队)共同实施,实现分市县住户调查网络不重复、全覆盖。在县一级(不含地级市的市辖区)已设立国家调查队的,由县级国家调查队直接实施或组织实施;未设国家调查队的县,由县级统计局(地方调查队)负责。在地级市的市辖区,国家样本由市级国家调查队负责,地方样本由市级统计局(地方调查队)负责,但已由国家调查队负责的,维持不变。所有国家样本和纳入国家汇总的地方样本数据直接报送调查总队,由调查总队直接审核后提供给省级统计局,其他地方样本数据同时报送调查总队和省级统计局,由调查总队会同省级统计局共同审核和评估,形成分市的汇总数据。国家直接调查县以外的分县数据的审核评估主体和程序,由调查总队会同省级统计局确定。

加强分市县住户调查的质量控制。各调查总队会同省级统计局制定分市县住户调查全过程质量控制办法,制定调查工作规范和行为准则,加强组织指导、业务培训和监督检查。各省(区、市)的分市县住户调查质量控制办法、工作规范等要与全国住户调查保持一致,各省(区、市)之间、地方样本和国家样本数据之间在质量控制上坚持同样的标准。要加强对分市县数据的真实性、逻辑性、协调性的检查、审核和评估,确保分市数据在人均水平和增长速度上要与国家统计局审核反馈的省级抽样调查数据基本衔接,确保分县数据在人均水平和增长速度上与调查总队会同省级统计局审核反馈的市级数据基本衔接。

加强分市县数据使用和发布的管理。调查总队会同省级统计局研究建立分市县数据的共享和提供、发布制度。数据未经队、局共同评估的,只能供内部分析使用,队、局都不得对外提供或公开。已经队、局评估的分市县数据,其中分市数据由调查总队会同省级统计局反馈、提供、发布,分县数据的反馈、提供、发布主体和程序,由调查总队会同省级统计局确定。所有市县数据发布时间原则上不得早于国家统计局发布全国和分省数据的时间。

三、切实抓好贯彻落实工作

加强和改进分市县住户调查，事关提高服务各级党政机关的工作水平，事关全国统计工作大局，事关政府统计公信力。各级统计局、国家调查队要提高认识，统一思想，加强组织领导，不断提高统计执行力，抓紧做好各项工作，确保本通知精神落实到位。

各调查总队和省级统计局要对照本通知要求，认真分析本地分市县住户调查的现状，查找存在的问题，切实予以改进和完善。要抓紧建立相关制度，明确分工，落实责任。要完善协调机制，分市县住户调查中需要由队、局协商解决的问题，队、局都应指定分管领导和相关处室负责，加强沟通联系，共同研究提出解决办法。分市县住户调查所需经费按有关文件规定由地方政府负担。

国家统计局有关单位要督促各级统计局、国家调查队严格依法依规开展分市县住户调查，保障国家审核的调查制度及方案得到有效的贯彻执行，保障调查工作规范有序，保障数据真实可靠。要对本通知的贯彻落实情况进行检查，对分市县数据与国家审核的省级抽样调查数据明显不一致的地区，要组织力量进行抽查，加大对源头数据的监督检查力度，严肃查处住户调查中的违法违纪行为。

关于印发国家统计局工作人员“九不准”规定的通知

国家统计局

（2011 年 12 月 6 日）

国家统计局各调查总队，各司级行政单位、在京直属事业单位：

《国家统计局工作人员“九不准”规定》已经 2011 年 11 月 29 日国家统计局第 18 次党组会议讨论通过。现印发给你们，请认真贯彻执行。

自此规定印发之日起，《国家统计局关于领导干部配偶、子女从业的有关规定》（国统办字〔2000〕57 号）和《国家统计局机关处以上领导干部廉洁自律规定》（国统字〔2004〕60 号）两项规定废止。

国家统计局工作人员“九不准”规定

为进一步推进依法统计，促进机关及所属单位工作人员廉洁从政，提高统计能力、统计数据质量和政府统计公信力，国家统计局工作人员，尤其是党员领导干部，要全面贯彻执行《中华人民共和国统计法》、《中华人民共和国公务员法》和《中国共产党党员领导干部廉洁从政若干准则》，严格遵守以下规定：

一、不准在采集、审核、汇总、评估统计数据和开展统计分析中弄虚作假。

二、不准要求下级统计机构、统计人员、统计调查对象或其他机构、人员伪造、篡改统计资料或提供不真实的统计资料。

三、不准擅自组织实施未经批准的统计调查项目或变更国家统计调查制度的内容。

四、不准违反保密规定，扩大保密数据知悉范围，泄露尚在保密期限内的统计数据、调查对象的商业秘密和个人信息及其他工作秘密。

五、不准违反规定擅自公布、提供统计信息或统计分析资料。

六、不准利用在统计工作中知悉或掌握的内部信息谋取利益。

七、不准违反规定在经济实体、民间调查机构等单位兼职或兼职取酬，以及从事有关统计调查的有偿中介活动。

八、不准在统计行政审批、统计执法及人、财、物管理等权力行使中滥用职权、徇私枉法、谋取私利。

九、不准在统计工作中违反工作制度和业务规范，超越职责权限或失职渎职、玩忽职守、贻误工作。

对违反上述规定，构成违法违纪行为的，或造成统计数据失实、统计公信力受到损害的，视情节轻重依法依纪追究有关责任人员的责任。

国家统计局党风廉政建设责任制实施办法

国家统计局

（2011 年 12 月 6 日）

第一章　总　则

第一条　为加强国家统计局党风廉政建设，明确领导班子、领导干部在党风廉政建设中的责任，推进统计改革与发展，根据中共中央、国务院《关于实行党风廉政建设责任制的规定》（中发〔2010〕19 号），结合统计部门实际情况，制定本实施办法。

第二条　本办法适用于国家统计局及所属机关各行政单位、在京直属事业单位的领导班子、领导干部，国家统计局各调查总队的领导班子、领导干部。

第三条　实行党风廉政建设责任制，要以邓小平理论和“三个代表”重要思想为指导，深入贯彻落实科学发展观，坚持标本兼治、综合治理、惩防并举、注重预防的方针，扎实推进惩治和预防腐败体系建设，保证党中央、国务院关于党风廉政建设的决策和部署的贯彻落实，为统计改革与发展提供保障。

第四条　实行党风廉政建设责任制，要坚持党组统一领导，党政齐抓共管，纪检监察组织协调，部门各负其责，依靠群众的支持和参与。要将党风廉政建设纳入领导班子、领导干部目标管理，与统计工作紧密结合，一起部署，一起落实，一起检查，一起考核。

第五条　实行党风廉政建设责任制，要坚持集体领导与个人分工负责相结合，谁主管、谁负责，一级抓一级、层层抓落实。

第六条 建立党风廉政建设承诺制度。国家统计局各司级行政单位、在京直属事业单位、调查总队主要负责人每年代表本单位或本系统，就贯彻落实党风廉政建设责任制向国家统计局党组作出承诺，并递交党风廉政建设承诺书。

各调查总队应当根据各自情况在所辖调查队建立党风廉政建设承诺制度。

第二章 责任内容

第七条 领导班子对职责范围内的党风廉政建设负全面领导责任。

领导班子主要负责人是职责范围内党风廉政建设第一责任人，应当重要工作亲自部署、重大问题亲自过问、重点环节亲自协调、重要案件亲自督办。

领导班子其他成员根据工作分工，对职责范围内的党风廉政建设负主要领导责任。

第八条 国家统计局领导班子、领导干部在党风廉政建设中承担以下领导责任：

（一）贯彻落实党中央、国务院和中央纪委关于党风廉政建设的部署和要求，结合统计部门实际研究制定党风廉政建设工作计划、目标要求和具体措施，每年召开专题会议研究党风廉政建设工作，对党风廉政建设工作任务进行责任分解，明确各级领导班子、领导干部在党风廉政建设中的职责和任务分工，并按照计划推动落实；

（二）开展党性党风党纪和廉洁从政教育，组织党员干部学习党风廉政建设理论和法规制度，加强廉政文化建设；

（三）贯彻落实党风廉政法规制度，推进制度创新，深化体制机制改革，从源头上预防和治理腐败；

（四）强化权力制约和监督，建立健全决策权、执行权、监督权既相互制约又相互协调的权力结构和运行机制，推进统计工作的规范统一和公开透明；

（五）监督检查局机关和调查队系统党风廉政建设情况和领导班子、领导干部廉洁从政情况；

（六）严格按照规定选拔任用干部，防止和纠正选人用人上的不正之风；

（七）加强作风建设和统计行风建设，弘扬求真务实的工作作风，切实解决统计行风方面存在的突出问题；

（八）领导、组织并支持执纪执法部门依纪依法履行职责，坚决查处各种违法违纪案件特别是在统计上弄虚作假的案件，及时听取工作汇报，切实解决重大问题。

第九条 国家统计局机关各司级行政单位和在京直属事业单位领导班子、领导干部在党风廉政建设中承担以下领导责任：

（一）贯彻落实党中央、国务院、中央纪委和国家统计局党组关于党风廉政建设的部署和要求，结合工作实际制定本单位党风廉政建设工作计划，按照党风廉政建设责任分解和分工要求抓好落实，定期召开领导班子会议，研究本单位党风廉政建设工作，切实履行党风廉政建设承诺；

（二）开展党性党风党纪和廉洁从政教育，组织党员干部学习党风廉政建设法规制度，上好廉政党课，组织党员干部参加反腐倡廉教育活动；

（三）贯彻落实党风廉政法规制度，建立健全廉政风险防控机制，完善内部管理制度，从源头上预防和治理腐败；

（四）坚持民主集中制，对涉及本单位人、财、物以及干部职工切身利益的重大问题，坚持集体讨论决定，做到公开、公正、透明，自觉接受组织和群众监督；

（五）加强对本单位党员干部的管理和监督，严格执行各项规章制度，督促党员干部正确行使权力，自觉做到廉洁从政；

（六）严格执行干部选拔任用工作有关规定，防止和纠正选人用人上的不正之风；

（七）加强作风建设和统计行风建设，严格按照《统计法》和国家统计调查制度组织开展统计调查、数据分析和信息发布等工作，坚决反对和抵制弄虚作假行为，不断提高统计数据质量；

（八）支持配合执纪执法部门依纪依法履行职责，严肃调查处理违纪违法案件，领导、支持本单位纪检干部开展纪检工作，及时听取工作汇报，切实解决重大问题。

第十条 调查总队领导班子、领导干部在党风廉政建设中承担以下领导责任：

（一）贯彻落实党中央、国务院、中央纪委和国家统计局党组关于党风廉政建设的部署和要求，结合实际制定本调查队系统党风廉政建设工作计划、目标要求和具体措施，每年召开党组会议专题研究党风廉政建设工作，对党风廉政建设工作任务进行责任分解，并按分工抓好落实，及时召开调查队系统党风廉政建设会议进行具体部署，切实履行党风廉政建设承诺；

（二）开展党性党风党纪和廉洁从政教育，组织党员干部学习党风廉政建设法规制度，上好廉政党课，组织党员干部开展反腐倡廉教育活动；

（三）贯彻落实党风廉政法规制度，建立健全廉政风险防控机制，完善人事、财务、固定资产和行政管理等内部管理制度，从源头上预防和治理腐败；

（四）坚持民主集中制，认真执行《调查总队贯彻落实“三重一大”决策制度的规定》，坚持“三重一大”事项集体研究决定，做到公开、公正、透明，自觉接受组织和群众监督；

（五）监督检查所辖调查队党风廉政建设情况和领导班子、领导干部廉洁从政情况，坚持廉政谈话制度，加强对领导班子、领导干部的监督和管理；

（六）严格按照规定选拔任用干部，防止和纠正选人用人上的不正之风；

（七）加强作风建设和统计行风建设，弘扬求真务实的工作作风，切实解决本系统统计行风方面存在的突出问题；

（八）领导、组织并支持执纪执法部门依纪依法履行职责，坚决查处各种违法违纪案件特别是在统计上弄虚作假的案件，及时听取工作汇报，切实解决重大问题。

第三章　检查考核与监督

第十一条　建立党风廉政建设责任制检查考核制度，检查考核党风廉政建设责任制落实情况、党风廉政建设承诺履行情况和领导班子、领导干部廉洁从政情况。

第十二条　国家统计局成立党风廉政建设领导小组，党组书记、局长任领导小组组长，党组纪检组长任副组长，相关职能部门为成员单位，办公室设在纪检监察局。领导小组负责对机关各司级行政单位、在京直属事业单位和各调查总队领导班子、领导干部党风廉政建设责任制执行情况的检查考核。

各司级行政单位、在京直属事业单位应成立本单位党风廉政建设领导小组，负责对本单位处级领导干部党风廉政建设责任制执行情况的检查考核。各调查总队应成立本单位党风廉政建设领导小组，负责对本单位处级领导干部和下级调查队领导班子、领导干部党风廉政建设责任制执行情况的检查考核。

第十三条　检查考核工作每年进行一次。检查考核可以与领导班子、领导干部工作目标考核、年度考核、惩治和预防腐败体系建设检查工作等结合进行，也可以组织专门检查考核。

第十四条　建立和完善检查考核结果运用制度。检查考核结果作为对领导班子总体评价和领导干部业绩评定、奖励惩处、选拔任用的重要依据。对检查考核中发现的问题，要及时研究解决，督促整改落实。

第十五条　纪检监察部门、人事部门协助同级党组开展对党风廉政建设责任制执行情况的检查考核,或者根据职责开展检查工作。

第十六条 领导干部执行党风廉政建设责任制的情况,应当列为民主生活会和述职述廉的重要内容,并在本单位、本部门进行评议。

第十七条 国家统计局机关各司级行政单位、在京直属事业单位和各调查总队应当将贯彻落实党风廉政建设责任制的情况,每年专题报告国家统计局党组。

第四章 责任追究

第十八条 领导班子、领导干部违反或者未能正确履行党风廉政建设责任制规定的职责,有下列情形之一的,应当追究责任:

(一)对党风廉政建设工作领导不力,以致职责范围内明令禁止的不正之风得不到有效治理,造成不良影响的;

(二)对上级领导机关交办的党风廉政建设责任范围内的事项不传达贯彻、不安排部署、不督促落实,或者拒不办理的;

(三)对本单位、本系统发现的严重违纪违法行为隐瞒不报、压案不查的;

(四)疏于监督管理,致使领导班子成员或者直接管辖的下属发生严重违纪违法问题的;

(五)违反规定选拔任用干部,或者用人失察、失误造成恶劣影响的;

(六)放任、包庇、纵容下属人员违反财政、金融、税务、审计、统计等法律法规,弄虚作假的;

(七)有其他违反党风廉政建设责任制行为的。

第十九条 领导班子有本办法第十八条所列情形,情节较轻的,责令作出书面检查;情节较重的,给予通报批评;情节严重的,进行调整处理。领导干部有本办法第十八条所列情形,情节较轻的，给予批评教育、诫勉谈话、责令作出书面检查；情节较重的，给予通报批评；情节严重的，给予党纪政纪处分，或者给予调整职务、责令辞职、免职和降职等组织处理。涉嫌犯罪的，移送司法机关依法处理。

第二十条 受到责任追究的领导班子、领导干部，取消当年年度考核评优和评选各类先进的资格。

第二十一条 纪检监察部门应对实施责任追究情况进行监督检查，发现有应当追究而未追究或者责任追究处理决定不落实等问题的，应当及时督促予以纠正。

第五章 附 则

第二十二条 各调查总队可以根据本办法制定党风廉政建设责任制具体实施办法。

第二十三条 本办法自印发之日起施行。《国家统计局党风廉政建设责任制实施办法》(国统字〔2005〕12 号)同时废止。

国家统计局首席统计师管理办法

（试行）

国家统计局办公室

（2011 年 12 月 6 日）

第一章　总　则

第一条　为适应新形势下统计事业科学发展的需要，加强统计人才队伍建设，培养造就高素质的干部队伍，为实现“提高统计能力、提高统计数据质量和提高政府统计公信力”提供人才保障和智力支持，根据《国家统计局人才发展规划（2011－2020 年）》的要求，制定本办法。

第二条　首席统计师是国家统计局在相关专业司级单位设置的学术性、专业性和荣誉性职位，旨在鼓励和倡导广大统计干部潜心钻研统计业务。

第三条　首席统计师实行聘任制，任期 3 年，期满重新评选，可以连聘，但原则上不超过两任。

第四条　首席统计师在以下专业司级单位各设置 1 至 2 名：统计设计管理司、国民经济综合统计司、国民经济核算司、工业统计司、能源统计司、固定资产投资统计司、贸易外经统计司、人口和就业统计司、社会科技和文化产业统计司、农村社会经济调查司、城市社会经济调查司、住户调查办公室、服务业统计司、普查中心、国际统计信息中心。每个单位的设置数量由局党组研究决定。

第五条　首席统计师原则上在从事统计业务工作的正处级干

部中评选产生。

第二章　评选与聘用

第六条　首席统计师的评选遵循公平、公正、公开、择优的原则，严格标准，保证质量。

第七条　评选工作由局党组统一领导。人事司牵头负责评审、考核工作，局人才工作领导小组其他成员单位配合；各专业司级单位负责本单位首席统计师的初审、推荐和日常管理工作。

第八条　申报首席统计师的人员应具备以下条件：

（一）热爱祖国，拥护党的路线、方针、政策；严格遵守国家法律，遵守国家统计局各项规章制度。

（二）忠诚统计事业，恪遵"真实可信、科学严谨、创新进取、服务奉献"的统计核心价值观，具有高尚的职业操守；热爱本职工作，作风正派，坚持原则，认真负责。

（三）具有大学本科及以上学历和高级统计师资格。

（四）理论功底深厚，实践经验丰富；在本专业、本领域具有较高的学术造诣，业绩突出，成果显著，能够代表本专业、本领域的较高水平。

（五）能够熟练阅读和翻译本专业学术外文资料，能熟练运用本专业的统计分析及数据处理软件。

（六）连续从事本专业工作 5 年以上。

第九条　首席统计师的评选工作一般结合当年的年度考核工作同时进行，评选程序如下：

（一）个人申报。申报人员须填写《国家统计局首席统计师评选申报表》（见附表）和撰写《自荐报告》（突出 5 年内主要工作业绩，不超过 2000 字），并提交业绩成果证明材料。

（二）单位推荐。各专业司级单位根据本办法规定的申报条件对申报人的材料进行初审，组织民主测评，按 1:3 的比例确定推荐人选，由主要负责人（或主持工作的负责同志）签署推荐意见后报人事司。

（三）评审。人事司组织局人才工作领导小组成员单位主要负责人对各单位推荐人选进行评审，按 1:2 的比例确定入围人选，报局党组审议。

（四）聘用。局党组对入围人选进行审议，确定最终人选，由局长颁发聘书。

第三章　职责与权利

第十条　首席统计师的职责是：

（一）协助本单位主要负责人研究本专业的制度方法改革，提出专业改革与发展的意见建议，发挥学术带头作用；

（二）受本单位主要负责人委派参与国内外统计业务交流与合作；

（三）按照《国家统计局新闻发布管理规定》，经领导批准，作为本专业的专家，接受媒体采访，回答本专业相关问题。

第十一条　首席统计师享有以下权利：

（一）作为高层次统计人才重点培养。

（二）优先推荐作为高等院校兼职教授或研究生导师。

（三）优先推荐参加省部级及以上各类评比表彰。

（四）申报国家统计局科研课题（项目）时，优先予以资助。

（五）对外交流和接受采访时可使用“国家统计局××司首席统计师”称谓。

第四章　考核与解聘

第十二条　首席统计师实行任期考核制度，一般在期满后与当年的年度考核工作同时进行。考核工作由人事司牵头，局人才工作领导小组成员单位和各专业司级单位配合，考核结果分为“称职”和“不称职”两个等次。

第十三条 因工作发生变动，从事岗位与其原有专业性质不符的，由人事司报经局党组研究同意后，不再担任首席统计师。

第十四条 属于下列情况之一者，由人事司会同有关部门审核，报经局党组研究同意后，解除聘任。

（一）受到党内开除党籍、行政开除公职处分，以及触犯刑律，构成犯罪，受到刑事处罚的；

（二）由于工作重大疏漏，引起社会普遍质疑，对统计系统声誉带来严重负面影响的；

（三）弄虚作假、谎报成果的；

（四）任期考核不称职的。

第五章 附 则

第十五条 本办法由人事司负责解释。

第十六条 本办法自印发之日起施行。

附表（略）

统计调查项目支出绩效评价管理暂行办法

国家统计局办公室

（2011 年 12 月 22 日）

第一章　总　则

第一条　为加强统计调查项目支出管理，强化支出责任，提高财政资金使用效益，根据《财政支出绩效评价管理暂行办法》（财预〔2011〕285 号），结合统计部门实际，制定本办法。

第二条　统计调查项目支出绩效评价（以下简称绩效评价）是指根据设定的项目绩效目标，运用科学、合理的绩效评价指标、评价标准和评价方法，对项目支出的经济性、效率性和效益性进行客观、公正的评价。

第三条　绩效评价的基本原则：

（一）科学规范原则，评价应严格执行规定的程序，按照科学可行的要求，采用定量与定性分析相结合的方法；

（二）公正公开原则，评价应符合真实、客观、公正的要求，依法公开并接受监督；

（三）绩效相关原则，评价应针对具体支出及其产出绩效进行，评价结果应当清晰反映支出和产出绩效之间的紧密对应关系。

第四条　绩效评价的主要依据：

（一）国家相关法律、法规和规章制度；

（二）统计工作发展规划和统计方法制度；

（三）预算管理制度、资金及财务管理办法、财务会计资料；

（四）申请预算时提出的项目绩效目标及相关材料，预算批复，预算执行情况和决算报告；

（五）统计调查项目立项审批文件及相关资料。

第二章　绩效评价的对象、内容和目标

第五条　绩效评价的对象指具有明显社会影响和经济影响的统计调查项目，以预算年度为周期，评价用于该项目的全部财政性资金。

第六条　绩效评价的基本内容：

（一）绩效目标设定情况；

（二）资金投入和使用情况；

（三）为实现绩效目标采取的措施等；

（四）绩效目标实现程度及效果；

（五）绩效评价的其他内容。

第七条　绩效目标是绩效评价项目在一定期限内达到的产出和效果，由承担项目的业务部门在申报预算时填报，主要内容是：

（一）预期产出，包括提供的公共产品和服务的数量；

（二）预期效果，包括经济效益、社会效益和可持续影响等；

（三）服务对象或数据用户满意程度；

（四）达到预期产出所需要的成本资源；

（五）衡量预期产出、预期效果和服务对象满意程度的绩效指标；

（六）其他相关内容。

第八条　绩效目标的要求：

（一）指向明确，应符合国民经济和社会发展规划、统计事业发展规划；

（二）具体细化，应从数量、质量、成本和时效等方面进行细化，尽量进行定量表述；

（三）合理可行，应经过调查研究和科学论证，符合客观实际。

绩效目标经财务部门审核、确认、批复后，作为预算执行和绩效评价的依据。

第三章 绩效评价的指标、标准和方法

第九条 绩效评价指标是指衡量绩效目标实现程度的考核工具。绩效评价指标的确定应当遵循以下原则：

（一）相关性原则，评价指标应与绩效目标有直接的联系，能够恰当反映目标的实现程度；

（二）重要性原则，评价指标应优先使用最具评价对象代表性、最能反映评价要求的核心指标；

（三）可比性原则，应对同类评价对象要设定共性的评价指标，以利评价结果的相互比较；

（四）系统性原则，应将定量指标与定性指标相结合，系统反映财政支出所产生的社会效益、经济效益和可持续影响；

（五）经济性原则，评价指标应通俗易懂、简便易行，数据的获得应当考虑现实条件和可操作性，符合成本效益原则。

第十条 绩效评价指标分为共性指标和个性指标。

（一）共性指标指财政部门制定的评价指标，包括预算编制和执行情况、财务管理状况、资产配置、使用、处置及其收益管理情况以及社会效益、经济效益等；

（二）个性指标是指针对统计部门特点、由国家统计局组织设定的，适用于统计调查项目的业绩评价指标。

第十一条 绩效评价标准是指衡量财政支出绩效目标完成程度的尺度。绩效评价标准包括：

（一）计划标准，即根据预先制定的目标、计划、预算、定额等确定评价标准；

（二）行业标准，即参照行业指标数据确定评价标准；

（三）历史标准，即参照同类指标的历史数据确定评价标准；

（四）其他标准。

第十二条 绩效评价方法主要采用成本效益分析法、比较法、因素分析法、最低成本法、公众评判法等。

（一）成本效益分析法，即将一定时期内的支出与效益进行对比分析，以评价绩效目标实现程度；

（二）比较法，即通过对绩效目标与实施效果、历史与当期情况、不同单位同类支出的比较，综合分析绩效目标实现程度；

（三）因素分析法，即通过综合分析影响绩效目标实现、实施效果的内外因素，评价绩效目标实现程度；

（四）最低成本法，即对效益确定但不易计量的多个同类对象的实施成本进行比较，评价绩效目标实现程度；

（五）公众评判法，即通过专家评估、公众调查等对统计调查项目支出效果进行评判，评价绩效目标实现程度。

第十三条 绩效评价方法的选用应当坚持简便有效的原则。

根据评价对象的具体情况，可采用一种或多种方法进行绩效评价。

第四章　绩效评价的组织管理和工作程序

第十四条 国家统计局负责制定统计调查项目绩效评价的有关规范和制度。

国家统计局财务司负责组织、指导统计部门绩效评价工作，组织、协调全国性统计调查项目的绩效评价工作。

国家统计局设立由国家统计局专业人员和外部专家组成的统计调查项目绩效评价工作小组，负责全国性统计调查项目的绩效评价指标审议、绩效评价资料审核、绩效评价结论审议。

各级统计局、调查队负责本单位承担的统计调查项目的绩效评价工作。

第十五条 绩效评价工作一般按照以下程序进行：

（一）确定绩效评价对象；

（二）下达绩效评价通知；

（三）确定绩效评价工作人员；

（四）制订绩效评价工作方案；

（五）收集绩效评价相关资料；

（六）对资料进行审查核实；

（七）综合分析并形成评价结论；

（八）撰写并提交绩效报告和绩效评价报告；

（九）建立绩效评价档案。

第五章 绩效报告和绩效评价报告

第十六条 承担统计调查项目的业务部门应当按照财务部门的有关规定提交绩效报告。报告主要包括以下内容：

（一）基本概况，包括部门职能、预决算情况、项目立项依据等；

（二）绩效目标及其设立依据和调整情况；

（三）管理措施及组织实施情况；

（四）绩效目标完成情况；

（五）未完成的绩效目标及其原因；

（六）下一步改进工作的意见及建议。

第十七条 财务部门负责组织开展绩效评价并撰写绩效评价报告，绩效评价报告应当包括以下主要内容：

（一）基本概况；

（二）绩效评价的组织实施情况；

（三）绩效评价指标体系、评价标准和评价方法；

（四）绩效目标的实现程度；

（五）存在问题及原因分析；

（六）评价结论及建议；

（七）其他需要说明的问题。

第十八条 绩效报告和绩效评价报告应当依据充分、真实完整、数据准确、分析透彻、逻辑清晰、客观公正。

第六章 绩效评价结果及其应用

第十九条 财务部门和承担统计调查项目的业务部门应及时整理、归纳、分析、反馈绩效评价结果，并将其作为改进预算管理和安排以后年度预算的重要依据。

第二十条 绩效评价结果应当按照政府信息公开有关规定在一定范围内公开。

第七章 附 则

第二十一条 本办法由国家统计局财务司负责解释，自印发之日起施行。

抓住机遇　奋力前行
不断开创统计工作新局面

——马建堂（国家统计局局长）在全国统计工作会议上的讲话

（2011 年 12 月 23 日）

这次全国统计工作会议的主要任务是：认真贯彻落实党的十七大和十七届三中、四中、五中、六中全会以及中央经济工作会议精神和国务院领导同志对统计工作的重要指示，总结 2011 年统计工作，部署 2012 年重点任务。

一、2011 年的主要工作

2011 年，是统计任务异常艰巨、工作极其繁忙的一年，也是统计发展改革乘风破浪、成效显著的一年。一年来，各级统计机构和广大统计人员紧紧围绕党和国家的中心工作，认真贯彻落实党中央、国务院关于加强和改进统计工作的各项要求，转变观念，团结奉献，奋发作为，迎难而上，狠抓四大工程建设，积极推进统计工作的改革创新、规范统一、公开透明，不断提高统计能力、统计数据质量和政府统计公信力，统计事业取得新成绩。

（一）四大工程建设取得重大突破。

实施企业一套表等四大工程，实现统计报表的统一设计和统一布置，实现企业数据的直接采集、统一处理和高度共享，减少中间环节可能存在的干扰，减轻企业和基层负担，进而实现统计生产方式的重大变革，是统计人长期不懈的追求。今年，我们将其作为统计发展改革的“第一号任务”。**严密组织。**国家统计局成立了主要负责人为组长的领导小组，奋力推进。各地也都成立了领导小组和工作机构，16 个省（区）都是主管统计工作副省长任组长，24 个省（区、市）印发省政府通知。数十万统计人以严谨求实的态度、务求必胜的信心，积极投身这项改革。制定了企业一套表工作总体规划、实施方案、工作业务流程、业务分工等重要基础性文件。**积极推进。**制定了《全国统计系统基本单位名录库建设维护与使用管理暂行办法实施细则》和《统计调查单位临时代码管理办法》。建立起以基本单位名录库为基础，统一认定年、定报统计调查单位的工作机制。严格审核各地上报的“三上”企业和房地产开发经营企业名录，对其主要属性指标和数据，进行认真比对、核实和确认，涵盖全国 60 多万家“三上”企业和房地产开发经营企业的统一的调查单位库已基本建成。广泛听取各方面意见和建议，充分汲取全系统的智慧和力量，系统梳理所有针对企业的统计调查报表，初步建立企业一套表统计调查核心指标体系和主要元数据标准，统一了不同专业报表中相同指标的名称、涵义、计算方法、分类标准和统计编码，设计出企业一套表统计报表制度和分行业统计报表。确定“功能完善、方便使用、标准统一、友好兼容”的软件开发总体要求。组织各专业制定数据采集处理软件需求框架。按照“统一而不唯一”的原则，在充分听取各专业和各级统计机构意见的基础上，经过反复比较评选和招投标，确定两套软件供各地选择使用，并在试验中不断完善。按照集中和分布相结合的联网直报建设方案，各地积极采购设备、组织调试、系统试验，初步建立起基本满足 60 多万家企业需求的联网直报系统。**全面试点。**为及时发现问题，不断优化软件功能，组织全国 26 个省（区、市）的 26 万多家试点企业试报今年 6、7 月份月报和一、二季度季报，对制度、流程、软件、硬件、能力进行全方位的检验与完善。各地也从自己的实际出发，进行范围不同的试验，取得很好的效果。所有这些，都为明年初正式实施四大工程奠定了较为坚实的基础。

（二）改革创新取得丰硕成果。

统计发展改革规划正式印发。在系统总结我国统计实践，深入研究统计工作形势，充分借鉴国际统计先进理念和做法基础上，制定印发了《“十二五”时期统计发展和改革规划纲要》。**统计标准进一步完善。**修订发布新《国民经济行业分类》，编写印发《国民经济行业分类注释》，制定《统计单位划分及具体处理办法》和《环境保护活动分类》，修订《统计上大中小微型企业划分办法》、《关于划分企业登记注册类型的规定》。**价格统计得到较大改进。**变革房价统计，新建住宅销售价格原始数据直接采用网签数据。改革工业生产者价格统计，建立起以 2010 年为基期的价格指数序列。完善居民消费价格统计，顺利调整类别权重，新增 1.3 万个数据采集网点。**服务业统计改革取得重大进展。**今年 9 月，国务院办公厅转发国家统计局《关于加强和完善服务业统计工作的意见》，对服务业统计原则、统计范围、基本单位、基本内容以及各部门的职责分工作出明确规定。拟订服务业财务统计调查制度和服务业重点企业季报监测制度，并在部分地区进行了试点。部分服务业行业抽样调查增加“物业管理”和“房地产中介服务”两个行业中类。开展了以国家为总体的批发和零售业、住宿和餐饮业行业抽样调查工作。**城乡住户调查一体化改革顺利推进。**制定了城乡住户调查一体化改革总体方案并上报国务院，统一住户调查指标名称、分类、口径，建立以可支配收入指标为核心的全国统一的居民收支指标体系，统一抽样方法和调查过程。按新口径测算了城乡居民收支历史数据。**民生统计进一步健全。**建立保障性安居工程统计制度。改进劳动工资统计调查制度。研究建立收入分配统计监测系统，拟订收入分配监测指标体系。**文化产业统计进一步加强。**建立健全文化产业统计制度。拟订文化产业增加值核算工作规则。依据有关部门行政记录、相关专业统计数据和文化服务业财务数据，相继对全国文化产业增加值和分省数据进行核算和发布。经中央编办批准，成立社会科技和文化产业统计司。**节能减排统计进一步完善。**温室气体排放核算基础统计研究取得新进展，循环经济统计评价监测方案初步形成，节能统计监测和能耗数据质量评估体系进一步完善。**环比统计正式实施。**从今年4月份起，正式公布全国国内生产总值、规模以上工业增加值、固定资产投资(不含农户)、社会消费品零售总额等4项重要统计指标的环比数据，结束了我国统计长期以来基本没有环比数据的历史。同时，进一步完善规模以下工业抽样调查制度，增加反映小微企业生产经营情况的经济指标和问卷调查。提高规模以上工业和固定资产投资统计起点标准。制定《关于民间固定资产投资定义和统计范围的规定》。开展农作物对地抽样调查试点和以县为总体的粮食产量抽样调查试点。进一步加大建筑业统计由注册地统计向经营地统计转变的试点力度。顺利完成"国家统计遥感业务系统关键技术研究与应用"重点项目。继续对外发布综合发展指数。不少地方也进行了反映科学发展、经济转型、现代化进展和幸福程度综合指数的编制、计算和发布工作。

(三)第六次全国人口普查圆满完成。

如期发布普查主要数据公报。对4亿多份普查表中的主要登记数据，进行录入审核、上报汇总，国家和各地按时发布第六次全国人口普查主要数据公报，编辑出版《第六次全国人口普查主要数据》。**认真做好普查资料汇总工作。**高质量完成对各种普查表中近200多亿笔普查数据的编码、录入和审核工作，目前已基本汇总出各地区分指标的各类人口普查综合数据。**隆重表彰普查先进集体和个人。**国务院第六次全国人口普查领导小组召开了人口普查总结暨先进集体和先进个人表彰会，李克强副总理亲切接见先进集体和先进个人代表，对第六次全国人口普查工作和普查成果质量给予充分肯定，高度赞扬特别能吃苦、特别能战斗、特别能求实、特别能奉献的普查精神。

(四)各项统计调查取得新成绩。

认真组织实施各项统计调查。按照经济社会发展和各方需求状况,对各项国家统计调查制度进行了评估和完善。较好完成农业、工业、建筑业和服务业等国民经济各行业以及人口就业、收入消费、市场物价、人民生活、社会科技、资源环境等各领域共计47项国家常规统计调查。开展新一轮国际比较项目。精心组织实施农民工、退耕还林、畜禽、重点贫困县、企业景气等统计监测。扎实开展了组织工作满意度调查、党风廉政建设民意调查、国有企业反腐倡廉民意调查、全国文明城市测评、群众安全感调查、全国非公有制企业人才资源状况调查等重大委托调查。在妇女发展纲要和儿童发展纲要实施情况监测工作中作出突出贡献。**进一步健全统计数据质量全面控制与评估体系。**修订了工业统计、农业统计、投资统计、住户调查等数据质量控制与评估办法。各地区、各专业进一步强化对数据生产质量全过程控制。**加大对重要基础数据审核与检查力度。**对随机抽取的30个省(区、市)的74个县(区)共2890家"三上"企业的基本情况、主要数据和统计基础工作,进行为期两周的实地核查。在全国范围,对农产量、价格、住户等重要统计调查的基础工作和数据质量,进行实地核实检查。对部分省市固定资产投资数据质量进行了检查。各地区、各专业也都加大对原始数据的审核力度。

(五)统计服务水平和公开程度进一步提高。

深入开展统计分析。各级统计机构围绕经济发展方式转变和经济结构调整,着力加强调查研究,着力增强宏观经济形势分析的敏锐性和及时性,着力提高专题分析的深度和广度,撰写了一批针对性强、参考价值高的统计分析报告,提出一些重要观点,较好发挥了统计分析的决策参谋作用,得到党中央、国务院和地方各级党委政府的充分肯定。**认真做好统计信息提供。**今年1—11月,中办、国办共采用统计部门报送信息319篇,其中41篇得到中央领导同志批示。认真做好"两会"咨询服务工作,得到代表和委员的广泛称赞。各地统计机构紧紧围绕地方党委政府的中心工作提供了大量统计信息。**切实加强主要经济指标监测。**按旬监测主要食品消费价格，按月监测工业企业生产和效益状况及趋势、能源消耗状况、重点城市房地产市场状况、重要工业品出厂价格、重要农产品价格和主要农业生产资料价格，按季监测服务业重点企业变化情况，为党和国家及时准确把握经济活动状况提供了扎实依据。**进一步加大统计数据传播力度。**改变数据发布方式，月度、季度统计数据发布比原来提前2—3天。进一步规范发布内容，在发布统计信息的同时，配发对指标涵义、调查方法、计算方法、数据质量可靠性及局限性等内容的说明。进一步完善国家统计数据库，目前，数据库已加载数据报表10801张，共有统计部门和其他部门指标3759个，总数据量达到164万笔。认真履行国际统计报表填报义务，扩大与国际组织及世界主要国家的统计信息交流。编辑出版《金砖国家联合统计手册》。**大力推进统计公开透明。**成功举办以“基层人说统计”为主题的第二届中国统计开放日，首次邀请外媒参加，首次与人民网合作公开征集网友代表，首次对当日活动进行微直播。各地也积极开展丰富多彩的开放日活动。及时公布各项重大统计改革事项，对改革的主要内容、相关背景等情况作出详细说明。主动公开统计标准、统计调查项目、统计调查方法和操作规程，使社会公众能够更加充分地了解统计业务和数据生产流程。认真做好统计数据诠释和解疑释惑工作，对统计数据修订作出必要的说明，便于社会各界正确理解和使用统计数据。

(六)统计保障能力进一步增强。

依法统计能力明显提升。配合国务院法制办基本完成《统计法实施条例》的立法审查工作。拟订了《民间统计调查管理办法》。许多地方已启动地方性统计法规修订工作。对统计“五五”普法先进集体和先进个人进行表彰。印发统计“六五”普法规划，强化对领导干部和统计人员的普法培训，进一步增强了全社会依法统计意识。加大统计违法案件查处力度，查处一批统计违法案件，对统计数据质量存在严重问题的责任领导进行了约谈。为进一步加强执法监督，经中央编办批准，在政策法规司加挂“统计执法检查室”牌子。依法及时对部门和地方统计调查项目进行审批或备案。**基层基础建设取得重大进展。**印发《县级统计机构工作规范（试行）》、《县级统计局考核办法（试行）》和《国家统计局县级调查队考核办法（试行）》等3份重要规范性文件。国家进一步加大了对基层的经费投入力度和工作力度。各地在基层基础建设方面有很多创新，有的以政府文件形式提出要求，有的积极推行县级统计机构对乡镇统计的垂直管理，有的积极改善基层工作和保障条件，有的组织开展基层统计年活动，有的全面规范县及乡镇统计工作，都取得较好成绩。**统计信息化建设稳步推进。**统计信息化工作围绕中心、服务大局的意识不断增强，统计信息化建设与统计工作相结合的程度不断提高。在全面推进四大工程建设同时，拟订了统计数据处理和数据交换标准，启动国家统计局局域涉密网建设工作，基本完成国家、省级网络和系统运行管理系统建设。

（七）统计队伍建设和党风廉政建设迈出新步伐。

干部队伍建设取得新进展。制定印发了《国家统计局人才发展规划（2011－2020年）》和《“十二五”时期统计教育培训规划（2011－2015年）》。加大统计领导干部选拔任用的公正公平竞争和轮岗交流力度，使一大批德才兼备的优秀人才迅速成长起来。深入开展创先争优活动，有力推动了各项统计工作。在全系统牢固树立、大力弘扬“真实可信、科学严谨、创新进取、服务奉献”统计核心价值观，深入开展“求实、创新、严谨、奉献”统计行风建设。圆满完成国家统计局对所有县级统计机构主要负责人的培训。**党风廉政建设进一步加强。**认真学习贯彻中央纪委第六次全会和国务院廉政工作会议精神，努力把以人为本、执政为民的要求贯彻落实到统计系统反腐倡廉工作之中。认真贯彻落实《关于实行党风廉政建设责任制的规定》，制定和颁布《国家统计局工作人员“九不准”规定》。加强廉政教育，健全相关制度，强化监督检查，狠抓反腐倡廉各项工作的落实，进一步推进了统计系统惩治和预防腐败体系建设。

(八)部门统计呈现新气象。

进一步加强对部门统计工作的业务指导和协调，编印了《部门统计调查项目概要》，开展了第六期部门统计人员业务培训。各部门不断加大部门统计改革力度，认真组织实施部门统计调查，积极提供行业管理数据，深入开展统计分析，部门统计服务水平得到进一步提升。编制、民政、税务、工商、质检等部门及时向统计部门提供有关基本单位的行政记录。文化部、测绘局制定部门统计管理办法。监察部、商务部、国管局对系统内统计人员进行业务培训。住房和城乡建设部建立统计人才库。供销合作总社积极推进联网直报工作。知识产权局研究建立专利统计指标体系。

同时，国际统计交流进一步扩大和加强。成功举办金砖国家统计局局长第三届会议、“监测国家发展：问题和挑战”国际论坛和中国国际统计培训中心国际咨询委员会第一次会议，扩大了中国统计的国际影响，李克强副总理会见了与会代表。与荷兰和欧盟统计局签署统计合作协议。中德、中加合作项目深入推进。统计政务管理、财务管理、涉外调查管理、科研教育出版、后勤保障、老干部和工青妇工作都取得可喜成绩。统计信息咨询服务和社情民意调查得到进一步发展。

上述成绩的取得，是党中央、国务院高度重视、正确领导的结果，是各地区、各部门大力支持的结果，是社会公众积极配合的结果，是各级统计机构和广大统计人员共同努力的结果。借此机会，我代表国家统计局向多年来理解、关心、支持统计事业发展的各地区、各部门和社会各界表示衷心的感谢！向奋战在统计战线的广大干部职工致以崇高的敬意！

二、切实做好 2012 年重点工作

2012 年，我们将迎来党的十八大胜利召开，也将迎来新中国政

府统计机构成立 60 周年。做好明年的工作，对于圆满完成“十二五”统计发展改革规划纲要的各项任务，加快推进统计现代化，具有重要战略意义。统计工作的总体要求是：认真贯彻党的十七大和十七届三中、四中、五中、六中全会以及中央经济工作会议精神，深入贯彻落实科学发展观，紧紧围绕“三个提高”，坚持改革创新、规范统一、公开透明，全力推进企业一套表等四大工程，进一步深化统计制度方法改革，进一步加大现代信息技术应用，进一步加强统计法制、基层基础和统计文化建设，全面提升统计服务水平。

(一)全力以赴推进四大工程。

经过一年多认真准备和多次试验，企业一套表等四大工程即将进入正式实施阶段。要继续精心准备、周密实施，确保初战必胜。

继续以只争朝夕的精神做好正式实施前的各项准备工作。明年 2—3 月，全国 60 多万家“三上”企业和房地产开发经营企业，将正式在统一平台上，通过互联网，向国家数据中心或国家认定的省级数据中心直接报送数据。各地区、各专业、各有关人员都要利用所剩不多的时间，认真梳理在试验中发现的问题，确定责任单位，明确完成时间，抓紧解决和完善。各级普查中心要会同有关单位尽快确定今年年报和明年一季度定报的调查单位库，认真做好第二批调查单位的上报和审核确认工作。各级数管中心要抓紧组织相应软件公司根据各地试验中发现的问题，不断修改和完善软件程序，并尽可能多地组织相关地区和专业进行测试验收。14 个经批准设立的分节点，要按照国家要求抓紧软硬件设施建设，确保网络环境运行顺畅。正式实施前不能按期建成的，要确保调查单位能够直接向国家数据中心报送数据。各个专业要在已经开展的培训工作基础上，进一步熟悉在统一平台上审核、处理数据的工作流程，按时编写简洁方便的操作手册。提前试点并使用其他软件的省份，要组织软件公司进行科技攻关，确保过渡期软件的兼容，满足国家统一抓取原始数据的要求。

全力打赢2—3月数据集中上报这场硬仗。要严格落实“先进库，再有数”原则。所有填报2011年年报和2012年定报的调查单位必须是全国统计系统统一调查单位库中的在库企业。同时，及时更新维护调查单位库，依法确定调查单位，保障后期调查单位的真实准确。要严格执行企业一套表制度。按照制度规定的标准、指标、范围、表式、计算方法和统计编码开展调查。严格使用选定的软件系统进行数据采集加工处理。各地区、各专业必须在统一平台上做好数据的采集、验收和处理工作。除军工企业和经批准的统计代理机构以外，所有调查单位都要通过网络直接向国家数据中心或经国家批准的省级数据中心报送原始数据。不允许任何政府统计机构代替调查单位上报数据。各地区、各专业要在统一平台上认真审核数据，充分发挥软件的逻辑审核功能。审核发现填报错误后，要由原填报企业进行修改。所有政府统计机构一律不得自行修改企业原始数据。省级数据中心必须保留企业一套表数据采集、审核、上报和汇总等环节的操作和处理痕迹。

明年3月初正式上报2012年1—2月份定报和2011年年报数据，这是实施四大工程难度最大、任务最重、风险点最多的阶段。各级统计机构和广大统计人员务必要以更严谨、更扎实、更细致的工作，周密安排，全力以赴，坚决打赢这场硬仗。国家统计局将在明年初成立应急呼叫中心，在数据集中上报期间实行24小时值班制度，统筹处理可能发生的各种问题。各地都要成立相应的组织机构，制定突发事件应急预案，确保各地和企业反映的问题能够在最短时间得到解决。县、乡两级统计机构相关业务人员要分片包干，每人负责一定数量的企业，及时了解掌握所负责企业的数据上报进展情况，及时对企业上报中遇到的各种问题予以指导和帮助。

着手考虑四大工程建设的深化和拓展。目前，企业一套表等四大工程主要应用在“三上”企业和房地产开发经营企业。在打好这一攻坚战的同时，还要未雨绸缪，提前考虑四大工程建设的深化和拓展工作，以增强工作的主动性。一是着手考虑相应的并轨工作。在使用新的流程生产和处理数据的同时，为了稳妥起见，明年传统的数据生产和处理方式还将保留一段时间。但为了减轻企业统计人员和统计机构的工作负担，我们要创造条件尽快结束这种双轨并行的局面。初步考虑，这个过渡期原则为半年左右，并鼓励有条件的省份提前并轨。国家统计局有关专业从事的一些其他调查也都要尽快使用统一的数据采集处理软件。二是着手拓展四大工程的应用范围。四大工程的核心是运用现代信息技术直接采集处理数据，这一工作模式应逐步推广到所有调查工作，包括国家调查队系统调查工作、投资和重点服务业等统计调查业务，以及“三下”企业调查工作。各地区、各专业都要按照这样的工作思路，深入调查研究，抓紧提出工作方案，不失时机予以推进。同时，四大工程的实施，已经在很大程度上改变了统计工作流程。要相应考虑改革调整统计组织机构和工作模式，以便更好地适应统计生产方式的变化。

（二）精心组织重大统计改革。

加快健全服务业统计。《关于加强和完善服务业统计工作的意见》，国务院办公厅已经转发，李克强副总理也提出明确要求，明年在服务业统计的健全和完善方面一定要迈出坚实步伐，取得明显成效。积极指导部门建立规范的服务业统计制度，确保部门服务业统计制度落实到位。完善服务业统计工作部门协调机制和信息交换平台。全面试行服务业重点企业季度监测制度，组织各地区统计系统开展服务业重点行业、重点企业直接调查。扩大运输价格调查试点范围。研究现代服务业等相关产业分类标准和服务业统计指标体系。服务业调查一定要在统一标准、规范口径、提高质量上狠下功夫。

加快推进城乡住户调查一体化。国务院即将批准城乡住户调查一体化改革方案，要按照方案要求，尽快建立统一的住户调查制度，完成统一样本抽选、人员培训、摸底调查、辅助调查员选聘和宣传动员等工作，并稳妥做好新旧数据的衔接。这项改革要特别注意解决好农民工收支调查和自有住房虚拟租金统计等重点难点问题。

积极创新节能减排统计。减少温室气体排放，是我国向国际社会作出的庄严承诺，是我国加快转变经济发展方式的关键。真实反映温室气体排放情况，是统计人新的使命和责任。要进一步加强反映气候变化的基础数据统计，建立全面反映能源活动、工业生产活动、农业活动、土地使用变化和森林、废料等领域温室气体排放的基础统计指标体系，依据国际标准制定温室气体排放基础统计指标的分类标准和调查方法，按照温室气体排放核算要求制定温室气体排放基础统计制度，加强节能统计，健全建筑节能、第三产业节能统计，改进能源核算方法，建立循环经济统计评价体系。

进一步加强国民经济核算的基础工作。制定2012年全国投入产出调查方案。改进居民消费支出核算。加强收入分配核算。研究提出新型服务业态现价和不变价增加值核算方法。

加大元数据库建设力度。进一步完善企业一套表主要元数据标准。研究制定元数据开发建设的总体框架，开发建设元数据库，全面规范统一各行业、各专业统计指标名称、概念、口径和计算方法、调查方法以及相应的统计分组与目录。

不断深化专业统计制度方法改革。进一步加大统计机构利用企业会计信息加工生成统计信息的力度。完善企业成本费用调查方法。研究建立战略性新兴产业统计监测体系。完善保障性安居工程统计监测制度。开展民间固定资产投资统计并发布数据。研究建立固定资产投资、房地产开发当月统计监测体系。提高对粮棉油糖和生猪等主要农产品的直接调查能力。稳步推进农作物对地抽样调查。研究建立对特困连片地区的贫困监测调查制度和输入地农民工监测制度。继续推进劳动工资统计改革，在部分地区试点应用抽样方法，研究将限额以上个体经济纳入劳动工资统计范畴。完善价格统计，进一步提高价格统计数据的科学性和代表性。将文化产业单位纳入统计系统全国统一的基本单位名录库。研究制定环境保护支出统计工作方案、2013年时间利用调查方案和新妇女儿童两纲统计监测工作方案。

(三)扎实做好普查和各项常规统计调查。

认真做好第六次全国人口普查资料开发工作。按时完成全部数据汇总、审核和普查资料编印、发布工作，积极组织动员社会各方力量，广泛深入开发利用人口普查数据，最大限度发挥普查资料的作用。

认真筹备第三次全国经济普查。要在深入总结前两次经济普查以及农业普查、人口普查经验基础上，优化普查范围，精简普查内容，改进普查组织方式，提高普查效能。要尽快提出第三次全国经济普查方案，启动各项普查准备工作。

严格执行各项国家统计调查制度。认真组织实施好农业、工业、建筑业、批发和零售业、住宿和餐饮业、房地产开发经营业、服务业重点企业和部分服务业等行业，以及能源、投资、居民收支、价格、人口、劳动、社会、科技、环境等领域各项常规统计调查。继续做好新一轮国际比较项目。继续做好组织工作满意度、党风廉政建设民意调查、全国文明城市测评等重大委托调查。

强化统计数据质量控制与评估。优化顶层设计，提高统计调查的抗干扰性和统计数据的可获得性。建立健全各专业统计数据质量全过程控制体系，明确每一统计岗位的质量标准和技术规范，确保各项统计制度方法得到严格执行。进一步完善各专业统计数据评估体系，积极利用相关指标和行政记录评估重要敏感统计数据。

(四)夯实统计基础。

加强统计业务基础。根据新《国民经济行业分类》，对《三次产业划分规定》和《文化及相关产业分类》等各种行业相关分类进行修订。研究制订《居民消费支出分类》和《部门统计分类标准管理办法》。加快建立以活动、产品、地域、单位、经济关系为基础的统计分类框架体系。抓紧研究现代服务业、战略性新兴产业等相关派生产业分类标准。加强统计科研教育工作，为统计发展改革提供智力支持。

加强统计基层建设。严格落实《县级统计机构统计工作规范（试行）》及其考核评价办法，各地要抓紧出台相应的具体实施细则和监督检查制度。提高基层统计工作保障能力，进一步加大统计人力、物力、财力向基层倾斜力度，确保乡镇设立统计岗位，积极推动县级统计机构对乡镇、街道统计实行垂直管理。切实提高县、乡统计人员实地核查新增或变更企业、督促企业填报电子报表、审核联网直报数据等能力。

（五）加强统计法制建设。

积极配合国务院法制办制定《统计法实施条例》，并做好贯彻落实工作。根据新颁布的实施条例，修改完善地方性统计法规和部门以及地方统计规章。抓紧论证《民间统计调查管理办法》。抓紧修订《部门统计调查管理办法》。全面实施统计“六五”普法规划，以《统计法实施条例》颁布为契机，在全社会掀起统计法制宣传高潮。大力推行“统计法律事务告知制度”，增强企业、公民依法履行统计义务的法律意识。加强和改进统计执法和统计巡查工作，加大对统计弄虚作假案件的查办和惩处力度，强化“约谈”、“督办”、“回访”等统计违法行为整改处理机制。

（六）提供科学统计分析和优质统计服务。

密切监测经济运行状况和世界经济形势，不断提高对宏观经济的把握能力和预判能力。紧紧围绕中央确定的“稳增长、控物价、调结构、惠民生、抓改革、促和谐”方针，深入开展统计分析和经济分析，积极为党中央、国务院和地方各级党委政府提供针对性更强、参考价值更高的政策建议。认真做好统计信息报送工作和“两会”咨询服务。进一步加大统计公开透明力度，更加积极主动地公开统计制度方法和数据生产过程，更加积极主动地诠释统计数据、传播统计信息，更加积极主动地普及统计知识、宣传统计工作。

(七)进一步加强部门统计工作。

进一步明确政府综合统计与部门统计的分工,努力实现政府综合统计与部门统计既覆盖全面又不交叉重复。进一步规范部门统计工作,提高部门统计调查项目的审批备案水平,增强部门统计工作科学性、系统性、规范性。加快建设部门统计调查信息交流平台,提高部门间统计信息共享水平。各部门要严格执行国家统计标准,严格按照国家审批与备案的部门统计调查项目开展调查、公布和提供数据。要进一步加大部门统计改革力度,规范部门统计调查行为,努力提高部门统计工作水平,积极为部门行业管理提供准确可靠的数据。

(八)加强统计队伍建设。

强化班子建设,全面提高统计系统科学决策、依法决策和民主决策的水平,切实增强系统谋划全局工作、妥善应对突发事件和知人善任能力。继续深化创先争优活动,大力表彰在创先争优活动中涌现出来的先进党组织和优秀共产党员。加强统计文化建设,大力弘扬"真实可信、科学严谨、创新进取、服务奉献"统计核心价值观,继续开展"求实、创新、严谨、奉献"统计行风建设,牢固树立用户至上和尊重调查对象的意识,牢固树立科学统计、公共统计和依法统计的理念,认真办好新中国政府统计机构成立 60 周年纪念活动。创新干部培养方式,认真办好各项培训班,努力提高统计人员的调查技能、管理技能和工作技能。加快建立健全政务业务、人事教育、财务资产、保密安全等各项规章制度,确保各项工作都有法可依,有章可循。加大对国家统计调查项目组织实施情况、重大统计改革和建设推进情况、重要统计工作部署落实情况的监督检查,提高统计系统执行力。

三、主动把握信息技术变革大势,加快推进统计现代化

统计现代化是几代统计人孜孜以求的目标,统计信息化是实

现统计现代化的必由之路。要加快现代信息技术在统计工作中的应用步伐，以更加开放的心态，更加虚心的态度，推进信息化，拥抱现代化。

(一)现代信息技术是统计工作科学发展的第一生产力。

现代信息技术与统计信息的采集、传输、处理、存储、管理，有着天然的亲缘关系。现代信息技术的发展成果完全可以、也必然能够成为推动统计事业进步的革命性力量。计算机技术的发展，实现了对海量数据快速准确地处理和存储。网络技术的发展，实现了海量数据在网上高速、安全、无纸化传输和在线共享。数据库技术为组织、存储、维护、共享、发布和开发利用海量数据提供了基础。多媒体技术的出现，使统计产品展示更加生动形象、丰富多彩。改革开放以来，统计部门广泛应用计算机、网络、数据库和多媒体等现代信息技术，极大地发展了统计生产力，极大地提高了统计效能，为党和国家科学决策与现代化管理提供了有力的统计保障。目前正在全力推进的四大工程建设，本质上就是利用现代信息技术变革统计生产方式，再造统计业务流程。

遥感(RS)、全球卫星定位系统(GPS)和地理信息系统(GIS)等空间信息技术能够实现对信息远程采集、对各种经济社会活动的远程监控，能够为重大国情国力普查、"三农"统计、投资统计等提供更科学高效的调查手段，能够使样本确定更为精准。物联网技术通过各种信息传感设备，采集现代经济活动声、光、热、电等信息，自动获取大量有关产业活动的物理信息，能够为工业统计、碳排放监测等提供更为真实可靠的数据来源。云计算技术通过网络把多个成本相对较低的计算实体整合成一个具有强大计算能力的底层架构，能够实现对统计计算资源的优化配置和充分利用。这些新技术在统计工作中有着极为广阔的应用前景，必将极大地改变统计工作的面貌。

(二)加快现代信息技术应用是统计适应现代信息社会的迫切要求。

现代信息技术迅猛发展，正以其覆盖面广、渗透力强、带动作用显著的优势，深刻改变着人们的生产生活方式。目前大量经济社会活动都已实现或即将实现信息化，有的是现代信息技术的直接产物，有的是广泛应用现代信息技术来管理活动、传输信息。

现在各种产品都基本附有电子化信息标签，可以通过电子化手段获取产品属性信息。越来越多的企业，其生产、经营、交易状况已基本实现电子化，其记录的表现形式都是电子化报表和数据。各种产业信息也都实现了数据库化和网络化管理。国民经济运行的相关信息，如金融、贸易、投资、海关等也都建立在现代信息技术基础上。电子政务的快速发展，使得政府的各项管理活动实现了电子化和网络化，各项行政记录呈现的也是电子化报表和数据。人们的日常生活也越来越离不开现代信息技术，网络购物、电子银行等新型电子商务活动随着现代信息技术的发展应运而生。可以说，信息化已成为现代社会的基本特征。

统计是通过收集海量经济社会活动信息，来揭示经济社会发展总量、结构与变化的。统计部门必须适应现代信息社会的发展，广泛采用现代信息技术，充分使用电子工具采集原始数据，充分利用国民经济各行各业和政务管理的电子化记录，实现原始数据报送、处理、存储、共享的网络化和数据库化，才能实现与现代信息社会的接轨，才能方便快捷地获取各类原始数据。

(三)积极应用现代信息技术是顺应世界统计发展潮流的必然趋势。

在现代科学技术发展和经济全球化的催生下，世界统计变革潮流已经越来越明显。一是在统计工作中广泛使用行政记录和企业已有的财务会计信息。随着我国经济社会的快速发展，社会管理和公共服务任务日益繁重，经济主体众多、活动频繁，行政记录和企业财务会计信息数量巨大。要高效使用这些信息，必须借助现代信息技术。二是由中央统计机构直接采集原始数据。在我国，统计所要反映的经济社会现象规模巨大、十分复杂，中央统计机构要直接采集原始数据,必须借助现代信息技术。三是政府统计机构独立开展调查。积极应用现代信息技术变革统计生产方式,实现联网直报,有利于保障统计机构独立调查、独立报告、独立监督。

现代信息技术日新月异,世界统计潮流浩浩汤汤。中国统计人生活在一个伟大而变革的时代,我们要以更加前瞻的眼光,更加宽广的胸怀,更加积极的态度,自觉拥抱现代信息技术的发展,主动投身世界统计潮流,抓住机遇、珍惜机遇、用好机遇,坚定不移地走出一条应用现代信息技术推进统计事业大发展、大繁荣的道路,满怀激情地迎接中国统计现代化的春天!

同志们!明年的统计工作艰巨而繁重,统计使命重大而光荣。让我们更加紧密地团结在以胡锦涛同志为总书记的党中央周围,高举中国特色社会主义伟大旗帜,以邓小平理论和“三个代表”重要思想为指导,深入贯彻落实科学发展观,凝心聚力,攻坚克难,开拓创新,奋力拼搏,以优异成绩迎接党的十八大的胜利召开!

附录

第一次全国经济普查主要数据公报

（第1号）

中华人民共和国国家统计局

国务院第一次全国经济普查领导小组办公室

（2005年12月6日）

为了全面掌握我国第二产业、第三产业[1]的发展规模、结构和效益等情况，建立健全基本单位名录库及其数据库系统，为研究制定国民经济和社会发展规划，提高决策和管理水平奠定基础，我国于2004年进行了第一次全国经济普查。这次普查的标准时点为2004年12月31日，时期资料为2004年度。普查对象是在我国境内从事第二产业、第三产业的全部法人单位、产业活动单位和个体经营户[2]。普查主要内容包括单位基本属性、就业人员、财务状况、生产经营情况、生产能力、原材料和能源消耗、科技活动情况等。

经过各地区和有关部门及全体普查人员一年多的共同努力，全国经济普查的登记填报及数据审核汇总工作基本完成。国务院第一次全国经济普查领导小组办公室和国家统计局将分三次向社会发布普查公报。现将第1号公报发布如下。

一、单位基本情况

2004年末，全国共有从事第二、三产业的法人单位516.9万个。其中,企业法人单位325.0万个,机关、事业法人单位90.0万个,社会团体法人单位10.5万个,其他法人单位91.4万个。产业活动单位682.4万个,其中,第二产业167.5万个,第三产业514.9万个。个体经营户3921.6万户,其中,第二产业588.7万户,第三产业3332.9万户(详见表1)。

表1 单位数与个体经营户数

	单位数(万个)	比重(%)
一、法人单位	516.9	100.0
企业法人	325.0	62.9
机关、事业法人	90.0	17.4
社会团体法人	10.5	2.0
其他法人	91.4	17.7
二、产业活动单位	682.4	100.0
第二产业	167.5	24.6
第三产业	514.9	75.4
三、个体经营户	3921.6	100.0
第二产业	588.7	15.0
第三产业	3332.9	85.0

与2001年第二次全国基本单位普查的同口径数据比较,企业法人单位数增加了22.3万个,增长了7.4%。其中,国有企业、国有联营企业、国有独资公司共19.2万个,减少17.7万个,下降48.2%;集体企业、集体联营企业、股份合作企业共45.6万个,减少40.2万个,下降46.9%;其他有限责任公司、股份有限公司共40.6万个,增加10.6万个,增长35.2%;私营企业198.2万个,增加65.8万个,增长49.7%;其他内资企业6.2万个,增加2.5万个,增长66.5%,港澳台商投资企业和外商投资企业15.2万个,增加1.3万个,增长9.6%(详见表2)。

表 2　按登记注册类型分组的企业法人单位

	单位数(万个)	比重(%)
合　　计	**325.0**	**100.0**
国有企业	17.9	5.5
集体企业	34.3	10.5
股份合作企业	10.7	3.3
国有联营企业	0.3	0.1
集体联营企业	0.6	0.2
国有与集体联营企业	0.3	0.1
其他联营企业	0.5	0.1
国有独资公司	1.0	0.3
其他有限责任公司	34.5	10.6
股份有限公司	6.1	1.9
私营企业	198.2	61.0
其他内资企业	5.4	1.7
港澳台商投资企业	7.4	2.3
外商投资企业	7.8	2.4

第二、三产业单位半数以上集中于东部地区[3],单位拥有量自东向西呈递减态势。东部地区拥有法人单位 291.0 万个,占 56.3%;中部地区 119.3 万个,占 23.1%;西部地区 106.6 万个,占 20.6%。东部地区拥有产业活动单位 358.3 万个,占 52.5%;中部地区 171.3 万个,占 25.1%;西部地区 152.8 万个,占 22.4%。

第二、三产业法人单位数名列前 10 位的地区依次是:广东、江苏、浙江、山东、上海、河南、四川、北京、辽宁和河北。

个体经营户较多的前 5 个地区是:山东、河南、浙江、广东和河北(以上详见表 3)。

表 3　单位与个体经营户的地区分布

	法人单位（万个）	产业活动单位（万个）	个体经营户（万户）		法人单位（万个）	产业活动单位（万个）	个体经营户（万户）
合　计	**516.9**	**682.4**	**3921.6**	河　南	26.8	36.8	279.0
北　京	22.1	25.4	47.7	湖　北	15.8	23.0	167.0
天　津	9.3	10.6	27.5	湖　南	18.0	25.9	188.7
河　北	21.0	26.2	261.8	广　东	43.5	55.2	269.8
山　西	13.2	21.5	81.3	广　西	12.1	18.4	146.6
内蒙古	7.1	10.2	83.4	海　南	2.3	3.3	27.4
辽　宁	21.2	26.9	155.1	重　庆	8.6	13.0	84.4
吉　林	8.0	11.1	76.0	四　川	25.7	32.5	246.4
黑龙江	10.2	14.9	109.0	贵　州	7.8	11.8	76.3
上　海	34.4	41.1	33.1	云　南	9.3	15.2	114.0
江　苏	43.1	49.8	251.6	西　藏	1.3	1.8	6.4
浙　江	40.4	47.7	276.3	陕　西	15.3	19.4	92.9
安　徽	15.9	21.5	157.2	甘　肃	8.5	12.9	59.0
福　建	16.6	21.8	133.6	青　海	2.1	3.1	14.7
江　西	11.5	16.7	87.9	宁　夏	2.4	3.4	21.1
山　东	37.1	50.3	290.9	新　疆	6.4	11.3	55.7

在产业活动单位中，从事制造业的单位 137.5 万个，占 20.1%；批发和零售业 120.2 万个，占 17.6%；教育 59.6 万个，占 8.7%；公共管理和社会组织 154.4 万个，占 22.6%。以上四个行业合计占 69%（详见表 4）。

表 4　产业活动单位的行业分布

	单位数(万个)	比重(%)
合　　计	**682.4**	**100.0**
一、农、林、牧、渔业*	1.9	0.3
二、采矿业	8.8	1.3
三、制造业	137.5	20.1
四、电力、燃气及水的生产和供应业	6.3	0.9
五、建筑业	14.9	2.2
六、交通运输、仓储和邮政业	14.6	2.1
七、信息传输、计算机服务和软件业	10.7	1.6
八、批发和零售业	120.2	17.6
九、住宿和餐饮业	12.5	1.8
十、金融业	17.7	2.6
十一、房地产业	15.3	2.2
十二、租赁和商务服务业	30.4	4.4
十三、科学研究、技术服务和地质勘查业	16.9	2.5
十四、水利、环境和公共设施管理业	6.1	0.9
十五、居民服务和其他服务业	10.4	1.5
十六、教育	59.6	8.7
十七、卫生、社会保障和社会福利业	35.6	5.2
十八、文化、体育和娱乐业	8.7	1.3
十九、公共管理和社会组织	154.4	22.6

* 此处的农、林、牧、渔业为第二、三产业法人兼营的第一产业活动单位。

个体经营户较为集中的五个行业是：工业 532.3 万户，占个体经营户总数的 13.6%；交通运输业 621.7 万户，占 15.9%；批发和零售业 1831.1 万户，占 46.7%；住宿和餐饮业 293.9 万户，占 7.5%；居民服务和其他服务业 413.8 万户，占 10.6%(详见表 5)。

表 5　个体经营户的行业分布

	户数(万户)	比重(%)
合　　计	**3921.6**	**100.0**
工业*	532.3	13.6
建筑业	56.5	1.4
交通运输业	621.7	15.9
批发和零售业	1831.1	46.7
住宿和餐饮业	293.9	7.5
房地产业	3.8	0.1
租赁和商务服务业	35.2	0.9
居民服务和其他服务业	413.8	10.6
教育	14.4	0.4
卫生和社会福利业	83.0	2.1
文化、体育和娱乐业	36.2	0.9

* 包括采矿业、制造业和电力、燃气及水的生产和供应业。

二、就业人员

2004 年末,全国第二、三产业的就业人员[4]数为 30882.8 万人。其中,第二产业的就业人员为 15463.8.万人,第三产业的就业人员为 15419.0 万人。在就业人员中,单位就业人员 21460.4 万人,占 69.5%;个体经营人员 9422.4 万人,占 30.5%。在单位就业人员中,女性 7882.2 万人,占 36.7%。

在单位就业人员中,制造业 8390.5 万人,占 39.1%;建筑业 2792.6 万人,占 13.0%;公共管理和社会组织 1925.2 万人,占 9%;教育 1521.8 万人,占 7.1%;批发和零售业 1382.5 万人,占 6.4%(详见表 6)。

表 6　单位就业人员行业分布

	就业人员(万人)	比重(%)
合　　计	**21460.4**	**100.0**
一、农、林、牧、渔业	161.7	0.8
二、采矿业	888.8	4.1
三、制造业	8390.5	39.1
四、电力、燃气及水的生产和供应业	364.5	1.7
五、建筑业	2792.6	13.0
六、交通运输、仓储和邮政业	801.5	3.7
七、信息传输、计算机服务和软件业	238.6	1.1
八、批发和零售业	1382.5	6.4
九、住宿和餐饮业	429.3	2.0
十、金融业	374.7	1.7
十一、房地产业	396.3	1.8
十二、租赁和商务服务业	448.3	2.1
十三、科学研究、技术服务和地质勘查业	326.4	1.5
十四、水利、环境和公共设施管理业	184.0	0.9
十五、居民服务和其他服务业	136.1	0.6
十六、教育	1521.8	7.1
十七、卫生、社会保障和社会福利业	550.1	2.6
十八、文化、体育和娱乐业	147.4	0.7
十九、公共管理和社会组织	1925.2	9.0

在单位就业人员中，具有研究生及以上、大学本科、专科、高中、初中及以下学历的人员分别占0.7%、8.0%、15.7%、33.6%和42.0%。在具有技术职称的人员中，具有高级、中级、初级技术职称的人员分别占9.5%、36.9%和53.6%。在具有技术等级资格证书的人员中，具有高级技师、技师、高级工、中级工资格证书的人员分别占2.6%、8.2%、32.8%和56.4%(详见表7)。

表 7　单位就业人员学历、职称、技术等级情况

	就业人员（万人）	女性	女性比重（%）
一、就业人员合计	21460.4	7882.2	36.7
具有研究生及以上学历者	152.1	44.3	29.1
具有大学本科学历者	1708.1	592.9	34.7
具有大专学历者	3360.9	1314.1	39.1
具有高中学历者	7206.6	2661.3	36.9
具有初中及以下学历者	9031.6	3269.6	36.2
二、具有技术职称的人员合计	4182.8	1497.3	35.8
具有高级技术职称者	399.7	103.4	25.9
具有中级技术职称者	1543.0	537.2	34.8
具有初级技术职称者	2240.1	856.7	38.3
三、具有技术等级证书人员合计	2009.1	433.5	21.6
高级技师	51.8	7.7	14.9
技师	164.2	23.4	14.3
高级工	659.8	137.2	20.8
中级工	1133.3	265.2	23.4

三、企业实收资本

2004 年末，全国第二、三产业 325.0 万个企业法人单位的实收资本[5]总额为 18.2 万亿元。在全部企业法人单位的实收资本总额中，由国家投入的资本 8.7 万亿元，占 48.1%；集体投入的资本 1.4 万亿元，占 7.9%；个人投入的资本 5.1 万亿元，占 28.0%；港澳台投入的资本 1.3 万亿元，占 7.3%；外商投入的资本 1.6 万亿元，占 8.7%。各类企业实收资本来源构成详见表 8。

表 8　企业实收资本来源构成(单位:%)

	实收资本	国家资本	集体资本	个人资本	港澳台资本	外商资本
合　　计	**100**	**48.1**	**7.9**	**28.0**	**7.3**	**8.7**
国有企业	100	98.9	0.7	0.3	0	0.1
集体企业	100	3.3	88.2	7.8	0.5	0.2
股份合作企业	100	12.1	24.9	62.1	0.6	0.3
国有联营企业	100	93.3	3.6	2.9	0.1	0.1
集体联营企业	100	5.5	74.2	19.8	0.3	0.2
国有与集体联营企业	100	45.6	50.2	4.2	0.0	0.0
其他联营企业	100	19.8	26.9	48.4	1.2	3.7
国有独资公司	100	98.5	0.7	0.3	0.3	0.2
其他有限责任公司	100	36.2	15.1	47.2	0.5	1.0
股份有限公司	100	52.0	8.4	32.5	2.6	4.5
其他内资企业	100	10.7	27.1	57.6	2.7	1.9
私营企业	100	0.4	1.8	97.3	0.3	0.2
港澳台商投资企业	100	10.3	3.8	3.7	73.9	8.3
外商投资企业	100	7.6	4.3	3.2	14.5	70.4

四、普查数据质量情况

国务院第一次全国经济普查领导小组办公室采取分层随机等距整群抽样方法,对 31 个地区的数据质量进行了抽查,共抽查 152 个普查小区的 21731 个法人单位和产业活动单位(抽查比例约为 3‰),个体经营户 45623 个(抽查比例约为 1.1‰)。抽查汇总结果,数据填报综合差错率为 4.9‰,数据质量达到预期目标。

注释：

［1］三次产业的划分：

第一产业是指农、林、牧、渔业。

第二产业是指采矿业，制造业，电力、燃气及水的生产和供应业，建筑业。

第三产业是指除第一、二产业以外的其他行业，具体包括：交通运输、仓储和邮政业，信息传输、计算机服务和软件业，批发和零售业，住宿和餐饮业，金融业，房地产业，租赁和商务服务业，科学研究、技术服务和地质勘查业，水利、环境和公共设施管理业，居民服务和其他服务业，教育，卫生、社会保障和社会福利业，文化、体育和娱乐业，公共管理和社会组织，国际组织。本次普查未包括国际组织。

［2］单位的划分：

法人单位是指具备以下条件的单位：(1)依法成立，有自己的名称、组织机构和场所，能够独立承担民事责任；(2)独立拥有和使用（或授权使用）资产，承担负债，有权与其他单位签订合同；(3)会计上独立核算，能够编制资产负债表。在有关部门登记为法人，但不符合上述条件的单位，根据实际情况或作为产业活动单位普查，或并入上一级法人。

产业活动单位是指法人单位的附属单位，且具备以下条件：(1)在一个场所从事一种或主要从事一种社会经济活动；(2)相对独立组织生产经营或业务活动；(3)能够掌握收入和支出等业务核算资料。

个体经营户是指除农户外，生产资料归劳动者个人所有，以个体劳动为基础，劳动成果归劳动者个人占有和支配的一种经营单位。包括：(1)经各级工商行政管理机关登记注册并领取《营业执照》的个体工商户。(2)经民政部门核准登记并领取证书的民办非企业单位。(3)没有领取执照或证书，或按照有关规定免于登记，但有相对固定场所、年内实际从事个体经营活动三个月以上的城镇、农村个体户。但不包括农民家庭以辅助劳力或利用农闲时间进行的一些兼营性活动。

[3]东、中、西部的划分：

东部地区包括北京、天津、河北、辽宁、上海、江苏、浙江、福建、山东、广东、海南；中部地区包括山西、吉林、黑龙江、安徽、江西、河南、湖北、湖南；西部地区包括内蒙古、广西、重庆、四川、贵州、云南、西藏、陕西、甘肃、青海、宁夏、新疆。

[4]就业人员：是指 2004 年 12 月 31 日在第二、三产业单位和个体经营户在岗的就业人员。未包括上述范围之外的就业人员。

[5]实收资本：是指企业投资者实际投入的资本（或股本），包括货币、实物、无形资产等各种形式的投入。实收资本按投资主体可分为国家资本、集体资本、个人资本、港澳台资本和外商资本等。

第一次全国经济普查主要数据公报

（第 2 号）

中华人民共和国国家统计局
国务院第一次全国经济普查领导小组办公室

（2005 年 12 月 14 日）

根据第一次全国经济普查结果，现将我国第二产业的主要数据公布如下。

一、工　业

（一）企业单位数和就业人员

2004 年末，全国共有工业企业法人单位 145.1 万个，就业人员[注 1]9643.8 万人；工业个体经营户 532.3 万户，就业人员 2565.8 万人。

在工业企业法人单位中，国有企业及国有独资公司 3.0 万个，占 2.1%；集体企业 15.2 万个，占 10.5%；私营企业 94.7 万个，占 65.2%；港澳台商投资企业 5.9 万个，占 4.1%；外商投资企业 5.5 万个，占 3.8%；其余类型企业 20.8 万个，占 14.3%。

在工业企业法人单位就业人员中，国有企业及国有独资公司占 13.3%，集体企业占 7.6%，港澳台商投资企业、外商投资企业占 21.3%，私营企业占 35.0%，其余类型企业占 22.8%。（详见表 1）。

表 1　按登记注册类型分组的工业企业法人单位和就业人员

	企业法人(万个)	就业人员(万人)
合　　计	**145.1**	**9643.8**
国有企业	2.8	921.0
集体企业	15.2	729.8
股份合作企业	5.2	212.4
国有联营企业	0.1	10.3
集体联营企业	0.3	15.1
国有与集体联营企业	0.1	10.1
其他联营企业	0.2	10.9
国有独资公司	0.2	370.7
其他有限责任公司	10.5	1356.5
股份有限公司	1.8	516.9
私营企业	94.7	3370.9
其他内资企业	2.5	61.3
港澳台商投资企业	5.9	1070.3
外商投资企业	5.5	987.6

在工业企业法人单位中,采矿业 8.2 万个,制造业 132.9 万个,电力、燃气及水的生产和供应业 4.0 万个,分别占 5.7%、91.6%和 2.7%。

在工业企业法人单位的就业人员中,采矿业占 9.2%,制造业占 87.0%,电力、燃气及水的生产和供应业占 3.8%。在工业行业大类中,非金属矿物制品业、纺织业、煤炭开采和洗选业就业人员数位居前三位,分别占 9.0%、8.2%和 5.7%(详见表 2)。

表 2　工业企业法人单位和就业人员的行业分布

	企业法人（万个）	就业人员（万人）
合　　计	**145.1**	**9643.8**
采矿业	**8.2**	**888.8**
煤炭开采和洗选业	2.8	552.4
石油和天然气开采业	0.1	99.4
黑色金属矿采选业	1.1	62.3
有色金属矿采选业	0.7	57.3
非金属矿采选业	3.7	116.6
其他采矿业	0.0	0.8
制造业	**132.9**	**8390.5**
农副食品加工业	7.4	313.0
食品制造业	3.2	170.0
饮料制造业	2.7	127.6
烟草制品业	0.0	20.0
纺织业	8.7	790.7
纺织服装、鞋、帽制造业	5.2	504.0
皮革、毛皮、羽毛(绒)及其制品业	2.4	288.1
木材加工及木、竹、藤、棕、草制品业	4.2	168.5
家具制造业	2.5	115.2
造纸及纸制品业	4.2	210.1
印刷业和记录媒介的复制	4.3	131.8
文教体育用品制造业	1.5	153.9
石油加工、炼焦及核燃料加工业	0.8	80.8
化学原料及化学制品制造业	8.0	458.1
医药制造业	1.2	136.9
化学纤维制造业	0.4	44.1
橡胶制品业	1.6	113.9
塑料制品业	7.3	302.2
非金属矿物制品业	16.6	872.5
黑色金属冶炼及压延加工业	2.2	312.6
有色金属冶炼及压延加工业	1.6	151.7

续表

	企业法人（万个）	就业人员（万人）
金属制品业	8.6	363.5
通用设备制造业	11.9	543.9
专用设备制造业	5.8	320.9
交通运输设备制造业	5.7	443.6
电气机械及器材制造业	6.3	459.5
通信设备、计算机及其他电子设备制造业	2.9	457.9
仪器仪表及文化、办公用机械制造业	1.8	119.0
工艺品及其他制造业	3.4	207.5
废弃资源和废旧材料回收加工业	0.4	8.8
电力、燃气及水的生产和供应业	**4.0**	**364.5**
电力、热力的生产和供应业	2.6	287.1
燃气生产和供应业	0.2	17.9
水的生产和供应业	1.2	59.5

(二)主要工业产品产量

2004年主要工业产品产量见表3。

表3　主要工业产品产量

	计量单位	产量		计量单位	产量
原煤	万吨	199232.4	钢材	万吨	31975.7
天然原油	万吨	17587.3	氧化铝	万吨	697.9
卷烟	亿支	18736.3	金属切削机床	万台	48.7
纱	万吨	1291.3	汽车	万辆	509.1
硫酸(折100%)	万吨	3928.9	家用电冰箱	万台	3007.6
烧碱(折100%)	万吨	1041.1	房间空气调节器	万台	6390.3
纯碱(碳酸钠)	万吨	1334.7	程控交换机	万线	7625.2
乙烯	万吨	629.9	电子计算机	万台	9.7
化肥(折纯量)	万吨	4804.8	微型电子计算机	万台	5974.9
水泥	万吨	96682.0	集成电路	亿块	235.5
平板玻璃	万重量箱	37026.2	彩色电视机	万台	7431.8
粗钢	万吨	28291.1	发电量	亿千瓦时	22033.1

(三)能源消费

2004 年工业企业分品种能源消费总量见表 4。

表 4　工业企业分品种能源消费总量

	计量单位	消费总量		计量单位	消费总量
煤炭	万吨	180845.3	煤油	万吨	61.8
焦炭	万吨	16700.0	柴油	万吨	1722.3
焦炉煤气	亿立方米	291.6	燃料油	万吨	3197.5
高炉煤气	亿立方米	1845.7	液化石油气	万吨	491.6
其他煤气	亿立方米	123.7	炼厂干气	万吨	826.4
天然气	亿立方米	299.5	热力	万吉焦	151543.7
原油	万吨	28600.5	电力	亿千瓦时	16196.8
汽油	万吨	508.2			

(四)资产负债和所有者权益

2004 年末,工业企业法人单位资产合计 240706.8 亿元,负债合计 136785.0 亿元,所有者权益合计[注 2]103921.7 亿元(详见表 5)。

工业企业法人单位资产负债率,采矿业为 48.8%,其中石油和天然气开采业为 37.0%;制造业为 58.3%,其中烟草制品业为 37.2%;电力、燃气及水的生产和供应业为 53.7%。

表 5　工业企业法人单位资产负债和所有者权益的行业分布

单位:亿元

	资产合计	负债合计	所有者权益合计
合　　计	**240706.8**	**136785.0**	**103921.7**
采矿业	**16975.8**	**8276.0**	**8699.8**
煤炭开采和洗选业	7801.7	4535.7	3266.0
石油和天然气开采业	6110.4	2260.0	3850.4
黑色金属矿采选业	1052.2	479.3	572.9
有色金属矿采选业	891.3	470.0	421.4
非金属矿采选业	1109.3	524.8	584.6
其他采矿业	10.9	6.4	4.5

续表

	资产合计	负债合计	所有者权益合计
制造业	**181497.7**	**105822.6**	**75675.1**
农副食品加工业	6200.8	3673.3	2527.5
食品制造业	3400.7	1886.7	1514.0
饮料制造业	3765.2	2088.5	1676.7
烟草制品业	3020.8	1122.5	1898.3
纺织业	10777.7	6714.2	4063.6
纺织服装、鞋、帽制造业	3556.8	1972.9	1583.9
皮革、毛皮、羽毛(绒)及其制品业	2014.9	1146.4	868.6
木材加工及木、竹、藤、棕、草制品业	1711.4	911.8	799.6
家具制造业	1253.3	690.5	562.8
造纸及纸制品业	4904.1	2998.4	1905.7
印刷业和记录媒介的复制	2205.9	1108.7	1097.2
文教体育用品制造业	1139.7	598.9	540.8
石油加工、炼焦及核燃料加工业	5326.7	2846.9	2479.8
化学原料及化学制品制造业	14126.7	7893.6	6233.1
医药制造业	5282.5	2731.0	2551.5
化学纤维制造业	2254.3	1339.4	914.9
橡胶制品业	2088.0	1272.7	815.3
塑料制品业	5083.0	2825.5	2257.5
非金属矿物制品业	11627.9	6618.3	5009.6
黑色金属冶炼及压延加工业	16130.6	9676.4	6454.1
有色金属冶炼及压延加工业	5700.7	3652.4	2048.3
金属制品业	5535.4	3235.2	2300.2
通用设备制造业	10672.9	6602.3	4070.6
专用设备制造业	6844.5	4222.6	2621.9
交通运输设备制造业	15455.0	9095.5	6359.5
电气机械及器材制造业	10628.8	6415.7	4213.1
通信设备、计算机及其他电子设备制造业	16655.3	10174.2	6481.1
仪器仪表及文化、办公用机械制造业	2243.7	1280.9	962.8
工艺品及其他制造业	1729.2	931.8	797.5
废弃资源和废旧材料回收加工业	161.1	95.3	65.7
电力、燃气及水的生产和供应业	**42233.3**	**22686.4**	**19546.9**
电力、热力的生产和供应业	37983.2	20754.2	17229.0
燃气生产和供应业	1179.9	554.4	625.5
水的生产和供应业	3070.2	1377.9	1692.3

(五)主营业务收入和利润总额

2004年,工业企业法人单位主营业务收入218442.8亿元,其中,采矿业占5.6%,制造业占86.8%,电力、燃气及水的生产和供应业占7.6%。主营业务收入超过万亿元的行业有7个:通信设备、计算机及其他电子设备制造业,黑色金属冶炼及压延加工业,电力、热力的生产和供应业,交通运输设备制造业,化学原料及化学制品制造业,电器机械及器材制造业,纺织业。

工业个体经营户营业收入25316.0亿元。

工业企业法人单位利润总额13065.4亿元,其中,采矿业占19.6%,制造业占73.1%,电力、燃气及水的生产和供应业占7.3%。利润总额超过500亿元的行业有9个:石油和天然气开采业,黑色金属冶炼及压延加工业,电力、热力的生产和供应业,化学原料及化学制品制造业,通信设备、计算机及其他电子设备制造业,交通运输设备制造业,非金属矿物制品业,通用设备制造业,电气机械及器材制造业(详见表6)。

表6 工业企业法人单位主营业务收入和利润总额的行业分布

单位:亿元

	主营业务收入	利润总额
合　　计	**218442.8**	**13065.4**
采矿业	**12334.2**	**2557.5**
煤炭开采和洗选业	4802.3	447.6
石油和天然气开采业	4541.4	1744.7
黑色金属矿采选业	971.2	146.4
有色金属矿采选业	902.3	128.3
非金属矿采选业	1106.7	90.0
其他采矿业	10.3	0.5
制造业	**189519.7**	**9547.6**
农副食品加工业	9282.8	333.7
食品制造业	3154.5	154.2
饮料制造业	2673.2	171.6

续表

	主营业务收入	利润总额
烟草制品业	2574.5	366.2
纺织业	11237.1	317.8
纺织服装、鞋、帽制造业	4445.4	173.1
皮革毛皮羽毛(绒)及制品业	3003.1	118.3
木材加工及木竹藤棕草制品业	1922.1	95.4
家具制造业	1446.6	69.0
造纸及纸制品业	3806.4	182.9
印刷业和记录媒介的复制	1681.3	111.9
文教体育用品制造业	1379.3	47.5
石油加工、炼焦及核燃料加工业	9123.9	293.3
化学原料及化学制品制造业	13702.9	932.3
医药制造业	3139.2	264.3
化学纤维制造业	1932.7	47.0
橡胶制品业	1951.3	84.4
塑料制品业	5118.4	219.0
非金属矿物制品业	9496.0	622.6
黑色金属冶炼及压延加工业	17434.6	1124.7
有色金属冶炼及压延加工业	6179.9	313.0
金属制品业	6108.9	284.2
通用设备制造业	9750.1	552.7
专用设备制造业	5616.2	287.4
交通运输设备制造业	14167.0	813.2
电气机械及器材制造业	11633.2	526.5
通信设备、计算机及其他电子设备制造业	22879.2	823.9
仪器仪表及文化、办公用机械制造业	2391.2	110.1
工艺品及其他制造业	2034.7	98.4
废弃资源和废旧材料回收加工业	254.0	9.1
电力、燃气及水的生产和供应业	**16588.6**	**960.3**
电力、热力的生产和供应业	15461.9	937.4
燃气生产和供应业	565.0	14.3
水的生产和供应业	561.7	8.6

2004年，工业企业法人单位主营业务收入中，东、中、西部地区分别占72.5%、16.8%和10.7%。主营业务收入占全国比重前五位的省份是：广东14.1%、江苏13.1%、山东10.9%、浙江9.5%和上海7.0%。工业企业利润总额中，超过千亿元的省份是：山东、广东、江苏、浙江和上海。

(六)企业科技活动

2004年末，在规模以上工业企业[注3]中开展科技活动[注4]的有32924个，占11.9%。在大中型企业中，开展科技活动的企业所占比重为38.4%，小型企业中开展科技活动的占9.0%。在开展科技活动的企业中，东、中、西部地区分别占71.6%、17.2%和11.2%，企业的科技活动主要集中于东部地区。

2004年，规模以上工业企业投入科技活动经费2402.1亿元，其中，用于新产品开发的经费965.7亿元，占40.2%。科技活动人员183.8万人，其中，科学家和工程师106.4万人，占57.9%。

在科技活动经费投入中，代表企业自主创新能力的研究与试验发展(R&D)经费为1104.5亿元，投入强度[注5]为0.56%。其中，大中型企业投入研究与试验发展经费954.4亿元，投入强度为0.71%。

分行业看，研究与试验发展经费投入超过百亿元的行业有3个：通讯设备、计算机及其他电子设备制造业，交通运输设备制造业，电气机械及器材制造业。投入强度在1%以上的行业有4个：医药制造业，通信设备、计算机及其他电子设备制造业，交通运输设备制造业，电气机械及器材制造业(详见表7)。

分地区看，东、中、西部地区研究与试验发展经费投入分别占全国的76.4%、14.2%和9.4%。研究与试验发展经费投入超过百亿元的省份是：广东、江苏和山东。

2004年，规模以上工业企业实现新产品[注6]产值23042亿元，占同口径工业总产值的11.4%。全年专利申请量为64569件，其中发明专利申请20456件，占31.7%。企业技术改造经费支出

2953亿元，技术引进经费支出397亿元，消化吸收经费支出61亿元。

表7　规模以上工业企业研究与试验发展经费投入的行业分布

	经费投入（亿元）	投入强度（%）
合　　计	**1104.5**	**0.56**
采矿业	**50.2**	**0.47**
煤炭开采和洗选业	25.9	0.62
石油和天然气开采业	21.9	0.49
黑色金属矿采选业	0.3	0.05
有色金属矿采选业	1.3	0.17
非金属矿采选业	0.7	0.13
制造业	**1041.3**	**0.61**
农副食品加工业	9.6	0.12
食品制造业	7.9	0.28
饮料制造业	12.7	0.53
烟草制造业	5.3	0.20
纺织业	29.6	0.30
纺织服装、鞋、帽制造业	6.0	0.16
皮革、毛皮、羽毛(绒)及其制品业	2.7	0.10
木材加工及木、竹、藤、棕、草制品业	2.8	0.21
家具制造业	2.0	0.18
造纸及纸制品业	9.6	0.30
印刷业和记录媒介的复制	2.7	0.23
文教体育用品制造业	3.4	0.28
石油加工、炼焦及核燃料加工业	11.0	0.12
化学原料及化学制品制造业	83.3	0.66
医药制造业	38.8	1.28
化学纤维制造业	8.8	0.47
橡胶制品业	11.0	0.63
塑料制品业	12.4	0.30
非金属矿物制品业	20.6	0.29
黑色金属冶炼及压延加工业	90.7	0.53

续表

	经费投入（亿元）	投入强度（%）
有色金属冶炼及压延加工业	24.1	0.41
金属制品业	11.6	0.23
通用设备制造业	64.6	0.80
专用设备制造业	48.5	0.99
交通运输设备制造业	136.7	1.02
电气机械及器材制造业	108.5	1.00
通信设备、计算机及其他电子设备制造业	249.7	1.11
仪器仪表及文化、办公用机械制造业	21.5	0.98
工艺品及其他制造业	5.0	0.32
废弃资源和废旧材料回收加工业	0.1	0.04
电力、燃气及水的生产和供应	**13.0**	**0.08**
电力、热力的生产和供应业	11.8	0.08
燃气生产和供应业	0.2	0.04
水的生产和供应业	1.0	0.20

二、建筑业

(一)企业单位数和就业人员

2004年末，全国共有建筑业法人企业单位12.8万个，就业人员2791.4万人；建筑业个体经营户56.5万户，就业人员461.6万人。

建筑业企业法人单位中，国有企业及国有独资公司0.95万个，占7.4%；集体企业1.49万个，占11.6%；私营企业6.69万个，占52.2%；港澳台商投资企业0.08万个，外商投资企业0.08万个，均占0.6%；其余类型企业3.51万个，占27.6%。

建筑业企业法人单位就业人员中，国有企业及国有独资公司占17.4%，集体企业占12.9%，私营企业占26.0%，其他有限责任公司占33.0%，其余类型企业占10.7%(详见表8)。

表 8　按登记注册类型分组的建筑业企业法人单位和就业人员

	企业法人(万个)	就业人员(万人)
合　　计	**12.82**	**2791.43**
国有企业	0.90	448.76
集体企业	1.49	360.68
股份合作企业	0.27	70.63
国有联营企业	0.01	2.12
集体联营企业	0.02	2.92
国有与集体联营企业	0.01	4.85
其他联营企业	0.02	5.13
国有独资公司	0.05	37.08
其他有限责任公司	2.62	920.25
股份有限公司	0.39	186.39
私营企业	6.69	726.83
其他内资企业	0.20	8.66
港澳台商投资企业	0.08	7.71
外商投资企业	0.08	9.43

建筑业企业法人单位中，房屋和土木工程建筑业占 44.3%；建筑安装业占 18.3%；建筑装饰业占 29.3%；其他建筑业占 8.1%。

建筑业企业法人单位就业人员中，房屋和土木工程建筑业占 84.0%；建筑安装业占 8.8%；建筑装饰业占 4.4%；其他建筑业占 2.8%（详见表 9）。

表 9　建筑业企业法人单位和就业人员的行业分布

	合计		资质内企业		资质外企业	
	企业法人(万个)	就业人员(万人)	企业法人(万个)	就业人员(万人)	企业法人(万个)	就业人员(万人)
合　　计	**12.82**	**2791.43**	**6.48**	**2590.11**	**6.34**	**201.32**
房屋和土木工程建筑业	5.68	2344.00	3.77	2235.50	1.91	108.50
建筑安装业	2.35	246.84	1.05	207.83	1.29	39.01
建筑装饰业	3.75	122.18	1.29	87.43	2.46	34.75
其他建筑业	1.04	78.42	0.37	59.36	0.67	19.06

(二)建筑业总产值

2004 年,建筑业企业法人单位的建筑业总产值 30998.34 亿元。其中,资质内企业[注 7]29225.78 亿元,资质外企业完成 1772.56 亿元。非建筑业企业法人附营的建筑业产业活动单位经营收入 215.1 亿元。建筑业个体经营户经营收入 2164.6 亿元。

在建筑业企业法人单位的建筑业总产值中,东部地区 19736.0 亿元,占 63.7%;中部地区 6281.7 亿元,占 20.3%;西部地区 4980.7 亿元,占 16.1%。

在建筑业企业法人单位的建筑业总产值中,房屋和土木工程建筑业占 83.8%;建筑安装业占 9.8%;建筑装饰业占 4.2%;其他建筑业占 2.2%(详见表 10)。

表 10　建筑业企业法人单位建筑业总产值的行业分布

单位:亿元

	合　计	资质内企业	资质外企业
合　　计	**30998.34**	**29225.78**	**1772.56**
房屋和土木工程建筑业	25972.23	25040.22	932.01
建筑安装业	3035.16	2625.65	409.51
建筑装饰业	1310.96	1055.87	255.09
其他建筑业	679.99	504.04	175.95

(三)房屋建筑面积及竣工价值

2004 年,总承包和专业承包建筑业企业[注 8]房屋建筑施工面积 310985.7 万平方米,房屋建筑竣工面积 147364.0 万平方米,竣工价值 11430.7 亿元。按用途分的房屋建筑完成情况详见表 11。

表 11　总承包和专业承包建筑业企业房屋建筑完成情况

	房屋建筑竣工面积（万平方米）	房屋建筑竣工价值（亿元）
合　计	**147364.04**	**11430.72**
厂房、仓库	26176.30	1934.29
住宅	81859.37	6010.85
办公用房	12933.26	1179.59
批发和零售用房	3802.82	300.52
住宿和餐饮用房	2345.61	199.48
居民服务业用房	2340.31	194.19
教育用房	8675.94	724.21
文化、体育用房	1693.78	176.98
卫生医疗用房	1437.23	136.13
科研用房	482.35	55.77
其他用房	5617.06	518.73

(四)资产负债和所有者权益

2004 年末，建筑业企业的资产合计为 31628.7 亿元，负债合计为 19786.9 亿元，企业所有者权益合计为 11841.8 亿元。资产负债率为 62.6%(详见表 12)。

表 12　建筑业企业法人单位资产负债和所有者权益行业分布

单位:亿元

	资产合计	负债合计	所有者权益合计
合　计	**31628.7**	**19786.9**	**11841.8**
房屋和土木工程建筑业	25325.0	16140.3	9184.8
建筑安装业	3813.8	2393.3	1420.6
建筑装饰业	1529.5	742.0	787.6
其他建筑业	960.3	511.4	448.9

(五)工程结算收入和利润总额

2004 年,我国建筑业企业法人单位工程结算收入 29380.9 亿元,其中,房屋和土木工程建筑业占 83.1%,建筑安装业占 10.4%,建筑装饰业占 4.2%,其他建筑业占 2.2%;利润总额 826.7 亿元,其中,房屋和土木工程建筑业占 76.6%,建筑安装业占 14.4%,建筑装饰业占 5.2%,其他建筑业占 3.7%(详见表 13)。

表 13 建筑业企业法人单位工程结算收入和利润总额

单位:亿元

	工程结算收入	利润总额
合 计	**29380.9**	**826.7**
房屋和土木工程建筑业	24417.4	633.4
建筑安装业	3064.5	119.3
建筑装饰业	1248.4	43.3
其他建筑业	650.6	30.7

注释:

[注 1]就业人员:是指 2004 年 12 月 31 日在单位和个体经营户在岗的就业人员。未包括上述范围之外的就业人员。

[注 2]所有者权益:是指企业投资者对企业净资产的所有权,即全部资产减去全部负债后的余额。所有者权益包括投资者最初投入实际到位资产以及资本公积金、盈余公积金和未分配利润。

[注 3]规模以上工业企业法人:是指全部国有工业企业法人和年主营业务收入 500 万元及以上的非国有工业企业法人。

[注 4]开展科技活动的企业:是指有组织地开展科研和技术开发活动,并有相应经费支出的企业。

[注 5]研究与试验发展经费投入强度:是指研究与试验发展经费支出与销售收入之比。

[注 6]新产品:是指采用新技术原理、新设计构思研制生产的全新产品,或在结构、材质、工艺等某一方面比原有产品有明显改

进,从而显著提高了产品性能或扩大了使用功能的产品。包括经政府有关部门认定并在有效期内的新产品,也包括企业自行开发研制,但尚未经政府有关部门认定、投产一年之内的新产品。

[注 7]资质内建筑业企业:是指依据建设部《建筑业企业资质管理规定》(中华人民共和国建设部令 2001 年第 87 号)及《建筑业企业资质等级标准》(建〔2001〕82 号),已经领取《建筑业企业资质证书》的企业。资质外建筑业企业指虽然没有领取《建筑业企业资质证书》,但实际从事建筑生产经营活动建筑业企业。

[注 8]总承包和专业承包企业:总承包企业是指具有施工总承包资质,可以对工程实行施工总承包或者对主体工程实行施工承包的建筑业企业。专业承包企业是指具有专业承包资质,可以承接总承包企业分包的专业工程或者建设单位按照规定发包的专业工程的建筑业企业。不包括资质以外的建筑业企业和个体经营户。

第一次全国经济普查主要数据公报

（第3号）

中华人民共和国国家统计局
国务院第一次全国经济普查领导小组办公室

（2005年12月16日）

根据第一次全国经济普查结果，现将我国第三产业的主要数据公布如下：

一、交通运输、仓储和邮政业

（一）单位数和就业人员

2004年末，全国共有交通运输、仓储和邮政业企业法人单位7.3万个，就业人员[注1]760.7万人；个体交通运输经营户621.7万户，就业人员933.4万人；交通运输、仓储和邮政业的行政事业法人单位0.8万个，就业人员40.8万人。

在交通运输、仓储和邮政业企业法人单位中，交通运输业[注2]占83.5%，仓储业占14.0%，邮政业占2.5%；在法人单位就业人员中，交通运输业占85.9%，仓储业占5.2%，邮政业占8.9%（详见表1）。

表 1　交通运输、仓储和邮政业企业法人单位和就业人员

	法人单位(个)	就业人员(万人)
合　　计	**72753**	**760.7**
铁路运输业	182	172.5
道路运输业	30356	203.1
城市公共交通业	5759	123.5
水上运输业	4700	69.0
航空运输业	459	20.6
管道运输业	39	1.6
装卸搬运和其他运输服务业	19247	63.0
仓储业	10177	39.9
邮政业	1834	67.5

(二)资产负债和所有者权益

2004 年末,交通运输、仓储和邮政业企业法人单位资产合计 35763.2 亿元,其中,交通运输业占 89.2%,仓储业占 7.2%,邮政业占 3.6%;负债合计 17050.2 亿元,其中,交通运输业占 87.7%,仓储业占 10.5%,邮政业占 1.8%;所有者权益合计 18713.0 亿元,其中,交通运输业占 90.7%,仓储业占 4.2%,邮政业占 5.1%。(详见表 2)。

交通运输、仓储和邮政业企业法人单位资产负债率为 47.7%。分行业看,交通运输业为 46.8%,仓储业为 69.5%,邮政业为 24.6%。

交通运输、仓储和邮政业行政事业法人单位资产合计为 747.5 亿元。

(三)主营业务收入和利润总额

2004 年,交通运输、仓储和邮政业企业法人单位主营业务收入 11661.1 亿元。其中,交通运输业占 87.5%,仓储业占 7.7%,邮政业占 4.8%。交通运输、仓储和邮政业行政事业法人单位业务收入 288.2 亿元。交通运输个体户营业收入 7701.7 亿元。

表 2　交通运输、仓储和邮政业企业法人单位资产负债和所有者权益

单位:亿元

	资产合计	负债合计	所有者权益合计
合　　计	**35763.2**	**17050.2**	**18713.0**
铁路运输业	9972.5	2656.7	7315.8
道路运输业	9181.3	5190.4	3990.9
城市公共交通业	1864.1	1006.0	858.1
水上运输业	4736.4	2451.6	2284.8
航空运输业	3771.4	2369.8	1401.6
管道运输业	662.1	341.3	320.8
装卸搬运和其他运输服务业	1729.0	931.2	797.8
仓储业	2578.0	1791.4	786.6
邮政业	1268.4	311.6	956.8

交通运输、仓储和邮政业企业法人单位利润总额1022.4亿元。其中,交通运输业占98.8%,仓储业占2.3%(详见表3)。

表 3　交通运输、仓储和邮政业企业法人单位主营业务收入和利润总额

单位:亿元

	主营业务收入	利润总额
合　　计	**11661.1**	**1022.4**
铁路运输业	2126.1	77.4
道路运输业	2481.0	309.3
城市公共交通业	647.3	25.8
水上运输业	2048.8	372.2
航空运输业	1406.3	98.4
管道运输业	101.2	15.8
装卸搬运和其他运输服务业	1389.5	110.9
仓储业	897.0	23.6
邮政业	563.8	−11.0

二、房地产业

(一)单位数和就业人员

2004年末,全国共有房地产业企业法人单位12.9万个,年末就业人员396.3万人(详见表4);房地产业个体经营户3.8万户,就业人员9.1万人。

表4　房地产业企业法人单位和就业人员

	法人单位(万个)	比重(%)	就业人员(万人)	比重(%)
合　　计	**12.9**	**100.0**	**396.3**	**100.0**
房地产开发经营	5.9	45.7	158.5	40.0
物业管理	3.2	24.8	143.4	36.2
房地产中介服务	2.0	15.5	23.5	5.9
其他房地产活动	1.8	14.0	70.9	17.9

(二)资产负债和所有者权益

2004年末,房地产业企业法人单位资产合计为69774.7亿元,负债合计为50653.0亿元,所有者权益合计为19121.7亿元。房地产业企业法人单位的资产负债率为72.6%,分行业看,房地产开发经营业为74.1%,物业管理业为62.5%,中介服务业为54.9%,其他房地产业为61.0%(详见表5)。

表5　房地产业企业法人单位资产负债和所有者权益

单位:亿元

	资产合计	负债合计	所有者权益合计
合　　计	**69774.7**	**50653.0**	**19121.7**
房地产开发经营	61790.0	45784.1	16005.9
物业管理	2779.6	1736.1	1043.5
房地产中介服务	718.3	394.1	324.2
其他房地产活动	4486.8	2738.7	1748.1

(三)主营业务收入和利润总额

2004 年,房地产业企业法人单位主营业务收入为 14740.6 亿元,利润总额 1225.5 亿元(详见表 6)。房地产业个体经营户营业收入为 51.9 亿元。

表 6　房地产业企业法人单位主营业务收入和利润总额

单位:亿元

	主营业务收入	利润总额
合　　计	**14740.6**	**1225.5**
房地产开发经营	13315.0	1035.2
物业管理	682.1	41.2
房地产中介服务	211.1	46.6
其他房地产活动	532.4	102.5

(四)房地产业生产经营情况

2004 年,商品房建设施工面积 147683 万平方米;竣工房屋面积 52638 万平方米;商品房销售面积 45362 万平方米。其中,住宅销售面积 39723 万平方米;商品房销售额 12601.3 亿元。住宅销售额为 10359.6 亿元。

物业管理企业在管房屋建筑面积 288252 万平方米;中介服务业房屋代理销售成交合同面积 8662 万平方米,房屋代理销售成交合同 5052.3 亿元。

三、批发和零售业

(一)单位数、就业人员和商品销售额

2004 年末,全国共有批发和零售业企业法人单位 88.4 万个,就业人员 1382.5 万人。批发和零售业全年商品销售额[注 3]合计 123152.4 亿元,其中批发业销售额 102042.4 亿元,零售业销售额 21110.0 亿元(详见表 7)。

批发业个体经营户 214.8 万户，就业人员 503.0 万人，零售业个体经营户 1616.2 万户，就业人员 2792.3 万人。

表 7　批发和零售业企业法人单位和就业人员及销售额

	法人单位（万个）	就业人员（万人）	销售额（亿元）	其中：零售额（亿元）
合　　计	**88.4**	**1382.5**	**123152.4**	**22295.5**
批发业	**53.1**	**772.8**	**102042.4**	**4319.4**
农畜产品批发	2.9	83.0	3092.3	95.3
食品、饮料及烟草制品批发	4.4	116.7	10805.7	388.8
纺织、服装及日用品批发	5.4	68.2	7797.2	123.7
文化、体育用品及器材批发	2.0	22.4	1772.9	84.4
医药及医疗器材批发	1.6	43.7	3649.7	523.4
矿产品、建材及化工产品批发	17.5	224.9	51031.6	2062.9
机械设备、五金交电及电子产品批发	15.0	167.2	19381.0	949.3
贸易经纪与代理	0.8	8.0	839.0	10.7
其他批发	3.5	38.7	3673.1	81.0
零售业	**35.3**	**609.7**	**21110.0**	**17976.1**
综合零售	4.6	229.6	6437.0	5773.1
食品、饮料及烟草制品专门零售	3.3	48.7	735.5	573.1
纺织、服装及日用品专门零售	3.7	51.0	809.9	700.6
文化、体育用品及器材专门零售	2.7	34.1	798.5	698.7
医药及医疗器材专门零售	2.4	43.0	1004.4	772.8
汽车、摩托车、燃料及零配件专门零售	4.8	67.4	7024.9	5832.9
家用电器及电子产品专门零售	5.6	63.6	2629.2	2242.1
五金、家具及室内装修材料专门零售	4.9	40.8	920.4	770.2
无店铺及其他零售	3.3	31.5	750.1	612.6

在批发和零售贸易业企业法人单位中，国有、国有联营和国有独资公司共占 8.3%，集体、集体联营和股份合作企业共占 12.8%，私营企业占 63.0%，港澳台商投资企业占 0.3%，外商投资企业占 0.8%，其余类型企业共占 14.8%。

在批发和零售贸易业法人企业就业人员中，国有、国有联营和国有独资公司共占 20.0%，集体、集体联营和股份合作企业共占 12.7%，私营企业占 39.2%，港澳台商投资企业占 0.9%，外商投资企业占 2.0%，其余类型企业共占 25.2%(详见表 8)。

表 8 按登记注册类型分组的批发和零售业企业法人单位及就业人员

	法人单位 (万个)	就业人员 (万人)
合　　计	**88.4**	**1382.5**
国有企业	7.0	260.5
集体企业	8.6	143.5
股份合作企业	2.6	30.4
国有联营企业	0.1	2.7
集体联营企业	0.1	1.7
国有与集体联营企业	0.1	1.5
其他联营企业	0.1	1.9
国有独资公司	0.2	13.0
其他有限责任公司	10.2	247.3
股份有限公司	1.6	89.5
私营企业	55.7	542.1
其他内资企业	1.1	9.5
港澳台商投资企业	0.3	11.9
外商投资企业	0.7	27.0

(二)资产负债和所有者权益

2004 年末，批发和零售业企业法人单位资产合计 61795.8 亿元，负债合计 43163.8 亿元，所有者权益合计 18632.0 亿元。批发和零售业企业法人单位资产负债率为 69.8%，分行业看，批发业为 70.7%，零售业为 66.6%(详见表 9)。

表 9 批发和零售业企业法人单位资产负债和所有者权益

单位:亿元

	资产合计	负债合计	所有者权益合计
合　计	**61795.8**	**43163.8**	**18632.0**
批发业	**48420.7**	**34249.8**	**14170.9**
农畜产品批发	5393.0	5077.5	315.5
食品、饮料及烟草制品批发	5762.2	3764.6	1997.6
纺织、服装及日用品批发	3782.2	2574.1	1208.1
文化、体育用品及器材批发	1072.8	673.5	399.3
医药及医疗器材批发	1905.6	1561.7	343.9
矿产品、建材及化工产品批发	17091.4	11662.1	5429.3
机械设备、五金交电及电子产品批发	9728.2	6664.4	3063.8
贸易经纪与代理	1578.7	900.8	677.9
其他批发	2106.6	1371.1	735.5
零售业	**13375.1**	**8914.0**	**4461.1**
综合零售	4491.8	3238.1	1253.7
食品、饮料及烟草制品专门零售	891.8	698.3	193.5
纺织、服装及日用品专门零售	781.4	520.7	260.7
文化、体育用品及器材专门零售	728.1	400.5	327.6
医药及医疗器材专门零售	646.8	436.9	209.9
汽车、摩托车、燃料及零配件专门零售	2936.4	1853.9	1082.5
家用电器及电子产品专门零售	1384.8	912.0	472.8
五金、家具及室内装修材料专门零售	826.4	473.2	353.2
无店铺及其他零售	687.5	380.3	307.2

(三)主营业务收入和利润总额

2004 年,批发和零售业企业法人单位主营业务收入 110924.5 亿元,利润总额 2149.6 亿元(详见表 10)。

批发业个体经营户营业收入 13944.5 亿元；零售业个体经营户营业收入 27438.7 亿元。

表 10　批发和零售业企业法人单位主营业务收入和利润总额

单位:亿元

	主营业务收入	利润总额
合　　计	**110924.5**	**2149.6**
批发业	**92242.7**	**1900.1**
农畜产品批发	2921.7	−97.6
食品、饮料及烟草制品批发	9665.3	593.7
纺织、服装及日用品批发	7191.4	89.8
文化、体育用品及器材批发	1558.3	34.4
医药及医疗器材批发	3282.9	35.0
矿产品、建材及化工产品批发	45527.7	871.9
机械设备、五金交电及电子产品批发	17497.3	281.2
贸易经纪与代理	1104.3	27.8
其他批发	3493.8	63.9
零售业	**18681.8**	**249.5**
综合零售	5472.8	72.3
食品、饮料及烟草制品专门零售	681.7	1.9
纺织、服装及日用品专门零售	707.1	15.4
文化、体育用品及器材专门零售	705.0	15.6
医药及医疗器材专门零售	890.6	5.9
汽车、摩托车、燃料及零配件专门零售	6273.5	73.3
家用电器及电子产品专门零售	2467.6	26.4
五金、家具及室内装修材料专门零售	806.0	21.7
无店铺及其他零售	677.5	17.0

四、住宿和餐饮业

（一）单位数、就业人员和营业额

2004 年末，全国住宿和餐饮业企业法人单位 9.3 万个，就业人员 429.3 万人，全年营业额[注 4]3106.7 亿元（详见表 11）。

住宿业个体经营户 17.8 万户，就业人员 50.5 万人，餐饮业个体经营户 276.1 万户，就业人员 904.8 万人。

表 11　住宿和餐饮业企业法人单位、就业人员及营业额

	法人单位（个）	就业人员（万人）	营业额（亿元）
合　　计	**92820**	**429.3**	**3106.7**
住宿业	**39262**	**205.6**	**1567.0**
旅游饭店	12244	137.0	1226.2
一般旅馆	24058	61.3	299.5
其他住宿服务	2960	7.3	41.3
餐饮业	**53558**	**223.7**	**1539.7**
正餐服务	43093	188.9	1240.3
快餐服务	3452	21.8	226.8
饮料及冷饮服务	2834	3.9	20.4
其他餐饮服务	4179	9.1	52.2

在住宿和餐饮业企业法人单位中，国有、国有联营和国有独资公司共占 14.7％，集体、集体联营和股份合作企业共占 18.3％，私营企业占 50.5％，港澳台商投资企业占 1.6％，外商投资企业占 2.1％，其余类型企业共占 12.8％。

在住宿和餐饮业法人企业就业人员中，国有、国有联营和国有独资公司共占 20.5％，集体、集体联营和股份合作企业共占 9.9％，私营企业占 38.1％，港澳台商投资企业占 5.5％，外商投资企业占 7.4％，其余类型企业共占 18.6％（详见表 12）。

表 12　按登记注册类型分组的

	法人单位(个)	就业人员(万人)
合　　计	**92820**	**429.3**
国有企业	13293	83.7
集体企业	12861	30.9
股份合作企业	3905	10.8
国有联营企业	150	1.5
集体联营企业	251	0.6
国有与集体联营企业	119	0.6
其他联营企业	177	0.7
国有独资公司	240	2.8
其他有限责任公司	7669	59.8
股份有限公司	1684	13.3
私营企业	46892	163.7
其他内资企业	2146	5.8
港澳台商投资企业	1495	23.5
外商投资企业	1938	31.6

(二)资产负债和所有者权益

2004 年末,住宿和餐饮业企业法人单位资产合计为 6975.8 亿元,负债合计为 4222.2 亿元,所有者权益合计为 2753.6 亿元。住宿和餐饮业企业法人单位的资产负债率为 60.5%,分行业看,住宿业为 61.3%,餐饮业为 58.1%(详见表 13)。

表 13　住宿和餐饮业企业法人单位资产负债及所有者权益

单位:亿元

	资产合计	负债合计	所有者权益合计
合　　计	**6975.8**	**4222.2**	**2753.6**
住宿业	**5258.3**	**3224.9**	**2033.4**
旅游饭店	4223.1	2698.2	1524.9
一般旅馆	922.9	470.7	452.2
其他住宿服务	112.3	56.0	56.3
餐饮业	**1717.5**	**997.3**	**720.2**
正餐服务	1490.7	874.4	616.3
快餐服务	133.1	79.7	53.4
饮料及冷饮服务	24.1	11.6	12.5
其他餐饮服务	69.6	31.6	38.0

（三）主营业务收入和利润总额

2004年，住宿和餐饮业企业法人单位主营业务收入1649.6亿元，利润总额27.5亿元（详见表14）。

个体住宿业营业收入为243.4亿元；个体餐饮业营业收入为5344.4亿元。

表14 住宿和餐饮业企业法人单位主营业务收入及利润总额

单位：亿元

	主营业务收入	利润总额
合　　计	**1649.6**	**27.5**
住宿业	**689.9**	**-1.4**
旅游饭店	422.2	2.3
一般旅馆	237.3	-2.9
其他住宿服务	30.4	-0.8
餐饮业	**959.7**	**28.9**
正餐服务	802.3	22.7
快餐服务	102.1	5.7
饮料及冷饮服务	15.5	-0.8
其他餐饮服务	39.8	1.3

五、其他第三产业

（一）单位数和从业人员

2004年末，全国共有从事其他第三产业[注5]的法人单位240.1万个，就业人员5852.8万人，其中，企业法人单位48.9万个，就业人员1412.3万人，行政事业及其他非企业单位191.2万个，就业人员4440.5万人。全国共有从事其他第三产业个体经营户582.5万户，就业人员1201.8万人。单位数和就业人员的行业分布详见表15。

表 15　其他第三产业法人单位和就业人员

	法人单位(万个)		就业人员(万人)	
	企业	行政事业及其他	企业	行政事业及其他
合　　计	**48.9**	**191.2**	**1412.3**	**4440.5**
金融业	2.2	0.1	353.9	20.8
信息传输、计算机服务和软件业	6.2	1.1	228.3	10.3
租赁和商务服务业	19.7	5.2	380.9	67.4
科学研究、技术服务和地质勘查业	7.0	6.7	167.7	158.7
水利、环境和公共设施管理业	1.3	3.2	41.8	142.2
居民服务和其他服务业	7.0	1.4	116.6	19.5
教育	1.5	28.4	33.7	1488.1
卫生、社会保障和社会福利业	1.7	16.5	31.7	518.6
文化、体育和娱乐业	2.3	4.2	57.7	89.7
公共管理和社会组织	——	124.4	——	1925.2

(二)资产负债和所有者权益

2004年末,其他第三产业企业法人单位的资产合计为435680.2亿元,负债合计358138.0亿元,所有者权益合计77542.2亿元。资产负债率为82.2%(详见表16)。

表 16　其他第三产业企业法人单位资产负债和所有者权益

单位:亿元

	资产合计	负债合计	所有者权益合计
合　　计	**435680.2**	**358138.0**	**77542.2**
金融业	322862.7	308258.3	14604.4
信息传输、计算机服务和软件业	22896.2	9066.4	13829.8
租赁和商务服务业	71713.1	31552.6	40160.5
科学研究、技术服务和地质勘查业	7425.9	3882.4	3543.5
水利、环境和公共设施管理业	4063.2	2285.9	1777.3
居民服务和其他服务业	2748.6	1278.7	1469.9
教育	717.3	289.0	428.3
卫生、社会保障和社会福利业	581.9	270.9	311.0
文化、体育和娱乐业	2671.3	1253.8	1417.5
公共管理和社会组织	——	——	——

(三)主营业务收入和利润总额

2004年末,其他第三产业企业法人单位的主营业务收入44479.4亿元,利润总额4550.1亿元。主营业务收入中,金融业、信息传输及计算机服务和软件业、租赁和商务服务业所占比重分别是54.4%、17.1%、15.6%,三个行业合计占87.1%。利润总额中,上述三个行业分别占20.0%、36.8%、32.6%,合计占89.4%(详见表17)。

表17 其他第三产业企业法人单位主营业务收入和利润总额

单位:亿元

	主营业务收入	利润总额
合　　计	**44479.4**	**4550.1**
金融业	24191.2	909.4
信息传输、计算机服务和软件业	7607.5	1674.2
租赁和商务服务业	6938.1	1482.7
科学研究、技术服务和地质勘查业	2887.9	271.7
水利、环境和公共设施管理业	487.9	23.3
居民服务和其他服务业	937.7	67.9
教育	253.6	47.1
卫生、社会保障和社会福利业	293.2	11.9
文化、体育和娱乐业	882.3	61.9
公共管理和社会组织	——	——

(四)行政事业和其他非企业法人单位的资产、收入和支出

2004年末,其他第三产业中的行政事业和其他非企业法人单位年末资产合计141950.8亿元,全年收入28827.0亿元,全年支出27129.2亿元(详见表18)。

表 18　行政事业和其他非企业法人单位资产、收入和支出

单位:亿元

	年末资产	全年收入	全年支出
合　　计	**141950.8**	**28827.0**	**27129.2**
金融业	78676.6	1840.6	1183.5
信息传输、计算机服务和软件业	250.6	80.9	76.4
租赁和商务服务业	2549.5	452.2	409.2
科学研究、技术服务和地质勘查业	3368.9	1521.9	1436.8
水利、环境和公共设施管理业	3288.6	712.4	703.7
居民服务和其他服务业	305.2	115.0	109.6
教育	15602.0	6472.1	6347.2
卫生、社会保障和社会福利业	6848.9	4505.5	4321.9
文化、体育和娱乐业	2112.4	915.2	864.7
公共管理和社会组织	28948.1	12211.2	11676.2

注释:

[注 1]就业人员:是指 2004 年 12 月 31 日在单位和个体经营户在岗的就业人员。未包括上述范围之外的就业人员。

[注 2]交通运输业:包括铁路运输业、道路运输业、城市公共交通业、水上运输业、航空运输业、管道运输业、装卸搬运和其他运输服务业。

[注 3]批发和零售业企业商品销售额:是指批发和零售业企业售予本企业以外的单位和个人的商品金额,包括零售额和批发额两部分,其中零售额包括售予居民和社会集团商品的金额,批发额包括售予生产经营单位商品的金额和出口商品的金额。

[注 4]住宿和餐饮业营业额:是指住宿和餐饮业法人单位、产业活动单位在经营活动中因提供服务或销售商品等取得的收入,包括:客房收入、餐费收入、商品销售收入和其他收入。

[注 5]其他第三产业:包括金融业,信息传输、计算机服务和软

件业，租赁和商务服务业，科学研究、技术服务和地质勘查业，水利、环境和公共设施管理业，居民服务和其他服务业，教育，卫生、社会保障和社会福利业，文化、体育和娱乐业，公共管理和社会组织等。

第二次全国农业普查主要数据公报

（第 1 号）

国务院第二次全国农业普查领导小组办公室
中华人民共和国国家统计局

（2008 年 2 月 21 日）

根据国务院决定，我国开展了第二次全国农业普查。这次普查的标准时点为 2006 年 12 月 31 日，时期资料为 2006 年度。普查对象为我国境内的农村住户、城镇农业生产经营户、农业生产经营单位、村民委员会和乡镇人民政府。普查主要内容包括：农业生产条件、农业生产经营活动、农业土地利用、农村劳动力及就业、农村基础设施、农村社会服务、农村居民生活，以及乡镇、村民委员会和社区环境等方面的情况。农业普查采用全面调查的方法，对所有普查对象由普查员进行逐个查点和填报。全国共组织动员了普查员、普查指导员和各级普查机构的工作人员近 700 万人，填报普查表近 5 亿张。通过普查，掌握了我国有关农业、农村、农民的基本情况。

按照国际通行做法，国务院农普办组织了数据质量抽查，评估了普查数据质量：一是采用分层两阶段整群随机抽样的方法，在全国抽选了 2 万多住户进行再次访问，并与普查登记结果进行比较核实；二是随机从每个省抽选 100 个普查区的基础数据，对普查表的抄录、填报、识别等方面的差错进行全面检查。综合抽查结果显示，农业普查应登记户的净漏报率为 0.20%，原始数据差错率

0.14%。数据质量达到设计标准。

根据《全国农业普查条例》的有关规定，国务院农普办和国家统计局将分期发布普查公报，向社会公布普查的主要结果。

农业、农村、农民的基本情况

第二次全国农业普查共调查了40656个乡级行政单位，其中乡15365个，镇19391个；656026个村级组织，其中637011个村；22592万个住户，其中在农村居住1年以上的家庭户22108万个。

一、农业基本状况

2006年末，全国共有农业生产经营户20016万户，农业生产经营单位39.5万个。全国共有农业从业人员34874万人，农业技术人员207万人。

二、主要农业机械

2006年末，全国共有大中型拖拉机140万台，小型拖拉机2550万台，大中型拖拉机配套农具147万台，小型拖拉机配套农具2509万台，联合收割机55万台。

三、农村基础设施

2006年末，全国9.6%的乡镇地域内有火车站，46.1%的乡镇地域内有二级以上公路通过，81.1%的乡镇有邮电所，88.4%的乡镇有储蓄所，11.7%的乡镇有公园，68.4%的乡镇有综合市场，23%的乡镇有农产品专业市场。

全国72.3%的镇实施集中供水，19.4%的镇生活污水经过集中处理，36.7%的镇有垃圾处理站。

全国95.5%的村通公路，98.7%的村通电，97.6%的村通电话，97.6%的村能接收电视节目。24.5%的村饮用水经过集中净化处理，15.8%的村实施垃圾集中处理，33.5%的村有沼气池，20.6%的村完成改厕。34.4%的村地域内有50平方米以上的综合商店或超市。

四、农村社会服务

2006年末，全国10.8%的乡镇有职业技术学校，71.3%的乡镇有广播、电视站，98.8%的乡镇有医院、卫生院，66.6%的乡镇有敬老院。

87.6%的村在3公里范围内有小学，69.4%的村在5公里范围内有中学。30.2%的村有幼儿园、托儿所，10.7%的村有体育健身场所，13.4%的村有图书室、文化站，15.1%的村有农民业余文化组织。74.3%的村有卫生室，76.1%的村有有行医资格证书的医生，16.3%的村有有行医资格证书的接生员。

五、农村劳动力资源与就业

2006年末，农村劳动力资源总量53100万人，其中男劳动力占50.8%。农村从业人员47852万人，占农村劳动力资源总量的90.1%。农村外出从业劳动力13181万人，其中男劳动力占64%。

六、农村居民生活条件

2006年末，农村居民平均每户拥有住宅面积128平方米。99.3%的住户拥有自己的住宅。48.6%的住户使用管道水。60.2%的住户炊事能源以柴草为主。

平均每百户拥有彩电87.3台，固定电话51.9部，手机69.8部，电脑2.2台，摩托车38.2辆，生活用汽车3.4辆。

注：

1. 乡级行政单位：作为第二次全国农业普查登记对象的乡级行政单位包括乡、镇和具有行政职能的乡级农场。普查公报中，农村基础设施和基本社会服务的资料范围是34756个乡镇，其中乡15365个，镇19391个，不包括具有行政职能的乡级农场。

2. 村级组织：作为第二次全国农业普查登记对象的村级组织包括村民委员会、有集体所有制农用地或农业户籍人口的居民委员会所辖地域、具有村民委员会职能的农场。普查公报中，农村基础设施和基本社会服务的资料范围是637011个村民委员会和有集体所有制农用地或农业户籍人口的居民委员会所辖地域，不包括具有村民委员会职能的农场。

3. 住户：作为第二次全国农业普查登记对象的住户包括农村住户、城镇农业生产经营户。农村住户包括集体户和家庭户。普查公报中，农村居民生活条件的资料范围是在农村居住一年以上的家庭户。

4. 农业生产经营户和农业生产经营单位：是指在农用地和单独的设施中经营农作物种植业、林业、畜牧业、渔业以及农林牧渔服务业，并达到以下标准之一的住户和单位：

①年末经营耕地、园地、养殖水面面积在0.1亩及以上；

②年末经营林地、牧草地面积在1亩以上；

③年末饲养牛、马、猪、羊等大中型牲畜1头及以上；

④年末饲养兔等小动物以及家禽共计20只及以上；

⑤2006年全年出售和自产自用的农产品收入超过500元以上；

⑥对本户或本单位以外提供农林牧渔服务的经营性收入在500元以上，或者行政事业性农林牧渔服务业单位的服务事业费支出在500元以上。

普查公报中，农业生产基本状况和生产条件的资料范围是我国境内全部的农业生产经营户和农业生产经营单位，既包括农村地域也包括城镇地域内的农业生产经营户和农业生产经营单位。

5. 农村劳动力资源：是指2006年末农村住户常住人口（即在本户居住6个月以上人口）中16周岁及以上具有劳动能力的人员。

6. 农业从业人员：是指在2006年从业人员中，以从事农业为主的从业人员。包括我国境内全部农村住户、城镇农业生产经营户和农业生产经营单位中的农业从业人员。

7. 农业技术人员：指2006年末，农业从业人员中受过各种农业专业技术培训或掌握某项农业专门技能并具有专业技术职称的人员，且必须有上级主管部门颁发的专业技术资格证书，分为初级、中级和高级三个级别。专业技术人员的等级以专业技术资格证书上登记的为准。

8. 农村外出从业劳动力:是指农村住户户籍从业人员中,2006年到本乡镇行政管辖区域以外从业1个月及以上的人员。

9. 实施集中供水的镇:指通过管道系统对镇区居民进行集中供水的镇。集中供水的水质必须符合国家有关自来水或者饮用水的标准。不符合国家自来水或饮用水标准,或者水质未经过国家有关部门检验认定为合格的,虽然其形式为集中供水,也不算集中供水。

10. 生活污水经过集中处理的镇:是指镇区居民的生活污水纳入污水收集管网并通过污水处理厂进行处理的镇。

11. 有垃圾处理站的镇:是指在镇区内有对垃圾进行集中、转运或各种无毒化处理的垃圾清理场所的镇。垃圾处理站不包括只存放垃圾,但不进行任何处理的垃圾堆放场所。

12. 村:指村民委员会所辖地域和有集体所有制农用地或有农业户籍的居民委员会所辖地域。

13. 饮用水经过集中净化处理的村:是指年底本村村委会驻地的住户的生活饮用水经过集中净化、消毒等处理。来自自来水厂的饮用水视为经过集中净化处理。

14. 实施垃圾集中处理的村:是指本村地域内有垃圾处理设施进行垃圾集中处理,或者虽然没有垃圾处理设施,但是对垃圾实行统一集中清运。

15. 完成改厕的村:指本村地域内基本消灭了露天粪缸、粪坑、旱厕、简易厕所,大多数或全部居民使用带有化粪池、沼气池或三隔池厕所,部分居民使用公共厕所或其他村里指定的定点场所作为倾倒粪便的场所。

16. 有卫生室的村:指在本村地域内,经县级卫生行政部门许可,由村集体或个人举办的卫生机构。卫生室有固定场所,从事医疗活动,承担管理职能。不包括专科的牙医室,以及主要从事药品销售活动的单位。

17. 住宅面积：指本户所拥有的全部住宅的建筑面积，包括自住、租出和空置的住宅建筑面积。

第二次全国农业普查主要数据公报

（第2号）

国务院第二次全国农业普查领导小组办公室
中华人民共和国国家统计局

（2008年2月22日）

农业基本状况和生产条件

第二次全国农业普查对全国农业生产经营户和农业生产经营单位的基本状况和生产条件进行了调查。现将主要结果公布如下：

表1　农业生产经营户和农业生产经营单位数量及构成

	农业生产经营户		农业生产经营单位	
	数量（万户）	比重（%）	数量（万个）	比重（%）
合　　计	**20016**	**100.0**	**39.5**	**100.0**
按行业分				
农作物种植业	18414	92.0	7.0	17.9
林业	411	2.1	9.9	25.1
畜牧业	990	4.9	4.4	11.1
渔业	149	0.7	4.3	10.8
农林牧渔服务业	52	0.3	13.9	35.1
按地区分				
东部地区	6550	32.7	19.3	48.9
中部地区	6060	30.3	9.0	22.8
西部地区	6128	30.6	8.7	22.0
东北地区	1278	6.4	2.5	6.3

一、农业生产经营户和农业生产经营单位

2006 年末，全国共有农业生产经营户 20016 万户，比 1996 年第一次全国农业普查时增长 3.7%。在农业生产经营户中，以农业收入为主的户占 58.4%，比 10 年前减少 7.2 个百分点。全国共有农业生产经营单位 39.5 万个。

二、农业从业人员

2006 年末，全国农业从业人员 34874 万人，其中，男性占 46.8%，女性占 53.2%。按年龄分，20 岁以下占 5.3%，21—30 岁占 14.9%，31—40 岁占 24.2%，41—50 岁占 23.1%，51 岁以上占 32.5%；按文化程度分，文盲占 9.5%，小学占 41.1%，初中占 45.1%，高中占 4.1%，大专及以上占 0.2%。

表 2　农业从业人员数量及构成

	全国	东部地区	中部地区	西部地区	东北地区
农业从业人员数量(万人)	34874	9522	10206	12355	2791
农业从业人员性别构成(%)					
男	46.8	44.9	45.7	48.6	49.7
女	53.2	55.1	54.3	51.4	50.3
农业从业人员年龄构成(%)					
20 岁以下	5.3	4.2	4.9	6.4	6.4
21—30 岁	14.9	13.5	13.8	16.5	17.2
31—40 岁	24.2	22.0	24.5	25.3	25.4
41—50 岁	23.1	25.0	23.5	20.6	25.3
51 岁以上	32.5	35.3	33.3	31.2	25.7
农业从业人员文化程度构成(%)					
文盲	9.5	7.7	8.9	12.8	2.9
小学	41.1	38.5	37.0	47.0	39.0
初中	45.1	48.8	49.2	36.7	54.6
高中	4.1	4.8	4.7	3.3	3.2
大专及以上	0.2	0.2	0.2	0.2	0.3

三、农业技术人员

2006 年末，全国共有农业技术人员 207 万人，其中，在农业生产经营单位中从业的 94 万人。按职称分，高、中、初级农业技术人员分别为 12 万人、46 万人和 149 万人。

表 3　农业技术人员数量

单位：万人

	全国	东部地区	中部地区	西部地区	东北地区
合　计	**207**	**70**	**39**	**77**	**21**
初　级	149	53	25	58	13
中　级	46	14	11	15	6
高　级	12	3	3	4	2

四、农业机械及使用情况

全国农业机械装备水平较第一次农业普查时有了显著提高。2006 年末，全国大中型拖拉机 140 万台，比 1996 年末增长 107.5%；小型拖拉机 2550 万台，增长 116.4%；大中型拖拉机配套农具 147 万台，增长 110.9%；小型拖拉机配套农具 2509 万台，增长 201.7%；联合收割机 55 万台，增长 391.4%。

表 4　主要农业机械数量

单位：万台

	全国	东部地区	中部地区	西部地区	东北地区
大中型拖拉机	140	36	29	31	44
小型拖拉机	2550	868	1003	395	284
大中型拖拉机配套农具	147	34	33	32	48
小型拖拉机配套农具	2509	587	1342	338	242
联合收割机	55	23	24	4	4

2006 年，机耕面积占耕地面积的比重为 59.9%，比 1996 年提高了 17.8 个百分点；机电灌溉面积占耕地面积的比重为 26.6%，与 1996 年持平；喷灌面积和滴灌渗灌面积占耕地面积的比重分别为 1.8%和 0.8%。机播面积占播种面积的比重为 32.6%，比 1996

年提高了16.4个百分点；机收面积占播种面积的比重为24.9%，比1996年提高了12.9个百分点。

表5　农业机械使用情况

单位：%

	全国	东部地区	中部地区	西部地区	东北地区
占耕地面积的比重					
机耕面积	59.9	73.8	60.2	39.3	77.5
机电灌溉面积	26.6	54.9	32.0	13.1	12.7
喷灌面积	1.8	2.8	2.9	0.7	1.0
滴灌渗灌面积	0.8	0.2	0.3	2.0	0.1
占播种面积的比重					
机播面积	32.6	36.1	26.2	23.3	59.1
机收面积	24.9	34.9	30.5	10.4	26.3

五、设施农业

2006年末，全国温室面积81千公顷，大棚面积465千公顷，中小棚面积231千公顷。2006年度，在温室和大棚中，种植蔬菜723千公顷，食用菌46千公顷，水果137千公顷，园艺苗木47千公顷。

表6　设施农业情况

单位：千公顷

	全国	东部地区	中部地区	西部地区	东北地区
温室面积	81	31	11	21	18
大棚面积	465	262	75	63	65
中小棚面积	231	104	48	57	22
温室和大棚中主要作物种植面积					
蔬菜	723	385	123	101	114
食用菌	46	22	14	8	2
水果	137	77	23	16	21
园艺苗木	47	17	12	12	6

注：

1. 农业生产经营户和农业生产经营单位：是指在农用地和单独的设施中经营农作物种植业、林业、畜牧业、渔业以及农林牧渔服务业，并达到以下标准之一的住户和单位：

①年末经营耕地、园地、养殖水面面积在0.1亩及以上；

②年末经营林地、牧草地面积在1亩以上；

③年末饲养牛、马、猪、羊等大中型牲畜1头及以上；

④年末饲养兔等小动物以及家禽共计20只及以上；

⑤2006年全年出售和自产自用的农产品收入超过500元以上；

⑥对本户或本单位以外提供农林牧渔服务的经营性收入在500元以上，或者行政事业性农林牧渔服务业单位的服务事业费支出在500元以上。

普查公报中，农业生产基本状况和生产条件的资料范围是我国境内全部的农业生产经营户和农业生产经营单位，既包括农村地域也包括城镇地域内的农业生产经营户和农业生产经营单位。

2. 农业从业人员：是指在2006年从业人员中，以从事农业为主的从业人员。包括我国境内全部农村住户、城镇农业生产经营户和农业生产经营单位中的农业从业人员。

3. 农业技术人员：指2006年末，农业从业人员中受过各种农业专业技术培训或掌握某项农业专门技能并具有专业技术职称的人员，且必须有上级主管部门颁发的农业专业技术资格证书，分为初级、中级和高级三个级别。专业技术人员的等级以专业技术资格证书上登记的为准。

4. 农业机械：主要是指用于农业生产的大中小型拖拉机及其配套农具和联合收割机等农业机械。其具体解释是：

大中型拖拉机指发动机额定功率在14.7千瓦(含14.7千瓦即20马力)以上的拖拉机，有链轨式和轮式两种。

小型拖拉机指发动机额定功率在2.2千瓦(含2.2千瓦)以上，

小于14.7千瓦的拖拉机，包括小四轮与手扶式。

大中型拖拉机配套农具指与大中型拖拉机配套使用的牵引和悬挂的田间移动作业机具，例如机引犁、机引耙、机引播种机、旋耕机等农具。不包括旧式农具与半机械化农具改为拖拉机牵引和悬挂的农具。

小型拖拉机配套农具指与小型拖拉机配套使用的牵引和悬挂的田间移动作业机具。不包括旧式农具与半机械化农具改为拖拉机牵引和悬挂的农具。

联合收割机指在收获过程中同时可以完成几项作业（如收割和脱粒等）的收割机械，如谷物联合收割机、棉花联合收获机（摘棉机）。有牵引式和自走式两种。

5. 四大地区：东部地区包括北京市、天津市、河北省、上海市、江苏省、浙江省、福建省、山东省、广东省、海南省。中部地区包括山西省、安徽省、江西省、河南省、湖北省、湖南省。西部地区包括内蒙古自治区、广西壮族自治区、重庆市、四川省、贵州省、云南省、西藏自治区、陕西省、甘肃省、青海省、宁夏回族自治区、新疆维吾尔自治区。东北地区包括辽宁省、吉林省、黑龙江省。

第二次全国农业普查主要数据公报

（第3号）

国务院第二次全国农业普查领导小组办公室
中华人民共和国国家统计局

（2008年2月25日）

农村基础设施建设和基本社会服务

第二次全国农业普查对全国34756个乡镇和637011个村的基础设施建设和基本社会服务进行了调查，现将主要结果公布如下：

一、交通

2006年末，在乡镇地域内有火车站的乡镇占全部乡镇的9.6%，有码头的占8.9%，有二级以上公路通过的占46.1%。乡镇政府所在地距县城在一小时车程内的占78.1%，距一级公路或高速公路出入口在50公里之内的占61.3%。

表1　有交通设施的乡镇比重

单位：%

	全国	东部地区	中部地区	西部地区	东北地区
有火车站的乡镇	9.6	8.1	10.2	8.2	21.1
有码头的乡镇	8.9	13.8	9.4	6.8	3.0
有二级以上公路通过的乡镇	46.1	65.9	52.0	29.9	53.6
距一级公路或高速公路出入口在50公里之内的乡镇	61.3	82.0	69.1	44.4	63.2
能在一小时内到达县政府的乡镇	78.1	91.7	85.1	64.5	87.1

2006 年末，95.5%的村和 82.6%的自然村通公路，25.0%的村地域内有车站或码头。进村公路路面以水泥路面居多，村内道路路面以沙石路面居多。

表 2　有交通设施的村比重

单位：%

	全国	东部地区	中部地区	西部地区	东北地区
通公路的村	95.5	98.2	96.1	91.2	98.1
通公路的自然村	82.6	89.9	81.1	78.0	92.7
按村到最近的车站、码头的距离分					
村内有车站、码头	25.0	29.0	21.9	19.9	45.5
1—3 公里	45.2	52.1	48.4	34.8	36.9
4—5 公里	11.5	9.1	13.4	13.4	6.9
6—10 公里	10.3	6.7	10.7	15.1	6.9
11—20 公里	5.2	2.5	4.3	9.5	2.8
20 公里以上	2.8	0.6	1.3	7.3	1.0
按进村公路路面类型分					
水泥路面	35.2	51.8	37.1	14.1	25.1
柏油路面	26.3	32.8	26.7	16.4	34.9
沙石路面	25.7	10.8	26.3	42.7	32.7
砖、石板路面	1.1	1.2	1.1	0.6	2.4
其他路面	11.7	3.4	8.8	26.2	4.9
按村内主要道路路面类型分					
水泥路面	27.7	44.0	26.4	10.6	15.6
柏油路面	11.1	16.5	11.0	4.3	13.0
沙石路面	35.7	24.1	38.9	43.5	57.0
砖、石板路面	2.7	3.9	2.7	1.1	2.6
其他路面	22.8	11.5	21.0	40.5	11.8
村内主要道路有路灯的村	21.8	44.5	13.0	4.0	10.9

二、电力、通讯

2006 年末，81.9％的乡镇已经完成农村电网改造，98.7％的村通电，98.3％的自然村通电；97.6％的村和 93.7％的自然村通电话；81.1％的乡镇有邮电所。

表 3　有电力、通讯设施的乡镇或村比重

单位：％

	全国	东部地区	中部地区	西部地区	东北地区
已经完成农村电网改造的乡镇	81.9	96.8	87.7	67.2	97.6
有邮电所的乡镇	81.1	86.2	89.2	71.6	90.7
通电的村	98.7	99.8	99.8	96.0	99.9
通电话的村	97.6	99.6	98.6	93.8	99.6
通电的自然村	98.3	99.6	99.4	96.1	99.9
通电话的自然村	93.7	97.0	95.2	89.6	98.9

三、文化教育

2006 年末，10.8％的乡镇有职业技术学校。11.7％的乡镇有公园。71.3％的乡镇有广播、电视站。

87.6％的村在 3 公里范围内有小学，69.4％的村在 5 公里范围内有中学。97.6％的村能接收电视节目，57.4％的村安装了有线电视。30.2％的村有幼儿园、托儿所，10.7％的村有体育健身场所，13.4％的村有图书室、文化站，15.1％的村有农民业余文化组织。

表 4　有文化教育设施的乡镇或村比重

单位：%

	全国	东部地区	中部地区	西部地区	东北地区
有职业技术学校的乡镇	10.8	14.3	12.3	7.8	11.7
有公园的乡镇	11.7	23.3	9.9	6.6	8.9
有广播、电视站的乡镇	71.3	72.6	75.6	67.4	74.7
按村离小学的距离分					
村内有小学	32.4	25.9	37.8	34.1	38.2
1—3 公里	55.2	64.4	51.8	48.5	47.2
4—5 公里	6.3	5.7	5.8	7.6	7.2
6—10 公里	3.9	3.0	3.4	5.3	5.1
11—20 公里	1.5	0.9	1.1	2.6	1.8
20 公里以上	0.7	0.1	0.1	1.9	0.5
按村离中学的距离分					
村内有中学	5.8	5.3	6.2	5.9	6.9
1—3 公里	43.6	52.2	47.1	31.1	32.2
4—5 公里	20.0	21.1	21.1	17.1	23.0
6—10 公里	18.2	15.3	17.7	21.1	27.1
11—20 公里	8.3	4.8	6.4	14.5	8.7
20 公里以上	4.1	1.3	1.5	10.3	2.1
能接收电视节目的村	97.6	99.2	98.0	94.9	99.7
安装了有线电视的村	57.4	73.6	48.2	43.4	74.5
有幼儿园、托儿所的村	30.2	35.1	31.1	22.0	37.3
有体育健身场所的村	10.7	19.0	6.7	4.8	7.6
有图书室、文化站的村	13.4	18.1	9.7	10.9	16.4
有农民业余文化组织的村	15.1	19.4	12.8	12.0	15.4
能接收电视节目的自然村	95.3	97.2	96.0	92.9	99.3
安装了有线电视的自然村	44.3	70.6	34.3	35.5	57.3

四、环境卫生

在本次普查的 19391 个镇中，72.3%的镇实施集中供水，19.4%的镇生活污水经过集中处理，36.7%的镇有垃圾处理站。

24.5%的村饮用水经过集中净化处理，15.8%的村实施垃圾集中处理，33.5%的村有沼气池，20.6%的村完成改厕。

表 5　有卫生处理设施的镇或村比重

单位：%

	全国	东部地区	中部地区	西部地区	东北地区
实施集中供水的镇	72.3	76.6	65.0	74.6	68.3
生活污水经过集中处理的镇	19.4	25.7	17.3	16.7	12.9
有垃圾处理站的镇	36.7	48.9	35.3	30.0	21.9
饮用水经过集中净化处理的村	24.5	47.4	9.4	11.7	20.3
实施垃圾集中处理的村	15.8	29.9	7.9	6.2	14.5
有沼气池的村	33.5	22.5	41.2	42.6	14.7
完成改厕的村	20.6	28.5	15.7	16.9	12.0

五、医疗和社会福利机构

2006 年末，98.8%的乡镇有医院、卫生院，66.6%的乡镇有敬老院。

表 6　有医疗和社会福利机构及人员的乡镇或村比重

单位：%

	全国	东部地区	中部地区	西部地区	东北地区
有医院、卫生院的乡镇	98.8	99.2	99.2	98.8	96.4
有敬老院的乡镇	66.6	81.8	76.2	49.5	81.1
按村到医院、卫生院的距离分					
村内有医院、卫生院	7.2	7.0	6.7	7.8	7.4
1—3 公里	43.0	51.8	43.1	34.1	29.8
4—5 公里	21.0	21.3	22.9	18.5	22.4
6—10 公里	19.3	15.5	19.9	22.0	29.0
11—20 公里	7.5	3.9	6.2	12.8	9.7
20 公里以上	2.0	0.5	1.2	4.8	1.7
有卫生室的村	74.3	74.1	79.6	68.1	81.7
有行医资格证书医生的村	76.1	75.9	80.8	68.9	91.5
有行医资格证书接生员的村	16.3	9.3	19.3	20.9	23.9

50.2%的村距离医院、卫生院在3公里以内,74.3%的村有卫生室。76.1%的村有有行医资格证书的医生,16.3%的村有有行医资格证书的接生员。

六、市场建设

2006年末,68.4%的乡镇有综合市场,28.2%的乡镇有专业市场,23.0%的乡镇有农产品专业市场,7.6%的乡镇有年交易额超过1000万元以上的农产品专业市场。88.4%的乡镇有储蓄所。

34.4%的村地域内有50平方米以上的综合商店或超市。50.2%的村在村内可以买到化肥,5.2%的村在村内可以买到彩电。

表7 有金融商业机构的乡镇或村比重

单位:%

	全国	东部地区	中部地区	西部地区	东北地区
有综合市场的乡镇	68.4	78.8	73.7	59.0	69.5
其中:有年交易额超过1000万元以上综合市场的乡镇	23.9	36.9	25.9	15.7	20.2
有专业市场的乡镇	28.2	36.0	38.5	18.2	24.2
其中:有年交易额超过1000万元以上专业市场的乡镇	10.5	19.0	12.4	4.7	9.6
有农产品专业市场的乡镇	23.0	27.8	33.9	14.7	16.5
其中:有年交易额超过1000万元以上农产品专业市场的乡镇	7.6	13.4	9.4	3.3	6.4
有储蓄所的乡镇	88.4	95.0	95.0	79.5	94.3
有50平方米以上的综合商店或超市的村	34.4	40.6	35.1	22.3	57.2
在村内就可以买到化肥的村	50.2	54.6	51.6	44.8	42.3
按村到可以买到彩电的商店的距离分					
在村内可以买到彩电	5.2	5.2	5.2	5.4	3.5
1—3公里	34.5	42.5	37.0	25.0	16.9
4—5公里	19.1	21.0	20.5	16.0	15.0
6—10公里	20.6	18.9	20.9	21.3	26.6
11—20公里	12.4	8.9	10.9	16.7	22.0
20公里以上	8.2	3.5	5.5	15.6	16.0

注：

1. 村：指村民委员会所辖地域和有集体所有制农用地或有农业户籍的居民委员会所辖地域。

2. 通公路的村：指有公路从外部通达到的村。公路是指能通行汽车、拖拉机的道路。

3. 村到最近的车站、码头的距离：指本村村委会驻地到最近车站或码头的距离。有定时经过或经常经过的客运车、并能招手上车的地点也视为车站。

4. 通电的村：指能用电进行正常的生产和生活活动的村。

5. 通电话的村：指能用固定电话或手机与外界联系的村。

6. 有卫生室的村：指在本村地域内，经县级卫生行政部门许可，由村集体或个人举办的卫生机构。卫生室有固定场所，从事医疗活动，承担管理职能。不包括专科的牙医室，以及主要从事药品销售活动的单位。

7. 饮用水经过集中净化处理的村：指年底本村村委会驻地的住户生活饮用水经过集中净化、消毒等处理。来自自来水厂的饮用水视为经过集中净化处理。

8. 实施垃圾集中处理的村：指本村地域内有垃圾处理设施进行垃圾集中处理，或者虽然没有垃圾处理设施，但是对垃圾实行统一集中清运。

9. 完成改厕的村：指本村地域内基本消灭了露天粪缸、粪坑、旱厕、简易厕所，大多数或全部居民使用带有化粪池、沼气池或三隔池厕所，部分居民使用公共厕所或其他村里指定的定点场所作为倾倒粪便的场所。

10. 实施集中供水的镇：指通过管道系统对镇区居民进行集中供水的镇。集中供水的水质必须符合国家有关自来水或者饮用水的标准。不符合国家自来水或饮用水标准，或者水质未经过国家有关部门检验认定为合格的，虽然其形式为集中供水，也不算集中供水。

11. 生活污水经过集中处理的镇：指镇区居民的生活污水纳入污水收集管网并通过污水处理厂进行处理的镇。

12. 有垃圾处理站的镇：指镇区内有对垃圾进行集中、转运或者各种无毒化处理的垃圾清理场所的镇。垃圾处理站不包括只存放垃圾，但不进行任何处理的垃圾堆放场所。

13. 四大地区：东部地区包括北京市、天津市、河北省、上海市、江苏省、浙江省、福建省、山东省、广东省、海南省。中部地区包括山西省、安徽省、江西省、河南省、湖北省、湖南省。西部地区包括内蒙古自治区、广西壮族自治区、重庆市、四川省、贵州省、云南省、西藏自治区、陕西省、甘肃省、青海省、宁夏回族自治区、新疆维吾尔自治区。东北地区包括辽宁省、吉林省、黑龙江省。

第二次全国农业普查主要数据公报

（第4号）

国务院第二次全国农业普查领导小组办公室
中华人民共和国国家统计局

（2008年2月26日）

农村居民生活条件

第二次全国农业普查对22108万户农村居民的生活条件进行了调查。现将主要结果公布如下：

一、住宅

2006年末，农村居民平均每户拥有住宅面积128平方米。99.3%的住户拥有自己的住宅。其中，拥有1处住宅的20450万户，占92.5%；拥有2处住宅的1421万户，占6.4%；拥有3处以上住宅的77万户，占0.4%。

住宅类型主要为平房。其中，居住平房的14774万户，占66.8%；居住楼房的6750万户，占30.5%；居住其他类型住房的584万户，占2.7%。

住宅结构主要为砖木和砖混结构。住宅为砖木结构的9799万户，占44.3%；砖混结构的8706万户，占39.4%；钢筋混凝土结构的1335万户，占6%；竹草土坯结构的2124万户，占9.6%；其他结构的144万户，占0.7%。

表 1　住宅面积与构成

	全国	东部地区	中部地区	西部地区	东北地区
户均拥有住宅面积(平方米)	127.7	135.9	133.5	122.2	80.0
按拥有住宅数量分的住户构成(%)					
拥有 1 处住宅	92.5	89.0	93.4	95.2	95.3
拥有 2 处住宅	6.4	9.6	5.9	4.0	2.5
拥有 3 处及以上住宅	0.4	0.6	0.3	0.2	0.1
没有住宅	0.7	0.8	0.4	0.6	2.1
按住宅类型分的住户构成(%)					
楼房	30.5	32.3	34.1	31.0	2.2
平房	66.8	66.5	62.1	65.4	96.8
其他	2.7	1.2	3.8	3.6	1.0
按住宅结构分的住户构成(%)					
钢筋混凝土	6.0	7.9	7.5	2.9	2.4
砖混	39.4	43.2	47.9	29.5	23.4
砖木	44.3	45.5	39.7	44.4	58.7
竹草土坯	9.6	3.1	4.4	21.8	15.3
其他	0.7	0.3	0.5	1.4	0.2

二、饮用水

有 2265 万个住户反映获取饮用水存在困难，占 10.3%。使用管道水的住户 10754 万户，占 48.6%。5101 万户的饮用水经过净化处理，占 23.1%；9231 万户的饮用水为深井水，占 41.8%；6151 万户的饮用水为浅井水，占 27.8%；619 万户的饮用水来源于江河湖水，占 2.8%；303 万户的饮用水为池塘水，占 1.4%；316 万户的饮用水来源于雨水，占 1.4%；387 万户的饮用水来源于其他水源，占 1.7%。

表 2　饮用水情况

单位:%

	全国	东部地区	中部地区	西部地区	东北地区
获取饮用水困难住户的比重	10.3	2.8	9.6	22.2	1.3
使用管道水住户的比重	48.6	71.1	28.5	42.9	41.3
按饮用水水源分的住户构成					
净化处理过的饮用水	23.1	44.2	8.8	13.3	15.0
深井水	41.8	37.6	53.4	27.5	75.9
浅井水	27.8	15.3	31.7	43.6	9.0
江河湖水	2.8	1.4	2.0	6.0	0.1
池塘水	1.4	0.4	1.6	2.6	0.0
雨水	1.4	0.1	1.1	3.7	0.0
其他水	1.7	1.0	1.4	3.3	0.0

三、炊事能源

农村居民炊事使用的能源中,主要使用柴草的 13318 万户,占 60.2%;主要使用煤的 5762 万户,占 26.1%;主要使用煤气或天然气的 2642 万户,占 11.9%;主要使用沼气的 145 万户,占 0.7%;主要使用电的 182 万户,占 0.8%;使用其他能源的 59 万户,占 0.3%。

表 3　按主要使用的炊事能源类型分的住户构成

单位:%

	全国	东部地区	中部地区	西部地区	东北地区
柴草	60.2	53.1	56.9	66.2	88.2
煤	26.1	18.5	38.4	27.1	7.4
煤气、天然气	11.9	27.2	3.8	3.2	4.0
沼气	0.7	0.2	0.7	1.3	0.1
电	0.8	1.0	0.2	1.3	0.3
其他	0.3	0.0	0.0	0.9	0.0

四、卫生设施

使用水冲式厕所的2838万户，占12.8%；使用旱厕的9796万户，占44.3%；使用简易厕所或无厕所的9474万户，占42.9%。

表4　按家庭卫生设施类型分的住户构成

单位：%

	全国	东部地区	中部地区	西部地区	东北地区
水冲式厕所	12.8	26.0	6.0	6.2	1.3
旱厕	44.3	38.3	54.1	40.6	49.2
简易厕所或无厕所	42.9	35.7	39.9	53.2	49.5

五、耐用消费品

农村居民平均每百户拥有彩电87.3台，固定电话51.9部，手机69.8部，电脑2.2台，摩托车38.2辆，生活用汽车3.4辆。

表5　主要耐用消费品拥有量

单位：%

	单位	全国	东部地区	中部地区	西部地区	东北地区
彩电	台/百户	87.3	97.5	85.1	74.5	97.1
固定电话	部/百户	51.9	68.2	45.9	35.1	64.4
手机	部/百户	69.8	86.1	68.7	52.3	63.7
电脑	台/百户	2.2	4.8	0.9	0.6	1.0
摩托车	辆/百户	38.2	50.9	36.0	25.6	34.3
生活用汽车	辆/百户	3.4	5.1	2.6	2.2	2.6

注：

1. 住宅：一般指上有顶、周围有墙，能防风避雨，供人居住的房屋。按照各地生活习惯，可供居住的窑洞、竹楼、蒙古包、帐篷、毡房、船屋等也包括在内。

2. 住宅面积：指住户所拥有的全部住宅的建筑面积，包括自住、租出和空置的住宅建筑面积。

3. 获取饮用水困难：主要指到取水点的水平距离大于1公里或垂直高差超过100米、正常年份连续缺水70天以上，或单次取水时间超过半小时。也包括村干部或农户反映的水质混浊、水质超标等现象。

4. 炊事用能源：指住户在家庭炊事中使用的主要能源。

5. 四大地区：东部地区包括北京市、天津市、河北省、上海市、江苏省、浙江省、福建省、山东省、广东省、海南省。中部地区包括山西省、安徽省、江西省、河南省、湖北省、湖南省。西部地区包括内蒙古自治区、广西壮族自治区、重庆市、四川省、贵州省、云南省、西藏自治区、陕西省、甘肃省、青海省、宁夏回族自治区、新疆维吾尔自治区。东北地区包括辽宁省、吉林省、黑龙江省。

第二次全国农业普查主要数据公报

（第5号）

国务院第二次全国农业普查领导小组办公室
中华人民共和国国家统计局

（2008年2月27日）

农村劳动力资源与就业

第二次全国农业普查对农村劳动力资源与就业情况进行了调查，现将主要结果公布如下：

一、农村劳动力资源总量与结构

2006年末，农村劳动力资源总量为53100万人。其中，男劳动力26989万人，占50.8%；女劳动力26111万人，占49.2%。

农村劳动力资源中，20岁以下6947万人，占13.1%；21－30岁9184万人，占17.3%；31－40岁12679万人，占23.9%；41－50岁11021万人，占20.7%；51岁以上13269万人，占25%。

农村劳动力资源中，文盲3593万人，占6.8%；小学文化程度17341万人，占32.7%；初中文化程度26303万人，占49.5%；高中文化程度5215万人，占9.8%；大专及以上文化程度648万人，占1.2%。

农村从业人员47852万人，占农村劳动力资源总量的90.1%。其中，从事第一产业的占70.8%；从事第二产业的占15.6%；从事第三产业的占13.6%。

表 1　农村劳动力资源总量及构成

单位：%

	全国	东部地区	中部地区	西部地区	东北地区
农村劳动力资源总量(万人)	53100	19828	14582	15142	3548
农村劳动力性别构成(%)					
男性	50.8	50.9	50.4	50.9	52.0
女性	49.2	49.1	49.6	49.1	48.0
农村劳动力年龄构成(%)					
20 岁以下	13.1	13.2	13.8	12.8	11.1
21—30 岁	17.3	18.8	15.4	16.9	18.4
31—40 岁	23.9	23.4	23.7	24.5	24.6
41—50 岁	20.7	21.4	20.9	19.1	23.5
51 岁以上	25.0	23.2	26.2	26.7	22.4
农村劳动力文化程度构成(%)					
文盲	6.8	4.6	6.7	10.7	2.6
小学	32.7	28.3	29.8	41.0	33.2
初中	49.5	53.9	52.0	39.7	56.7
高中	9.8	11.8	10.4	7.5	6.4
大专及以上	1.2	1.4	1.1	1.1	1.1

表 2　农村从业人员总量及构成

	全国	东部地区	中部地区	西部地区	东北地区
农村从业人员总量(万人)	47852	17652	13043	13927	3230
第一产业(%)	70.8	52.4	76.8	86.3	80.1
第二产业(%)	15.6	28.8	10.6	5.2	7.8
第三产业(%)	13.6	18.8	12.6	8.5	12.1

二、农村劳动力流动

2006 年，农村外出从业劳动力 13181 万人。其中，男劳动力 8434 万人，占 64%；女劳动力 4747 万人，占 36%。

外出从业劳动力中，20 岁以下占 16.1%；21—30 岁占 36.5%；

31—40 岁占 29.5%;41—50 岁占 12.8%;51 岁以上占 5.1%。

外出从业劳动力中,文盲占 1.2%;小学文化程度占 18.7%;初中文化程度占 70.1%;高中文化程度占 8.7%;大专及以上文化程度占 1.3%。

表 3　农村外出从业劳动力总量及构成

单位:%

	全国	东部地区	中部地区	西部地区	东北地区
外出从业劳动力总量(万人)	13181	3846	4918	4035	382
外出从业劳动力性别构成(%)					
男性	64.0	65.8	62.8	63.1	70.2
女性	36.0	34.2	37.2	36.9	29.8
外出从业劳动力年龄构成(%)					
20 岁以下	16.1	14.2	17.6	16.1	16.7
21—30 岁	36.5	36.1	36.6	36.7	35.4
31—40 岁	29.5	27.3	29.3	32.2	25.4
41—50 岁	12.8	15.4	11.9	11.1	15.3
51 岁以上	5.1	7.0	4.6	3.9	7.2
外出从业劳动力文化程度构成(%)					
文盲	1.2	0.9	1.1	1.7	0.5
小学	18.7	15.0	16.5	24.9	20.1
初中	70.1	70.9	73.0	65.5	71.8
高中	8.7	11.4	8.4	6.9	5.9
大专及以上	1.3	1.8	1.0	1.0	1.7

外出从业劳动力中,在乡外县内从业的劳动力占 19.2%,在县外市(地区)内从业的劳动力占 13.8%,在市(地区)外省内从业的劳动力占 17.7%,去省外从业的劳动力占 49.3%。

外出从业劳动力中,从事第一产业的劳动力占 2.8%;从事第二产业的劳动力占 56.7%;从事第三产业的劳动力占 40.5%。

表 4　农村外出从业劳动力流向及从业情况

单位:%

	全国	东部地区	中部地区	西部地区	东北地区
外出从业劳动力从业地区构成					
乡外县内	19.2	29.9	13.5	15.2	26.9
县外市内	13.8	18.4	9.9	12.4	31.5
市外省内	17.7	33.1	9.0	12.8	24.2
省外	49.3	18.6	67.6	59.6	17.4
外出从业劳动力产业构成					
第一产业	2.8	2.5	2.2	3.6	4.2
第二产业	56.7	55.8	57.1	58.4	44.3
第三产业	40.5	41.7	40.7	38.0	51.5

注:

1. 农村劳动力资源:是指2006年末农村住户常住人口(即在本户居住6个月以上人口)中16周岁及以上具有劳动能力的人员。

2. 农村外出从业劳动力:是指农村住户户籍从业人员中,2006年到本乡镇行政管辖区域以外从业1个月及以上的人员。

3. 四大地区:东部地区包括北京市、天津市、河北省、上海市、江苏省、浙江省、福建省、山东省、广东省、海南省。中部地区包括山西省、安徽省、江西省、河南省、湖北省、湖南省。西部地区包括内蒙古自治区、广西壮族自治区、重庆市、四川省、贵州省、云南省、西藏自治区、陕西省、甘肃省、青海省、宁夏回族自治区、新疆维吾尔自治区。东北地区包括辽宁省、吉林省、黑龙江省。

第二次全国农业普查主要数据公报

（第6号）

国务院第二次全国农业普查领导小组办公室
中华人民共和国国土资源部
中华人民共和国国家统计局

（2008年2月29日）

耕地分布及分类

第二次全国农业普查耕地数据采用国土资源部2006年度的土地变更调查结果。国务院第二次全国农业普查领导小组办公室会同国土资源部、国家统计局进行了耕地面积数据事后质量核实。现将主要结果公布如下：

耕地是指种植农作物的土地，包括熟地，新开发、复垦、整理地，休闲地（含轮歇地、轮作地）；以种植农作物（含蔬菜）为主，间有零星果树、桑树或其他树木的土地；平均每年能保证收获一季的已垦滩地和海涂。耕地中包括南方宽度小于1.0米、北方宽度小于2.0米固定的沟、渠、路和地坎（埂）；临时种植药材、草皮、花卉、苗木等的耕地，以及其他临时改变用途的耕地。

2006年（截至2006年10月31日），全国耕地面积（未包括香港、澳门特别行政区和台湾省的数据）121775.9千公顷。

从地区分布情况看：西部地区分布的耕地较多，占36.9%；东部地区、中部地区和东北地区分别占21.7%、23.8%和17.6%。

从耕地类别看：旱地面积比重较大，占55.1%；水田和水浇地面积分别占 26.0%和 18.9%。

从坡度等级情况看：0—15 度的耕地比重最大，占 87.5%；15—25 度、25 度以上的耕地分别占 9.2%和 3.3%。

耕地分布及分类情况

	面积（千公顷）	占总量比重（%）
全　国	**121775.9**	**100.0**
按地区分		
东部地区	26395.2	21.7
中部地区	28991.6	23.8
西部地区	44937.9	36.9
东北地区	21451.2	17.6
按类别分		
水田	31667.9	26.0
水浇地	22963.3	18.9
旱地	67144.7	55.1
按坡度分		
0—15 度	106591.8	87.5
15—25 度	11143.2	9.2
其中：梯田	3177.5	—
25 度以上	4040.9	3.3
其中：梯田	900.3	—

注：

四大地区：东部地区包括北京市、天津市、河北省、上海市、江苏省、浙江省、福建省、山东省、广东省、海南省。中部地区包括山西省、安徽省、江西省、河南省、湖北省、湖南省。西部地区包括内蒙古自治区、广西壮族自治区、重庆市、四川省、贵州省、云南省、西藏自治区、陕西省、甘肃省、青海省、宁夏回族自治区、新疆维吾尔自治区。东北地区包括辽宁省、吉林省、黑龙江省。

第二次全国经济普查主要数据公报

（第1号）

国务院第二次全国经济普查领导小组办公室
中华人民共和国国家统计局

（2009年12月25日）

为了全面掌握我国第二产业和第三产业[1]的发展规模及布局，了解我国产业组织、产业结构、产业技术的现状以及各生产要素的构成，摸清我国各类企业和单位能源消耗的基本情况，建立健全覆盖国民经济各行业的基本单位名录库、基础信息数据库和统计电子地理信息系统，为加强和改善宏观调控、科学制定中长期发展规划提供科学准确的统计信息支持，我国于2008年进行了第二次全国经济普查。这次普查的标准时点为2008年12月31日，时期资料为2008年度。普查对象是在我国境内从事第二产业和第三产业的全部法人单位、产业活动单位和个体经营户[2]。普查主要内容包括单位基本属性、从业人员、财务状况、生产经营情况、生产能力、能源消耗、科技活动情况等。

经过各地区和有关部门及全体普查人员近两年的共同努力，全国经济普查的登记填报及数据审核汇总工作基本完成。国务院第二次全国经济普查领导小组办公室采取分层随机等距整群抽样方法，对30个地区的数据质量进行了抽查，共抽查186个普查小区的21843个法人单位和产业活动单位（抽查比例约为2.46‰），个体经营户24263户（抽查比例约为0.48‰）。抽查汇总结果，数据填报综合差错率为3.5‰,数据质量达到预期目标要求。

根据《全国经济普查条例》的有关要求,经国务院批准,国务院第二次全国经济普查领导小组办公室和国家统计局将向社会发布经济普查公报。现将第1号公报发布如下:

一、单位基本情况

2008年末,全国共有从事第二、三产业的法人单位709.9万个,与2004年第一次全国经济普查相比,增加193.0万个,增长37.3%;产业活动单位886.4万个,增加204.0万个,增长29.9%;有证照的个体经营户2873.7万户,增加686.9万户,增长31.4%(详见表1)。

表1　单位数与有证照的个体经营户数

	单位数(万个)	比重(%)
一、法人单位	**709.9**	**100.0**
企业法人	495.9	69.9
机关、事业法人	95.9	13.5
社会团体和其他法人	118.1	16.6
二、产业活动单位	**886.4**	**100.0**
第二产业	230.0	25.9
第三产业	656.4	74.1
三、有证照的个体经营户	**2873.7**	**100.0**
第二产业	253.8	8.8
第三产业	2619.9	91.2

2008年末,企业法人单位495.9万个,比2004年增加170.9万个,增长52.6%。其中,国有企业14.3万个,减少3.6万个,下降20.0%;集体企业19.2万个,减少15.1万个,下降44.0%;股份合作企业6.4万个,减少4.3万个,下降40.2%;联营企业、有限责任公司和股份有限公司共65.9万个,增加22.7万个,增长52.5%;私营企业359.6万个,增加161.4万个,增长81.4%;其他

内资企业 11.9 万个，增加 6.4 万个，增长 116.3%；港、澳、台商投资企业 8.4 万个，增加 1.0 万个，增长 13.5%；外商投资企业 10.2 万个，增加 2.4 万个，增长 30.2%（详见表 2）。

表 2　按登记注册类型分组的企业法人单位

	单位数（万个）	比　重（%）
合　　计	**495.9**	**100.0**
内资企业	477.4	96.3
国有企业	14.3	2.9
集体企业	19.2	3.9
股份合作企业	6.4	1.3
联营企业	1.1	0.2
国有联营企业	0.2	0.0
集体联营企业	0.4	0.1
国有与集体联营企业	0.2	0.0
其他联营企业	0.3	0.1
有限责任公司	55.1	11.1
国有独资公司	1.1	0.2
其他有限责任公司	54.1	10.9
股份有限公司	9.7	2.0
私营企业	359.6	72.5
其他企业	11.9	2.4
港、澳、台商投资企业	8.4	1.7
外商投资企业	10.2	2.0

第二、三产业法人单位半数以上集中于东部地区[3]，单位拥有量自东向西继续呈递减态势，东部地区拥有法人单位 372.7 万个，占 52.5%；中部地区 141.7 万个，占 20.0%；西部地区 136.5 万个，占 19.2%；东北地区 59.0 万个，占 8.3%。东部地区拥有产业活动单位 441.2 万个，占 49.8%；中部地区 185.3 万个，占 20.9%；西部地区 186.8 万个，占 21.1%；东北地区 73.1 万个，占 8.2%。东部地区有证照的个体经营户 1134.1 万个，占 39.5%；中部地区 707.6 万个，占 24.6%；西部地区 746.4 万个，占 26.0%；东北地区 285.6 万个，占 9.9%。

表 3　单位与有证照个体经营户的地区分布

	法人单位		产业活动单位		有证照的个体经营户	
	数量（万个）	比重（%）	数量（万个）	比重（%）	数量（万个）	比重（%）
合　计	**709.9**	**100.0**	**886.4**	**100.0**	**2873.7**	**100.0**
北　京	26.9	3.8	30.8	3.5	44.3	1.5
天　津	14.5	2.0	16.2	1.8	24.4	0.8
河　北	27.9	3.9	32.9	3.7	124.5	4.3
山　西	16.1	2.3	23.5	2.7	63.2	2.2
内蒙古	11.4	1.6	14.7	1.7	73.3	2.6
辽　宁	31.5	4.4	37.3	4.2	128.7	4.5
吉　林	12.4	1.8	15.2	1.7	67.5	2.3
黑龙江	15.0	2.1	20.5	2.3	89.4	3.1
上　海	36.0	5.1	41.2	4.6	29.8	1.0
江　苏	63.1	8.9	70.4	7.9	176.8	6.2
浙　江	56.0	7.9	64.4	7.3	169.4	5.9
安　徽	20.5	2.9	27.1	3.1	109.9	3.8
福　建	23.3	3.3	29.9	3.4	98.6	3.4
江　西	14.8	2.1	19.9	2.2	69.6	2.4
山　东	60.4	8.5	74.8	8.4	217.7	7.6
河　南	35.1	4.9	44.2	5.0	218.1	7.6
湖　北	29.3	4.1	37.3	4.2	115.0	4.0
湖　南	25.8	3.6	33.2	3.7	131.8	4.6
广　东	61.8	8.7	76.5	8.6	230.2	8.0
广　西	15.5	2.2	21.9	2.5	118.3	4.1
海　南	2.9	0.4	4.1	0.5	18.4	0.6
重　庆	13.9	2.0	18.3	2.1	58.7	2.0
四　川	31.0	4.4	39.1	4.4	169.9	5.9
贵　州	9.4	1.3	13.8	1.6	53.9	1.9
云　南	12.3	1.7	19.0	2.1	81.7	2.8
西　藏	1.5	0.2	2.0	0.2	6.0	0.2
陕　西	17.9	2.5	22.9	2.6	65.4	2.3
甘　肃	9.4	1.3	14.0	1.6	40.7	1.4
青　海	2.4	0.3	3.4	0.4	11.2	0.4
宁　夏	2.9	0.4	3.7	0.4	15.4	0.5
新　疆	8.8	1.2	13.9	1.6	51.8	1.8

在产业活动单位中，从事制造业的单位 185.9 万个，占 21.0%；批发和零售业 174.5 万个，占 19.7%；教育 54.7 万个，占 6.2%；公共管理和社会组织 171.2 万个，占 19.3%。以上四个行业合计占 66.2%（详见表 4）。

表 4　产业活动单位的行业分布

	单位数（万个）	比重（%）
合　计	**886.4**	**100.0**
农、林、牧、渔业*	2.1	0.2
采矿业	10.2	1.2
制造业	185.9	21.0
电力、燃气及水的生产和供应业	8.5	1.0
建筑业	25.3	2.9
交通运输、仓储和邮政业	22.5	2.5
信息传输、计算机服务和软件业	21.1	2.4
批发和零售业	174.5	19.7
住宿和餐饮业	18.1	2.0
金融业	22.0	2.5
房地产业	24.5	2.8
租赁和商务服务业	49.1	5.5
科学研究、技术服务和地质勘查业	23.7	2.7
水利、环境和公共设施管理业	7.5	0.8
居民服务和其他服务业	13.8	1.6
教育	54.7	6.2
卫生、社会保障和社会福利业	41.4	4.7
文化、体育和娱乐业	10.2	1.2
公共管理和社会组织	171.2	19.3

*此处的农、林、牧、渔业为第二、三产业法人兼营的第一产业活动单位。

有证照的个体经营户较为集中的五个行业是：工业 227.4 万户，占有证照的个体经营户总数的 7.9%；交通运输业 459.6 万户，占16.0%;批发和零售业1549.1万户,占53.9%;住宿和餐饮业226.3万户,占7.9%;居民服务和其他服务业269.3万户,占9.4%(详见表5)。

表5 有证照个体经营户的行业分布

	单位数(万户)	比重(%)
合　　计	**2873.7**	**100.0**
工业*	227.4	7.9
建筑业	26.4	0.9
交通运输业	459.6	16.0
批发和零售业	1549.1	53.9
住宿和餐饮业	226.3	7.9
房地产业	3.5	0.1
租赁和商务服务业	27.0	0.9
居民服务和其他服务业	269.3	9.4
教育	6.7	0.2
卫生和社会福利业	57.0	2.0
文化、体育和娱乐业	21.0	0.7
其他	0.4	0.0

*包括采矿业、制造业和电力、燃气及水的生产和供应业。

二、从业人员

2008年末,全国第二、三产业单位和有证照的个体经营户从业人员[4]数为35507.0万人,与2004年第一次全国经济普查相比,增加8586.6万人,增长31.9%。其中,第二产业的从业人员为17338.8万人,增加3438.2万人,增长24.7%;第三产业的从业人员为18168.2万人,增加5148.4万人,增长39.5%。在从业人员中,单位从业人员27311.5万人,占76.9%;有证照的个体经营人员8195.4万人,占23.1%。在单位从业人员中,女性9479.4万人，占单位从业人员的 34.7%。

在单位从业人员中，制造业 10433.1 万人，占 38.2%；建筑业 3907.7 万人，占 14.3%；公共管理和社会组织 2228.5 万人，占 8.2%；教育 1723.6 万人，占 6.3%；批发和零售业 1892.0 万人，占 6.9%（详见表 6）。

表 6　单位从业人员的行业分布

	从业人员（万人）	比重（%）
合　　计	**27311.5**	**100.0**
农、林、牧、渔业	195.3	0.7
采矿业	990.8	3.6
制造业	10433.1	38.2
电力、燃气及水的生产和供应业	404.6	1.5
建筑业	3907.7	14.3
交通运输、仓储和邮政业	1077.0	3.9
信息传输、计算机服务和软件业	320.7	1.2
批发和零售业	1892.0	6.9
住宿和餐饮业	585.8	2.1
金融业	487.0	1.8
房地产业	552.2	2.0
租赁和商务服务业	770.7	2.8
科学研究、技术服务和地质勘查业	447.6	1.6
水利、环境和公共设施管理业	221.4	0.8
居民服务和其他服务业	199.0	0.7
教育	1723.6	6.3
卫生、社会保障和社会福利业	680.4	2.5
文化、体育和娱乐业	194.1	0.7
公共管理和社会组织	2228.5	8.2

在单位从业人员中，具有研究生及以上、大学本科、专科、高中、初中及以下学历的人员分别占 1.3%、11.4%、17.6%、31.5%

和 38.2%。具有技术职称的人员共 4559.7 万人，占单位从业人员的 16.7%；具有技术等级资格证书的人员共 2381.1 万人，占单位从业人员的 8.7%(详见表 7)。

表 7　单位从业人员学历、职称、技术等级情况

	从业人员(万人)	比重(%)
一、从业人员合计	27311.5	100.0
具有研究生及以上学历者	358.6	1.3
具有大学本科学历者	3106.0	11.4
具有大专学历者	4796.1	17.6
具有高中学历者	8610.5	31.5
具有初中及以下学历者	10440.3	38.2
二、具有技术职称的人员合计	4559.7	100.0
具有高级技术职称者	515.1	11.3
具有中级技术职称者	1747.5	38.3
具有初级技术职称者	2297.1	50.4
三、具有技术等级证书人员合计	2381.1	100.0
高级技师	98.2	4.1
技师	280.7	11.8
高级工	793.6	33.3
中级工	1208.6	50.8

三、企业资产总额

2008 年末，全国第二、三产业企业法人单位资产总额为 207.8 万亿元，比 2004 年末增加 111.1 万亿元，增长 114.8%。其中，国有企业资产总额 47.7 万亿元，比 2004 年末增加 17.6 万亿元，增长 58.5%；集体企业资产总额 4.4 万亿元，减少 0.8 万亿元，下降 15.1%；股份合作企业资产总额 4.5 万亿元，增加 2.6 万亿元，增长 141.1%；私营企业资产总额 25.7 万亿元，增加 17.0 万亿元，增长

194.9%;港、澳、台商投资企业资产总额8.0万亿元,增加3.8万亿元,增长89.8%;外商投资企业资产总额13.5万亿元,增加7.3万亿元,增长118.0%(详见表8)。

表8 按登记注册类型分组的企业资产总额

	资产总额(万亿元)	比重(%)
合　　计	**207.8**	**100.0**
内资企业	186.3	89.7
国有企业	47.7	23.0
集体企业	4.4	2.1
股份合作企业	4.5	2.2
联营企业	0.5	0.2
国有联营企业	0.3	0.1
集体联营企业	0.1	0.0
国有与集体联营企业	0.1	0.1
其他联营企业	0.1	0.0
有限责任公司	42.8	20.6
国有独资公司	15.5	7.5
其他有限责任公司	27.3	13.1
股份有限公司	59.6	28.7
私营企业	25.7	12.3
其他企业	1.2	0.6
港、澳、台商投资企业	8.0	3.9
外商投资企业	13.5	6.5

四、企业实收资本

2008年末,我国第二、三产业企业法人单位(不含行政事业单位和个体经营户)的实收资本[5]总额为34.0万亿元,比2004年末增加15.8万亿元,增长87.1%。在全部企业法人单位的实收资本总额中,国家资本11.4万亿元,增加4.6万亿元,增长67.4%;集体资本 1.0 万亿元，与 2004 年末持平；法人资本 8.7 万亿元，增加 4.1 万亿元，增长 88.0％；个人资本 7.8 万亿元，增加 4.5 万亿元，增长 138.4％；港澳台资本 2.1 万亿元，增加 1.0 万亿元，增长 87.9％；外商资本 3.1 万亿元，增加 1.7 万亿元，增长 125.6％。

注释：

[1]三次产业的划分：

第一产业是指农、林、牧、渔业。

第二产业是指采矿业，制造业，电力、燃气及水的生产和供应业，建筑业。

第三产业是指除第一、二产业以外的其他行业，具体包括：交通运输、仓储和邮政业，信息传输、计算机服务和软件业，批发和零售业，住宿和餐饮业，金融业，房地产业，租赁和商务服务业，科学研究、技术服务和地质勘查业，水利、环境和公共设施管理业，居民服务和其他服务业，教育，卫生、社会保障和社会福利业，文化、体育和娱乐业，公共管理和社会组织，国际组织。本次普查未包括国际组织。

[2]单位的划分：

法人单位是指具备以下条件的单位：

(1)依法成立，有自己的名称、组织机构和场所，能够独立承担民事责任；

(2)独立拥有和使用(或授权使用)资产，承担负债，有权与其他单位签订合同；

(3)会计上独立核算，能够编制资产负债表。

法人单位包括企业法人、事业单位法人、机关法人、社会团体法人和其他法人。

产业活动单位是指具备以下条件的单位：

(1)在一个场所从事一种或主要从事一种社会经济活动；

(2)相对独立组织生产经营或业务活动；

(3)能够掌握收入和支出等业务核算资料。

有证照的个体经营户是指除农户外，生产资料归劳动者个人所有，以个体劳动为基础，劳动成果归劳动者个人占有和支配的一种经营单位。即按照《民法通则》和《城乡个体工商户管理暂行条例》规定经各级工商行政管理机关登记注册、领取《营业执照》的个体工商户。具体是指公民在法律允许范围内，依法经核准登记，从事工业、商业、建筑业、运输业、餐饮业、服务业等活动的个体劳动者。

[3]东、中、西、东北部的划分：

东部包括：北京、天津、河北、上海、江苏、浙江、福建、山东、广东和海南。

中部包括：山西、安徽、江西、河南、湖北和湖南。

西部包括：内蒙古、广西、重庆、四川、贵州、云南、西藏、陕西、甘肃、青海、宁夏和新疆。

东北包括：辽宁、吉林和黑龙江。

[4]从业人员：是指2008年12月31日在第二、三产业单位和有证照的个体经营户在岗的从业人员。未包括上述范围之外的从业人员。

单位从业人员是指在本单位工作并取得劳动报酬或收入的年末实有人员数。包括：在各单位工作的外方人员、港澳台方工作人员、兼职人员、再就业的离退休人员、借用的外单位人员和第二职业者。但不包括离开本单位仍保留劳动关系的职工。

[5]实收资本：是指投资者按照企业章程，或合同、协议的约定，实际投入企业的资本。企业实收资本按照投资主体划分为国家资本、集体资本、法人资本、个人资本、港澳台资本和外商资本六种。

[6]表中的合计数和部分计算数据因小数取舍而产生的误差，均未作机械调整。

第二次全国经济普查主要数据公报

（第 2 号）

国务院第二次全国经济普查领导小组办公室
中华人民共和国国家统计局

（2009 年 12 月 25 日）

根据第二次全国经济普查结果，现将我国第二产业的主要数据公布如下：

一、工　业

（一）企业单位数和从业人员。

2008 年末，全国共有工业企业法人单位 190.3 万个，从业人员 11738.3 万人，分别比 2004 年末增长 31.2%和 21.7%。工业有证照的个体经营户 227.4 万户，从业人员 1402.7 万人，分别比 2004 年末增长 4.6%和 3.8%。

在工业企业法人单位中，国有企业及国有独资公司 2.8 万个，占 1.5%；集体企业 6.6 万个，占 3.4%；私营企业 145.7 万个，占 76.6%；港、澳、台商投资企业 5.7 万个，占 3.0%；外商投资企业 6.5 万个，占 3.4%；其余类型企业 23.1 万个，占 12.1%。

在工业企业法人单位从业人员中，国有企业及国有独资公司占 9.2%，集体企业占 2.9%，私营企业占 44.4%，港、澳、台商投资企业占 10.7%，外商投资企业占 11.7%，其余类型企业占 21.1%

（详见表1）。

表1　按登记注册类型分组的工业企业法人单位和从业人员

	企业法人（万个）	从业人员（万人）
合　　计	**190.3**	**11738.3**
内资企业	178.1	9107.9
国有企业	2.6	761.8
集体企业	6.6	345.2
股份合作企业	2.6	111.7
联营企业	0.3	26.5
国有联营企业	0.04	7.5
集体联营企业	0.2	9.4
国有与集体联营企业	0.05	4.9
其他联营企业	0.1	4.7
有限责任公司	14.5	1967.0
国有独资公司	0.2	314.4
其他有限责任公司	14.3	1652.6
股份有限公司	2.5	593.3
私营企业	145.7	5205.8
其他企业	3.4	96.6
港、澳、台商投资企业	5.7	1251.5
外商投资企业	6.5	1379.0

在工业企业法人单位中，采矿业9.4万个，制造业175.3万个，电力、燃气及水的生产和供应业5.6万个，分别占5.0%、92.1%和2.9%。

在工业企业法人单位的从业人员中，采矿业占8.3%，制造业占88.3%，电力、燃气及水的生产和供应业占3.4%。在工业行业大类中，非金属矿物制品业、纺织业、通用设备制造业从业人员数位居前三位，分别占7.9%、6.9%和6.1%（详见表2）。

表 2　工业企业法人单位和从业人员的行业分布

	企业法人（万个）	从业人员（万人）
合　　计	**190.3**	**11738.3**
采矿业	**9.4**	**978.5**
煤炭开采和洗选业	2.1	570.7
石油和天然气开采业	0.1	110.8
黑色金属矿采选业	1.7	92.3
有色金属矿采选业	1.0	73.7
非金属矿采选业	4.4	129.4
其他采矿业	0.1	1.5
制造业	**175.3**	**10359.3**
农副食品加工业	10.0	452.4
食品制造业	4.0	217.2
饮料制造业	3.4	164.3
烟草制品业	0.0	20.5
纺织业	10.4	804.6
纺织服装、鞋、帽制造业	7.6	640.9
皮革毛皮羽毛(绒)及其制品业	2.9	336.7
木材加工及木竹藤棕草制品业	6.1	237.3
家具制造业	3.5	157.5
造纸及纸制品业	4.7	218.3
印刷业和记录媒介的复制	5.2	153.4
文教体育用品制造业	1.9	167.5
石油加工、炼焦及核燃料加工业	0.6	91.4
化学原料及化学制品制造业	9.3	557.0
医药制造业	1.5	167.4
化学纤维制造业	0.4	48.5
橡胶制品业	2.0	127.7
塑料制品业	9.5	387.4
非金属矿物制品业	20.6	932.9
黑色金属冶炼及压延加工业	1.8	329.7
有色金属冶炼及压延加工业	2.1	202.5
金属制品业	12.7	499.2

续表

	企业法人（万个）	从业人员（万人）
通用设备制造业	17.6	717.2
专用设备制造业	8.9	431.1
交通运输设备制造业	7.6	577.3
电气机械及器材制造业	8.9	624.8
通信设备、计算机及其他电子设备制造业	4.3	698.8
仪器仪表及文化、办公用机械制造业	2.3	149.0
工艺品及其他制造业	4.6	223.7
废弃资源和废旧材料回收加工业	0.8	23.4
电力、燃气及水的生产和供应业	**5.6**	**400.5**
电力、热力的生产和供应业	3.7	311.2
燃气生产和供应业	0.3	22.4
水的生产和供应业	1.6	67.0

(二)主要工业产品产量。

2008 年主要工业产品产量见表 3。

表 3　主要工业产品产量

产品名称	计量单位	产　量
原煤	亿吨	28.0
天然原油	万吨	19505.0
天然气	亿立方米	803.0
汽油	万吨	6434.8
柴油	万吨	13458.3
硫酸(折 100%)	万吨	5097.9
乙烯	万吨	987.6
合成氨(无水氨)	万吨	4887.2
水泥	万吨	142355.7
焦炭	万吨	32031.5
生铁	万吨	47824.4
粗钢	万吨	50305.8
钢材	万吨	60460.6

续表

产品名称	计量单位	产　量
原铝(电解铝)	万吨	1316.5
氧化铝	万吨	2302.9
金属切削机床	万台	71.7
大中型拖拉机	台	284387.0
汽车	万辆	930.6
其中:轿车	万辆	503.8
发电量	亿千瓦小时	34957.6
其中:火电	亿千瓦小时	27072.3

(三)资产负债和所有者权益。

2008 年末,工业企业法人单位资产合计 473048.3 亿元,比 2004 年末增长 96.5%;负债合计 268919.2 亿元,比 2004 年末增长 96.6%;所有者权益合计[1]204076.3 亿元,比 2004 年末增长 96.4%(详见表 4)。

工业企业法人单位资产负债率,采矿业为 50.0%;制造业为 56.6%;电力、燃气及水的生产和供应业为 62.2%。

表 4　工业企业法人单位资产负债和所有者权益的行业分布

单位:亿元

	资产合计	负债合计	所有者权益合计
合　　计	**473048.3**	**268919.2**	**204076.3**
采矿业	**42246.1**	**21103.2**	**21142.9**
煤炭开采和洗选业	20735.1	12032.0	8703.0
石油和天然气开采业	12862.8	5036.2	7826.6
黑色金属矿采选业	3724.3	1751.2	1973.1
有色金属矿采选业	2779.7	1304.8	1474.9
非金属矿采选业	2117.0	966.5	1150.5
其他采矿业	27.2	12.4	14.8
制造业	**358447.1**	**202800.2**	**155603.4**
农副食品加工业	12752.9	6809.0	5943.9

续表

	资产合计	负债合计	所有者权益合计
食品制造业	6054.4	3152.0	2902.4
饮料制造业	6684.5	3356.6	3327.9
烟草制品业	4433.4	1044.2	3389.2
纺织业	17290.3	10008.6	7281.7
纺织服装、鞋、帽制造业	6904.2	3683.0	3221.0
皮革、毛皮、羽毛(绒)及其制品业	3486.6	1844.3	1642.2
木材加工及木、竹、藤、棕、草制品业	3732.0	1807.1	1924.9
家具制造业	2524.0	1347.1	1177.0
造纸及纸制品业	8312.4	4741.7	3563.2
印刷业和记录媒介的复制	3528.8	1701.3	1827.5
文教体育用品制造业	1915.4	1006.3	909.1
石油加工、炼焦及核燃料加工业	12058.4	7428.2	4630.2
化学原料及化学制品制造业	29824.1	16124.3	13687.0
医药制造业	8520.1	4100.8	4417.9
化学纤维制造业	3529.8	2084.1	1445.7
橡胶制品业	3656.4	2100.5	1555.9
塑料制品业	8650.9	4689.0	3961.9
非金属矿物制品业	21833.1	11821.6	10011.2
黑色金属冶炼及压延加工业	35642.4	22550.1	13091.1
有色金属冶炼及压延加工业	14684.4	8447.7	6236.8
金属制品业	12100.3	6817.5	5282.8
通用设备制造业	22725.2	13325.8	9399.4
专用设备制造业	15480.5	8978.7	6501.8
交通运输设备制造业	32870.2	20254.6	12609.0
电气机械及器材制造业	22586.5	12869.2	9717.3
通信设备、计算机及其他电子设备制造业	28405.0	16466.3	11925.4
仪器仪表及文化、办公用机械制造业	4322.9	2182.4	2140.3
工艺品及其他制造业	3234.1	1626.3	1607.8
废弃资源和废旧材料回收加工业	703.9	431.8	272.0
电力、燃气及水的生产和供应业	**72355.2**	**45015.9**	**27330.0**
电力、热力的生产和供应业	64818.9	41096.0	23713.6
燃气生产和供应业	2376.7	1314.4	1062.2
水的生产和供应业	5159.6	2605.5	2554.1

(四)主营业务收入和利润总额。

2008 年,工业企业法人单位主营业务收入 535629.4 亿元,比 2004 年增长 145.2%。其中,采矿业占 6.9%,制造业占 86.8%,电力、燃气及水的生产和供应业占 6.3%。主营业务收入超过万亿元的行业有 18 个,比 2004 年增加 11 个。

工业企业法人单位利润总额 33854.3 亿元,比 2004 年增长 159.1%。其中,采矿业占 25.5%,制造业占 72.3%,电力、燃气及水的生产和供应业占 2.2%。利润总额超过 500 亿元的行业有 23 个,比 2004 年增加 14 个(详见表 5)。

表 5　工业企业法人单位主营业务收入和利润总额的行业分布

单位:亿元

	主营业务收入	利润总额
合　　计	**535629.4**	**33854.3**
采矿业	**37191.4**	**8613.5**
煤炭开采和洗选业	16301.9	2490.4
石油和天然气开采业	11080.4	4605.2
黑色金属矿采选业	4121.0	777.9
有色金属矿采选业	2904.6	430.2
非金属矿采选业	2756.4	306.6
其他采矿业	27.0	3.4
制造业	**464871.4**	**24486.5**
农副食品加工业	25582.1	1448.6
食品制造业	8175.0	565.4
饮料制造业	6675.8	623.1
烟草制品业	4262.9	713.7
纺织业	22716.5	1070.7
纺织服装、鞋、帽制造业	10456.4	581.7
皮革毛皮羽毛(绒)及制品业	6253.6	380.7
木材加工及木竹藤棕草制品业	5852.2	427.7
家具制造业	3621.4	200.5
造纸及纸制品业	8339.0	505.0

续表

	主营业务收入	利润总额
印刷业和记录媒介的复制	3459.4	272.8
文教体育用品制造业	2754.1	100.0
石油加工、炼焦及核燃料加工业	22794.6	−990.7
化学原料及化学制品制造业	34878.9	2058.4
医药制造业	7591.1	800.2
化学纤维制造业	3955.6	86.1
橡胶制品业	4506.3	208.8
塑料制品业	11362.8	645.9
非金属矿物制品业	24500.7	1987.7
黑色金属冶炼及压延加工业	46086.2	1604.8
有色金属冶炼及压延加工业	21086.3	873.5
金属制品业	16900.3	941.4
通用设备制造业	27055.3	1850.2
专用设备制造业	15657.9	1124.0
交通运输设备制造业	34235.7	2234.8
电气机械及器材制造业	30846.2	1906.2
通信设备、计算机及其他电子设备制造业	43867.3	1565.9
仪器仪表及文化、办公用机械制造业	5208.2	343.8
工艺品及其他制造业	4860.6	298.6
废弃资源和废旧材料回收加工业	1329.1	57.0
电力、燃气及水的生产和供应业	**33566.7**	**754.3**
电力、热力的生产和供应业	30791.3	569.6
燃气生产和供应业	1671.7	136.3
水的生产和供应业	1103.7	48.4

2008 年，工业企业法人单位主营业务收入占全国比重前五位的省份是：江苏 13.2％、广东 12.5％、山东 12.2％、浙江 8.2％和河南 5.3％。工业企业利润总额超过千亿元的省份是：江苏、山东、广东、河南、浙江、黑龙江、河北、陕西、湖北和福建。

（五）企业科技活动。

2008 年末，规模以上工业企业[2]中开展科技活动[3]的企业有48637个，占11.6%；开展研究与试验发展（R&D）活动的企业有27278个，占6.5%。在大中型企业中，开展科技活动的企业所占比重为37.1%，开展研究与试验发展（R&D）活动的企业所占比重为24.9%。

2008年末，规模以上工业企业有科技活动人员309.2万人，比2004年末增长68.2%；企业投入的科技活动经费为5941.7亿元，比2004年末增长147.4%。

在企业投入的科技活动经费中，代表企业自主创新能力的研究与试验发展（R&D）经费较快增长，2008年为3073.1亿元，比2004年增长178.2%；研究与试验发展经费的投入强度[4]为0.61%，高于2004年0.56%的水平。2008年大中型工业企业投入研究与试验发展经费2681.3亿元，投入强度为0.84%，高于2004年0.71%的水平。分行业研究与试验发展经费投入情况详见表6。

研究与试验发展经费投入超过百亿元的省份是：江苏、广东、山东、浙江、上海、辽宁、天津和北京。

表6 规模以上工业企业研究与试验发展经费投入的行业分布

	经费投入（亿元）	投入强度（%）
合　计	**3073.1**	**0.61**
采矿业	**110.1**	**0.29**
煤炭开采和洗选业	63.9	0.37
石油和天然气开采业	36.9	0.30
黑色金属矿采选业	2.4	0.07
有色金属矿采选业	4.2	0.16
非金属矿采选业	2.7	0.15
制造业	**2929.8**	**0.68**
农副食品加工业	38.8	0.17
食品制造业	25.7	0.34
饮料制造业	37.1	0.59
烟草制造业	9.6	0.22

续表

	经费投入（亿元）	投入强度（%）
纺织业	61.0	0.29
纺织服装、鞋、帽制造业	13.6	0.15
皮革、毛皮、羽毛（绒）及其制品业	6.4	0.11
木材加工及木、竹、藤、棕、草制品业	8.1	0.18
家具制造业	4.6	0.15
造纸及纸制品业	28.3	0.38
印刷业和记录媒介的复制	7.2	0.28
文教体育用品制造业	7.2	0.30
石油加工、炼焦及核燃料加工业	30.1	0.13
化学原料及化学制品制造业	226.7	0.68
医药制造业	102.8	1.39
化学纤维制造业	32.4	0.83
橡胶制品业	34.6	0.84
塑料制品业	36.1	0.38
非金属矿物制品业	60.7	0.30
黑色金属冶炼及压延加工业	305.5	0.67
有色金属冶炼及压延加工业	98.9	0.48
金属制品业	55.8	0.38
通用设备制造业	217.7	0.91
专用设备制造业	183.2	1.31
交通运输设备制造业	392.2	1.19
电气机械及器材制造业	319.8	1.09
通信设备、计算机及其他电子设备制造业	520.3	1.20
仪器仪表及文化、办公用机械制造业	56.0	1.15
工艺品及其他制造业	9.2	0.23
废弃资源和废旧材料回收加工业	0.4	0.04
电力、燃气及水的生产和供应业	**33.3**	**0.10**
电力、热力的生产和供应业	31.9	0.10
燃气生产和供应业	0.3	0.02
水的生产和供应业	1.0	0.11

2008年，规模以上工业企业实现新产品[5]产值58522.7亿元，新产品产值占同口径工业总产值的比重为11.3%。2008年规模以上工业企业专利申请量为173573件，其中发明专利申请59254件；发明专利申请所占比重为34.1%，比2004年增加2.4个百分点。

二、建筑业

(一)企业单位数和从业人员。

2008年末，全国共有建筑业法人企业单位22.7万个，从业人员3901.1万人；建筑业有证照的个体经营户26.4万户，从业人员199.9万人。

建筑业企业法人单位中，国有企业及国有独资公司0.9万个，占3.8%；集体企业1.0万个，占4.5%；私营企业15.3万个，占67.6%；港、澳、台商投资企业0.1万个，占0.4%；外商投资企业0.1万个，占0.4%；其余类型企业5.3万个，占23.4%。

建筑业企业法人单位从业人员中，国有企业及国有独资公司占12.7%，集体企业占6.7%，私营企业占37.0%，其他有限责任公司占34.6%，其余类型企业占9.1%(详见表7)。

表7　按登记注册类型分组的建筑业企业法人单位和从业人员

	企业法人(个)	从业人员(万人)
合　　计	**226795**	**3901.1**
内资企业	225141	3878.7
国有企业	7925	438.1
集体企业	10252	261.8
股份合作企业	1778	29.9
联营企业	490	11.9
国有联营企业	69	1.7
集体联营企业	191	3.4

续表

	企业法人(个)	从业人员(万人)
国有与集体联营企业	68	1.6
其他联营企业	162	5.2
有限责任公司	41393	1404.2
国有独资公司	637	57.1
其他有限责任公司	40756	1347.1
股份有限公司	6339	269.8
私营企业	153319	1443.8
其他内资企业	3645	19.2
港、澳、台商投资企业	807	11.5
外商投资企业	847	10.9

建筑业企业法人单位中，房屋和土木工程建筑业占41.0%；建筑安装业占19.3%；建筑装饰业占29.2%；其他建筑业占10.4%。

建筑业企业法人单位从业人员中，房屋和土木工程建筑业占83.0%；建筑安装业占8.3%；建筑装饰业占4.8%；其他建筑业占3.9%(详见表8)。

表8 建筑业企业法人单位和从业人员的行业分布

	合计		资质内企业		资质外企业	
	企业法人(万个)	从业人员(万人)	企业法人(万个)	从业人员(万人)	企业法人(万个)	从业人员(万人)
合计	**22.7**	**3901.1**	**8.3**	**3511.3**	**14.4**	**389.8**
房屋和土木工程建筑业	9.3	3238.7	4.6	3018.4	4.7	220.3
建筑安装业	4.4	322.0	1.5	255.2	2.9	66.7
建筑装饰业	6.6	186.4	1.5	120.7	5.1	65.7
其他建筑业	2.4	154.1	0.7	117.0	1.7	37.0

(二)建筑业总产值。

2008年,建筑业企业法人单位的建筑业总产值68841.7亿元。其中,资质内企业完成[6]62785.3亿元,资质外企业完成6056.4亿元。

在建筑业企业法人单位的建筑业总产值中,房屋和土木工程建筑业占83.7%;建筑安装业占9.2%;建筑装饰业占4.6%;其他建筑业占2.4%(详见表9)。

表9 建筑业企业法人单位建筑业总产值的行业分布

单位:亿元

	合计	资质内企业	资质外企业
合　　计	**68841.7**	**62785.3**	**6056.4**
房屋和土木工程建筑业	57619.5	54258.6	3360.9
建筑安装业	6366.7	5197.2	1169.5
建筑装饰业	3200.8	2209.7	991.1
其他建筑业	1654.8	1119.8	535.0

(三)房屋建筑面积及竣工价值。

2008年,总承包和专业承包建筑业企业[7]房屋建筑施工面积530518.6万平方米,房屋建筑竣工面积223591.6万平方米,竣工价值21722.5亿元,其中住宅建筑竣工面积133880.7万平方米,竣工价值12520.8亿元(详见表10)。

(四)资产负债和所有者权益。

2008年末,总承包和专业承包建筑业企业的资产合计为51711.9亿元,负债合计为34035.0亿元,企业所有者权益合计为17676.9亿元,资产负债率为65.8%(详见表11)。

表 10 总承包和专业承包建筑业企业房屋建筑完成情况

	房屋建筑竣工面积（万平方米）	房屋建筑竣工价值（亿元）
合　　计	**223591.6**	**21722.5**
厂房、仓库	41834.2	3767.8
住宅	133880.7	12520.8
办公用房	16996.6	1971.2
批发和零售用房	4597.0	477.5
住宿和餐饮用房	3470.9	402.4
居民服务业用房	2577.8	268.6
教育用房	7977.8	817.6
文化、体育用房	2488.6	373.3
卫生医疗用房	2048.0	266.6
科研用房	685.9	96.2
其他用房	7034.5	760.4

表 11 总承包和专业承包建筑业企业
法人单位资产负债和所有者权益行业分布

单位:亿元

	资产合计	负债合计	所有者权益合计
合　　计	**51711.9**	**34035.0**	**17676.9**
房屋和土木工程建筑业	43348.0	28817.8	14530.2
建筑安装业	5445.6	3572.7	1872.9
建筑装饰业	1850.5	1038.8	811.7
其他建筑业	1067.9	605.8	462.1

(五)工程结算收入和利润总额。

2008 年,我国总承包和专业承包建筑业企业法人单位工程结算收入 59717.9 亿元,其中,房屋和土木工程建筑业占 86.3%,建筑安装业占 8.5%,建筑装饰业占 3.6%,其他建筑业占 1.6%;利润总额2201.8亿元,其中,房屋和土木工程建筑业占81.6%,建筑安装业占12.3%,建筑装饰业占3.9%,其他建筑业占2.2%(详见表12)。

表12　总承包和专业承包建筑业企业法人单位工程结算收入和利润总额

单位:亿元

	工程结算收入	利润总额
合　计	**59717.9**	**2201.8**
房屋和土木工程建筑业	51514.5	1796.3
建筑安装业	5104.2	270.1
建筑装饰业	2149.5	86.5
其他建筑业	949.8	48.9

注释:

[1]所有者权益合计:是指所有者在企业资产中享有的经济利益,即企业资产减去负债后的余额。所有者权益包括实收资本(或股本)、资本公积、盈余公积和未分配利润等。

[2]规模以上工业企业:是指全部年主营业务收入500万元及以上的法人工业企业。

[3]开展科技活动的企业:是指有组织地开展科研和技术开发活动,并有相应经费支出的企业。

[4]研究与试验发展经费投入强度:是指研究与试验发展经费支出与主营业务收入之比。

[5]新产品:是指采用新技术原理、新设计构思研制生产的全新产品,或在结构、材质、工艺等某一方面比原有产品有明显改进,从而显著提高了产品性能或扩大了使用功能的产品。包括经政府有关部门认定并在有效期内的新产品,也包括企业自行开发研制,但尚未经政府有关部门认定、投产一年之内的新产品。

[6]资质内建筑业企业:是指依据建设部《建筑业企业资质管理规定》(中华人民共和国建设部令2001年第87号)及《建筑业企

业资质等级标准》(建〔2001〕82 号),已经领取《建筑业企业资质证书》的企业。资质外建筑业企业指虽然没有领取《建筑业企业资质证书》,但实际从事建筑生产经营活动的建筑业企业。

[7]总承包和专业承包企业:总承包企业是指具有施工总承包资质,可以对工程实行施工总承包或者对主体工程实行施工承包的建筑业企业。专业承包企业是指具有专业承包资质,可以承接总承包企业分包的专业工程或者建设单位按照规定发包的专业工程的建筑业企业。不包括资质以外的建筑业企业和个体经营户。

[8]表中的合计数和部分计算数据因小数取舍而产生的误差,均未作机械调整。

第二次全国经济普查主要数据公报

（第3号）

国务院第二次全国经济普查领导小组办公室
中华人民共和国国家统计局

（2009年12月25日）

根据第二次全国经济普查结果，现将我国第三产业的主要数据公布如下：

一、交通运输、仓储和邮政业

（一）单位数和从业人员。

2008年末，全国共有交通运输、仓储和邮政业企业法人单位14.8万个，比2004年末增加7.5万个；从业人员1020.2万人，比2004年末增加259.5万人（详见表1）。交通运输、仓储和邮政业的行政事业法人单位0.7万个，比2004年末减少0.1万个；从业人员44.9万人，比2004年末增加4.1万人。

在交通运输、仓储和邮政业企业法人单位中，交通运输业[1]占85.3%，仓储业占11.7%，邮政业占3.0%；在企业法人单位从业人员中，交通运输业占87.3%，仓储业占5.0%，邮政业占7.7%。

（二）资产总计、营业收入和营业利润。

2008年末，交通运输、仓储和邮政业企业法人单位资产总计

74807.4亿元，比2004年末增长109.2%。在资产总计中，交通运输业、仓储业和邮政业分别占90.3%、7.6%和2.1%。

表1　交通运输、仓储和邮政业企业法人单位和从业人员

	企业法人单位(个)	从业人员(万人)
合　　计	**148289**	**1020.2**
铁路运输业	252	179.3
道路运输业	66527	333.2
城市公共交通业	7503	159.0
水上运输业	7431	79.4
航空运输业	735	31.3
管道运输业	83	2.5
装卸搬运和其他运输服务业	43955	106.0
仓储业	17416	51.1
邮政业	4387	78.4

2008年，交通运输、仓储和邮政业企业法人单位营业收入31168.0亿元，比2004年增长153.8%。在营业收入中，交通运输业、仓储业和邮政业分别占87.3%、9.7%和3.0%。

2008年，交通运输、仓储和邮政业企业法人单位营业利润3270.2亿元，比2004年增长258.1%。在营业利润中，交通运输业、仓储业和邮政业分别占93.3%、7.3%和－0.6%(详见表2)。

表2　交通运输、仓储和邮政业企业法人单位资产总计、营业收入和营业利润

单位:亿元

	资产总计	营业收入	营业利润
合　　计	**74807.4**	**31168.0**	**3270.2**
铁路运输业	14936.2	3457.6	6.8
道路运输业	24829.4	9128.5	1909.6
城市公共交通业	3517.6	1392.9	－18.3
水上运输业	10502.4	5000.8	902.9
航空运输业	6871.4	2778.0	－275.8
管道运输业	1286.9	344.2	85.0
装卸搬运和其他运输服务业	5585.6	5106.0	441.7
仓储业	5694.5	3020.9	240.3
邮政业	1583.4	939.1	－22.0

二、批发和零售业

(一)企业法人单位数和从业人员。

2008年末,全国共有批发和零售业企业法人单位140.3万个,从业人员1891.2万人,分别比2004年末增长58.8%和36.4%。

在批发和零售业企业法人单位中,批发业85.4万个,零售业54.9万个,分别占60.9%和39.1%。

在批发和零售业企业法人单位从业人员中,批发业占55.8%,零售业占44.2%(详见表3)。

表3 批发和零售业企业法人单位和从业人员

	法人单位(万个)	从业人员(万人)
合　计	**140.3**	**1891.2**
批发业	**85.4**	**1054.3**
农畜产品批发	4.2	70.3
食品、饮料及烟草制品批发	6.4	139.2
纺织、服装及日用品批发	8.9	108.1
文化、体育用品及器材批发	2.7	30.6
医药及医疗器材批发	2.5	55.8
矿产品、建材及化工产品批发	28.7	321.0
机械设备、五金交电及电子产品批发	23.9	245.7
贸易经纪与代理	2.0	20.9
其他批发	6.1	62.7
零售业	**54.9**	**836.9**
综合零售	6.4	285.9
食品、饮料及烟草制品专门零售	4.5	49.2
纺织、服装及日用品专门零售	6.0	74.9
文化、体育用品及器材专门零售	3.6	40.5
医药及医疗器材专门零售	4.9	62.5
汽车、摩托车、燃料及零配件专门零售	8.0	122.9
家用电器及电子产品专门零售	9.1	97.3
五金、家具及室内装修材料专门零售	7.2	56.9
无店铺及其他零售	5.2	46.8

在批发和零售业企业法人单位中，国有企业3.8万个，占2.7%，集体企业5.1万个，占3.6%，私营企业105.4万个，占75.1%，港、澳、台商投资企业0.6万个，占0.4%，外商投资企业1.1万个，占0.8%（详见表4）。

在批发和零售业企业法人单位从业人员中，国有企业占8.3%，集体企业占4.6%，私营企业占54.1%，港、澳、台商投资企业占2.0%，外商投资企业占3.3%。

表4　按登记注册类型分组的批发和零售业企业法人单位和从业人员

	法人单位（万个）	从业人员（万人）
合　　计	**140.3**	**1891.2**
内资企业	138.6	1790.9
国有企业	3.8	156.9
集体企业	5.1	87.0
股份合作企业	1.5	20.5
联营企业	0.3	5.7
有限责任公司	16.5	344.3
股份有限公司	2.5	113.6
私营企业	105.4	1022.8
其他内资企业	3.5	40.1
港、澳、台商投资企业	0.6	37.1
外商投资企业	1.1	63.2

（二）资产总计。

2008年末，批发和零售业企业法人单位资产总计121619.4亿元，比2004年末增长96.8%。其中，批发业法人单位资产96055.8亿元，零售业法人单位资产25563.6亿元，分别比2004年增长98.4%和91.1%（详见表5）。

表 5　批发和零售业企业法人单位资产总计

	资产总计(亿元)
合　　计	**121619.4**
批发业	**96055.8**
农畜产品批发	4620.7
食品、饮料及烟草制品批发	8978.6
纺织、服装及日用品批发	7049.6
文化、体育用品及器材批发	1982.8
医药及医疗器材批发	3408.6
矿产品、建材及化工产品批发	40157.2
机械设备、五金交电及电子产品批发	21843.7
贸易经纪与代理	3768.4
其他批发	4246.2
零售业	**25563.6**
综合零售	7364.5
食品、饮料及烟草制品专门零售	994.2
纺织、服装及日用品专门零售	1597.2
文化、体育用品及器材专门零售	1250.7
医药及医疗器材专门零售	1252.4
汽车、摩托车、燃料及零配件专门零售	7432.5
家用电器及电子产品专门零售	2903.1
五金、家具及室内装修材料专门零售	1466.3
无店铺及其他零售	1302.7

(三)主营业务收入。

2008 年,批发和零售业企业法人单位主营业务收入 247482.6 亿元,比 2004 年增长 123.1%。其中,批发业 204129.2 亿元,零售业 43353.4 亿元,分别比 2004 年增长 121.3%和 132.1%(详见表 6)。

表 6　批发和零售业企业法人单位主营业务收入

	主营业务收入(亿元)
合　　计	**247482.6**
批发业	**204129.2**
农畜产品批发	4961.0
食品、饮料及烟草制品批发	16281.0
纺织、服装及日用品批发	14540.7
文化、体育用品及器材批发	3071.5
医药及医疗器材批发	6705.5
矿产品、建材及化工产品批发	111199.1
机械设备、五金交电及电子产品批发	34457.3
贸易经纪与代理	4558.5
其他批发	8354.6
零售业	**43353.4**
综合零售	11416.0
食品、饮料及烟草制品专门零售	1284.7
纺织、服装及日用品专门零售	2189.8
文化、体育用品及器材专门零售	1356.5
医药及医疗器材专门零售	1999.2
汽车、摩托车、燃料及零配件专门零售	16932.7
家用电器及电子产品专门零售	4756.4
五金、家具及室内装修材料专门零售	1828.6
无店铺及其他零售	1589.5

三、住宿和餐饮业

(一)企业法人单位数和从业人员。

2008 年末,全国共有住宿和餐饮业企业法人单位 14.5 万个,从业人员 585.2 万人,分别比 2004 年末增长 56.3%和 36.4%。

在住宿和餐饮业企业法人单位中,住宿业 5.4 万个,餐饮业 9.1 万个,分别占 37.2%和 62.8%。在住宿和餐饮业企业法人单位从业人员中,住宿业占 45.6%,餐饮业占 54.4%(详见表 7)。

表 7 住宿和餐饮业企业法人单位和从业人员

	法人单位(万个)	从业人员(万人)
合　　计	**14.5**	**585.2**
住宿业	**5.4**	**267.1**
旅游饭店	1.8	190.0
一般旅馆	3.3	69.1
其他住宿服务	0.3	8.0
餐饮业	**9.1**	**318.1**
正餐服务	7.5	262.6
快餐服务	0.6	37.3
饮料及冷饮服务	0.4	5.5
其他餐饮服务	0.6	12.7

在住宿和餐饮业企业法人单位中，国有企业 1.0 万个，占 6.9%，集体企业 0.7 万个，占 4.8%，私营企业 10.0 万个，占 69.0%，港、澳、台商投资企业 0.2 万个，占 1.4%，外商投资企业 0.2 万个，占 1.4%。

在住宿和餐饮业企业法人单位从业人员中，国有企业占 11.8%，集体企业占 3.1%，私营企业占 49.4%，港、澳、台商投资企业占 5.2%，外商投资企业占 7.2%(详见表 8)。

表 8 按登记注册类型分组的住宿和餐饮业企业法人单位和从业人员

	法人单位(万个)	从业人员(万人)
合　　计	**14.5**	**585.2**
内资企业	14.1	512.6
国有企业	1.0	69.2
集体企业	0.7	18.2
股份合作企业	0.2	7.0
联营企业	0.1	1.9
有限责任公司	1.3	94.2
股份有限公司	0.3	17.7
私营企业	10.0	289.2
其他内资企业	0.5	15.2
港、澳、台商投资企业	0.2	30.3
外商投资企业	0.2	42.3

(二)资产总计。

2008年末,住宿和餐饮业企业法人单位资产总计为11079.1亿元,比2004年末增长58.8%(详见表9)。

表9　住宿和餐饮业企业法人单位资产总计

	资产总计(亿元)
合　　计	**11079.1**
住宿业	**7877.9**
旅游饭店	6425.6
一般旅馆	1277.2
其他住宿服务	175.1
餐饮业	**3201.2**
正餐服务	2766.9
快餐服务	274.4
饮料及冷饮服务	46.6
其他餐饮服务	113.3

(三)主营业务收入。

2008年,住宿和餐饮业企业法人单位主营业务收入6146.9亿元,比2004年增长102.2%。其中,住宿业2685.5亿元,餐饮业3461.4亿元,分别比2004年增长77.9%和126.1%(详见表10)。

表10　住宿和餐饮业企业法人单位主营业务收入

	主营业务收入(亿元)
合　　计	**6146.9**
住宿业	**2685.5**
旅游饭店	2071.5
一般旅馆	553.7
其他住宿服务	60.3
餐饮业	**3461.4**
正餐服务	2788.7
快餐服务	503.4
饮料及冷饮服务	46.0
其他餐饮服务	123.3

四、房地产业

(一)企业单位数。

2008年末,全国共有房地产业企业214397个,比2004年末增加85354个。其中,房地产开发业87881个,物业管理企业58406个,中介服务业33890个,其他房地产34220个,分别比2004年末增加28639个、26724个、13850个和16141个(详见表11)。

表11 房地产业企业单位地区分布

地区	房地产业企业(个)	房地产开发	物业管理	中介服务	其他房地产
合计	**214397**	**87881**	**58406**	**33890**	**34220**
北京	10955	3433	3314	2471	1737
天津	3825	1257	1101	628	839
河北	5523	2564	1688	709	562
山西	3886	1836	1056	301	693
内蒙古	3905	2232	1055	290	328
辽宁	11379	4841	3659	1802	1077
吉林	3361	1376	1196	420	369
黑龙江	4426	1589	1449	833	555
上海	11850	3898	3165	3597	1190
江苏	16970	6928	4282	2935	2825
浙江	13267	5601	2715	2802	2149
安徽	7130	3279	1805	815	1231
福建	7726	3268	1869	995	1594
江西	4170	2410	952	338	470
山东	14015	5825	3986	2602	1602
河南	6765	4149	1465	750	401
湖北	10122	3412	2959	1583	2168
湖南	6004	3595	1524	350	535

续表

地区	房地产业企业（个）	房地产开发	物业管理	中介服务	其他房地产
广东	28527	6821	8507	4289	8910
广西	5628	3134	1020	729	745
海南	2763	1564	604	396	199
重庆	5363	2280	1708	780	595
四川	8427	3911	2511	1262	743
贵州	3722	2078	729	263	652
云南	4298	2222	844	719	513
西藏	94	55	35	—	4
陕西	4111	1373	1328	443	967
甘肃	2063	1080	684	253	46
青海	713	370	220	67	56
宁夏	778	370	259	120	29
新疆	2631	1130	717	348	436

(二)从业人员。

2008 年末，我国房地产业企业的从业人员合计 552.2 万人，比 2004 年末增加 156.6 万人。其中，房地产开发业 207.7 万人，物业管理企业 250.1 万人，中介服务业 37.4 万人，分别比 2004 年末增加 49.2 万人、106.7 万人、13.9 万人；其他房地产 56.9 万人，比 2004 年末减少 13.1 万人(详见表 12)。

表 12　房地产业企业单位从业人员地区分布

地区	房地产业从业人员（人）	房地产开发	物业管理	中介服务	其他房地产
合计	**5521990**	**2077214**	**2501195**	**374302**	**569279**
北京	409868	97684	230477	36197	45510
天津	97986	30388	44518	7886	15194

续表

地　区	房地产业从业人员（人）	房地产开　发	物业管理	中介服务	其　他房地产
河　北	175423	67873	87322	6887	13341
山　西	88756	41723	29661	3124	14248
内蒙古	96899	55310	33171	3069	5349
辽　宁	216566	77200	103228	15714	20424
吉　林	83376	30932	36313	5060	11071
黑龙江	130587	35862	76117	6958	11650
上　海	391266	96076	232775	41002	21413
江　苏	399003	150884	177489	28068	42562
浙　江	262643	95202	127334	19677	20430
安　徽	161854	74951	58734	8802	19367
福　建	169820	63620	75959	10161	20080
江　西	100789	60162	27441	4478	8708
山　东	355514	168394	125539	28170	33411
河　南	169584	91885	59929	10270	7500
湖　北	223140	92548	76521	13689	40382
湖　南	170486	95396	58192	6438	10460
广　东	782140	184004	412960	63068	122108
广　西	118213	59730	40344	7740	10399
海　南	48416	23078	19255	3224	2859
重　庆	190292	86094	82336	10047	11815
四　川	237403	103859	107883	13563	12098
贵　州	74692	39611	22973	2252	9856
云　南	90334	41870	34351	5338	8775
西　藏	5253	3992	1216	—	45
陕　西	117721	43417	46476	5949	21879
甘　肃	54083	27966	23096	2051	970
青　海	16421	7538	6950	1076	857
宁　夏	26471	9563	14726	1576	606
新　疆	56991	20402	27909	2768	5912

(三)主营业务收入、实收资本和营业利润。

2008年,我国房地产企业的主营业务收入30586.5亿元,比2004年增长107.5%,其中,房地产开发业26694.2亿元,物业管理企业2076.7亿元,中介服务业572.4亿元,其他房地产1243.2亿元,分别比2004年增长100.5%、204.5%、171.2%和133.5%。(详见表13)。房地产企业实收资本33052.4亿元,营业利润3861.3亿元,分别比2004年增长123.2%和290.4%。

2008年,主营业务收入超千亿元的地区共8个,依次为:江苏、广东、上海、北京、浙江、山东、辽宁和四川。

表13　房地产业企业主营业务收入地区分布情况

地　区	房地产业主营业务收入（亿元）	房地产开　发	物业管理	中介服务	其　他房地产
合　计	**30586.5**	**26694.2**	**2076.7**	**572.4**	**1243.2**
北　京	2455.6	2038.5	255.4	52.2	109.5
天　津	563.3	511.5	22.3	7.5	22.0
河　北	739.7	578.9	140.8	3.4	16.6
山　西	215.9	192.6	13.3	2.4	7.6
内蒙古	621.8	556.1	52.6	7.0	6.1
辽　宁	1292.7	1173.1	82.9	15.4	21.2
吉　林	366.5	308.1	36.1	9.2	13.3
黑龙江	457.1	344.0	93.7	10.2	9.2
上　海	3425.7	2774.1	324.4	179.7	147.6
江　苏	3821.9	3506.0	101.6	35.4	178.9
浙　江	2367.4	2225.8	62.9	26.6	52.1
安　徽	757.5	695.3	22.0	8.0	32.3
福　建	871.7	797.6	32.8	9.6	31.8
江　西	474.5	444.9	16.0	5.9	7.6
山　东	1958.0	1727.4	111.7	43.3	75.6

续表

地 区	房地产业主营业务收入（亿元）	房地产开 发	物业管理	中介服务	其 他房地产
河 南	735.0	704.7	18.7	7.7	4.0
湖 北	813.6	688.0	46.0	14.6	64.9
湖 南	657.5	617.1	26.4	4.3	9.8
广 东	3778.6	2958.7	428.2	83.7	308.1
广 西	406.0	377.5	15.1	4.5	8.8
海 南	197.6	186.5	6.5	3.1	1.5
重 庆	905.0	837.1	37.4	9.7	20.8
四 川	1101.4	1022.3	44.4	12.5	22.2
贵 州	171.9	160.1	6.8	1.1	3.9
云 南	402.6	377.0	12.5	3.5	9.5
西 藏	10.2	9.4	0.7		0.0
陕 西	496.5	403.1	35.9	7.5	50.1
甘 肃	131.8	122.0	8.9	0.8	0.2
青 海	36.1	32.2	2.5	0.6	0.9
宁 夏	124.6	117.0	5.6	1.6	0.3
新 疆	228.9	207.6	12.6	1.7	7.0

五、其他第三产业

（一）单位数和从业人员。

2008 年末，全国共有从事其他第三产业[2]的法人单位数 297.5 万个，比 2004 年末增加 57.4 万个。从业人员 7272.9 万人，比 2004 年末增加 1420.1 万人。其中，企业法人单位 85.7 万个，从业人员 2138.9 万人，行政事业及其他非企业法人单位 211.8 万个，从业人员 5134.0 万人（详见表 14）。

表 14　其他第三产业法人单位和从业人员

	法人单位(个)		从业人员(万人)	
	企业	行政事业及其他	企业	行政事业及其他
合　　计	**857122**	**2118318**	**2138.9**	**5134.0**
信息传输、计算机服务和软件业	144942	8350	308.2	12.5
金融业	26404	1732	471.3	15.7
租赁和商务服务业	359295	67717	683.2	87.5
科学研究、技术服务和地质勘查业	125412	76290	268.4	179.2
水利、环境和公共设施管理业	22068	35490	65.0	156.4
居民服务和其他服务业	106491	13977	176.3	22.8
教育	21423	313642	40.3	1683.4
卫生、社会保障和社会福利业	15941	190539	43.8	636.5
文化、体育和娱乐业	35146	46732	82.4	111.6
公共管理和社会组织	——	1363849	——	2228.4

(二)企业法人单位的资产总计、营业收入和营业利润。

2008 年,其他第三产业企业法人单位资产总计 1136983.8 亿元,营业收入 121696.6 亿元,营业利润 18653.9 亿元。在资产总计中,金融业、信息传输及计算机服务和软件业、租赁和商务服务业所占比重分别是 75.9%、3.0% 和 17.0%,三个行业合计占 95.9%。在营业收入中,金融业、信息传输及计算机服务和软件业、租赁和商务服务业所占比重分别是 59.5%、12.4%和 15.5%,三个行业合计占 87.4%。在营业利润中,上述三个行业分别占 48.8%、18.4%和 21.6%,合计占 88.8%(详见表 15)。

(三)行政事业和其他非企业法人单位的资产、收入和支出(或费用)。

2008 年末,其他第三产业中的行政事业单位和其他非企业法人单位固定资产原价 84279.8 亿元,全年收入合计 57445.1 亿元,全年支出(或费用)合计 53979.8 亿元(详见表 16)。

表 15　其他第三产业企业法人单位资产总计、营业收入和营业利润

单位:亿元

	资产总计	营业收入	营业利润
合　　计	**1136983.8**	**121696.6**	**18653.9**
信息传输、计算机服务和软件业	33763.1	15113.7	3434.3
金融业	862942.9	72452.9	9097.2
租赁和商务服务业	192783.4	18900.0	4032.6
科学研究、技术服务和地质勘查业	32047.6	8745.4	1087.5
水利、环境和公共设施管理业	7278.1	1202.6	186.4
居民服务和其他服务业	2846.0	2023.7	393.2
教育	694.0	593.9	100.7
卫生、社会保障和社会福利业	846.8	708.4	87.7
文化、体育和娱乐业	3781.9	1956.0	234.3

表 16　行政事业和其他非企业法人单位固定资产、收入和支出

单位:亿元

	固定资产原　　价	本年收入合　　计	本年支出(或费用)合计
合　　计	**84279.8**	**57445.1**	**53979.8**
信息传输、计算机服务和软件业	278.9	148.2	137.2
金融业	223.6	95.5	313.6
租赁和商务服务业	1584.9	935.8	821.1
科学研究、技术服务和地质勘查业	2827.3	3126.0	2774.2
水利、环境和公共设施管理业	3414.3	1355.2	2500.1
居民服务和其他服务业	257.3	163.3	144.7
教育	24040.5	13054.0	12578.8
卫生、社会保障和社会福利业	9705.5	9448.1	8626.6
文化、体育和娱乐业	2457.6	1622.1	1467.0
公共管理和社会组织	39489.9	27496.9	24616.5

注释：

[1]交通运输业：包括铁路运输业、道路运输业、城市公共交通业、水上运输业、航空运输业、管道运输业、装卸搬运和其他运输服务业。

[2]其他第三产业：包括信息传输、计算机服务和软件业；金融业；租赁和商务服务业；科学研究、技术服务和地质勘查业；水利、环境和公共设施管理业；居民服务和其他服务业；教育；卫生、社会保障和社会福利业；文化、体育和娱乐业；公共管理和社会组织。

[3]表中的合计数和部分计算数据因小数取舍而产生的误差，均未作机械调整。

2010年第六次全国人口普查主要数据公报[1]

（第1号）

中华人民共和国国家统计局

（2011年4月28日）

根据《全国人口普查条例》和《国务院关于开展第六次全国人口普查的通知》，我国以2010年11月1日零时为标准时点进行了第六次全国人口普查[2]。在国务院和地方各级人民政府的统一领导下，在全体普查对象的支持配合下，通过广大普查工作人员的艰苦努力，目前已圆满完成人口普查任务。现将快速汇总的主要数据公布如下：

一、总人口

全国总人口为1370536875人。其中：

普查登记的大陆31个省、自治区、直辖市和现役军人的人口[3]共1339724852人。

香港特别行政区人口[4]为7097600人。

澳门特别行政区人口[5]为552300人。

台湾地区人口[6]为23162123人。

二、人口增长

大陆31个省、自治区、直辖市和现役军人的人口，同第五次全国人口普查2000年11月1日零时的1265825048人相比,十年共增加73899804人,增长5.84%,年平均增长率为0.57%。

三、家庭户人口

大陆31个省、自治区、直辖市共有家庭户[7]401517330户,家庭户人口为1244608395人,平均每个家庭户的人口为3.10人,比2000年第五次全国人口普查的3.44人减少0.34人。

四、性别构成

大陆31个省、自治区、直辖市和现役军人的人口中,男性人口为686852572人,占51.27%;女性人口为652872280人,占48.73%。总人口性别比(以女性为100,男性对女性的比例)由2000年第五次全国人口普查的106.74下降为105.20。

五、年龄构成

大陆31个省、自治区、直辖市和现役军人的人口中,0—14岁人口为222459737人,占16.60%;15—59岁人口为939616410人,占70.14%;60岁及以上人口为177648705人,占13.26%,其中65岁及以上人口为118831709人,占8.87%。同2000年第五次全国人口普查相比,0—14岁人口的比重下降6.29个百分点,15—59岁人口的比重上升3.36个百分点,60岁及以上人口的比重上升2.93个百分点,65岁及以上人口的比重上升1.91个百分点。

六、民族构成

大陆31个省、自治区、直辖市和现役军人的人口中,汉族人口为1225932641人，占91.51%；各少数民族人口为113792211人，占8.49%。同2000年第五次全国人口普查相比，汉族人口增加66537177人，增长5.74%；各少数民族人口增加7362627人，增长6.92%。

七、各种受教育程度人口

大陆31个省、自治区、直辖市和现役军人的人口中，具有大学（指大专以上）文化程度的人口为119636790人；具有高中（含中专）文化程度的人口为187985979人；具有初中文化程度的人口为519656445人；具有小学文化程度的人口为358764003人（以上各种受教育程度的人包括各类学校的毕业生、肄业生和在校生）。

同2000年第五次全国人口普查相比，每10万人中具有大学文化程度的由3611人上升为8930人；具有高中文化程度的由11146人上升为14032人；具有初中文化程度的由33961人上升为38788人；具有小学文化程度的由35701人下降为26779人。

大陆31个省、自治区、直辖市和现役军人的人口中，文盲人口（15岁及以上不识字的人）为54656573人，同2000年第五次全国人口普查相比，文盲人口减少30413094人，文盲率[8]由6.72%下降为4.08%，下降2.64个百分点。

八、城乡人口

大陆31个省、自治区、直辖市和现役军人的人口中，居住在城镇的人口[9]为665575306人，占49.68%；居住在乡村的人口为674149546人，占50.32%。同2000年第五次全国人口普查相比，城镇人口增加207137093人，乡村人口减少133237289人，城镇人口比重上升13.46个百分点。

九、人口的流动

大陆31个省、自治区、直辖市的人口中，居住地与户口登记地所在的乡镇街道不一致且离开户口登记地半年以上的人口为261386075人，其中市辖区内人户分离的人口[10]为39959423人，不包括市辖区内人户分离的人口为221426652人。同2000年第五次全国人口普查相比，居住地与户口登记地所在的乡镇街道不一致且离开户口登记地半年以上的人口增加116995327人，增长81.03％。

十、登记误差

普查登记结束后，全国统一随机抽取402个普查小区进行了事后质量抽样调查。抽查结果显示，人口漏登率为0.12％。

注释：

[1]本公报中数据均为初步汇总数。

[2]普查登记的对象是指普查标准时点在中华人民共和国境内的自然人以及在中华人民共和国境外但未定居的中国公民，不包括在中华人民共和国境内短期停留的港澳台居民和外籍人员。“境内”指我国海关关境以内，“境外”指我国海关关境以外。

[3]大陆31个省、自治区、直辖市和现役军人的人口数据不包括居住在境内的港澳台居民和外籍人员。

[4]香港特别行政区的人口数为香港特别行政区政府提供的2010年底的数据。

[5]澳门特别行政区的人口数为澳门特别行政区政府提供的2010年底的数据。

[6]台湾地区的人口数为台湾地区有关主管部门公布的2010

年底的户籍登记人口数据。

[7]家庭户是指以家庭成员关系为主、居住一处共同生活的人组成的户。

[8]文盲率是指大陆31个省、自治区、直辖市和现役军人的人口中15岁及以上不识字人口所占比重。

[9]城乡人口是指居住在我国境内城镇、乡村地域上的人口，城镇、乡村是按2008年国家统计局《统计上划分城乡的规定》划分的。

[10]市辖区内人户分离的人口是指一个直辖市或地级市所辖的区内和区与区之间，居住地和户口登记地不在同一乡镇街道的人口。

2010年第六次全国人口普查主要数据公报[1]

（第2号）

中华人民共和国国家统计局

（2011年4月29日）

现将2010年第六次全国人口普查分地区的常住人口[2]有关数据公布如下：

地　区	人口数（人）	比重[4]（%）	
		2000年	2010年
全国合计[3]	**1339724852**	**100.00**	**100.00**
北京市	19612368	1.09	1.46
天津市	12938224	0.79	0.97
河北省	71854202	5.33	5.36
山西省	35712111	2.60	2.67
内蒙古自治区	24706321	1.88	1.84
辽宁省	43746323	3.35	3.27
吉林省	27462297	2.16	2.05
黑龙江省	38312224	2.91	2.86
上海市	23019148	1.32	1.72
江苏省	78659903	5.88	5.87
浙江省	54426891	3.69	4.06
安徽省	59500510	4.73	4.44
福建省	36894216	2.74	2.75
江西省	44567475	3.27	3.33

续表

地　区	人口数（人）	比重[4]（%）	
		2000 年	2010 年
山东省	95793065	7.17	7.15
河南省	94023567	7.31	7.02
湖北省	57237740	4.76	4.27
湖南省	65683722	5.09	4.90
广东省	104303132	6.83	7.79
广西壮族自治区	46026629	3.55	3.44
海南省	8671518	0.62	0.65
重庆市	28846170	2.44	2.15
四川省	80418200	6.58	6.00
贵州省	34746468	2.78	2.59
云南省	45966239	3.39	3.43
西藏自治区	3002166	0.21	0.22
陕西省	37327378	2.85	2.79
甘肃省	25575254	2.02	1.91
青海省	5626722	0.41	0.42
宁夏回族自治区	6301350	0.44	0.47
新疆维吾尔自治区	21813334	1.52	1.63
现役军人	2300000		
难以确定常住地	4649985		

注释：

[1]本公报中数据均为初步汇总数。

[2]常住人口包括：居住在本乡镇街道且户口在本乡镇街道或户口待定的人；居住在本乡镇街道且离开户口登记地所在的乡镇街道半年以上的人；户口在本乡镇街道且外出不满半年或在境外工作学习的人。“境外”是指我国海关关境以外。

[3]本表全国合计不包括香港特别行政区、澳门特别行政区和台湾地区的人口数。

[4]指各省、自治区、直辖市的常住人口占全国合计常住人口（包括现役军人和难以确定常住地的人口）的比重。

2010年第六次全国人口普查接受普查登记的港澳台居民和外籍人员主要数据

中华人民共和国国家统计局

（2011年4月29日）

根据《全国人口普查条例》，我国以2010年11月1日零时为标准时点进行了第六次全国人口普查。这次普查首次将居住在我国境内的港澳台居民和外籍人员纳入普查范围。现将普查时点接受普查登记的上述人员＊主要数据公布如下：

一、人员总数

在这次普查中，居住在我国境内并接受普查登记的香港特别行政区居民234829人、澳门特别行政区居民21201人、台湾地区居民170283人，外籍人员593832人，合计1020145人。

二、性别构成

上述人员中，男性605821人，女性414324人。

其中：境内的香港特别行政区居民，男性为141321人，女性为93508人。境内的澳门特别行政区居民，男性为11708人，女性为9493人。境内的台湾地区居民，男性为116547人，女性为53736人。境内的外籍人员，男性为336245人，女性为257587人。

三、居住时间

上述人员中,居住时间三个月以下的103754人;居住时间三个月至半年的90078人;居住时间半年至一年的143210人;居住时间一年至两年的183001人;居住时间两年至五年的249668人;居住时间五年以上的250434人。

四、来大陆或来华目的

上述人员中,以商务为目的204962人;以就业为目的201955人;以学习为目的202482人;以定居为目的186648人;以探亲为目的100113人;其他目的的123985人。

五、地区分布

上述人员按居住地分,人数排在前十位的地区是:广东省316138人,上海市208602人,北京市107445人,江苏省64177人,福建省62564人,云南省47396人,浙江省36380人,山东省33098人,辽宁省23834人,广西壮族自治区23445人。居住在其他省(区、市)的97066人。

六、外籍人员国籍构成

按国籍分,在我国境内居住的外籍人员数量排在前十位的国家是:韩国120750人,美国71493人,日本66159人,缅甸39776人,越南36205人,加拿大19990人,法国15087人,印度15051人,德国14446人,澳大利亚13286人。在我国境内居住的其他国家人员181589人。

注释:

上述人员指普查标准时点在我国境内居住三个月以上或能够确定将居住三个月以上的港澳台居民和外籍人员,但不包括出差、旅游等在境内短期停留的港澳台居民和外籍人员。“境内”指的是我国海关关境以内,不包含港澳台地区。